Ulrich Lüke

Nur tote Fische
schwimmen mit dem Strom

Ulrich Lüke

Nur tote Fische
schwimmen mit dem Strom

Anstößige Gedanken
im Kirchenjahr

HERDER

FREIBURG · BASEL · WIEN

© Verlag Herder GmbH, Freiburg im Breisgau 2015
Alle Rechte vorbehalten
www.herder.de

Umschlaggestaltung: excogito, Freiburg im Breisgau

Satz: Barbara Herrmann, Freiburg im Breisgau
Herstellung: CPI books GmbH, Leck

Printed in Germany

ISBN 978-3-451-33758-1

Inhalt

Inhalt

Vorwort

Der Fisch, griechisch Ichthys, ist ein urchristliches Symbol, ein Bild gewordenes griechisches Akronym der zentralen christlichen Hoffnung: *Jesus Christus theou hyios soter* – Jesus Christus Sohn Gottes Retter. Ob Brecht, er war ja nicht gerade ein Kirchenvater, das wusste, weiß ich nicht. Sein Wort »Nur tote Fische schwimmen mit dem Strom« eignet sich gleichwohl als Titel und zur Beschreibung dessen, was den Leser hier erwartet, eine Einladung und Ermutigung zur Verlebendigung des Glaubens. Es mag sein, dass Christen nur kleine Fische sind im Strom der Zeit, selbst nur unbedeutende Bedeutungsträger der mit dem Fisch bebilderten christlichen Hoffnung. Wenn sie nur lebendig sind, dann sind sie auch wachstums- und vermehrungsfähig: Dann schwimmen sie, wo und wann immer das nötig ist, gegen den Strom eines privatisierenden Zeitgeistes, gegen das Gefälle einer apathischen Gleichgültigkeit, gegen die Fluten einer zuweilen medial vermittelten Geistlosigkeit, gegen das Abdriften in eine ethische Beliebigkeit, gegen die Sturzbäche eines Hoffnungs- und Sinnlosigkeitsverdachts. Wenn das Buch ein wenig dazu beitrüge, dass sich Christen in ihrer Glaubenshoffnung derart in ihrem Element fühlten wie Fische im Wasser, dann hätte es erreicht, was es soll.

Wenn man neben der Tätigkeit in der Universität, die eine intellektuelle Herausforderung ist und sein soll, auch noch seit mehr als 25 Jahren Sonntagskolumnen für »normale« Menschen schreibt, dann ist auch das eine wenn auch anders gelagerte Herausforderung. Und wenn die Menschen im Ruhrgebiet die Adressaten der Sonntagskolumnen sind, dann entwickelt sich ein eigener Schreibstil mit einem besonderen Zungenschlag. So kommt durch das Zeitungshaus Bauer in Marl die Kolumne an die Leser und nicht selten das Leserecho an den Kolumnisten, der auch durch ein Dutzend Jahre im Ruhrgebiet weiß, an und für wen er schreibt. Es ist nicht selbstverständlich, dass ein Zeitungshaus das Interesse an den hier verhandelten anthropologischen, theologischen, philosophischen, ethischen Fragestellungen zu bewahren und bei den Lesern – auch durch eine Kolumne über Gott und die Welt – Jahrzehnte lang wachzuhalten versucht. Das ist bemerkens- und dankenswert. So sind etliche Bücher über Gott und die Welt und den Menschen als Einladung zum Christsein entstanden, so auch dieses.

Was hier geschrieben ist, sollte und durfte also keine Vorlesung sein, damit es auch den intellektuell niederschwelliger Orientierten nicht zu hoch ist. Es sollte auch keine übliche Predigt sein, damit es auch den anständig Abständigen nicht zu fromm ist. Es sollte keine Banalität sein, damit es auch die nachdenklichen Alltagsphilosophen zur Hand und zur Kenntnis nehmen. Es sollte kein Katechismus sein, damit es nicht nur lauwarme Schulfragen beantwortet, sondern die manchmal heißen existenziellen Lebensfragen stellt. Was hier geschrieben ist, sollte, wenngleich auch nur in Fragmenten, das Ganze des christlichen Glaubens und Hoffens zur Sprache bringen, zu Herzen gehen und zu Kopf steigen lassen.

Ich danke dem Verlag Herder und seiner Lektorin Dr. Esther Schulz, dass sie sich auf dieses Wagnis eingelassen haben. Ich danke meiner Sekretärin Sabine Durchholz (MA), dass sie bei der Realisierung dieses Vorhabens in so substanzieller Weise mitgewirkt hat.

Ich widme dieses Buch meinen Geschwistern Magdalene (†), Gabriele und Ortwin sowie ihren Partnern und Familien.

Aachen, in der Osteroktav 2015   *Ulrich Lüke*

Einleitung

Was erwartet Sie in diesem Buch, was dürfen Sie erwarten von diesem Buch? Das erste Kapitel ist ein Durchgang durch alle Bereiche, alle Höhen und Tiefen des Kirchenjahres, vom Advent am Anfang bis zum Christkönigsfest am Ende. Hier finden sich Einsichten, Gedanken, Fragen zur Advents- und Weihnachtszeit, zur Fasten- und Osterzeit sowie zu den Festen im Jahreskreis. Das ist eine Geleit- und Begleitlektüre durch das Kirchenjahr und eine Art von erweitertem Glaubensbekenntnis im lebenspraktischen Vollzug. Mit den »Heiligen, Seligen, Sonstigen« kommen im zweiten Kapitel die gelungeneren Exemplare des Christseins in unseren lebenslänglich auf Vorbilder angewiesenen Blick. Heilige sind nicht nur die heiliggesprochenen Heiligen, das Gros der Heiligen sind die namenlosen, die heilig beschwiegenen Heiligen. Das dritte Kapitel wirft einen Blick auf die Heilszeichen der Kirche, auf die für manche Menschen so unverständlich gewordenen Sakramente und auf die Kirche als das Grundsakrament. Das vierte Kapitel benennt und beschreibt Glaubensvollzüge, Schritte, die zum Glauben ermutigen, und Schritte, die im Glauben bestärken sollen. Das fünfte Kapitel besichtigt die zugleich krisen- wie chanchenträchtigen Brennpunkte kirchlicher Praxis, und derer gibt es viele, wie manche meinen, viel zu viele.

Christsein ist nicht erschütterungsresistent, garantiert nicht die stoische Gelassenheit und irritationsfreie Verblüffungsfestigkeit derer, die glauben, sie hätten die ganze Welt verstanden und im Griff, sondern es kommt von Herzen und geht zu Herzen. Christsein ist auch kein akademisch-intellektueller Grund- oder Leistungskurs, aber man kann den Verstand auch nicht beiseitelegen oder gleich unbenutzt links liegen lassen, man muss ihm schon etwas abverlangen, das Hirn ganz in Dienst nehmen. Christsein ist auch kein weltanschauungsneutrales Gutmenschentum, sondern hat ein gelegentlich anstößiges Profil, hat praktische Konsequenzen und verlangt christliche Wert- und Handarbeit von dem, der es zu leben versucht.

Kurzum, das Christsein betrifft den ganzen Menschen mit Herz, Hirn und Hand. Vielleicht können viele der fragmentarischen Abschnitte wie die Teile eines Hologramms das Ganze des christlichen Glaubens aufscheinen lassen. Und hoffentlich sind die Beiträge, was sie sein sollen: Einladungen zum Christsein und Ermutigungen, Gott nicht zu vergessen.

1. Das Kirchenjahr

1.1 Adventszeit

Introitus

Genau wie vor Ostern gab es auch – mancherorts bis ins 19. Jahrhundert hinein – vor Weihnachten eine vierzigtägige Fastenzeit. Vor der österlichen Fastenzeit wurde Karneval gefeiert, damit man das Fasten besser aushielt. Etwas Vergleichbares gab es auch vor der weihnachtlichen Fastenzeit. Die Kopfrechner unter Ihnen werden, wenn sie die Sonntage, an denen nicht gefastet wurde, herauslassen, schnell entdecken, dass es der 11.11., das Fest des heiligen Martin war, an dem der vorweihnachtliche Karneval mit der gebratenen Martinsgans üppig gefeiert wurde, bevor es ans Fasten ging. Im Rheinland, in dem nicht nur Wasser durch den Rhein fließt und besonders an Karneval auch über die Ufer tritt, lässt man am 11.11. den Karneval beginnen und erst am Aschermittwoch enden. Advent und Weihnachten werden dabei zu »lästigen Unterbrechungen« des Karnevals. Aber um diese Unterbrechung des Karnevals soll es mir gehen.

Jeden Morgen ziehen einige tausend Menschen von den Parkplätzen ihrer Autos und Busse an den Fenstern meines Instituts vorbei in Richtung Aachener Innenstadt mit zielsicherer Punktlandung auf dem Weihnachtsmarkt. Sie entfalten dort im Bratwurst-, Bratapfel- und Glühweindunst ein herrliches Gelärme, Geschiebe, Gedränge, wie wenn es um den Eintritt ins Paradies ginge. Und dann kommen sie am Spätnachmittag laut schwadronierend zurück, glühweinselig und printengeschwängert, rudelweise auch mit illuminierten Weihnachtsmann-Mützen oder mit blinkenden Christbaumketten geschmückt und Tragetaschen voll von herrlich überflüssigem Weihnachtsgerümpel. Wenn das nicht die Fortsetzung des Karnevals mit anderen Mitteln ist, was dann?

Der Advent war früher Fast-Zeit, heute ist er Mast-Zeit. Zu keiner Zeit werden *mehr* Rettungsringe um die Hüften gelegt, als zu dieser Zeit, wo die wenigsten schwimmen gehen. Vielleicht ist es gut, sich wieder an die alten Erfahrungen zu erinnern und zurückzukehren. Die Kirche charakterisiert die Sonntage seit alters her mit den jeweiligen Eröffnungsversen, mit dem Introitus des Gottesdienstes – so auch im Advent. Und die Eingangsverse können wie eine Vorschau, ja wie ein Trainingsprogramm für den Advent sein.

Am ersten Advent heißt es: »Ad te levavi ... Zu dir, Herr, erhebe ich meine Seele. Mein Gott, dir vertraue ich« (Ps 25,1f.). Das wäre der erste erhebende und erhebliche Schritt, die Seele zu Gott zu erheben und das Vertrauen in Gott neu einzuüben. Bei aller eigenen Seelenstärke: Nicht ich selbst und mein Tun sind erlösend und rettend. Unsere Seelen müssen wir einem anderen rettend anvertrauen. Darum: »Zu dir, Herr, erhebe ich meine Seele.« Bei allem eigenen Selbstvertrauen: Ich kann mir doch nicht einmal selbst trauen, ich durchschaue mich selbst nicht. Ich muss einem anderen vertrauen, mich einem anderen anvertrauen. Darum: »Mein Gott, dir vertraue ich.«

Am zweiten Advent heißt es: »Populus Sion ... Volk Gottes, mach dich bereit: Der Herr wird kommen, um die Welt zu erlösen. Höre auf ihn und dein Herz wird sich freuen« (vgl. Jes 30,19.30). Das Volk Gottes sind wir. Erlösungsbedürftig sind auch wir und keinesfalls über alle Zweifel erhaben. Wir sind es, die sich bereit machen sollen für den Gott im Kommen, für den kommenden Gott. Diese Vorbereitung auf Gott hat immer neu zu beginnen mit dem Hinhören auf ihn. Und das, was wir hören, geht uns zu Herzen, schenkt uns eine Freude, die von Herzen kommt und zu Herzen geht. Darum empfiehlt der Introitus: »Höre auf ihn und dein Herz wird sich freuen.«

Am dritten Adventssonntag heißt es: »Gaudete ... Freuet euch im Herrn zu jeder Zeit! Noch einmal sage ich euch: Freut euch! Denn der Herr ist nahe« (Phil 4,4–5). Der dritte Adventssonntag ist ganz der Freude gewidmet. Und der Grund der Freude ist sonnenklar: Der Herr ist nahe. Nicht die Leichenbittermine des Sauertopfes, der alles beklagenswert findet, nicht das maskenhafte

Pokerface dessen, der auf Teufel komm raus cool bleiben will, nicht das geschäftstüchtige Akzeptanzgewinnungslächeln, das sich in klingender Münze auszahlen soll, ist der dem Christen angemessene Gesichtsausdruck, sondern die Freude darüber, dass der rettende Gott nahe ist. Er ist so nahe, dass uns nur ein Atemzug von ihm trennt, unser letzter.

Und am vierten Adventssonntag sagt uns der Introitus: »Rorate coeli ... Tauet, ihr Himmel, von oben! Ihr Wolken regnet herab den Gerechten! Tu dich auf, o Erde, und sprosse den Heiland hervor« (Jes 45,8). Dieser Sonntag akzentuiert noch einmal das sehnsuchtsvolle Warten auf Gott, auf den Gott von ganz oben (»Tauet, ihr Himmel, von oben!«), das Warten auf den Gott von ganz unten (»Tu dich auf, o Erde!«). Wir warten auf den Gott, der das Unten und das Oben, der Himmel und Erde verbindet. Der Gott, an den wir Christen glauben, ist der Gott des Himmels. Und genau dieser Gott ist zutiefst geerdet in Jesus Christus. Der Gott, an den wir Christen glauben, ist auch der Gott der Erde, die ganz vom Himmel umfangen, überall und ganz auf den Himmel hin offen ist. Der Heiland ist der, in dem der Himmel zur Erde kommt und in dem sich die Erde zum Himmel öffnet. Und diese Begegnung kann sich überall und jederzeit ereignen.

Auch wenn wir nicht völlig ausbrechen können aus dem Karneval, zu dem der Advent vielerorts verkommen ist, unterbrechen können wir ihn allemal. Advent heißt schließlich nicht Aufkauf oder Ankauf, sondern Ankunft. Der recht verstandene Advent ist voller Offenheit für Gott, voller Sehnsucht nach Gott, voller Freude auf Gott. Und das wandelt den Menschen. In Jesus Christus, d. h. im göttlichen Menschen ist der menschliche Gott im Kommen. Lassen wir ihn hier und jetzt bei uns ankommen, damit wir dereinst bei ihm ankommen, gut ankommen: Denn auch da, wo wir enden, kann er uns vollenden.

Christliche Dienstanweisungen

Wo stehen wir Christen angesichts von Not, Krieg, Massenarbeits-losigkeit, Überschuldung, Ausbeutung? Wo stehen wir angesichts des grassierenden Relativismus in vielen menschlichen Lebens- und Wertentscheidungen? Wir könnten uns die Empfehlungen der überragenden Gestalt des Advents, die Empfehlungen Johannes des Täufers zu eigen machen.

Von der Ratlosigkeit, wie heute verantwortungsvoll als Mensch und Christ zu leben ist, berichtet uns schon das Lukasevangelium (Lk 3) mit Blick auf das Wirken Johannes des Täufers. »Was sollen wir also tun? [fragen die Leute den Täufer.] Er antwortete ihnen: Wer zwei Gewänder hat, der gebe eines davon dem, der keines hat« (Lk 3,10f.). Das hieße heute: Wer zwanzig Gewänder hat – Anzüge, Kostüme, Hosen, Röcke, Mäntel, Anoraks einmal zusammengefasst –, der gebe zehn davon, und bitte nicht die völlig verschlissenen, denen, die fast nichts haben. Am besten geschieht das hier vor Ort, damit wir nicht die Bekleidungsindustrie in den Drittweltländern schon im Ansatz ruinieren. Gibt es hier nicht genügend Caritas-Kleiderkammern oder Second-Hand-Shops mit sozialem Hintergrund, in denen die Empfänger von Sozialhilfe, finanziell klamme Klein- und Kleinstverdiener, alleinerziehende Eltern mit Minimalbudget preiswert und gut einkaufen können sollten?

»Es kamen auch Zöllner zu ihm […] und fragten: Meister, was sollen wir tun? Er sagte zu ihnen: Verlangt nicht mehr als festgesetzt ist« (Lk 3,12f.). Was heißt das heute? Auch wenn es der Mietmarkt hergibt, verlangt keine Wuchermiete! Auch wenn es die Notlage des Bittstellers möglich macht, verlangt keinen Wucherzins für das geliehene Geld. Handelt auch als Bankangestellte, als Versicherungsangestellte, als Immobilienmakler nicht stur renditeorientiert, sondern wo immer möglich auch humanorientiert. Handelt auch im wohlverstandenen Interesse des Kunden, des Beratungsbedürftigen, des fachlich Unkundigen. Natürlich kann, wer fachlich ein Heimspiel hat, mit seiner Kompetenz den anderen locker über den Tisch ziehen. Natürlich kann man ihm einen Versicherungsvertrag andrehen, den er nicht braucht, einen Zins aufzwingen, gegen den er sich angesichts seiner Zwangslage nicht wehren kann, die Mängel am Verkaufsobjekt verschweigen, an denen der Kunde später übel laborieren wird.

»Auch die Soldaten fragten ihn: Was sollen denn wir tun? Und er sagte zu ihnen: Misshandelt niemand, erpresst niemand, begnügt euch mit eurem Sold« (Lk 3,14). Was heißt das heute? Nun sind wir ja keine Soldaten. Gilt das, was Johannes da sagt, nicht doch nur für das Militär und für die Rüstungsindustrie? Wir alle stehen an der Front, an der Wirtschaftsfront. Und wenn ich in meiner Schnäppchenjägerei das T-Shirt für 3,99 €, made in Bangladesh, kaufe, obwohl ich auch einen qualitätsangemesseneren Preis zahlen könnte, dann produziere ich andernorts damit Billigstlohn- und Kinderarbeit. Dann bin ich ein Kriegstreiber, mindestens aber ein Kriegsgewinnler an der Front des Elends.

Ich glaube nicht, dass der Markt alles richten wird. Ich glaube, dass er eher vieles hinrichten wird, wenn er ohne Sozialkorrektiv bleibt. Wenn ich den Quatsch höre, die Märkte verlangen dies oder das. Wer sind denn die Märkte? Sind es nicht Menschen, die die Märkte gestalten? Hinter jedem unmenschlich agierenden Markt stecken unmenschlich agierende Menschen. Und wenn wir uns hinter den Märkten verstecken, dann entmündigen wir uns als Menschen selbst. Wer will mir denn weismachen, dass der Top-Manager monatlich mehr als das Hundertfache seiner Fachangestellten verdienen muss und daher verlangen darf? Wer will mir denn weismachen, dass der Anlageberater, auch wenn er sein Projekt vor die Wand gefahren hat, noch immer das Recht auf seine Bonuszahlungen hat? Juristisch hat er es vielleicht in unserem kranken System, moralisch hat er es definitiv nicht.

Auch Johannes kennt die Versuchung. Als man ihn zum Messias hochstilisieren will, da weist er von sich weg, da verweist er auf den Größeren, auf Gott und stellt klar: »Ich taufe euch nur mit Wasser. Es kommt aber einer, der stärker ist als ich, und ich bin es nicht wert, ihm die Schuhe aufzuschnüren. Er wird euch mit dem Heiligen Geist taufen« (Lk 3,16). Diese Demut, d. h. dieser Mut zum Dienen im Auftrage Gottes und im Interesse des Menschen ist auch heute dringend nötig und uns Christen wirklich möglich.

Manche seufzen angesichts all dieser Missstände nur resigniert und kraftlos: Ja, die Welt ist eben so! Mag die Welt auch so sein, wir Christen sind – gottlob – nicht die Welt. Das entlastet und das ermutigt. Aber wenn 1,2 Milliarden Katholiken weltweit und 2 Milliarden Christen insgesamt tun, was Johannes empfiehlt, dann verändert das die Welt grundlegend: Begnügt euch mit dem, was euch zusteht. Bescheidet euch, auch wenn ihr mehr herausschlagen könntet. Bewahrt ein menschliches Augenmaß, bewahrt das Augenmaß der Menschlichkeit. Bewahrt ein menschliches Herz, bewahrt im Herzen die Menschlichkeit. Benutzt euren gesunden Menschenverstand, und benutzt ihn so, dass andere dabei menschlich gesunden können. Wir Christen sind nicht die Welt und sind auch nicht nur von dieser Welt. Wir sind Botschafter oder, wenn Ihnen das lieber ist, Pioniere einer anderen, einer besseren Welt. Um deren Kommen beten wir in jedem Gottesdienst: Adveniat regnum tuum. Dein Reich komme. In meinen und Ihren privaten und dienstlichen Obliegenheiten gibt es nicht nur Zwangsvorschriften, sondern auch Ermessensspielräume. Und wenn wir die nach menschlichem Ermessen und nicht nach wirtschaftlichen Interessen ausgestalten, dann sind wir auf dem Weg zum Menschen und zu dem Gott, der dem Menschen bis zur Ununterscheidbarkeit menschlich entgegengeht.

Fäden des Lichts

»Wenn alles (b)rennt, dann ist Advent«, pflegt ein lieber Pfarrerkollege in dieser Zeit zu sagen. Und bevor ich brenne und renne oder gar renne, bis ich brenne, da mahnt mich ein leises Wort von Paul Weismantel, dem Spiritual am Würzburger Priesterseminar. Lassen Sie das Wort einmal ganz in Ruhe auf sich einwirken und in sich auswirken. Sie werden merken, wie sich eine adventlich wohltuende Entschleunigung einstellt, wenn Sie den Text zwei-, drei- oder viermal still und langsam lesen.

Da sein

Für ein paar Minuten
alles liegen und stehen lassen,
und zur Ruhe kommen,
nichts anderes, als nur da sein.

Im Hier und Jetzt
die Stille suchen und einkehren bei sich,
nach innen lauschen,
nichts anderes, als gegenwärtig sein.

In dieser Stunde
zur Besinnung kommen
und das Herz erheben,
nichts anderes,
als nur empfänglich sein.

Zeit haben
für den immer anwesenden Gott,
für das Verweilen bei ihm,
für das Bleiben in ihm,
nichts anderes, als sein,
wo und wie ich bin.

Paul Weismantel

Mit dem Dasein in der Stille fängt es an, damit kann man etwas anfangen, um Gottes (All)Gegenwart wahrzunehmen und als wahr anzunehmen. Das ist entscheidend, damit der Advent nicht nur äußerlich und mit Äußerlichkeiten an uns vorbeirauscht. Diese Zeit sollte nicht nur äußerlich Spuren auf den Wühltischen hinterlassen, sondern auch uns innerlich in der Seele aufwühlen. Der Advent, die sehnsuchtsvolle Erwartung Gottes, sollte Spuren in unserem Innern hinterlassen, Spuren in der Seele, Spuren der Gottverbundenheit und Menschlichkeit. Wie soll das gehen?

Ich glaube, wir Menschen sind auf Transzendenz angelegt, darauf angelegt, offen zu sein für das je Größere, offen zu sein für Gott. In die uns allseits umgebende Wand unserer zeitlichen und räumlichen Endlichkeit ist ein Fenster hineingebrochen, das uns zur Unendlichkeit öffnet, das die Unendlichkeit in unsere Endlichkeit einlässt. Wie eine »Wunde« in der Wand, wie ein Durchbruch und Ausbruch ist ein solches Fenster, wie ein Aufbruch aus der raumzeitlichen Enge und Endlichkeit.

Der im Mai 2011 verstorbene syrisch-libanesische Dichter und Beiruter Philosophieprofessor Fuad Rifka (1930–2011), der über Heidegger promovierte und der Rilke und Trakl, Hölderlin, Novalis und Goethe ins Arabische übersetzte, hatte eine große Liebe zur deutschen Sprache. In ihr hat er uns ein merkwürdiges Gedicht hinterlassen, das genau diesen Durchbruch, Ausbruch und Aufbruch aus dem Gefängnis der Enge und Endlichkeit zur Sprache bringt:

Ein Fenster

Seine Wunde ist ein Fenster,
das dem Horizont zuwinkt.
Er verneigt sich,
bahnt die Wege
auf den Leitern des Abendrots
zu den Fäden des Lichts.
Fuad Rifka

Ein »Fenster, das dem Horizont zuwinkt«, was soll das sein? Ich glaube, damit ist die auf Unendlichkeit gestellte Öffnung, die Lichtung unseres endlichen Daseins gemeint. Der Horizont ist der Ort, wo Himmel und Erde sich berühren. Und genau dahin ist das manchmal wie eine schmerzliche Wunde empfundene Fenster unserer Existenz geöffnet.

Und dahin, in die Richtung dieser in die Enge und Endlichkeit unseres Daseins eindringenden Unendlichkeit, dahin verneigen wir uns in Ehrfurcht. Und, obschon noch in der Endlichkeit, steigen wir wie auf Leitern, fast möchte ich sagen, wie auf Himmelsleitern

»zu den Fäden des Lichts«, die Himmel und Erde verbinden. Wenn wir ins Licht blicken und die Augen zukneifen, dann sehen wir die Lichtstrahlen, die »Fäden des Lichts«, gespannt aus der Unendlichkeit des Alls bis hinein in die Endlichkeit unseres Auges, dann sehen wir Himmel und Erde verbunden. Goethe dichtet in seinem Vorwort zur Farbenlehre etwas, das gut zum Gedicht von Fuad Rifka passt:

> Wär' nicht das Auge sonnenhaft,
> Wie könnten wir das Licht erblicken?
> Lebt' nicht in uns des Gottes eig'ne Kraft,
> Wie könnt' uns Göttliches entzücken?
> *Johann Wolfgang Goethe*

Wie zwischen der Sonne und dem Auge, so gibt es zwischen dem Unendlichen und dem Endlichen eine Entsprechung. Wie die Endlichkeit unseres Auges auf die Unendlichkeit des Lichtes hin geöffnet ist, so können und sollen wir die Fenster unserer Endlichkeit zur Unendlichkeit Gottes hin öffnen. Der Advent lädt uns ein zur Offenheit für Gott, damit auch Gottes Offenheit für uns lichtvoll erfahrbar wird. Wie die »Fäden des Lichts« zwischen der unendlich fern erscheinenden Sonne und dem endlichen, so hautnahen Auge, so verbindet Gott seinen Himmel mit unserer Erde. Lichtvoll himmlisch wird diese Erde nur da und erst da, wo Gott in Jesus Christus sein Himmelslicht erdet. In Jesus Christus verendlicht sich seine Unendlichkeit in unserem Horizont. Aber durch sein Kommen in Jesus Christus öffnet er auch unseren Horizont, verunendlicht er unsere Endlichkeit. Und wenn das Licht in uns brennt, dann ist Advent!

Heilszeit?

Am ersten Advent hat ein neues Jahr, das neue Kirchenjahr angefangen, nicht so spektakulär wie der Jahreswechsel an Silvester oder an einem unserer runden Geburtstage. Passend dazu kam mir wieder eine kleine Geschichte in den Sinn, deren Herkunft ich leider nicht kenne:

Als Gott die Welt geschaffen hatte und allen Tieren ihre Lebenszeit bestimmen wollte, kam der Esel und fragte: Herr, wie lange soll ich leben? Dreißig Jahre, antwortete der Herr, ist dir das recht? Ach, Herr, erwiderte der Esel, das ist eine lange Zeit. Bedenke mein mühseliges Dasein, vom Morgen bis zum Abend schwere Lasten tragen [...] Erlass mir einen Teil der langen Zeit. Da erbarmte sich Gott und schenkte ihm zwanzig Jahre. Der Esel ging getröstet weg und der Hund erschien. Gott sprach: Dem Esel sind dreißig Jahre zu viel, du aber wirst damit zufrieden sein! Herr, antwortete der Hund, ist das dein Wille? Bedenke [...] habe ich erst die Stimme zum Bellen verloren und die Zähne zum Beißen, was bleibt mir übrig, als aus einer Ecke in die andere zu flüchten und zu knurren? Gott sah, dass er recht hatte, und erließ ihm fünfzehn Jahre. Dann kam der Affe. Gott bot auch ihm dreißig Jahre: Du brauchst nicht zu arbeiten und bist immer guter Dinge! Das sieht nur so aus, sagte der Affe, wie oft steckt tiefe Traurigkeit hinter allem Spaß! Dreißig Jahre halte ich nicht aus. Gott war gnädig und schenkte ihm zehn Jahre.
Da erschien der Mensch. Gott bot auch ihm dreißig Lebensjahre. Das ist entschieden zu wenig, empörte sich der Mensch, Herr, verlängere meine Zeit! Gott gab ihm die zwanzig Jahre des Esels dazu, aber der Mensch war noch immer nicht einverstanden. Das ist nicht genug, meinte er. So gab ihm Gott auch noch die fünfzehn Jahre des Hundes dazu. Das ist noch immer zu wenig, ich brauche mehr. So gab ihm Gott auch noch die zehn Jahre des Affen. Also lebte der Mensch fünfundsiebzig Jahre. Die ersten dreißig Jahre sind seine menschlichen Jahre, da lebt er gern, ist gesund und arbeitet mit Freude. Dann kommen die zwanzig Jahre des Esels, Jahre der Mühe und der Lastenschlepperei, voller Schläge und Tritte. – Dann kommen die fünfzehn Jahre des Hundes, da kann er nicht mehr recht zubeißen und stiehlt sich knurrend von einer Ecke in die andere. – Schließlich kommen noch die zehn Jahre des Affen, da wird er schwachköpfig und närrisch und zum Spott der Jüngeren.

Verfasser unbekannt

Das ist nur auf den ersten Blick eine lustige, ansonsten aber eher eine bittere Geschichte. Aber ist das Leben nicht wirklich so ähnlich? Nach den schönen Jahren der Jugend kommen die mühseligen

Jahre des getriebenen und geprügelten Packesels, dann die Hunde-
jahre des In-die-Ecke-geschoben-Werdens und schließlich die Jahre
des Affen mit der unfreiwilligen Komik der zweiten Kindheit? Und
das Ende von all dem ist dann der Tod.

Von dieser Lebenssicht ist Paulus mit den adventlichen Versen
seines Römerbriefes (Röm 13,11ff.) aber weit entfernt, wenn er
schreibt: »Jetzt ist das Heil uns näher als zu der Zeit, da wir gläubig
wurden.« Trotz des unbestreitbaren Heranrückens von Altern, Sterben und Tod ist uns das Heil, nicht das Unheil näher.

Wenn auch die Haare ausfallen und die Zähne, wenn wir faltig
werden wie alte Landkarten, ein Gedächtnis bekommen wie ein
Sieb, wenn wir abgezehrt sind wie ein ergrauter Packesel, ohne
Biss und mit allem Grund zu knurren und zu heulen wie ein
Schlosshund, genau dann sagt Paulus uns: »Jetzt ist das Heil uns näher als zu der Zeit, da wir gläubig wurden.« Nicht nur das Ende,
auch die Vollendung ist uns näher. Näher ist uns auch das Heil, das
wir nicht selber machen können, sondern mit uns machen lassen
müssen und dürfen.

Und dann benutzt Paulus auch noch das Bild vom anbrechenden
Tag und kehrt mit der hoffnungsvollen Dreistigkeit des Glaubens die
katastrophale Todesperspektive in die hoffnungsvolle Lebensperspektive um: »Die Zeit ist gekommen, vom Schlaf aufzustehen.« Er
schreibt nicht: Jetzt ist die Zeit, sich vom Acker zu machen, oder
sich in demselben begraben zu lassen.

»Die Nacht ist vorgerückt, der Tag ist nahe.« Er schreibt nicht:
Der Tag ist vorgerückt und die Nacht droht nun über uns herein-
zubrechen. Paulus vergleicht das Leben nicht mit dem Tag, sondern
mit der Nacht. Denn im Vergleich mit dem, was uns an Heil zuge-
dacht ist, ist dies Leben wie eine finstere Nacht.

Darum empfiehlt Paulus, aufzustehen vom Schlaf. Schlaf ist hier
eine Chiffre, ein Bild. Vom Schlaf aufstehen kann heißen, sich aus
der Bewusstlosigkeit unserer ameisenartigen Betriebsamkeit zu lösen. Vom Schlaf aufstehen kann heißen, das Leben in der Traum-
welt totaler Wunscherfüllung als Illusion zu entlarven oder das
Leben mit beängstigenden, albtraumartigen Zukunftsvisionen als
bloße Horrorschau der Heillosigkeit zu entlarven. Vom Schlaf auf-

stehen, das kann heißen, das Leben aus der Knechtschaft der Gedankenlosigkeit über Sinn und Ziel zu befreien.

Das empfiehlt Paulus: Steht auf! Werdet wach! Und dann wird die adventliche Frage drängend: Womit fülle ich meine Tage? Dämmere ich dahin mit dem gesellschaftlich verabreichten Schlafmittel Medien, ruhiggestellt mit dem Betäubungsmittel ameisenartiger Gschaftelhuberei? Ist mein Leben nur die Summe von bis zur Bewusstlosigkeit betriebenen Banalitäten, ein Sammelsurium existenzieller Schlafmützigkeit? Dämmere ich auch bloß aus dem umnachteten Leben bewusstlos in den verheißenen Tag ohne Abend? Ein heilsamer Ruck sollte in diesem Advent durch unser Leben gehen.

Ich wünsche uns, ganz gleich, ob wir noch in den Menschen- oder schon in den Esels-, Hunde- oder Affenjahren sind, ein heilsames Aufschrecken aus dem Dämmerschlaf, aus dem existenziellen Nickerchen, aus dem Halbchristentum. Vor allem wünsche ich uns in dieser Adventszeit, dass uns trotz aller bevorstehenden Esels-, Hunde- oder Affenjahre dann und wann aufdämmert: Welches Unheil auch drohen mag, jetzt ist uns das Heil näher, denn der Heiland ist im Kommen. Er wandelt die heillose Zeit in zeitloses Heil.

Trost

Händels »Messias« beginnt nach der Ouvertüre mit einem atemberaubend schönen Tenorsolo, dem Rezitativ »Tröstet, tröstet mein Volk, spricht euer Gott« und der Arie »Alle Tale macht hoch erhaben«. Dabei hat Georg Friedrich Händel die unsterblichen Worte des Propheten Jesaja vertont. Sie werden in der evangelischen Kirche am 3. Advent, in der katholischen am 2. Advent verlesen.

Es sind die Trostworte vom Anfang des 2. Jesajabuches. Sie erinnern uns an die Zeit des jüdischen Exils in Babylon. Im Jahr 587 vor Christus war Jerusalem zerstört worden, der Tempel in Schutt und Asche gelegt. Die Überlebenden, zumindest die Oberschicht, hatte man verschleppt und das Volk damit »kopf- und führungslos« gemacht.

Den fremden Göttern, den Symbolen für biologische Potenz, militärische Macht, wirtschaftlichen Reichtum, technologische Über-

legenheit hatte Israel nur seinen armseligen Wüstengott ent-
gegenzusetzen. Aber gegen die kulturell, militärisch, wirtschaftlich
erdrückende Überlegenheit der Siegermacht Babylon findet Israel
tiefer zum einen und einzigen Gott, zu einem auch theoretisch begründeten Monotheismus, für den die priesterschriftliche Schöp-
fungserzählung zum Beleg wird.

Hier tritt Jesaja auf und ruft den Leidenden zu: »Tröstet, tröstet
mein Volk, spricht euer Gott.« Ist das mehr als eine historische Reminiszenz? Hat ein jüdisches Prophetenwort, ein halbes Jahrtausend
vor Christus gesprochen, etwas mit unserer christlichen Hoffnung
zwei Jahrtausende nach Christus zu tun? Der Prophet spricht seinen
Trost hinein in die Trauer über den Verlust der Menschen sowie der
Heimat und über die Zerstörung des Tempels. Der Inhalt dieses
Trostes ist die Hoffnung auf den erlösenden Gott.

Einer, der selber trostlos ist, kann nur vertrösten, oft nicht einmal das. Trösten kann nur, wer selber Trost erfahren hat, selber getröstet ist. Aber was ist das, trösten? Trost hilft das sonst Unerträgliche ertragen, aber nicht durch leere Worte, sondern gestützt auf
eine Hoffnungsbotschaft. Dann bleibt es für den Getrösteten nicht
beim verbalen Trostpflästerchen. Ein wirklicher Trost ändert die Lebenshaltung und das Lebenswerk. Das ist nicht immer leicht, wie
ein jüdisches Sprichwort sagt: »Schwerer als Israel aus dem Exil zu
holen, ist es, das Exil aus Israel zu holen.«

Der Trost ist so eine Gabe zum Leben und zum Überleben, aber
verknüpft mit einer Aufgabe. Und auch die benennt Jesaja: »Bahnt
für den Herrn einen Weg durch die Wüste! Baut in der Steppe eine
ebene Straße für unsern Gott!«

Mit dem Weg durch die Wüste und die Steppe ist auch die
Wüstenlandschaft im Innern des Menschen gemeint, wo nichts
mehr wächst, außer den Dornen und Disteln der Kümmernisse.
Gerade durch die Wüste von Zweifel und Verzweiflung kommt
Gott auf uns zu. Die Wüste ist auch Ort der Stille, der Einkehr
und der Umkehr. Das ist die große mystische Erfahrung aller Religion. Sie braucht den Weg in die Wüste, braucht die Versuchung,
die verstörende Einsamkeit, den Abbruch aller Sicherheiten, aller
Bilder und Lehrsätze. Dann, wenn alles leer und still geworden

ist, dann öffnet sich ein neuer Weg, der zum entgegenkommenden Gott.

»Jedes Tal soll sich heben, jeder Berg und Hügel sich senken«, sagt Jesaja. Und wir dürfen ergänzen: auch das Tal der Tränen und der Verzweiflung, auch die Berge der Angst und der alltäglichen Sorge, die den weiten Horizont unserer Hoffnung zugestellt haben.

»Was krumm ist, soll gerade werden«, sagt Jesaja. Im Deutschen sprechen wir davon, dass jemand krumme Touren macht, auf die schiefe Bahn gerät, krumme Dinger dreht. Gott geht geradeaus, er geht als Mensch und geradewegs auf uns Menschen zu. Und wir bereiten ihm den Weg, wenn wir die krummen Touren und die krummen Dinger aufgeben.

»Die Herrlichkeit des Herrn, alle Sterblichen werden sie sehen. Ja, der Mund des Herrn hat gesprochen«, sagt Jesaja. Das ist die über den Tod hinausweisende Hoffnung, die langsam in Israel Gestalt annimmt und im dritten vorchristlichen Jahrhundert zur Auferstehungshoffnung wird. »Die Herrlichkeit des Herrn, alle Sterblichen werden sie sehen.« Das vollendet sich im Auferstehungsglauben der Christen, den wir durch Jesus Christus haben und in jeder Eucharistie feiern.

»Seht da ist euer Gott. Seht, Gott der Herr, kommt mit Macht.« Keine Religion kann das so bedeutungs- und gehaltvoll sagen wie die christliche, die an das Kommen, ja das Gekommensein Gottes in unsere Zeit glaubt und auf das Wiederkommen Gottes am Ende unserer Zeit hofft und die für diesen Glauben und diese Hoffnung einen Namen hat: Jesus Christus.

Die französische Sozialarbeiterin, Schriftstellerin und katholische Mystikerin des Alltags, Madeleine Delbrêl (1904–1964), hat die adventliche Dimension unseres Christseins in den grauen unspektakulären Alltag unseres Lebens hineinbuchstabiert:

Lasst euch finden

Geht in euren Tag hinaus ohne vorgefasste Ideen,
ohne die Erwartung von Müdigkeit,
ohne Plan von Gott, ohne Bescheidwissen über ihn,

ohne Enthusiasmus,
ohne Bibliothek –
geht so auf die Begegnung mit ihm zu.
Brecht auf ohne Landkarte –
und wisst, dass Gott unterwegs zu finden ist,
und nicht erst am Ziel.
Versucht nicht, ihn nach Originalrezepten zu finden,
sondern lasst euch von ihm finden
in der Armut eines banalen Lebens.

Madeleine Delbrêl

Der Trost ist fähig, das Tal der Tränen und der Verzweiflung zu überbrücken und den Berg der Angst und Hoffnungslosigkeit zu untertunneln, wenn er auf das Entgegenkommen des menschlich unverständlichen und unverständlich menschlichen Gottes setzt. Der keineswegs nur witzige Wilhelm Busch hat einmal gesagt: »Nur in der Tiefe der Seele, mithilfe jener Kraft, die stärker ist als alle Vernünftigkeit, kann Trost und Ruhe gefunden werden.« Und in diesem Trost in der Tiefe der Seele ist schon Gott selbst geistvoll da und am Werke. Und wo wir nichts Trostvolles finden, dürfen wir uns finden lassen von dem, den Christus den Tröster nennt, von seinem Heiligen Geist.

Gottlose Welt – weltloser Gott?

Der Advent neigt sich seinem Ende zu, reicht mehr und mehr an Weihnachten heran. Der Advent sagt uns, die Niederkunft eines Kindes ist die Ankunft Gottes und die Zukunft des Menschen. Zwei Gestalten der Heiligen Schrift sind es, die in besonderer Weise diesen Advent prägen: Johannes der Täufer und Maria, die Mutter Jesu.

Bei Johannes dem Täufer fällt mir zweierlei auf. Da sind zunächst seine klaren und unerbittlich wirkenden Forderungen: »Wer zwei Gewänder hat, der gebe eines davon dem, der keines hat, und wer zu essen hat, der handle ebenso« (Lk 3,11). Weil er, der Asket, wohl selbstverständlich so gelebt hat, darum faszinierte er damals wie heute. Das heißt im Klartext: Bekehrt nicht die anderen, sondern bekehrt euch selbst. In der Politik, in den Medien, in der Wirtschaft werden doch zumeist nur Forderungen an andere erhoben. Die Opposition fordert die Regierung ultimativ auf, endlich ihre Unfähigkeit und Unlauterkeit zuzugeben … Die Gewerkschaften fordern, die Arbeitgeber sollten sich nun endlich auf die Arbeitsplatzgarantie festlegen … Die Arbeitgeber fordern von der Politik, sie möge nun endlich ein Unternehmerförderungsgesetz beschließen … Die Medien, voll von indiskreter Klatschhaftigkeit, fordern von Politik und Wirtschaft eine Transparenz bis aufs Klo … Forderungen wohin man sieht und hört.

Die Struktur ist immer die gleiche: Wenn die anderen sich ändern, wenn die anderen tun, was ich will, dann wird es endlich besser auf der Welt. Johannes sieht das anders. Die folgenreichste und erfolgreichste Besserung der Welt ist die, sich selbst zu bessern. Heil wird diese Welt da, wo Heilige in ihr zu Werke gehen im Denken, Reden und Tun.

Und der andere Gestus des Johannes ist der, sich selbst nicht zum Heroen, zur Lichtgestalt, zum Erlöser der Welt stilisieren zu lassen, und wenn es auch der eigenen Eitelkeit noch so sehr schmeichelt. Johannes weist von sich weg auf den nach ihm kommenden Größeren, den wirklichen Herrn der Welt. »Ich taufe euch nur mit Wasser. Es kommt aber einer, der stärker ist als ich, und ich bin es nicht wert, ihm die Schuhe aufzuschnüren. Er wird euch mit dem Heiligen Geist und mit Feuer taufen« (Lk 3,16). Johannes, der Vorläufer, weiß um seine Endlichkeit und Vorläufigkeit, und darum setzt er auf die Unendlichkeit und Endgültigkeit Gottes. So ist er mit seinem ganzen endlichen Leben Hinweis geworden auf den unendlichen Gott des Lebens.

Und die zweite große Gestalt des Advent ist Maria. So wenig wie wir kennt auch sie die Wege Gottes. Und eben darum fragt sie: »Wie soll das geschehen?« (Lk 1,34). Und sie erhält zur Antwort: Das darfst du getrost Gott überlassen. Sein Geist, seine Kraft werden in dir und durch dich wirksam. Das gilt nicht nur für das singuläre Geschehen damals mit Maria, das ist eine Grundstruktur der ganzen Heilsgeschichte. Wir mögen ja sagen, ich bin weder Frau noch Jungfrau, was habe ich damit zu tun? Das Wort an Maria gilt in je spezieller Weise auch für uns: »Heiliger Geist wird über dich kommen, und die

Kraft des Höchsten wird dich überschatten« (Lk 1,35). Und diese Zusage Gottes befähigt Maria, ihr Ja zu sagen, zur Führung und Fügung
Gottes. »Ich bin die Magd des Herrn; mir geschehe, wie du es gesagt
hast« (Lk 1,38). Das können und sollen auch wir; denn in der Zumutung Gottes ist immer auch eine Ermutigung Gottes an uns mitgege-
ben. Auch im Leben Marias gibt es das Unverständnis und das Missverständnis über Wort und Werk Jesu. »Wer ist meine Mutter und wer
sind meine Brüder? […] Wer den Willen Gottes tut, der ist für mich
Bruder, Schwester und Mutter« (Mk 3,3ff.). Aber Maria trägt den, der
im Letzten uns trägt und erträgt. Das gibt ihr die Kraft für den Weg
auch bis unters Kreuz, bis zum leeren Grab und bis in den Pfingstsaal,
die Geburtsstube der Kirche. Christen können – wie Maria – tun, was
sie nicht tun könnten, wenn sie es nicht mit Gott zu tun hätten.

Wir, Frauen wie Männer, sollen und können auch den mensch-
lichen Gott tragen und austragen. Wir sollen den menschlichen
Gott genau da zur Welt bringen, wo Gott uns hingestellt hat. Wo
Gott durch den Menschen zur Welt kommt, haben die beklagte
Weltlosigkeit Gottes und die Gottlosigkeit der Welt ein Ende.

Bei aller Vorläufigkeit unseres Daseins gilt es: mit ganzer existenzieller Konsequenz die Forderungen Gottes selber zu leben versuchen
und mit ganzer existenzieller Konsequenz von sich selbst weg – und
auf den kommenden, den menschlichen und menschlich entgegenkommenden Gott hinweisen. Das ist das adventliche Vorbild des Johannes.

Bei allem Unverständnis unseres Daseins und des Handelns Gottes gilt es: mit ganzer existenzieller Konsequenz Ja zu sagen zu Gottes Fügung und Führung im eigenen Leben und mit ganzer existenzieller Konsequenz Gott da zur Welt bringen und die Welt da zu
Gott bringen, wo wir leiden, leben und lieben. Das ist das adventliche Vorbild Mariens.

Johannes und Maria. Das sind die zwei großen Gestalten und Gestalter des Advent. Sie leben auf Christus hin und sie leben von ihm
her. Gestalten wir unser Leben im Blick auf diese adventlichen Vorbilder und werden wir somit Gestalten und Gestalter der Heilsgeschichte Gottes, damit Gott zur Welt und die Welt zu Gott
kommt.

Existenzfrage?

Die überragende Gestalt des Advent, der Verbindungsmann zwischen dem Alten und dem Neuen Bund ist Johannes der Täufer. Das Neue Testament stellt ihn uns als einen wortgewaltigen charismatischen Bußprediger vor Augen und Ohren. Der zieht keine schmierige Unterhaltungs-Talkshow ab. Er redet den Menschen nicht lauwarm nach dem Mund, er redet nicht um den heißen Brei herum. Er redet den Menschen mit existenziellem Nachdruck ins Gewissen, und zwar nicht nur den Kleinen, sondern auch und gerade den Mächtigen. Er lockt die Menschen aus ihrer bürgerlichen Behäbigkeit in die Wüste und vollzieht an den Umkehrwilligen die Bußtaufe im Jordan.

Und wahrscheinlich hat er deshalb Erfolg, weil er nicht seine eigene Befindlichkeit beschwätzt, sondern weil er kompromisslos vom richtenden und rettenden Gott predigt und weil er selber kompromisslos lebt, was er predigt. Leben von Heuschrecken und wildem Honig, das war keine Ökogenießer-Finesse. Klamotten aus Kamelhaar, das waren keine Designerstücke aus der Haute Couture der Antike. Das war Askese pur, das war der existenzielle Beleg für die Ernsthaftigkeit und Dringlichkeit seiner Worte.

Dieser Johannes hat auch König Herodes Antipas attackiert wegen dessen außerehelichen Eskapaden mit seiner Schwägerin Herodias. Mächtige mochten damals und mögen heute keine Kritik, und sei sie noch so berechtigt. Johannes wird daher gefangen gesetzt in der Bergfeste Machärus und findet letztlich wegen einer Sektlaune oder Schnapsidee der High Society ohne Prozess den Tod durch Enthauptung. Man geht über Leichen und präsentiert das abgeschlagene Haupt als Nervenkitzel und Partygag.

Aber dieser Johannes hat nicht nur eine harte Außenseite, sondern auch eine weiche Innenseite. Im Gefängnis, den wohl sicheren Tod vor Augen, beschleichen ihn Zweifel an seiner Sendung. Wofür habe ich gelebt? War mein Lebensprojekt sinnvoll? Wer und wo ist der, für den ich hinweisender Vorläufer oder vorläufiger Hinweiser gewesen bin? War meine Predigt, war mein ganzes Leben ein Irrtum, ein großes Missverständnis? Hier kommt der überzeugte und überzeugende Mann an seine Grenze. Und in dieser äußeren und inneren Lebenskrise schickt er aus dem Gefängnis seine Jünger zu Jesus mit der entscheidenden Frage: »Bist du der, der kommen soll, oder müssen wir auf einen anderen warten?« (Mt 11,3).

Und jetzt ist doch wohl ein klares Wort Jesu gefragt. Aber der scheint nicht einmal auf die Frage des Johannes einzugehen, geschweige denn, sie zu beantworten. Er schwadroniert, wie wir es vom Politikergeschwafel kennen, an der Frage vorbei, so scheint es. Er brauchte doch nur »Ja« oder »Nein« zu sagen. Ja, ich bin der, der da kommen soll. Oder: Nein, tut mir leid. Sie müssen mich verwechselt haben. Stattdessen lautet seine Antwort: »Geht und berichtet Johannes, was ihr hört und seht: Blinde sehen wieder und Lahme gehen; Aussätzige werden rein und Taube hören; Tote stehen auf und den Armen wird das Evangelium verkündet. Selig ist, wer an mir keinen Anstoß nimmt« (Mt 11,4ff.). Ist das ein Hohn auf die Existenzfrage des Johannes? Ganz sicher: Nein! Wer, wie Johannes, das Alte Testament genau kennt, der muss hellhörig werden bei Jesu Antwort; denn der zitiert die schon damals Jahrhunderte alte Verheißung des Jesaja: »[Gott] selbst wird kommen und euch erretten. Dann werden die Augen der Blinden geöffnet, auch die Ohren der Tauben sind wieder offen. Dann springt der Lahme wie ein Hirsch, die Zunge des Stummen jubelt« (Jes 35,5). Das heißt im Klartext: Wenn der Messias Gottes, wenn Gott selbst kommt, dann widerfährt den Blinden, Tauben, Stummen, Lahmen Heilung und Heil. Und damit verweist Jesus auf sein eigenes heilendes und heiligendes Tun. Jesu Antwort an Johannes ist verschlüsselt, für Kenner der Heiligen Schrift aber völlig eindeutig. Und so wird die Antwort Jesu für Johannes ein heimlicher, aber tiefer Trost.

»Bist du der, der da kommen soll?« So fragen wir auch heute mit einem manchmal zweifelnden Blick auf Jesus Christus. Und seine Antwort damals wie heute lautet: Ja, überall da bin ich im Kommen, wo dem Menschen Heil widerfährt, wo die Augen der Blinden, der Kriegsblinden, der Tränenblinden und der Seelenblinden aufgetan werden. Ja, überall da bin ich im Kommen, wo die Ohren der Gehörlosen, der Schwerhörigen und derer, die nicht zuhören wollen oder können, aufgetan werden. Ja, überall da bin ich im Kommen,

35

wo die Lahmen, die, die nicht gehen können oder nicht aufeinander zugehen wollen, gehen lernen, umgänglich und zugänglich werden. Ja, überall da bin ich im Kommen, wo die Stummen, wo die, die sich kein (gutes) Wort mehr sagen, die sich nichts mehr zu sagen haben, ansprechend und ansprechbar werden, wo die ohne Sitz und Stimme endlich zu Worte kommen. Und Jesus geht sogar noch über die Verheißung des Jesaja hinaus, wenn er anfügt: »Tote stehen auf und Armen wird das Evangelium verkündet!«

Jesus gibt Antwort auf die Frage des Täufers und auf unsere existenzielle Frage: »Bist du der, der da kommen soll, oder müssen wir auf einen anderen warten, müssen wir uns das Heil von einem anderen erwarten?« Seine zwar biblisch verschlüsselte, aber doch so eindeutige Antwort ist: Ja, auf mich könnt ihr eure Hoffnung bauen, auf mich könnt ihr im Leben und sogar noch im Sterben bauen.

Diese Antwort enthebt uns nicht der Sorge angesichts einer heillosen Welt. Sie nötigt uns, das Heil Gottes dahin zu tragen, wo die Welt heillos ist, damit sein Kommen auch da und gerade da erfahren werden kann, wo das Unheil zu triumphieren scheint. Die Antwort Jesu an Johannes lässt auch uns wissen: »Ja, ich bin der, der da kommen soll, und wo immer ihr Heil erfahrt, da bin ich schon am Werke. Ihr braucht auf keinen anderen Heilsbringer zu warten.«

Ave Eva!

Zwei Gestalten der Heilsgeschichte prägen den Advent in besonderer Weise, Johannes der Täufer und Maria, die Mutter Jesu. Beiden ist gemeinsam, dass sie nicht sich, sondern Jesus Christus in den Mittelpunkt ihre Denkens und Tuns stellen. Die Berufung Mariens durch den Engel Gabriel ist tausendmal gemalt worden, mit furchterregenden, mächtigen, beflügelten Engeln und einem eingeschüchterten jungen Mädchen, das kniend im Gebet mit niedergeschlagenen Augen die Zumutung der Botschaft Gottes entgegennimmt. Oder sie ist dargestellt als eine dem Engel ebenbürtig erscheinende junge Frau, die nachfragt und den Dialog mit dem Engel wagt. Eine hübsche Mythologie sagen aufgeklärte Zeitgenossen, wenn sie wohlmeinend sind, Humbug, sagen die übellaunigen. Nun sollte

man sich den Engel nicht als himmlisches Federvieh oder humanoi-
den Flugsäuger vorstellen, sondern als das, was der Name Engel,
vom lateinischen *angelus*, besagt: Bote Gottes. Die Flügel hat ihm
eine fantasievolle Ikonografie nur deshalb angeheftet, weil man
den Himmel über den Wolken wähnte und der Bote Gottes ja
schließlich irgendwie die Distanz zwischen Absender und Adressat
überbrücken musste.

»Sei begrüßt, du Begnadete, der Herr ist mit dir. [...] Fürchte
dich nicht Maria; denn du hast bei Gott Gnade gefunden.« So beschreibt Lukas im ersten Kapitel seines Evangeliums den Gruß des
Engels. Die Gnade Gottes oder die Begnadung durch Gott ist keine
Auszeichnung, die man sich für vormals schon Geleistetes konsequenzlos ans Revers heften oder als Verdienstkreuz am Bande um-
hängen lassen kann. Die Gnade Gottes ist Gabe und Aufgabe, sie ist
Zumutung und Ermutigung zugleich. Sie macht einen Strich durch
den Lebensplan dieser jungen Frau und ihres Verloben. In ihrem Fall
heißt die Zumutung, zu der sie auch noch ja sagen soll: »Du wirst
ein Kind empfangen, einen Sohn wirst du gebären [...] Er wird groß
sein und Sohn des Höchsten genannt werden.« Maria fragt nach,
und der Engel, der Bote Gottes, gibt mit Verweis auf den Heiligen
Geist eine schwer zu verstehende und schwer nachvollziehbare Antwort. Soviel dürfte ihr klar geworden sein: Gott will dich, diese Maria aus Nazaret, in Dienst nehmen; wie, das darfst du ihm überlassen. Und wenn dir Gottes Vorhaben mit dir auch sonderbar oder gar
unmöglich erscheint, so lässt der Bote Gottes dich wissen: »Bei Gott
ist nichts unmöglich.« Eine überhebliche Autofirma hat sich dieses
Gottesattribut der Allmacht zum Werbeslogan gemacht: Nichts ist
unmöglich! Manche Techniker und Tüftler pflegen, um sich selbst
Mut zu machen, auch den Ausspruch: Geht nicht, gibt's nicht! Das
tun sie solange, bis sie merken: Geht nicht, gibt's oft! Irgendwann
sind wir mit unserem Latein alle am Ende und es geht nichts mehr.

Es kommt mir bei genauerem Hinsehen so vor, als werde hier
nur im antik-orientalischen Gewande die Struktur jeder Berufung
erzählt. Der Anspruch und Zuspruch Gottes vorgetragen durch seinen Boten lautet auch heute für Sie und mich: Der Herr ist mit dir!
Und: Du hast Gnade gefunden bei Gott. Du bist ein von Gott begna-

deter Mensch. Und nach diesem Zuspruch kommt für Sie und mich der Anspruch Gottes: Du wirst ... Du sollst ... Du kannst ... Und dann dürfen wir nachfragen: Wie, wo, warum soll das geschehen? Warum gerade ich? Wir werden keine umfassend plausible Antwort erhalten, sondern nur die Zusage: »Der Heilige Geist wird über dich kommen, und die Kraft des Höchsten wird dich überschatten« (Lk 1,35). Was das für Maria hieß, erzählen uns im Nachhinein die Evangelien, von der Geburt ihres Kindes im Viehunterstand bis zum Tod ihres Kindes am Kreuz, vom Holz der Krippe bis zum Holz des Kreuzes. Das ist, wie es scheint, ein einziger Holzweg und doch Gottes Heilsweg. Ihr selber war das alles – nach Auskunft derselben Evangelien – im Vorhinein auch nicht klar. Später in ihrem Leben weist sie auf den noch immer unverstandenen, nun aber erwachsenen Sohn und sagt ihren ratlosen Zeitgenossen: »Was er euch sagt, das tut« (Joh 2,5).

Auch uns ist, wenn auch mit anderen Lebenskonsequenzen, die Zusage gegeben: »Der Heilige Geist wird über dich kommen, und die Kraft des Höchsten wird dich überschatten.« Das ist eine Zusage: Der Heilige Geist, d. h. der Geist des heilenden und heiligenden Gottes, die Inspiration Gottes wird über uns kommen. Die Kraft des Höchsten wird auch uns inspirieren, wann immer wir ihrer bedürfen und wann immer Gott unserer bedarf. Aber nicht der Zuspruch und Anspruch Gottes allein ist entscheidend. Er gibt uns wie Maria die Möglichkeit zum Einspruch, ja zum Widerspruch gegen seine Pläne. Wir können und dürfen wie Maria bei Gott auch nachfragen, was er sich dabei und wie er sich all das gedacht hat. Bei Gott ist nichts unmöglich, auch nicht unsere kritische Nachfrage.

Maria gibt auf die Anfrage des Boten Gottes eine Antwort, die auch für uns beispielhaft ist: »Ich bin die Magd [resp. der Knecht] des Herrn; mir geschehe, wie du es gesagt hast« (Lk 1,38). Gott legt wie bei Maria Wert auf unsere Einwilligung in seine Pläne. Er will nicht gegen uns, sondern mit uns und durch uns seine Heilspläne verwirklichen. – Ja, wenn wir uns in unserem Leben auf Gottes Zuspruch und Anspruch einlassen, wenn wir uns auf Gottes Zumutung und mit Gottes Ermutigung auf seine Pläne einlassen, dann kommen wir wie die sprichwörtlich gewordene Jungfrau ans Kind.

Durch uns macht Gott das Menschen-Unmögliche möglich und das
Unmenschen-Mögliche unmöglich. Er setzt auf unsere Mitwirkung
und befähigt uns zur Mitwirkung, dass aus unserer schuldhaften Un-
heils- seine gnadenhafte Heilsgeschichte für uns wird. Und dann
können wir tun, was wir nicht tun könnten, wenn wir es nicht mit
Gott zu tun hätten. Die mythologische erste Eva (hebr.: die Leben
Gebende) hat mit ihrer Hybris Unheil und Tod in die Menschheit
gebracht. Maria, die historische zweite Eva, hat mit ihrer Demut
den in die Welt gebracht, der Heil und Leben gibt. Ave Maria, ave
Eva!

Heils-Geschichts-Buch

Immer wieder taucht die Frage auf, wann Jesus denn nun genau gelebt und gewirkt habe. Darauf gibt uns das Lukasevangelium (Lk 3)
ein paar gute Hinweise; es ist zwar kein Geschichts- wohl aber ein
Heilsgeschichtsbuch.

»Im 15. Jahr der Regierung des Kaisers Tiberius.« Tiberius war
von 14 bis 37 nach Christus römischer Kaiser, vom Jahr 11 nach
Christus an war er allerdings schon Mitregent. »Pontius Pilatus war
Statthalter von Judäa.« Das war er in den Jahren von 26 bis 36 nach
Christus. Dann werden die »Viertelkönige« genannt: Herodes Antipas regierte von 4 vor bis 39 nach Christus die Region Galiläa, sein
Halbbruder Philippus von 4 vor bis 34 nach Christus Transjorda-
nien, Lysanias, gestorben zwischen 28 und 37 nach Christus, regierte nordwestlich von Damaskus die Region Abilene. Schließlich werden noch die religiösen Autoritäten genannt, die Hohepriester
Hannas, der von 6 bis 15, und sein Schwiegersohn, Kajaphas, der
von 18 bis 36 nach Christus dieses Amt innehatte. Damit wird für
das Geschehen um Johannes den Täufer und Christus ein histori-
sches Zeitfenster aufgewiesen. Mit Rekurs auf den Kaiser und seinen
Statthalter wird das Geschehen weltgeschichtlich und mit Rekurs
auf die palästinensischen Potentaten lokalhistorisch geortet.

Aber Lukas stellt auch noch die religiöse Bedeutung Jesu heraus,
indem er einen Stammbaum kreiert (Lk 3,23–38), der von Jesus bis
Adam reicht und Abraham wie David als Ahnen führt. Im Stamm-

baum bis hin zu Adam verweist er auf die alle Zeit umfassende, die Zeit umgreifende und übergreifende Bedeutung Jesu. Hierbei werden der Urheber des Unheils und der Stammvater einer Menschheit in der Gottesferne einerseits und der Urheber des Heils und der personale Vermittler der Gottesnähe andererseits miteinander verbunden. Eine Adam-Jesus-Typologie ist damit grundgelegt.

Und nach dieser weltgeschichtlichen Einordnung zitiert Lukas die Mahn- und Trostworte vom Anfang des 2. Jesajabuches. Sie erinnern uns an die Zeit des jüdischen Exils in Babylon. Im Jahr 587 vor Christus war Jerusalem zerstört worden, der Tempel in Schutt und Asche gelegt. Zumindest die Oberschicht, hatte man verschleppt und das Volk damit »kopf- und führungslos« gemacht. Aber gegen die kulturell, militärisch, wirtschaftlich erdrückende Überlegenheit der Siegermacht Babylon findet Israel tiefer zum einen und einzigen Gott, zu seinem Monotheismus.

Wie der Prophet Jesaja dem Volk Israel unter babylonischer Herrschaft Trost und Hoffnung zugesprochen hat, so tut das auch Lukas für seine unter der jüdischen und der neronischen Christenverfolgung leidenden Christen. Ist das mehr als eine historische Reminiszenz? Hat ein jüdisches Prophetenwort ein halbes Jahrtausend vor Christus gesprochen etwas mit unserer christlichen Hoffnung zwei Jahrtausende nach Christus zu tun? Jesaja und Lukas sprechen ihre Trost- und Hoffnungsbotschaft hinein in die Trauer über den Verlust von Menschen, den Verlust der Heimat und in die Trauer über die Zerstörung ihrer religiösen Identität. Der zeitübergreifende Inhalt dieser Trost- und Hoffnungsbotschaft ist der erlösende Gott.

Einer, der selber trostlos ist, kann nur vertrösten, oft nicht einmal das. Trösten kann nur, wer selber Trost erfahren hat, selber getröstet ist. Dann bleibt es für den Getrösteten auch nicht beim verbalen Trostpflästerchen. Ein wirklicher Trost ändert die Lebenshaltung und das Lebenswerk. Trost und Hoffnung sind Gaben zum Leben und zum Überleben, aber verknüpft auch mit Aufgaben. Und auch die benennt Lukas, indem er Jesaja zitiert: »Bereitet dem Herrn den Weg! Ebnet ihm die Straßen!«

Mit dem Weg durch die Wüste und die Steppe ist auch die Wüstenlandschaft im Innern des Menschen gemeint, wo nichts mehr wächst, außer den Dornen und Disteln der Kümmernisse. Gerade durch die Wüste von Zweifel und Verzweiflung kommt Gott auf uns zu. Die Wüste ist auch Ort der Stille, der Einkehr und der Umkehr. Das ist die große mystische Erfahrung aller Religion. Sie braucht den Weg in die Wüste, braucht die Versuchung, die verstörende Einsamkeit, den Abbruch aller Sicherheiten, aller Bilder und Lehrsätze. Wenn alles leer und still geworden ist, dann öffnet sich ein neuer Weg, der zum entgegenkommenden Gott.

»Jede Schlucht soll aufgefüllt werden, jeder Berg und Hügel sich senken«, sagt Lukas und zitiert dabei wieder Jesaja. Und wir dürfen ergänzen: Auch das Tal der Tränen und der Verzweiflung kann aufgefüllt, auch die Berge der Angst und der alltäglichen Sorge, die den weiten Horizont unserer Hoffnung zugestellt haben, sollen und können abgetragen werden.

»Was krumm ist, soll gerade werden, was uneben ist, soll zum ebenen Weg werden«, sagt Lukas und zitiert auch hier wieder Jesaja. Wo Menschen krumme Touren machen, auf die schiefe Bahn geraten, krumme Dinger drehen, Umwege und Schleichwege gehen, da nimmt Gott in Jesus Christus als Mensch den Vertrauen stiftenden geraden Weg und geht geradewegs auf uns Menschen zu. Und wir Menschen bereiten ihm den Weg, indem wir die krummen Touren lassen und uns an seiner menschlichen Geradlinigkeit orientieren.

»Und alle Menschen werden das Heil sehen, das von Gott kommt«, sagt Lukas und zitiert wiederum Jesaja. Das ist die über den Tod hinausweisende Hoffnung, die langsam in Israel Gestalt annimmt und schließlich zur Auferstehungshoffnung wird. Das vollendet sich im Glauben an Jesus Christus und die Auferstehungshoffnung, die wir durch ihn haben und feiern.

Keine Religion kann das so bedeutungs- und gehaltvoll sagen wie die christliche, die an das Kommen, ja das Gekommensein Gottes in unsere Zeit glaubt und auf das Wiederkommen Gottes am Ende unserer Zeit hofft und die für diesen Glauben und diese Hoffnung einen Namen hat: Jesus Christus. Der Glaube an den entgegenkommenden, ja entgegengekommenen Gott ist fähig, das Tal der Tränen und der Verzweiflung zu überbrücken und den Berg der Angst und

Hoffnungslosigkeit zu untertunneln. Wir Christen setzen auf das Entgegenkommen des menschlich unverständlichen und zugleich unverständlich menschlichen Gottes.

1.2 Weihnachtszeit

Texte für die Weihnachtszeit

Der Ewige verzeitlicht, das Zeitliche verewigt

Ich fange mit einer ernst zu nehmenden Mahnung von Martin Luther an und muss doch gleich gestehen, dass ich mich an sie nicht halten kann und darf.

> Ich sage besonders den Predigern, dass sie bei der Krippe anfangen und die hohen Spekulationen lassen, mit denen man hinaufklettert unter die Engel und will Gott nachgehen in seiner Majestät. Wenn du lange studiert hast, dass Gott sei von unbegreiflicher Weisheit, was hast du erreicht? Nur ein verzweifeltes Herz. Aus solchen Leuten werden Gämsensteiger, die sich den Hals brechen. Die rechten Doktoren sind nicht die, die im Himmel anfangen und erst das Dach bauen. Wenn sie sich mit dem Kopf durch den Himmel bohren und sehen sich im Himmel um, da finden sie niemand. Denn Christus liegt in der Krippe. Hier sieh her, fang unten an und nicht oben! Das sind weise Leute gewesen, die alle Spekulationen beiseite gelassen und gelehrt haben: Führe sie in den Stall und sieh, wie er in der Krippe liegt! (bei OB, 31; WA 9, 406, 15–20)

Sich »mit dem Kopf«, sprich intellektuell und argumentativ, »durch den Himmel bohren«, wie Luther es nennt, und sich, wenn man überhaupt dahin gelangt, im Himmel umsehen, das mag vielleicht wirklich ergebnislos enden. Die meisten Experten der Philosophie, soweit sie überhaupt etwas mit Gott anzufangen wissen, enden so – ohne Befund. Aber vielleicht bohren sie sich ja auch nur durch bis ins Nirwana. Und deshalb sehen sie: Nichts. Ist das nicht reichlich frustrierend?

Gott mit den Ausfällen und Einfällen meiner Hirnwindungen wie mit einem dürftigen Lasso einfangen zu wollen und die Existenz Gottes dann zu bestreiten, wenn mir das nicht gelingt, das ist Hybris in Perfektion. In der dünnen Luft der Abstraktion bleibt für ein Wesen mit Fleisch und Blut keine Luft mehr zum Atmen, geschweige denn zum Denken. Dann mag man, um mit Luther zu sprechen, »nur ein verzweifeltes Herz« bekommen.

Aber genügt es umgekehrt, irgendein oder irgendwelche Kindchen zu begucken und dabei die religiöse Anwandlung einer Gottesbegegnung zu bekommen. Spielen uns da nicht bloß das biologische Kindchenschema und der eigene Hormonspiegel von Oxytocin und Prolaktin einen Streich? Ist das nicht reichlich naiv zu meinen, Gott sei in einem Kind zu finden? Ist das Argument nicht windelweich und so anrüchig wie volle Kinderwindeln? Die Intellektuellen und Akademiker sehen nichts als ein waghalsiges Gedankengebäude und darin oder dahinter nichts, was der Rede wert wäre, was zur Gottesrede berechtigte. Und die Praktiker und Pragmatiker sehen nur ein Kind und in das hinein projizieren sie eine Gotteserfahrung. Wem sollen wir trauen? Weder dem Einen noch dem Anderen oder doch beiden zusammen?

Das weihnachtliche Festgeheimnis in einem Satz zusammengefasst lautet: Und das Wort (der Logos) ist Fleisch geworden. Das Absolute und Geistige ist zu etwas Bedingtem und Materiellem geworden, das Ewige ist in der Zeitlichkeit geerdet, das Unendliche verendlicht sich im endlichen Menschen-Kind. Das ist nach Nikolaus von Kues der Zusammenfall der Gegensätze von unbegrenzt und begrenzt, von absolut und bedingt, von geistig und materiell, von ewig und zeitlich.

Gott ist allgegenwärtig, das heißt, er ist in Zeit und Ewigkeit, im Diesseits und Jenseits unserer Erfahrungen. Genau das feiern wir, dass Gott in dieser Welt ist, so immanent wie ein bedürftiger Säugling, und dass er nicht von dieser Welt ist, sondern so transzendent wie der absolute Geist.

Wer Gott nur im Zeitlichen, Endlichen, Bedingten, Materiellen sucht, ist auf dem einen Auge blind. Wer Gott nur im Ewigen, Unendlichen, Unbedingten und Geistigen sucht, ist auf dem anderen Auge blind.

Gott muss uns in Raum und Zeit hinein die Hand reichen, in Raum und Zeit hinein sprechen, damit wir Erdlinge in Raum und Zeit überhaupt etwas von ihm vernehmen, etwas von ihm wahrnehmen und bedenken können. Er muss also, wenn er bei uns ankommen will, ein Erden-Kind werden.

Zugleich aber kann er nicht aufgehen und untergehen in dem, was wir denken. Er ist mit dem winzigen und dazu löchrigen Netz unserer menschlich-allzumenschlichen Hirngespinste nicht zu fangen. Eher kann man mit einem Schmetterlingsnetz die Sonne und ihre Planeten einfangen. Er ist und bleibt für alle Philosophie, Theologie und sonstige Wissenschaft der absolute und unfassbare Logos. Wir haben ihn nicht als beweisbares Ergebnis unseres Denkens, sondern nur als erahnbares Geschenk seiner Gnade.

Eine alte römische Weisheit, die sich auch auf dem Grabmal des Gründers der Gesellschaft Jesu, des Ignatius von Loyola findet, sagt das so: »Non coerceri maximo, contineri minimo, divinum est.« Vom Größten nicht begrenzt, vom Kleinsten umschlossen zu sein, das ist göttlich. Hölderlin übersetzt in seinem Hyperion so: »Vom Größten nicht begrenzt, vom Kleinsten umfasst zu sein, das ist göttlich.«

Weihnachten sagt uns: Gott ist vom Größten nicht begrenzt und umfasst, aber er ist doch im Kleinsten ganz umfassend anwesend. Das geht nur schwer in unseren Schädel und noch schwerer in unsere Hirnwindungen. Gott ist der All-Umfassende und der in allem vollständig Enthaltene, er ist zugleich Umfang und Mittelpunkt der Welt. Weihnachten, das ist der Zusammenfall der Gegensätze: Der Schöpfer als Geschöpf. Der Unendliche und Ewige verendlicht und verzeitlicht sich, um uns, die Endlichen und Zeitlichen in seiner Unendlichkeit zu verewigen.

Angelus Silesius, der Arzt, Priester und Mystiker (1624–1677) aus Breslau hat in seinem »Cherubinischen Wandersmann« die verwandelnde Kraft beschrieben, die uns aus dem Nachdenken über diesen und aus dem Beten zu diesem göttlichen Menschen und menschlichen Gott erwächst:

Die geistliche Geburt

Berührt dich Gottes Geist mit seiner Wesenheit,
So wird in dir geborn das Kind der Ewigkeit.

Angelus Silesius

Lassen wir uns von Gottes Geist und Wesen berühren, denn: Der Unendliche und Ewige verendlicht und verzeitlicht sich als Mensch, um uns, die Endlichen und Zeitlichen in seiner unendlichen Menschlichkeit zu verewigen.

Heil- und planvoll

Dass es einen uns unendlich überlegenen Geist, einen transzendenten Gott gibt, das glauben viele Menschen, auch viele Nichtchristen. Aber wir Christen glauben darüber hinaus eine Ungeheuerlichkeit: Dieser Gott wird Mensch.

Warum wird Gott Mensch? Zur Beantwortung dieser Frage muss man schon vor Adam und Eva anfangen. »Im Anfang schuf Gott Himmel und Erde [...] Und Gott sprach, es werde [...] und es ward [...]«

Nur durch das Wort, also durch etwas Geistiges, entsteht die Welt, der undurchmessene Kosmos im Großen, der weithin unerforschte Kosmos im Kleinen, der faszinierende Kosmos des Komplexen. Der unendlich überlegene Geist lässt das Materielle entstehen und gibt ihm die schier unfasslich geistvolle Tiefenstruktur. Und dieses Geistige in allem Materiellen kann man als vestigia Dei, als Spuren Gottes in der Welt lesen.

Aber das ist noch nicht alles: Im Menschen und seinem Geist wird das Materielle, das Biologische auf den absoluten Geist hin geöffnet. »Gott sprach, lasst uns Menschen machen als unser Abbild [...] Gott schuf also den Menschen als sein Abbild, als Abbild Gottes schuf er ihn. Als Mann und Frau schuf er sie.« Der Mensch ist die imago Dei, das Abbild Gottes schon bevor Gott in Jesus Christus Mensch wird. Für den, der den Menschen aufmerksam betrachtet, ist schon erahnbar, dass, wer und wie Gott ist.

Im Menschen realisiert sich die Offenheit der Schöpfung für den Schöpfer, das sagte schon der große Theologe und Philosoph, Nikolaus von Kues, Mitte des 15. Jahrhunderts: »Und es hörte dich die Erde, und dieses ihr Hören war das Werden des Menschen.« Gott schafft nicht ein totes Etwas, sondern ein lebendiges Gegenüber, ein Wesen offen auf ihn hin. Er macht den Menschen im wahrsten Sinne empfängnisfähig für Gott.

Dem alttestamentlichen »Im Anfang schuf Gott Himmel und Erde« aus Genesis 1 entspricht das neutestamentliche »Im Anfang war das Wort, und das Wort war bei Gott, und das Wort war Gott« aus Johannes 1. Beide Texte thematisieren den Anfang. In beiden ist etwas Geistiges der Zündfunke für das Materielle. Das Geistige gibt dem Materiellen die Struktur, die Form, die Gestalt. Und wer immer tiefer eindringt in das Materielle, kann das Geistige in ihm nicht mehr übersehen.

Erst dem hörfähigen Geschöpf Mensch kann sich der Schöpfergott mit seinem menschgewordenen Wort menschlich verständlich machen. Johannes sagt das so: »Und das Wort ist Fleisch geworden und hat unter uns gewohnt.« Gott, der Schöpfer des Menschen, macht sich dem Geschöpf Mensch menschlich erfahrbar. Anders als in menschlichen Worten, menschlichen Gesten, menschlichen Taten könnten wir Menschen von Gott nichts erfahren.

Warum wird Gott Mensch? Zwei Modelle gibt es:

1. Das Katastrophenszenario: Der Schöpfer der Welt, der Konstrukteur der Welt, weiß um die Konstruktionsmängel und erteilt sich daher selber den Nachbesserungsauftrag. Wird Gott Mensch, weil das, was er gefügt hat, durch den Unfug des Menschen aus den Fugen geht? Wird Gott Mensch, weil der Mensch auf den schlaglochübersäten Straßen dieser Welt einen Reparaturbetrieb und einen nachgehenden Rettungssanitäter braucht?

2. Das Heilsgeschichtsszenario: Der Schöpfer der Welt teilt sich schon von allem Anfang an auf geheimnisvolle Weise seiner Schöpfung mit und teilt sich in seiner Schöpfung dem mit, der diese Schöpfung erforscht. Weil der unfassliche Geist des Schöpfers schon von jeher seine Spuren in der Welt hinterlassen hat, kann das geistvoll gewordene Geschöpf sie darin erkennen.

Nicht weil diese Welt aus den Fugen geht und Gott sanierend eingreifen muss, sondern weil er es von Anfang an so gefügt hat, dass er schon in seiner Schöpfung erahnbar, erspürbar, erfahrbar war, darum wird Gott Mensch. Das ist kein außerplanmäßiger Sonderzug, sondern der planmäßig eingesetzte Zug der Heilsgeschichte. Gott schafft kein totes Etwas, sondern ein lebendiges Gegenüber. Was sollte er anderes wollen als lebendige Gemeinschaft?

Gott wird Mensch, um den durch seinen Schöpfungsimpuls evolutiv gewordenen Menschen menschlich zu erreichen. Gott sucht Gemeinschaft mit uns, seinen Geschöpfen, seinem Abbild in dieser Welt.

Er sucht Gemeinschaft nicht nur mit den Großkopferten, sondern mit denen, die immer wieder den Kopf unter den Arm nehmen müssen, Gemeinschaft gerade mit den Kleinen, darum wird er ein Kind, ein Wickelkind und Krippenkind. Er sucht Gemeinschaft nicht nur mit den Reichen, sondern gerade mit den Armen, darum wird er ein bettelarmes Armeleutekind. Er sucht Gemeinschaft nicht nur mit den Wohlanständigen und Wohlangesehenen, sondern gerade mit den Anrüchigen und Zwielichtigen, darum verkehrt er mit Dirnen, Zollbetrügern, Verbrechern.

Er sucht Gemeinschaft nicht nur mit den Rechtgläubigen, sondern gerade mit den Halb- und Ungläubigen, darum geht er auf den römischen Hauptmann in Karphanaum, auf die Samariterin am Jakobsbrunnen, auf die Syrophönizierin zu. Er sucht Gemeinschaft nicht nur mit den Gesunden, sondern gerade mit den Kranken, darum heilt er sie von der Epilepsie, Schwindsucht, Psychose, Blindheit, Lähmung etc.

Er sucht Gemeinschaft sogar noch da, wo dem Menschen alle Gemeinschaft abhanden zu kommen scheint, im Sterben und im Tod. Darum weckt er Tote zum Leben, die Tochter des Jaïrus, den Jüngling von Naim, seinen Freund Lazarus. Mit den Gefolterten aller Jahrtausende teilt er das brutale Sterben am Kreuz und sucht die Gemeinschaft in der scheinbaren Gottesferne. Darum geht er als Mensch in den Tod des Menschen und durch den Tod des Menschen dem Menschen voran zum Leben bei Gott.

Gottes Menschwerdung ist nicht der Notfallplan, die Schadensminimierung im Katastrophenfall. Gottes Menschwerdung ist im Heilsplan. Um diese Heilsgemeinschaft zu erreichen, muss der Schöpfer Gott sein Geschöpf Mensch menschlich erreichen. Und wer auf den Wegen der Menschlichkeit nach Gott sucht, begegnet unausweichlich dem Menschgewordenen und ist voll im Plan, im Heilsplan Gottes mit dem Menschen.

Heils- oder Holzweg?

Gott wird Mensch. Diese Botschaft der zu Ende gehenden Weihnachtszeit ist eine Kernbotschaft des Christentums und zugleich eine Zumutung für die Welt, nicht erst heute! Schon der pantheistische Philosoph Spinoza (1632–1677) schrieb:

> Wenn übrigens einige Kirchen [...] behaupten, Gott habe menschliche Natur angenommen, so habe ich ausdrücklich bemerkt, dass ich nicht weiß, was sie damit sagen. Ja, offen gestanden scheint mir, was sie sagen, gerade so unsinnig, als wenn mir jemand sagen wollte, der Kreis habe die Natur des Quadrates angenommen.

Er sagt zwar, er verstünde nicht, was die Kirchen da sagen, nennt es aber im gleichen Atemzug unsinnig und so unmöglich wie die Quadratur des Kreises. Vielleicht hat er doch mehr verstanden, als er sich eingesteht. Die Quadratur des Kreises ist für menschliches Denken eine zumindest bisher nicht lösbare Aufgabe. Es ist der Zusammenfall einer ganz und gar gradlinig begrenzten Fläche mit einer Fläche, die ganz von einer gleichmäßig gekrümmten Linie begrenzt ist. Das Krumme und das Gerade – geht das zusammen, ist das nicht schon ein Widerspruch in sich, der unmögliche Zusammenfall von Gegensätzen?

Kann der Unendliche endlich werden, der Zeitlose zeitlich, der Unsterbliche sterblich, der unbedingte und absolute Geist ein bedingter und relativer Leib?

»Nichts hindert die Seele so sehr an der Erkenntnis Gottes als Raum und Zeit«, hatte 350 Jahre vor Spinoza schon der Dominikanerphilosoph und Mystiker Meister Eckhart (1260–1328) gesagt. In Raum und Zeit gelten die Begrenzungen von Raum und Zeit. Aber der Gott der Christen, der allgegenwärtig und allmächtig ist, der ist diesseits und jenseits der Begrenzungen von Raum und Zeit. Der Schöpfer von allem wird mit den Maßen der Geschöpfe nicht erschöpft und nicht ausgeschöpft.

»Nicht begrenzt werden vom Größten und dennoch einbeschlossen sein vom Geringsten, das ist göttlich.« So definierte Hölderlin in seinem Hyperion, was das Göttliche ist.

Die Weihnachtsgeschichte ist in diesem Sinne radikal: Gott wird nicht Mensch in der Gestalt eines machtvollen Potentaten, nicht in der eines absoluten Herrschers oder Diktators. Gott wird Mensch nicht in Kaiserpalästen, nicht in Königshäusern, nicht in den Zentren der Macht wie Rom und Babylon oder New York und Peking.

Gott wird Mensch im geografischen Abseits Palästinas, im weltgeschichtlichen Abseits eines okkupierten Völkchens am Rande des Römischen Reiches. Er wird als Mensch unter viehischen Bedingungen im Stall geboren, als ein ganz und gar hilfloses Wickelkind, als Armeleutekind. Wenn das stimmt, dann pfeift dieser Gott auf die Machtdemonstrationen der Potentaten, dann blamiert er das wirtschaftliche, militärische, politische Imponiergehabe aller Zeiten. Neben Maria und Josef, neben den namenlosen Hirten und den namenlosen Magiern aus dem Osten tauchen in der Weihnachtsgeschichte nach Lukas nur drei namhafte Gestalten auf: Kaiser Augustus, sein Statthalter Quirinius und Herodes, der König von Römergnaden.

Aber der mächtige Kaiser Augustus im Zentrum der damaligen Welt in Rom ist nur ein Statist oder Kulissenschieber für das Drama der Heils- und Liebesgeschichte Gottes mit seinen Menschen. Und Quirinius, der Stadthalter von Syrien, als politischer Sachwalter Roms in Palästina, und König Herodes sind gar nur Statisten und Kulissenschieber zweiten Ranges.

Wenn das stimmt, dass Gott im weltgeschichtlichen Abseits und unbemerkt von der an Glanz und Gloria orientierten Weltöffentlichkeit als ein Wickelkind zur Welt kommt, dann steht er auf Seiten der Kleinen und Machtlosen, der Unbeachteten und nicht Wertgeschätzten, der Hilfsbedürftigen und Notleidenden. Er wird mitten hineingeboren in Not, Gewalt und Missachtung, wird wehrlos, hilflos, schutzlos. Gott geht das volle Risiko ein; der Schöpfer liefert sich seinem Geschöpf aus. Gott macht aus dem Holzweg vom Holz der Krippe zum Holz des Kreuzes seinen Heilsweg.

Im neugeborenen Kind der Zeit wird der Herr der Ewigkeit gegenwärtig. Das ist eine windelweiche, anrüchige Zumutung sagen die Spötter. Im sterbenden Mann am Kreuz wird der Gott des Lebens gegenwärtig. Das ist eine kreuzverquere Zumutung sagen die

Spötter. Ein Gott im Stall ist für die Wohlbestallten kein Gott. Ein Gott am Kreuz ist für die Kreuzfidelen kein Gott. Und doch »Verherrlicht ist Gott in der Höhe« durch das Menschenkind in der Tiefe. Wer sich hinabbeugt zum kleinen Geschöpf in der Erniedrigung, der begegnet dem großen Schöpfer in der Höhe. Diese Gottesbegegnung im Menschenkind ist kinderleicht.

»Friede auf Erden den Menschen seiner Gnade«, so singen die Engel. Den Frieden mit den Anderen, den Frieden mit uns selbst und mit Gott finden wir nur, wenn diese Welt nicht mit den Sargbrettern der Endlichkeit gedeckelt, nicht mit den Brettern von Krippe und Kreuz vernagelt ist. Wenn die Endlichkeit alles ist, dann beginnt das Feilschen um mehr, das Hauen und Stechen um das knappe Gut Leben. Das Leben Jesu zwischen Weihnachten, Karfreitag und Ostern ist Ermutigung zum Leben in Fülle. Der Horizont der Endlichkeit wird aufgesprengt am Anfang durch die Geburt des Ewigen in der Zeit, am Ende durch den Tod des Unsterblichen und seine Auferstehung zum Leben in Fülle.

»Friede auf Erden den Menschen seiner Gnade« ist da möglich, wo das endliche befristete Leben auf Ewigkeit hin entfristet wird, entfristet zum Leben in Fülle.

Die Zeitrechnung der meisten Länder dieser Erde hat den menschgewordenen Gott zum Ausgangspunkt, zum Dreh- und Angelpunkt aller Zeitrechnung erhoben. Er ist maßgebend für alle Zeit. Und so teilt sich an ihm die Weltgeschichte in die Zeiten vor Christus und die nach Christus. Und unsere Zeit sollte die verheißungsvolle Zeit mit Christus sein und werden. Gott wird Mensch, das ist und bleibt eine Zumutung für die Welt. Aber es sollte neben der Zumutung auch eine Ermutigung zum Leben sein und werden, zum Leben in Gottes Fülle.

Koinzidenz

Gott wird Mensch. Gott ist Mensch geworden. Das ist der ganz und gar anstößige Kern der Botschaft dieser Weihnachtszeit. Aber gibt es nicht mannigfache Abstiege eines Gottes in die Menschenwelt, z. B. im Hinduismus und die Reinkarnation im tibetischen Buddhismus?

Gibt es nicht zahllose Vorstellungen von Göttern in Tiergestalten, von Zeus als Schwan, der sich Leda nähert, und als Stier, auf dem er Europa entführt? Und gibt es nicht von den griechischen Heldensagen an und quer durch viele Religionen Vorstellungen von Halbgöttern, die wegen dieser »Sonderausstattung« Übermenschliches zuwege bringen? Ist der Menschgewordene nur eine neue Variante dieser göttlichen Verkleidungskünstler und dieser Halbgott-Halbmensch-Halbwelt? Ist unser Glaube also doch bloß eine Mythologie mehr?

Gott ist Mensch geworden. Diesen ganz und gar anstößigen Kern der Weihnachtsbotschaft formuliert das Johannesvangelium noch einmal drastischer: »Und das Wort (also der göttliche Logos) ist Fleisch geworden.« Das ist der Zusammenfall der Gegensätze: Göttlicher Geist, also absoluter ewiger Geist, und menschliches Fleisch, also befristete, gebrechliche, leicht verderbliche Materie verbinden sich in der einen und einzigartigen Person Jesu Christi.

Der Gott, der sich auf das Abenteuer Menschsein einlässt, tut das ganz und gar und absolut vorbehaltlos, vom Augenblick der Verklärung auf dem Berg Tabor bis zum Augenblick der tiefsten Verzweiflung am Ölberg, vom Geburtsschrei in der Krippe bis zum Todesschrei am Kreuz. Gott, der Schöpfer und Erhalter aller Dinge, lässt sich ganz und gar ein auf seine Geschöpfe, lässt sich herab zu dem Säugetier Mensch. Er nimmt unser Elend, unsere Begrenztheit, unseren Stallgeruch an. Und wir werden durch sein Entgegenkommen zum Säugetier von Gottes Gnaden.

Wenn Gott allgegenwärtig ist im doppelten Sinne, an jedem Ort gegenwärtig, zu jeder Zeit gegenwärtig, also eben im umfassenden Sinne allgegenwärtig, wozu muss er dann noch Mensch werden? Dann ist er doch schon immer und überall da.

Das mag wohl sein, aber ich als Mensch, mit den menschlich begrenzten Sinnen, mit den für den absoluten Gott tauben Ohren, mit den für den absoluten Gott blinden Augen, ich soll und will ihn wahrnehmen können. Wie soll das anders geschehen, als indem er sich wahrnehmbar, hörbar, sichtbar macht. Er muss irgendwie in den Horizont meines Begreifens eintauchen, um im Horizont meines Begreifens auftauchen zu können, ansonsten wäre er total unbegreifbar und der Glaube an ihn total unergreifbar. Gottes absolut freie, souveräne Liebe lässt ihn werden, was wir sind. Er ist ein uns mit geradezu göttlicher Menschlichkeit entgegenkommender Gott.

Sind das nicht alles nur schöne theologische Theorien fern aller Praxistauglichkeit? Ändert das etwas an unserem Elend? Kann denn das menschliche Entgegenkommen Gottes den Menschen dazu befähigen, selber nach Gottes Vorbild entgegenkommend menschlich zu werden? Ich glaube, wann immer das Engagement Gottes in Sachen Menschlichkeit ernst genommen wird, wird es zugleich auch im Engagement des Menschen in Sachen Menschlichkeit konkret.

Weihnachten 1914 haben die Soldaten im monatelangen mörderischen Stellungskrieg auf einem längeren Streckenabschnitt an der Westfront plötzlich spontan Frieden gemacht. Sie haben einander den Frieden der Heiligen Nacht gewünscht, mitten zwischen den Schützengräben einen Weihnachtsbaum aufgestellt und auf englisch, französisch und deutsch »Stille Nacht, heilige Nacht« gesungen, einander eingeladen und die elende Verpflegung front- und grenzübergreifend miteinander geteilt. Der gemeinsame Glaube an den menschlichen Gott half, in Gottes Namen die unmenschlichen Grenzen des Hasses zu überwinden. Werner Heisenberg, der bedeutende Quantenphysiker und spätere Physik-Nobelpreisträger war einer der Soldaten auf deutscher Seite und hat von diesem »skandalösen Friedensvorfall« seiner Braut in einem Brief berichtet. Den aber musste er wegen der Briefzensur des deutschen Militärs über die Post des »französischen Erzfeindes« nach Hause schicken. Anschließend wurden wegen dieser weihnachtlichen Fraternisierung auf beiden Seiten die Truppen gewechselt, damit nur ja in Dreiteufelsnamen das Töten und Morden weitergehen konnte.

Wo die Menschwerdung Gottes richtig verstanden wird, da kann selbst im Schützengraben die Menschlichkeit zur Welt kommen. Und wo Menschen dieses Friedenslicht des Sterns von Bethlehem aufgeht, werden sie nicht mehr in der Finsternis des Hasses blindlings aufeinander losgehen.

Gott wird Mensch in Jesus Christus, das ist eine Sternstunde der Menschheit am sonst dunklen Horizont der Weltgeschichte. Der menschliche Gott, das ist unser Hoffnungsschimmer, unser Leitstern. Das ist der lichtvolle Gedanke, der ein gedankenvolles Licht auf den Weg des menschlichen Lebens wirft, damit wir die Lebensrichtung zur Menschlichkeit Gottes und zur Menschlichkeit des Menschen finden. Gott wird Mensch in Jesus Christus, diese Sternstunde der Menschheit besitzt die letztlich alles erhellende innere Leuchtkraft. Er ist wie ein Orientierung gebender Leit- und Fixstern über einer umnachteten, blutgetränkten Welt. Der Gedanke, Gott wird Mensch in Jesus Christus, lässt sogar das Kreuz des Karfreitags in einem anderen Licht, im Osterlicht, erscheinen.

Der Stern, der alles Nachtdunkel erhellt und alles Blendwerk überstrahlt, der kann auch uns ein Licht aufgehen lassen, der kann bisweilen auch unterbelichtete Oberhirten und ihre zwielichtige, manchmal lammfromme oder bockige oder schafsdämliche Herde in ein neues Licht setzen und sogar zu Lichtgestalten werden lassen. Und genau der Stern ist aufgegangen, damals, und der kann uns auf- und einleuchten bis heute und heimleuchten bis zum Tag ohne Abend. Lassen wir uns den Segen des göttlichen Menschen und des menschlichen Gottes schenken.

Himmel auf Erden

Wenn es einem Menschen besonders gut geht, wenn er finanziell bestens ausgestattet ist, und er selbst den 100- oder gar 500-Euro-Schein nicht nochmals umdrehen muss, bevor er ihn ausgibt, wenn er in hervorragender Wohngegend und unter besten Verhältnissen lebt, wenn er von Krankheit und Leid verschont ist, dann sagen wir schon mal: Der hat doch den Himmel auf Erden! – Und dennoch bemerken wir oft, dass auch das Leben der Schönen und Reichen, der Einfluss- und Erfolgreichen ziemlich erbärmlich ausfallen kann.

Wenn jemand all das nicht hat, wenn er von Mangel und von Krankheit gequält ist, wenn er unter erbärmlichen Wohnverhältnissen und unter finanziellen Engpässen leidet, wenn er von üblen Zeitgenossen, Arbeitskollegen, Vorgesetzten gepeinigt wird, dann sagen wir schon mal: Der hat doch die Hölle auf Erden! – Gewiss, diese erbärmlichen Verhältnisse müssen wir Christen nach Kräften abstellen. Und dennoch bemerken wir oft, dass Menschen trotz dieser prekären äußeren Lage eine Strahlkraft haben, die andere in ihren Bann zieht.

Der aus Freiburg stammende promovierte Theologe Andreas Knapp, ehemals Direktor des Priesterseminars in Freiburg, ist heute als Packer am Fließband tätig und wohnt mit seiner Gruppe von Ordenspriestern, den kleinen Brüdern Jesu, mitten unter den oft Abgeschriebenen dieser Gesellschaft in einem Plattenbau in Leipzig-Grünau. Er schreibt zur Weihnacht:

> Krippe
> im gedroschenen stroh
> des leeren geredes
> kein körnchen wahrheit mehr
> täglich wächst der hunger
> dass ein wort geboren werde
> nahrhaft wie ein weizenkorn.
>
> *Andreas Knapp*

Das Wort, nahrhaft wie ein Weizenkorn, Lebensmittel unserer Lebenshoffnung, ist geboren in Jesus Christus. Das ist nicht das allenthalben anzutreffende *gedroschene Stroh des leeren Geredes* von den Verheißungen der Börsen, nicht das *gedroschene Stroh des leeren Geredes* aus den Wahlversprechungen der Politiker, nicht das *gedroschene Stroh des leeren Geredes* aus den Wachstumsprognosen der fünf angeblichen Wirtschaftsweisen, nicht das *gedroschene Stroh des leeren Geredes* der Regenbogenpresse und der unzähligen Talkshows.

Wir kennen die zahllosen Worte, die das Papier nicht wert sind, auf dem sie stehen. Wir kennen die unerbittlichen Worte, die wie in Stein gemeißelt sind und mit denen Menschen in den Tod getrieben werden, in Stalingrad, in Auschwitz, im Archipel Gulag.

Das Evangelium sagt uns etwas ganz und gar anderes vom Wort Gottes: »Und das Wort ist Fleisch geworden und hat unter uns gewohnt.« Dieses Wort Gottes ist Fleisch geworden, das armselige, kurzlebige, leicht verderbliche, stets bedürftige, aufzuspießende, hinzurichtende, alternde Fleisch, das wir Menschen sind.

Wer diesen menschgewordenen Gott hat, sich an ihn hält, auf ihn setzt, der allein hat den Himmel auf Erden. Der kann daran mitwirken, dass diese von Un-Menschen und Un-Menschlichkeit zur Hölle gemachte Erde etwas von der Menschlichkeit und Mitmenschlichkeit Gottes erfährt und eine Ahnung von Himmel bekommt.

Das ist keine neue Erkenntnis, die ich ihnen da mitteile. Das wusste schon Hildegard von Bingen (1098–1178), die erst vor wenigen Jahren heilig gesprochen wurde: »Der Himmel auf Erden ist überall, wo ein Mensch von Liebe zu Gott, zu seinen Mitmenschen und zu sich selbst erfüllt ist.« Alle drei Dimensionen – Gott, Mitmensch und ich – sind für diese Art von Himmelserfahrung wichtig.

Karl Rahner (1904–1984), der manchmal so schwer verständliche große Theologe des 20. Jahrhunderts, hat etwas kinderleicht Verstehbares über eben dies Fleisch gewordene Wort Gottes gesagt:

Gott hat sein letztes, tiefstes, schönstes Wort
im fleischgewordenen Wort in unsere Welt gesagt.
Und dieses Wort heißt: Ich liebe dich, du Welt, du Mensch.
Ich bin da: Ich bin bei dir. Ich bin dein Leben. Ich bin deine Zeit.
Ich weine deine Tränen. Ich bin deine Freude.
Fürchte dich nicht.
Wo du nicht weiter weißt, bin Ich bei dir.
Ich bin in deiner Angst, denn Ich habe sie mitgelitten.
Ich bin in deiner Not und in deinem Tod,
denn heute begann Ich, mit dir zu leben und mit dir zu sterben.
Ich bin in deinem Leben und Ich verspreche dir:
Dein Ziel heißt Leben.

Karl Rahner

Der Weg vom Holz der Krippe, über das Holz des Zimmermanns bis zum Holz des Kreuzes erscheint vielen Menschen als Holzweg schlechthin. Aber der menschgewordene Gott macht daraus einen Heilsweg. Gott ist bedingungslos solidarisch mit uns; er verbindet sein Leben auf Gedeih und Verderb mit dem unseren, damit unser Leben trotz allem Verderb durch Tod und Teufel mit dem seinen

und an dem seinen gedeihen kann. Durch ihn wird der Himmel geerdet.

Seit der ersten Weihnacht wissen wir, und Jahr für Jahr erinnert
uns die Weihnacht daran: Wer sich an den Gott hält, der Mensch
unter Menschen wurde, den hält und erhält der menschenfreundli-
che Gott. Der hat schon jetzt, wie dreckig es ihm auch gehen mag,
etwas vom Himmel auf Erden. Der schafft auf dieser Erde eine Vorahnung von Himmel. Diese Vorahnung von Himmel auf Erden und
die Verheißung, dass diese Erde für den Himmel bestimmt ist, die
feiern wir an diesem Tag.

Familien-Bande

Der erste Sonntag nach Weihnachten, der letzte des alten Jahres ist
das Fest der Heiligen Familie. Nur wenige Zeitgenossen können damit etwas anfangen.

Es gibt Familien, in denen die Kinder misshandelt werden, in denen der Mann seine Frau verprügelt und auch, wenn auch seltener,
in denen die Frau ihren Mann verprügelt oder sonst wie drangsa-
liert. Dann müssen Frauen zum eigenen Schutz und zu dem ihrer
Kinder in einem Frauenhaus untergebracht oder Kinder aus der Familie entnommen und in einer Pflegefamilie untergebracht werden.

Da gibt es Familien, in denen die ermordeten Säuglinge im Ge-
frierfach aufbewahrt oder im Blumenkübel auf dem Balkon ver-
scharrt sind, wie Horrormeldungen der letzten Jahre belegen. Da
gibt es Familien, die äußerlich intakt erscheinen, aber innerlich einander völlig entfremdet sind, Familien zum Davon- und Auseinan-
derlaufen. Nach einem Jahr Trennung gilt eine Ehe als gescheitert.
Das kann man hinbekommen, wenn man die Ehe unbedingt ge-
richtsfest scheitern lassen möchte.

Gottlob gibt es auch Familien, die zusammenstehen trotz mancher Spannung und Krisen, Ehen, die Jahrzehnte halten, Kinder, die
nicht meinen, mit ihren Alten abrechnen zu müssen. Alt gewordene
Eltern, die ihre Kinder jenseits aller rechtlichen Verpflichtungen
weiterhin unterstützen und Kinder, die ihre alten Eltern besuchen
und hingebungsvoll pflegen.

Das Fest der Heiligen Familie ist nicht das Fest der heilen Familie. Die Heilige Familie ist keineswegs nur harmonisch und ohne Spannungen. Da ist Josef, der seine Verlobte Maria entlassen will, weil sie ohne sein Zutun schwanger geworden ist. Er hätte alles Recht dazu und tut es dennoch nicht, sondern bleibt – auf Gottes Geheiß hin – bei ihr. Da ist Maria, die sich auf Gottes Geheiß auf etwas einlässt, das sie nicht überblicken und selbst gestalten kann. Da sind Maria und Josef, die nach dem Zwölfjährigen tagelang suchen. Als sie ihn endlich finden, bekommen sie von dem pubertären Rotzlöffel noch zu hören: »Warum habt ihr mich gesucht? Wusstet ihr nicht, dass ich in dem sein muss, was meines Vaters ist?«

Maria wird von Jesus mehr als einmal gerüffelt und hätte Grund, sich zurückgesetzt oder missachtet zu fühlen. Als einmal seine Familie zu ihm will, während er predigt, sagt er sehr abweisend: »Wer sind meine Mutter und meine Brüder? Wer den Willen meines Vaters tut, der ist mir Bruder, Schwester und Mutter.«

Das Heilige der Heiligen Familie hat etwas mit der durchgehaltenen Treue zu tun. Josef, der trotz allem zu Maria und ihrem Kind steht. Maria, die noch unter dem Kreuz ihres scheinbar zum Schwerverbrecher missratenen Sohnes steht und Leid und Spott mit aushält. Maria ist es auch, die im Pfingstsaal bei seinen Aposteln sitzt, seiner Botschaft die Treue hält und so zu seinen Jüngern und Jüngerinnen zählt. Der sterbende Jesus vertraut seine alt gewordene Mutter noch vom Kreuz aus seinem Jünger Johannes an.

Aber ist Treue nicht doch nur eine Sekundärtugend, weithin verunglimpft als spießig, innovationsfeindlich, langweilig? Franz von Suppé hat eine einschmeichelnde Melodie auf einen Text von Boccaccio gemacht:

Hab ich nur deine Liebe,
Die Treue brauch ich nicht.
Die Liebe ist die Knospe nur,
Aus der die Treue bricht.
Drum sorge für die Knospe,
Dass sie auch schön gedeih,
Auf dass sie sich in voller Pracht

Entfalten mag, o gib drauf acht,
Ob mit, ob ohne Treu'!
Denn selbst auch ohne Treue
Hat Liebe oft entzückt,
Doch ohne Liebe Treu' allein
Hat keinen noch beglückt!
Drum sorge für die Knospe (etc.)

Boccaccio

Das scheinen die meisten Menschen gern zu glauben, dass sich aus der Liebe die Treue entwickelt. Das ist sicher auch so. Nur das Umgekehrte, dass sich an der durchgehaltenen Treue die Liebe neu entzündet, das halten viele für langweilig, spießig und unattraktiv.

Hans Dieter Hüsch (1925–2005), der Kabarettist, Liedermacher und Schauspieler, hat aber eine andere Lebenserfahrung gemacht. Er, der jahrelang mit einer anderen Frau zusammengelebt hatte, wurde von seiner Ehefrau wieder aufgenommen. Ihre Treue zu ihm hat seine Liebe zu ihr neu entzündet.

Die oft verachtete Treue ist sozusagen das nüchterne reale Kleingeld in der Tasche, von dem man das eben Lebensnotwendige kaufen kann. Und manches, was sich hochstilisiert als Liebe ausgibt, erweist sich im Nachhinein nur als eine Spekulationsblase, für die man sich nichts kaufen kann, als ein ungedeckter Scheck ohne realen Gegenwert.

Die Liebe muss sich in der Treue erweisen, dann wird an der Treue auch die Liebe erkennbar. Treue ist eben nicht nur das, was man unterlässt, sondern vor allem das, was man unternimmt – für den Andern, mit dem Anderen und letztlich füreinander. Vielleicht sind wir zur Treue nur dann fähig, wenn wir uns immer neu Gottes Treue zu uns vergegenwärtigen. Er ist uns, seinen wankelmütigen bis treulosen Jüngern, treu bis in den Tod am Kreuz.

Josef kann seinem Lebensentwurf treu sein, weil er sich vom treuen Gott an seinen Lebensort neben Maria und Jesus gestellt weiß. Maria kann ihrer Sendung treu sein, weil sie sich vom treuen Gott begnadet und begleitet weiß von der Krippe bis zum Kreuz. Jesus kann seiner Botschaft und Sendung vom Reich Gottes bis in den Tod treu sein, weil er sich vom treuen Gott zum Leben berufen weiß.

Heilig ist die Heilige Familie, weil sie ganz auf das Heil setzt, das Gott schenkt. Sie wird heil und bleibt heil, weil sie sich ganz dem heiligen Gott anvertraut. Gottes Treue zu uns und unsere Treue zu ihm kann auch unseren manchmal unheiligen und unheilen Familien etwas von seinem Heil schenken und in uns und durch uns Heiligung unseres Miteinanders bewirken.

Texte für Silvester und Neujahr

Zeit und Ewigkeit

Ein Jahr ist zu Ende gegangen, ein neues hat begonnen. Von dem Historiker und Aphoristiker Michael Richter las ich den hübschen Satz: »Erst gehen wir mit der Zeit, dann gehen wir mit der Zeit« (aus einem seiner Aphorismenbände »Widersprüche« aus dem Jahr 2006).

Für Kinder hat ein Jahr eine schier unendliche Länge. Für ältere und alte Menschen scheint sie sich immer mehr zu verkürzen. Eine alte Glockeninschrift macht das deutlich, was Menschen wohl zu allen Zeiten so empfunden haben, dass sich die Zeit mit zunehmendem Lebensalter zu beschleunigen scheint:

> Als Kind in Glück und Leid
> schlich langsam mir die Zeit.
> Als Jüngling stolz und kühn
> spazierte sie dahin.
> Als reifer Mann zuweilen
> sah ich sie furchtbar eilen.

Aber die Zeit scheint nicht nur je nach Lebensalter sehr unterschiedlich schnell zu laufen. Die Bedeutung einzelner Zeitabschnitte scheint auch unabhängig von ihrer tatsächlichen Länge zu sein. Neulich stieß ich auf einen mit »Ohne Titel« überschrieben und mit »Anonymus« unterschriebenen Text:

Um den Wert eines Jahres zu erfahren,
frage einen Studenten, der im Abschlussexamen durchgefallen ist.
Um den Wert eines Monats zu erfahren,
frage eine Mutter, die ein Kind zu früh zur Welt gebracht hat.
Um den Wert einer Woche zu erfahren,
frage den Herausgeber einer Wochenzeitung.
Um den Wert einer Stunde zu erfahren,
frage die Verlobten, die darauf warten, sich zu sehen.
Um den Wert einer Minute zu erfahren,
frage jemanden, der seinen Bus oder seinen Flug verpasst hat.
Um den Wert einer Sekunde zu erfahren,
frage jemanden, der einen Unfall durchlebt hat.
Um den Wert einer Millisekunde zu erfahren, frage jemanden, der bei
den Olympischen Spielen eine Silbermedaille gewonnen hat.
Die Zeit wartet auf niemanden. Sammle jeden Moment, der Dir bleibt,
denn er ist wertvoll. Teile ihn mit einem anderen Menschen, und er wird
noch wertvoller.

Verfasser unbekannt

Das heißt doch wohl, die absolute Länge der Zeit sagt nichts über
ihren jeweiligen Wert aus. Der Wert der Zeit liegt in dem, was in
ihr jeweils geschieht. Und das kann ein Geschehen in Bruchteilen
von Sekunden, in Minuten, Stunden, Wochen, Monaten, Jahren
oder gar Jahrmillionen sein. Nicht die Quantität ihrer Ausdehnung,
sondern die Qualität ihrer Ausfüllung scheint über ihren Wert zu
entscheiden.

Der Physiker John A. Wheelers (1911–2008), der »Erfinder« der
Schwarzen Löcher, einer der Konstrukteure an der amerikanischen
Atom- und Wasserstoffbombe, meint dazu: »Zeit ist, was verhindert, dass alles auf einmal passiert.« Zeit wäre dann nur ein Trenn-
mittel gegen die Überfüllung des Jetzt. Sie stellt dann nur hinter-
einander vor, was aber gleichzeitig ist.

Die Definition von Vergangenheit könnte lauten: In die Jahre ge-
kommene Zukunft. – Die Definition von Zukunft könnte lauten:
Sich bereits ankündigende Vergangenheit. Bei diesen Definitionen
scheint es nur Vergangenheit oder Zukunft zu geben. Wo aber ist

die Gegenwart? Wird die nur zwischen der noch nicht erreichten Zukunft und der nicht mehr erreichbaren Vergangenheit zu einem Nichts aufgerieben?

Gerade dieses scheinbare Nichts zwischen Vergangenheit und Zukunft, gerade diese nicht zu messende Gegenwart, ist der Raum unseres Handelns, sodass man sagen kann: »Im Augenblick haben wir alle Zeit der Welt« (aus »Einspruch« von Michael Richter, 2009). Nur im gegenwärtigen Augenblick haben wir alle Zeit der Welt.

Gerade dieses scheinbare Nichts zwischen Vergangenheit und Zukunft, gerade diese nicht zu messende Gegenwart, ist der Raum unserer Begegnung mit dem ewigen Gott, sodass man sagen kann: »Im Verhältnis zu dem Unbedingten gibt es nur eine einzige Zeit: die Gegenwart.« Das jedenfalls meinte der dänische Philosoph Sören Kierkegaard (1813–1855) Und diese Gegenwart bleibt in Gott aufgehoben, d. h. beendet, bewahrt und hinaufgehoben ins Ewige.

Dass alles zugleich passiert, dass nichts mehr in die scheinbare Unendlichkeit der Zeitenabfolgen zerdehnt wird, dass nichts mehr unfertig zwischen seinem Vergangensein im Gestern und seinem Zukünftigsein im Morgen dilettiert, sondern dass alles in einem ewigen Jetzt in Vollkommenheit vor dem Herrn der Zeit gegenwärtig ist, das genau meint Ewigkeit, wenn man die klassische Philosophie zurate zieht.

»Nunc fluens facit tempus, nunc stans facit aeternitatem. – Das fließende Jetzt macht die Zeit, das stehende Jetzt macht die Ewigkeit.« So sah es der Politiker und Philosoph Boethius (ca. 480–524, De Trinitate). Und dann definiert er, selber den sicheren Tod vor Augen, was Ewigkeit ist: »Aeternitas est interminabilis vitae tota simul ac perfecta possessio. – Ewigkeit ist ganzer und zugleich vollständiger Besitz unbegrenzten Lebens« (Consolatio Philosophiae).

Die Gegenwart, so undefinierbar sie auch ist, ist der einzige Raum-Zeit-Punkt, an dem wir wirken können; denn die Vergangenheit ist nicht mehr erreichbar, und die Zukunft ist es noch nicht. Aber dieses ausdehnungslos erscheinende Jetzt ist auch der ausdehnungs- und grenzenlose Punkt der Begegnung mit dem von Raum und Zeit nicht begrenzten Gott.

Machen wir aus dem Rohstoff der uns lebenslänglich immer neu anvertrauten Augenblicke die christliche Wertarbeit, die unsere unverwechselbare Handschrift trägt. Und dafür dürfen wir die uns von Gott zugesagte Ewigkeitsgarantie in Anspruch nehmen.

Geheimnis Zeit

Als Jugendlicher fand ich bei der täglichen Zeitungslektüre keine Rubrik uninteressanter als die Todesanzeigen, die meine Eltern zumeist gründlich lasen. Heute lese ich sie selber häufig, auch wenn ich nur wenige von den Verstorbenen kenne. Manchmal geschieht es, dass ich mit Erschütterung vom Tod eines Menschen aus der Zeitung erfahre, dem ich mich besonders verbunden fühlte oder mit dem ich gerade unmittelbar vor seinem Tod noch zu tun hatte. Natürlich schaue ich nicht nur auf die Todes-, sondern auch auf die Geburtsdaten der Verstorbenen. Und da sind viele, die ihren Platz im Leben in weit jüngerem Alter als dem meinen räumen mussten.

Am Jahresende wird uns besonders bewusst: Unsere Zeit hat eine Befristung und eine unumkehrbare Richtung. Die Zeit ist ein limitiertes, ein knappes Gut. Und weil die Nachfrage danach hoch ist, erhält die Zeit einen unglaublich hohen Wert. Die Behauptung »Zeit ist Geld« – sie soll von Benjamin Franklin stammen – ist ziemlich unsinnig und gilt nur für den Arbeits-Entlohnungs-Zusammenhang. Kein Geld der Welt bringt mir meine verlorene Zeit zurück.

Mit der Nutzung der Zeit ist es aber manchmal paradox: »Die Leute, die niemals Zeit haben, tun am wenigsten.« Das meint der Aphoristiker Georg Christoph Lichtenberg (»Sudelbücher«). Und ein anderer Aphoristiker, Ernst Ferstl (*1955), stellt fest: »Die Zeit, die wir uns nehmen, ist Zeit, die uns etwas gibt.« Mit anderen Worten: Nur was wir geben, bleibt uns. Wir vereinnahmen letztlich nur die Zeit für uns selbst, die wir verausgaben für andere.

Der Barockdichter Andreas Gryphius stellt klar, dass unser menschliches Handlungsfeld im Fluss der Zeit nicht die dem Zugriff schon entzogene Vergangenheit und nicht die dem Zugriff noch nicht zugängliche Zukunft sind, sondern einzig und allein die Gegenwart.

Mein sind die Jahre nicht, die mir die Zeit genommen.
Mein sind die Jahre nicht, die etwa mögen kommen.
Der Augenblick ist mein, und nehm ich den in Acht,
so ist der mein, der Zeit und Ewigkeit gemacht.

Andreas Gryphius

Nur die Gegenwart kann und muss genutzt werden, wenn aus dem Rohstoff Zeit christliche Wertarbeit entstehen soll. »Wenn die Zeit kommt, in der man könnte, ist die vorüber, in der man kann.«, sagt die scharfzüngige Aphoristikerin Marie von Ebner Eschenbach. Das Zeitfenster für das, was wir tun können und sollen, ist oft sehr niedrig und schmal.

Auch wenn wir so von der Gegenwart sprechen, als wüssten wir, was sie ist: Die Zeit ist und bleibt doch ein Geheimnis. Das fiel schon dem Kirchenlehrer Augustinus an der Schwelle vom 4. zum 5. Jahrhundert auf, wenn er in seinen Confessiones (XI, 14) feststellt:

»Was also ist die Zeit? Wenn mich niemand danach fragt, weiß ich es; will ich es einem Fragenden erklären, weiß ich es nicht.« Und dann legt er noch nach: Was messe ich, wenn ich die Zeit messe? Die Vergangenheit messe ich nicht; denn die ist ja schon nicht mehr. Die Zukunft messe ich nicht; denn die ist ja noch nicht und kommt vielleicht sogar nie. Und die Gegenwart ist der ausdehnungslose Punkt, an dem das Noch-Nicht in das Nicht-Mehr übergeht.

Die exakte Gegenwart, so sagt uns auch die moderne Physik, ist der Beobachtung in dieser Gegenwart nicht zugänglich. Was wir Gegenwart nennen, haben wir stets nur als jüngere oder jüngste Vergangenheit vor Augen. Aber in der strengen Gegenwart muss ja etwas sein, sonst wäre sie in der Erscheinungsform als jüngste Vergangenheit gar nicht präsent.

Manche Physiker, Philosophen und Theologen haben der Gegenwart noch eine andere als nur die zeitliche Dimension zugesprochen. Sie haben gemeint, dass in der Gegenwart etwas von Ewigkeit aufscheint. Meister Eckhart (ca. 1260–1328), ein Mystiker, Philosoph und Theologe, geht mit seinen Aussagen vielleicht am weitesten:

Das Nun, darin Gott den ersten Menschen schuf, und das Nun, darin der letzte Mensch vergehen wird, und das Nun, darin ich spreche, die sind gleich [...] und sind nichts als ein Nun. [...] darum ist in ihm [dem Menschen, der in der Gegenwart lebt] weder Leiden, noch Zeitfolge, sondern eine gleichbleibende Ewigkeit.

Aber auch Philosophen der Neuzeit und der neuesten Zeit deuten ganz Ähnliches an: »Der Augenblick ist jenes Zweideutige, darin Zeit und Ewigkeit einander berühren.« So bringt der dänische Philosoph Sören Kierkegaard (1813–1855) seine Betrachtung zur Gegenwart auf den Punkt. Und der deutsche Philosoph Michael Theunissen (*1932) stellt in genau diesem Sinne fest: »Die Gegenwart scheint in der Tiefe anderes als Zeit zu sein. Das andere der Zeit nannte die Tradition ›Ewigkeit‹.«

Wenn das so ist, dann steht, was immer wir tun, je schon im Horizont von Zeit und Ewigkeit. Dann hat alles, was in der Gegenwart geschieht, zugleich einen unauslotbaren Ewigkeitswert. Der mystische Dichter, Arzt und Theologe Angelus Silesius (1624–1677), ein Mann aus der Zeit des Dreißigjährigen Krieges hat diese Zeit-Ewigkeitsperspektive der Gegenwart in einem seiner Distichen so formuliert:

Zwei Augen hat die Seel': eins schauet in die Zeit
Das andre richtet sich hin in die Ewigkeit.

Angelus Silesius

Ich wünsche Ihnen und mir zwei solche funktionsfähige Seelenaugen, das eine, das in die Zeit und das andere, das auf die Ewigkeit gerichtet ist. Damit wir sehen, was an der Zeit ist und in der Zeit getan werden kann und muss, und damit wir tun, was über die Zeit hinaus bleibt, das Wahre und Gute und Menschliche. Und der ewige Gott, der in jeder unserer Gegenwarten allgegenwärtig ist, der uns näher ist, als wir uns selbst, geleite uns im kommenden Jahr, und er begleite all unser Tun und Lassen bis wir eintauchen in seine alles vollendende ewige Gegenwart.

Ewige Gegenwart

Wir sprechen gern von den »Tagen zwischen den Jahren«, als wenn es so etwas gäbe wie diesen zeitfreien Raum. Doch diese Redewendung hält eine Ahnung vom Stillstehen der Zeit in uns wach. Ganz selbstverständlich sprechen wir von den drei Diastasen der Zeit, von Zukunft, Gegenwart und Vergangenheit, wie wenn das gleichberechtigte Teilhaber am Ganzen der Zeit wären. Der Dichter Friedrich Schiller schrieb zum Thema Zeit:

> Dreifach kommt die Zeit:
> Zögernd kommt die Zukunft hergezogen,
> pfeilschnell ist das Jetzt entflogen,
> ewig still steht die Vergangenheit.
>
> *Friedrich Schiller*

Da wird schon deutlich, dass Vergangenheit, Gegenwart und Zukunft drei sehr unterschiedliche Teilhaber am Ganzen der Zeit sind. Und die Anteile am Ganzen der Zeit verschieben sich im Laufe des Lebens erheblich. Wie unendlich lang dauerte es in Kindertagen bis endlich wieder Weihnachten war. Die Zukunft war viel zu langsam. Wie unendlich kurz erscheinen uns in alten Tagen die vierzig Berufsjahre, die wir hinter uns haben; und wie unendlich lang erschienen sie uns, als sie uns noch bevorstanden.

Und am Ende, mit dem Durchhuschen eines letzten Jetzt, kommt keine Zukunft mehr »zögernd hergezogen«, so scheint es jedenfalls. Und ehern-unverrückbar gilt dann Schillers »ewig still steht die Vergangenheit.« Am Ende liegt alles Zeitkapital beim Anteilseigner Vergangenheit, wie viel auch immer am Anfang beim Anteilseigner Zukunft gelegen haben mag.

Zukunft, Gegenwart, Vergangenheit erscheinen uns wie eine Sanduhr. Aus der Höhe der Zukunft rauscht durch die winzige Enge der Gegenwart Zeitkorn um Zeitkorn in die Tiefe der Vergangenheit. Und da ist keiner, der uns die Uhr wieder umdreht. Wie geht man mit dem immer schnelleren Durchrauschen der Zeit, mit dem unaufhaltsamen Versenken der Zukunft in die Vergangenheit um?

Schneller, höher, weiter, intelligenter, effektiver, billiger sagen Politik, Wirtschaft und Industrie in ihrer unreflektierten Fortschrittsideologie. Und wer das für der Weisheit letzten Schluss hält, der wird zum Hamster im Laufrad bis er mit dem letzten eigenen Schwung tot aus dem Tretrad oder aus der Tretmühle plumpst, in die andere dann begierig hineinschlüpfen, nur um ihrerseits neu zu beschleunigen.

Abraham Lincoln, von 1861 bis 1865 Präsident der USA, hat folgenden Rat für den Umgang mit der Zeit und ihren Sorgen gegeben: »Nimm dir jeden Tag dreißig Minuten für deine Sorgen frei, und in dieser Zeit mache ein Nickerchen.« Das war schon ein guter, sehr praktisch orientierter Rat: Entschleunigung statt Beschleunigung, würden wir das heute nennen. In dieser Auszeit könnten wir erfahren, was der Psalmbeter längst wusste: »Den Seinen gibt's der Herr im Schlaf.«

Peter Ustinov (1921–2004), der begnadete Humorist und Schauspieler, gibt den Rat, die gerade gegenwärtige Zeit zu wertschätzen: »Jetzt sind die guten alten Zeiten, nach denen wir uns in zehn Jahren zurücksehnen werden.«

Und der Komponist Igor Strawinsky (1882–1971) hat den tiefsinnigen Ausspruch getan: »Ich habe keine Zeit, mich zu beeilen.« Man könnte es so deuten: Die Zeit ist mir zu kostbar, um sie durch immer mehr Beschleunigung, durch die Raserei blinder Hektik zu vertun. Darin steckt etwas von tiefer Wertschätzung des Augenblicks. Aber gerettet wird der Augenblick auch dadurch nicht.

Aber Dichter, Philosophen, Theologen und nicht wenige Naturwissenschaftler verfolgten noch eine andere Intuition. Den Augenblick können wir in ihm selbst nicht erfassen. Immer kommen wir zu spät mit unserer Wahrnehmung. Was vor einer Nanosekunde noch Gegenwart war, ist nun schon Vergangenheit. Und mit keiner Signalgeschwindigkeit, auch nicht mit der schnellsten, der Lichtgeschwindigkeit, erreichen wir die Gegenwart in ihr selbst. Wir sehen gewissermaßen immer nur ihre Heckleuchten, sie selbst aber ist schon durch. Darum stellte schon der antike Philosoph und Theologe Augustinus fest: »Die Gegenwart aber, wenn sie stets Gegenwart wäre und nicht in Vergangenheit überginge, wäre nicht mehr

Zeit, sondern Ewigkeit.« Und der Philosoph Michael Theunissen (*1932) meinte: »Die Gegenwart scheint in der Tiefe anderes als Zeit zu sein. Das Andere der Zeit nannte die Tradition Ewigkeit.«

Diese Philosophen und Theologen kennen zwei Arten von Jetzt: 1. das »nunc praeteriens«, das immer schon vorbei geeilte Jetzt, von dem ich, trotz aller Beschleunigung, immer nur die Heckleuchten zu sehen bekomme. Und 2. das »nunc stans«, das stehende Jetzt, von dem ich in Momenten tiefster Versenkung eine Ahnung bekomme. Mit dem »nunc stans«, dem stehenden Jetzt, wird die Gegenwart zum Einfallstor des Ewigen in der Zeit. Diese Gegenwart ist der raumzeitlose Punkt, an dem der ewige Gott das Geschöpf der Zeit berührt. Gott, der Schöpfer, ist seinem Geschöpf näher als dieses sich selbst. Nicht in der Beschleunigung, sondern in der Entschleunigung wird das »nunc stans«, das Jetzt der Gegenwart Gottes erreicht. In der Beschleunigung geht trotz allem nur verloren, was gewonnen schien. In der Entschleunigung wird gewonnen, was verloren schien.

Und was immer in der Sanduhr der Zeit aus der Zukunft durch die Enge der Gegenwart in die unwiederbringliche Vergangenheit hinabzustürzen scheint, ist und bleibt vor dem alle Zeit umfassenden, ewigen Gott gegenwärtig. Was uns Geschöpfen der Zeit entfällt, er hat es, wie Hegel sagt, längst aufgehoben: Er hat es aufgehoben im Sinne von zeitlich beendet, aufgehoben im Sinne von bewahrt, aufgehoben im Sinne von hinaufgehoben in einen ewigen Augenblick.

Lincoln hatte gemeint: »Nimm dir jeden Tag dreißig Minuten für deine Sorgen frei, und in dieser Zeit mache ein Nickerchen.« Ich möchte das Wort etwas abändern: »Nimm dir jeden Tag dreißig Minuten trotz und wegen all deiner Sorgen frei, und in dieser Zeit tritt ein in die ewige Gegenwart Gottes.« Und seien wir unbesorgt in Bezug auf das, was kommt, unbesorgt auch im Blick auf das Ende; denn was die Raupe angstvoll ihr Ende nennt, nennt der Rest der Welt Schmetterling.

Texte für Ephiphanie

Unter (k)einem guten Stern?

Gerade haben wir Epiphanie, das Fest der Erscheinung des Herrn gefeiert. Was war das damals für ein Stern, dem die Weisen aus dem Morgenland gefolgt sind? Astronomen sagen, es sei vermutlich die dreifache Planetenkonjunktion von Saturn und Venus im Jahre 7 vor Christus, andere sagen, es sei die zyklische Wiederkehr des Halleyschen Kometen gewesen.

Die Heilige Schrift will uns etwas anderes sagen: Dieses neugeborene Menschenkind, in dem Gott gegenwärtig ist, ist der Leitstern der Welt, der Leitstern des Lebens und der Leistern der Menschheit. Die Weisen aus dem Morgenland finden, so geht die Geschichte weiter, zu ihrer großen Freude im Kind den neuen kommenden König, ja den großen Gott. Sie gehen nicht zu Herodes zurück, zeigen ihren Fund nicht an, liefern das, was ihnen wertvoll, ja heilig ist, nicht an politische Interessen aus. Herodes lässt daraufhin aus Angst um seinen Thron vorsorglich alle bis zu zweijährigen Knaben umbringen, um mit ihnen den potenziellen Thronfolger zu beseitigen. So erzählt es das Matthäusevangelium.

Nun hat der inzwischen emeritierte Kölner Kardinal Meisner diesen bethlehemitischen Kindermord in den Kontext der derzeit debattierten Präimplantationsdiagnostik gebracht und damit einen Sturm der Entrüstung hervorgerufen. Der Sturm der Entrüstung verbirgt nur schwach die schlechten Argumente derer, die da so laut losschreien. Mit der PID werden künstlich befruchtete Eizellen auf genetische Defekte untersucht, bevor sie einer Frau eingepflanzt werden. Als krank angesehene Embryonen werden getötet. Die Staatssekretärin im Bundesumweltministerium, Ursula Heinen (CDU), hielt Meisner vor, die »tatsächliche Notlage von Eltern, die bereits Fehl- oder Totgeburten erlitten haben«, zu verkennen. Der in der Wendezeit berühmt gewordene evangelische Theologe Friedrich Schorlemmer (Wittenberg) forderte den Erzbischof gar zum Rücktritt auf. Bei der »theologischen Erzählung« des Kindermords von Herodes gehe es um einen »Genozid an gesunden Kindern«. Ein Vergleich mit der

PID sei »geradezu absurd«. Meisner habe PID-Befürworter »auf üble Weise« diffamiert. Zugleich warf Schorlemmer dem Kardinal »theologische Demenz« vor. Der Ökumenereferent der kleinen nur ca. 200 Gemeinden umfassenden Selbständigen Evangelisch-Lutherischen Kirche, Propst Gert Kelter (Görlitz), weist die Kritik an Meisner in einem Kommentar für die »SELK News« (Hannover) zurück. Schorlemmers Äußerungen seien – freundlich ausgedrückt – »extrem unglaubwürdig«. Er frage sich, so Kelter, ob Schorlemmer die Auffassung vertrete, dass ein Genozid an kranken Kindern zulässig sei. Meisner habe »völlig zu Recht warnend auf systematisch-denkerische Gemeinsamkeiten zwischen den Voraussetzungen und Kriterien für die Anwendung von PID und den herodianischen Voraussetzungen und Kriterien für den Kindermord von Bethlehem« hingewiesen. Der Kardinal prognostiziere, dass es mit der Zulassung von PID zu einem Dammbruch in der Ethik kommen könnte.

Kein Zweifel: PID ist Selektion. Es werden Embryonen im Rahmen der künstlichen Befruchtung in einem frühen Stadium ihrer Entwicklung getötet, weil sie einen – oft nur mit relativer Wahrscheinlichkeit festgestellten – Erbdefekt haben. Gewiss gibt es Embryonen, die einen derartig gravierenden Erbdefekt haben, dass sie die Schwangerschaft und die Geburt definitiv nicht überstehen können, z. B. anencephale Embryos. Diese in den Uterus einzupflanzen wäre nicht sinnvoll und der Mutter vielleicht auch nicht zumutbar. Einige wenige Erkrankungen sind auch schon intrauterin therapierbar. Von ihnen rechtzeitig zu wissen, kann für den Embryo lebenserhaltend sein, wenn er nicht aussortiert, sondern transplantiert wird. Aber was ist mit Embryonen, die Albinismus oder eine Trisomie 21 haben, also im Volksmund »mongoloid« sind, oder die eine Trisomie oder Monosomie an den X-Chromosomen haben? Die sind selbstverständlich lebensfähig und manchmal von erblich unbelasteten Menschen nicht zu unterscheiden. Dürfen die nicht leben, weil andere dekretieren, dass sie wegen dieses Defektes »lebensunwert« sind? Dieses Wort hört man nicht mehr gern in Deutschland, es trifft aber leider exakt diese selbe, sich heute nur mit verbaler Schönfärberei garnierende todbringende Denkweise.

Wir müssen uns wie die drei Weisen aus der Heiligen Schrift entscheiden, welchem Stern wir folgen wollen. Wir müssen uns entscheiden, ob wir den unbedingten Lebensschutz und letztlich unsere
Moralität dem politisch Opportunen, dem forschungspolitisch Ge-
wünschten, den medizinisch-wirtschaftlichen Interessen, der »modernen »Liberalität« etc. opfern wollen. Ein anderer großer Kölner,
ebenfalls katholisch und definitiv kein Parteigänger von Kardinal
Meisner, war der Literatur-Nobelpreisträger Heinrich Böll. Er hat
lange vor seinem Tod trotz aller peinlichen Unzulänglichkeit der
Christen eine Hymne auf das Christentum über die Lippen gebracht:
»Selbst die allerschlechteste christliche Welt würde ich der besten
heidnischen vorziehen, weil es in einer christlichen Welt Raum gibt
für die, denen keine heidnische Welt je Raum gab: für Krüppel und
Kranke, Alte und Schwache; und mehr noch als Raum gab es für sie:
Liebe für die, die der heidnischen wie der gottlosen Welt nutzlos erschienen und erscheinen [...] Ich empfehle es der Nachdenklichkeit
und Vorstellungskraft der Zeitgenossen, sich eine Welt vorzustellen,
auf der es Christus nicht gegeben hätte.« Er meint, diese Vorstellung
einer konsequent atheistisch handelnden Welt, würde aus hartgesot-
tenen Atheisten fromme Adventisten machen.

Wir sollten schauen, welchem Leitstern wir in unserem Leben
folgen. Christus ist der Peilpunkt in all unseren moral- und orientierungslosen Nächten, der Peilpunkt auf den Wüstenwanderungen
unseres Lebens, der richtungsweisende Morgen- und Abendstern
am nächtlichen Firmament unserer Suche nach Menschlichkeit. Dieser Stern sollte uns nicht Schnuppe sein.

Magische Sternstunde

In dieser Woche haben wir das Fest Epiphanie, das Fest der Erscheinung des Herrn, im Volksmund Heilige Dreikönige, gefeiert. Ich
möchte Sie einladen, sich einmal mit mir in die Akteure des Fest-
tagsevangeliums hineinzuversetzen:

Zuerst die Hirten:

Die kleinen Leute, die Hirten vom Feld, sind die ersten, die etwas ahnen von dem außerordentlich Ungewöhnlichen, das sich mit

der höchst gewöhnlichen Geburt eines Armeleutekindes ereignet. Das ist der soziale Mikrokosmos, der da um die Viehunterstände herum sein kärgliches, nicht selten fast viehisches Leben fristet. Diese Menschen gibt es auch heute im neuerdings sogenannten Prekariat, unter den Menschen im Abseits, in den Slums der Großstädte, in den Elenden und Verachteten jeder Art.

Mir sagt das: Lerne auch von den kleinen, den ungebildeten, den verachteten Leuten, wer und wo und was Gott für uns Menschen ist. Orientiere dich nicht nur an den »Großkopferten« der Theologie, der Philosophie und der sonstigen Wissenschaften. Ein Gott, der so klein und kindlich sein kann wie der Unsere, der wird gerade auch von den Kleinen, den Kleingehaltenen und Kindlichen verstanden und kommt gerade durch sie zu Worte. Auch da und gerade da kann man ihn erspüren und erahnen.

Dann die Schriftgelehrten:

Die in allen Raffinessen der Schrift gelehrten Glaubensbrüder Jesu aus Jerusalem, der unmittelbaren Nähe zu Bethlehem, die aus der Schrift sogar wissen, dass aus Bethlehem der neue Fürst seines Volkes hervorgehen wird, die also einen Informationsvorsprung haben, machen sich nicht einmal auf den Weg. Sie werden – gebauchpinselt von der politisch führenden Klasse – zu willfährigen Lieferanten von Expertisen, die der Machtmensch Herodes missbrauchen kann. Diese biblische Episode sagt mir: Theologie hat nicht den Mächtigen zu liebedienern, sie darf nicht nach Gutdünken und im Interesse der politisch oder wirtschaftlich Mächtigen zu Diensten sein.

Mir, als einem sozusagen »christkatholischen Schriftgelehrten«, ist das eine ernste Ermahnung, nicht bequem den ohnehin Arrivierten zu dienen. Eine Ermahnung, mich ganz existenziell selber aufzumachen, den zum Menschen heruntergekommenen Gott zu suchen, wenn es sein muss auch im Schaf- oder Saustall und zwischen Ochsen und Eseln. Wer auch immer in der Nachfolge Jesu zu leben versucht, er muss bereit sein, zu suchen und sich die Füße wund zu laufen, um seine Gaben und Begabungen dahin zu bringen, wo sie bitter nötig sind.

Endlich auch Herodes:

Die Macht dieses regional mächtigen Mannes wird erschüttert von der Ohnmacht eines Wickelkindes. Mit den Potentaten der Weltmacht Rom kann er sich machterhaltend arrangieren. Seine völlige Ohnmacht aber bekommt er zu spüren durch die göttliche Kinderei, die in Jesus Christus Hand und Fuß, Sinn und Verstand bekommt. Herodes ist ein brutaler Machtmensch. Der Geschichte vom bethlehemitischen Kindermord folgend drischt er brutal um sich, tötet Heerscharen von Kleinkindern und gerade den, den er erwischen will, muss er entwischen lassen. Die menschliche Macht zerschellt an der göttlichen Ohnmacht.

Und schließlich die Magier:

Es sind die Magier, diese Sternenkundigen von weit her aus dem Osten, diese der Heiligen Schrift unkundigen Heiden, mit einem für fromme Juden höchst obskuren Zugang zum Glauben, die machen sich auf. Und sie begehen die windelweiche Kinderei, einem Wickelkind im Stall, statt einem veritablen König in seinem Palast zu huldigen. Das ist eine Anfrage auch an uns, ob wir die ganz und gar unorthodoxen Wege zu Gott gelten lassen. Gibt es nicht ebenso viele Wege zu Gott, wie es Menschen auf diesem Erdball gibt? Nehmen wir Gott noch wahr in den tausend Zeichen der Natur- und Kulturwissenschaften, in den tausend Zeichen der Natur- und Kulturgeschichte? Und vor allem: Machen wir uns seinetwegen noch auf den manchmal beschwerlichen Weg, ihn zu suchen?

Die Heiligen Drei Könige, in Wahrheit Magier aus dem Osten, sind das Symbol für den weltumspannenden sozialen Makrokosmos. Man hat die drei den damals bekannten Kontinenten Europa, Asien und Afrika zugeordnet und sie ikonografisch mit weißer, gelber und schwarzer Hautfarbe dargestellt. Man hat sie auch den drei Lebensaltern zugeordnet, jung, mittel und alt und sie als Könige unterschiedlichen Alters ins Bild gesetzt. Jeder von ihnen bringt seine unverwechselbare und unvergleichliche Gabe, Gold, Weihrauch oder Myrrhe. Ob wir weiß, schwarz oder gelb, ob wir jung, mittel, oder alt sind, tut nichts zur Sache. Denn auch unsere unverwechselbare und unvergleichliche Gabe und Begabung ist gefragt und wird vom menschgewordenen Gott angenommen.

Vielleicht müssen wir auf- und abgeklärten Gottsucher aus dem Abendland, wir Christen, uns manchmal ein Beispiel nehmen an der lebenspraktischen Konsequenz und der existenziellen Ernsthaftigkeit der Gottsucher aus dem Morgenland, an den Muslimen, wenn man hier einmal die terroristischen Varianten beiseite lassen darf. Manchmal sind es die Abständigen und Außenstehenden, die uns daran erinnern, welch ungeheuren Schatz wir in einem Gott auf Ruf- und Reichweite haben, der uns menschlich so nahe ist, mit einem mitfühlenden Herzen, mit einer hilfreichen Hand, ein Gott, der in unserer Haut steckt.

Der Stern von Bethlehem könnte die im Jahre 7 vor Christus dreimal aufgetretene große Konjunktion von Jupiter und Saturn, die beide wie einen großen Doppelstern erscheinen ließ, oder auch der Halleysche Komet gewesen sein. Das ist nicht entscheidend. Wichtig ist dies: Der in Jesus Christus Mensch gewordene Gott ist der einzige verlässliche Peilpunkt in all den orientierungslosen Nächten unseres Lebens. Er ist der richtungsweisende und maßgebende Stern am nächtlichen Firmament, ein Fixstern. Und dieser Leitstern ist unser Glücksstern. Er sollte uns nicht Schnuppe sein.

1.3 Fastenzeit

Kontrast-Erfahrung

Können Sie sich an Ihre frühesten Karnevalserfahrungen erinnern? Als was sind sie losgezogen? Was hatten sie für Verkleidungen? Wie waren sie geschminkt? Mit wem und wo waren sie unterwegs?

Meine frühesten Karnevalserfahrungen verbinden sich mit dem großen Karnevalszug am Rosenmontag in Münster. Ich war noch ein Kindergartenkind. Fassungslos sah ich die Fußgruppen in buntesten Farben, Blasmusik, Trommler und Pfeifenmusik, Wagen mit gewaltigen Aufbauten, mit witzigen Pappfiguren, Helau rufende, farbenfroh gekleidete Menschen obendrauf, die damals wirklich noch billige Kamelle warfen. Und das Ganze zog durch Straßen, die noch immer schwer gezeichnet waren vom Bombenkrieg. Überall fand man noch Trümmergrundstücke. Aber auf solchen abgebrochenen Mauervorsprüngen konnte man besser über die Köpfe der Erwachsenen hinwegsehen.

Die Kirche der Fünfzigerjahre hatte aus der NS-Zeit noch immer etwas Kämpferisches, stand vielen gesellschaftlichen Entwicklungen kritisch gegenüber. Karneval, das war für viele Kirchenvertreter ein einziger Sündenpfuhl, den man trockenlegen musste. Und so setzten sie, während draußen der Karneval mit all seinem prallen Leben tobte, einen Gegenakzent: das Vierzigstündige Gebet. »Kampfbeten« nannten das später meine Studienkollegen.

Nachdem der Zug mit all seiner Pracht und Lautstärke durch war, wollte meine Mutter mit uns Kindern zurück nach Hause. Mein Vater aber wollte, sozusagen als Abgeordneter unserer ganzen Familie, eine Stunde am Vierzigstündigen Gebet in die Servati-Kirche in Münsters Innenstadt teilnehmen. Das war auch damals schon eine Kirche der ewigen Anbetung. Das Allerheiligste war den ganzen Tag über in der Monstranz am Hauptaltar ausgestellt, und hier fanden sich immer Beter ein: Menschen auf dem Weg von ihrer und zu ihrer Arbeit, Menschen mit besonderen Anliegen, Leiden und Sorgen, mystisch veranlagte Menschen, die stundenlang dort beten konnten, Mütter, die mit ihren Kindern dort eine Kerze ansteckten

und ein kurzes Gebet sprachen, Nonnen von der nahen Raphaelsklinik, die eine kurze geistliche Rast einlegten zwischen ihren Diensten, alte Leute, die ihren Tag durch stilles Rosenkranzgebet struktu-
rierten, auch viele junge Leute, die einfach einen Moment lang in
die tiefe Stille eintauchen wollten, die immer über diesem heiligen
Ort lag.

Dahin wollte mein Vater. Und ich wollte, Karneval hin oder her,
auch dahin und nicht nach Hause. Meine Eltern warnten mich, das
sei nichts für Kinder, sondern nur für Erwachsene, noch obendrein
solche, die viele Stunden lang beten könnten. Ich habe behauptet,
das könne ich auch, auch stundenlang! So nahm mich mein Vater
schließlich mit.

Wir erwischten wohl die Betstunden der Ordensfrauen, denn die
Kirche war voller Nonnen; schwarze Ordenstrachten und schwarze
Hauben mit einer »Blesse« über der Stirn, wohin man auch blickte.
Einen Sitzplatz gab es nicht mehr. Mein Vater, der die vielen Nonnen überragte, hatte das Allerheiligste fest im Blick und nahm mich
zeitweilig auf den Arm, damit auch ich den Herrgott zu Gesicht bekam. Und dann entdeckte er eine in die Rückwand eingelassen steinerne Bank und stelle mich dort ab. Und ich sehe noch immer die
für mich unzähligen schwarzen Rückenansichten der vor mir knienden und stehenden Nonnen. Und ich höre noch immer das raumfül-
lende unendliche Murmeln, Raunen, Summen und das Hin- und
Her-Gewoge der Wechselgebete des Rosenkranzes. Ich sehe noch
immer, wie die Ordensfrauen bei jedem »Ehre sei dem Vater und
dem Sohn und und dem Heiligen Geist« ganz synchron ihre »be-
haubteten« Häupter beugten vor dem angerufenen dreifaltigen
Gott, vor dem, der uns in der Monstranz in Brotgestalt leibhaftig
nahe war. Ich sehe und rieche noch immer die mal rechts mal links
austretenden Weihrauchwolken aus dem Schwenker der knienden
Messdiener. Und am Ende nach dem Tantum ergo sacramentum
kam noch der krönende und wohl auch etwas erlösende Schlusssegen des Priesters mit der erhobenen Monstranz und der Ausklang
mit dem Salve regina.

Ein größerer Kontrast zu dem exzentrischen, farbigen, lauten,
grellen, umtriebigen Karnevalstreiben draußen als hier drinnen in

der Kirche mit diesem ganz nach innen gewendeten Beten und Singen, mit diesem Einatmen von Stille, war und ist kaum denkbar. Ich spürte vom ersten Moment in dieser Kirche: Hier wird's ernst. Hier ist eine ganz andere, wichtige Dimension von Leben, hier ist der Ort für den existenziellen Lebensernst.

Hier beugt man die Knie und das Haupt, hier beugt man sich mit seiner ganzen Existenz vor dem, der unendlich überlegen ist. Hier beugt man sich vor Gott, und das ist existenziell erhebend. Hier werden mir nicht von außen und mit rasanter Geschwindigkeit immer neue Bilder aufgenötigt, sondern durch die immer gleichen Gesten, Gebete und Gesänge steigen langsam aus der eigenen Tiefe innere Bilder auf.

Fürs Feiern, fürs Bunte, Laute und Abwechslungsreiche finden sich zahllose Anlässe und Anbieter. Das ist, sofern es uns nicht zu Junkies der Ablenkung umdressiert, auch in Grenzen gut und schön. Eine hochprofessionelle Ablenkungsindustrie organisiert das zeitraubend und flächendeckend und lebenslänglich. Da werden Ablenkung und Unterhaltung zur existenziellen Narkose, zur terminalen Sedierung.

Das Beten konfrontiert mich auf manchmal schwer erträgliche, aber heilsame Weise mit mir selbst; und es konfrontiert mich mit Gott. Diese oft vom Unterhaltungsmüll zugeschütteten Quellen des Gebets müssen wir neu freilegen, um die Lebensqualität zu retten, und zwar auch im Kontrast zur Restgesellschaft, um nicht miteinander abzudriften in existenzielle Seinsvergessenheit. Wir sollten – um Gottes und der Menschen willen – alltäglich und verlässlich dafür Sorge tragen, betende Christen und eine betende Kirche zu werden, zu sein und zu bleiben. Denn Beten ist menschlich und Beten macht menschlich.

Leben aus der Todesperspektive

Die Fastenzeit ist über uns hereingebrochen, und wir könnten etwas Sinnvolles damit machen. Sie wird eingerahmt von zwei Fast- und Abstinenztagen, den beiden einzigen, die im Kirchenjahr noch verblieben sind, dem Aschermittwoch und dem Karfreitag. Es steht uns natürlich frei, die Zahl bedarfsgerecht beliebig zu ergänzen. »Abstine et sustine«, entsage und ertrage. Das war das Leitwort des stoischen Philosophen Epiktet, eines freigelassenen Sklaven. Er wurde um 55 nach Christus in Hierapolis geboren, einer Stadt auf dem Gebiet der heutigen Türkei. Er starb um 135 in Nikopolis, einer Stadt im heutigen Griechenland. Epiktet unterschied zwischen dem, was man selbst beeinflussen kann, und dem, was man, weil es unbeeinflussbar ist, hinnehmen muss. Wer etwas außerhalb seiner Macht Liegendes begehre, mache sich nur selber unglücklich und verliere seine innere Freiheit. Die Bedingung zum Glücklichsein sei die, sein Wollen und Handeln auf die beeinflussbaren Bereiche zu beschränken. Alles Andere solle man in Gelassenheit über sich ergehen lassen und akzeptieren. Aber kann man diese Bereiche eindeutig unterscheiden? Und kann man allen nicht beeinflussbaren Dingen mit stoischer Gelassenheit gegenüberstehen? Muss man auch innerhalb der riesigen Fülle dessen, was man beeinflussen könnte, eine Wahl treffen zwischen dem, was man tun und dem, was man lassen will? Es geht also nicht ohne Entsagen und Ertragen.

Aber warum sollte man überhaupt entsagen und ertragen? Warum nicht alles mitnehmen, was einem reizvoll und erreichbar erscheint? Warum nicht, was immer reizvoll und erreichbar ist, auch ausgiebig genießen? Was soll diese Selbstkasteiung? Haben wir das nötig? Der Arbeiterpriester und Dichter Andreas Knapp hat als positive Antwort auf diese Frage ein Gedicht verfasst mit dem Titel:

askese

nur die beschnittene rose
blüht aus gesammelten kräften

nur die gestutzte rebe
wirft alles in die traube

nur der zurückgezweigte ast des ölbaums
trägt satte oliven

nur der im schmerzlichen scheiden
entschiedene weg führt wirklich weiter

du aber willst wild wachsend
in alle richtungen streben

doch nur gebündelt kannst du dich entfalten
und schon im blühen fruchtbar sein

Andreas Knapp

Auch in unserem Leben mit seinen vielen Möglichkeiten gibt es die Gefahr, dass alles und jedes ins Kraut schießt, aber nichts zur Blüte und zur Frucht kommt. Askese verhilft uns zur Orientierung und zur Beschränkung auf das Wichtige und Wesentliche unseres Lebens.

Der Aschermittwoch konfrontiert uns mit unserer unwiderruflich befristeten Zeit, mit dem, was todsicher auf uns zukommt, mit der eigenen Sterblichkeit. Und der Karfreitag führt uns das Leiden und Sterben Christi vor Augen, der unsere menschliche Sterblichkeit mitgetragen und ertragen hat. Die Fastenzeit sagt uns: Orientiere dich nicht am Markt der tausend Möglichkeiten, sondern konzentriere dich auf das wirklich Wesentliche. Wer sich nicht auf das Wesentliche zu konzentrieren weiß, der gestaltet sein Leben wie das Zappen am Fernseher. Er hat von allem irgendetwas gesehen, aber nichts wirklich auch nur annähernd vollständig. Aber das Leben aus der Todesperspektive zu betrachten, ist das nicht eine Anleitung zur Depression?

Von meinen Großeltern, alle noch im vorvorigen Jahrhundert geboren, kannte ich den Spruch: »Lebe, wie du, wenn du stirbst, wünschen wirst, gelebt zu haben!« Bei der Fahndung nach dem Verfasser dieses Spruchs stieß ich auf den Dichter und Erzähler Christian Fürchtegott Gellert (1715–1769). Sie werden von ihm den Lobpreis auf die Schöpfung und den Schöpfer kennen, eine Verdichtung des Psalms 19: »Die Himmel rühmen des Ewigen Ehre.« Von ihm stammt aber auch das 1757 im bitteren Siebenjährigen Krieg geschriebene Gedicht:

Vom Tode

Meine Lebenszeit verstreicht,
Stündlich eil ich zu dem Grabe;
Und was ist's, das ich vielleicht,
Das ich noch zu leben habe?
Denk, o Mensch! an deinen Tod.
Säume nicht; denn *eins* ist not.

Lebe, wie du, wenn du stirbst,
Wünschen wirst, gelebt zu haben.
Güter, die du hier erwirbst,
Würden, die dir Menschen gaben;
Nichts wird dich im Tod erfreun;
Diese Güter sind nicht dein.

Nur ein Herz, das Gutes liebt,
Nur ein ruhiges Gewissen,
Das vor Gott dir Zeugnis gibt,
Wird dir deinen Tod versüßen;
Dieses Herz, von Gott erneut,
Ist des Todes Freudigkeit.

Wenn in deiner letzten Not
Freunde hülflos um dich beben:
Dann wird über Welt und Tod
Dich dies reine Herz erheben;
Dann erschreckt dich kein Gericht;
Gott ist deine Zuversicht.

Dass du dieses Herz erwirbst,
Fürchte Gott, und bet und wache.
Sorge nicht, wie früh du stirbst;
Deine Zeit ist Gottes Sache.
Lern nicht nur den Tod nicht scheun,
Lern auch seiner dich erfreun.

Überwind ihn durch Vertraun,
Sprich: Ich weiß, an wen ich gläube,
Und ich weiß, ich werd ihn schaun
Einst in diesem meinem Leibe.
Er, der rief: Es ist vollbracht!
Nahm dem Tode seine Macht.

Tritt im Geist zum Grab oft hin,
Siehe dein Gebein versenken;
Sprich: Herr, dass ich Erde bin,
Lehre du mich selbst bedenken;
Lehre du mich's jeden Tag,
Dass ich weiser werden mag!

Christian Fürchtegott Gellert

Aus der Todesperspektive gewinnt man den richtigen Maßstab, gewinnt man die gültige Lebensperspektive. Angesichts des Todes und der befristeten Zeit bekommt die eigene Lebenszeit einen ungeheuren Wert und einen tieferen Sinn. Und angesichts des Todes weiß man plötzlich, wie man zu leben hat. Eben: »Lebe, wie du, wenn du stirbst, wünschen wirst, gelebt zu haben!«

Und aus der Zeit des Epiktet und in die gleiche Richtung weisend ist ein römischer Spruch: »Quidquid agis, prudenter agas, et respice finem.« »Was immer du tust, tue es mit Klugheit und berücksichtige das Ende.« Und unser Ende, so glauben wir Christen, ist nicht das Verenden im Nichts, sondern das Vollenden in Gott.

F-A-S-T-E-N

Wenn ich in dieser Fastenzeit die Eucharistie feiere, stoße ich am Beginn des Hochgebetes immer wieder auf den merkwürdigen Satz: »Durch Fasten des Leibes hältst du die Sünde nieder, erhebst du den Geist, gibst du uns die Kraft und den Sieg.«

Na, wenn das so einfach durch Fasten zu machen ist, – die Sünde danieder und der Geist hoch erhoben –, dann nichts wie ran ans Fasten! Was aber heißt Fasten? Ich versuche, es einmal durchzubuchstabieren:

F für Freiheit: Die Fastenzeit hat es an erster Stelle nicht mit Einschränkung und Beschränkung, Einengung und Beengung zu tun, sondern mit Freiheit! Fasten soll mir die »Freiheit von« zurückgeben: Was nimmt mich gefangen, engt mich ein, entfremdet mich von mir selbst? Wie werde ich davon frei? Das Fasten soll mich befähigen, die »Freiheit für« neu zu bestimmen: Für welche Menschen, welche Werte, welche Aufgabe möchte ich frei sein? Aus Freiheit und um der Freiheit willen wird minder Wichtiges oder Unwichtiges aufgegeben. »Widersagen Sie dem Bösen, um in der Freiheit der Kinder Gottes leben zu können?« So werden wir in der Osternacht gefragt, so wird bei jeder Taufe gefragt. Fasten beginnt mit F wie Freiheit, beim Fasten geht es um Freiheit.

A für Andacht: In der Fastenzeit brauchen wir eine Zeit für Andacht. Das Wort hat etwas mit Denken zu tun. Es stammt vom mittelhochdeutschen Wort anedâcht und meint ein zielgerichtetes Denken. Wir brauchen von Neuem ein Denken, das nicht die Finanzmärkte oder die technische Machbarkeit oder die politische Durchsetzbarkeit von irgendetwas bedenkt. Wir brauchen ein Denken, das das Ganze bedenkt, ein Denken, das sich und unser ganzes Leben auf Gott ausrichtet. Das Ziel dieses Denkens ist Gott. Für diese Andacht brauchen wir eine Auszeit von Hektik und Stress; wir brauchen Stille und Gebet zur existenziellen Richtungsbestimmung. Das private Gebet in der Stille einer Kirche oder meiner Wohnung und das gemeinsame Gebet im Gottesdienst, beide Formen der Andacht brauchen wir, damit ich mich selbst, mit der und in der Gemeinschaft auf Gott ausrichte. Fasten schreibt sich stets mit A wie Andacht.

S für Solidarität: Solidarität sieht die Not in der Welt und geht nicht davon unberührt zur Tagesordnung über. Solidarität heißt, sich mit Herz, Hirn und Hand einsetzen für den anderen, den zu kurz gekommenen, den kranken, den bedrohten Menschen. Solidarität geht nicht am Geldbeutel und am Terminkalender vorbei, sie kostet Zeit und Geld: meine Zeit, mein Geld. Zugleich bringt sie für den Geber und für den Nehmer neue Lebensqualität und neue Gemeinschaft. Fasten, geschrieben und gelebt ohne S wie Solidarität, wäre ein defizitärer Eintrag im Buch des Lebens.

T für Theologie: Was hat die Theologie mit dem Fasten zu tun? Die Fastenzeit war in der alten Kirche die Zeit der Taufvorbereitung, die Katechumenenzeit, die Einführung ins Christsein, der Lernprozess auf Ostern hin. Nur in der Osternacht wurde getauft. Wir sollten die Fastenzeit als Lehr- und Lernzeit des Christseins wiederentdecken und ein theologisches Buch, eine Einführung in den Glauben, eine Heiligenbiografie lesen. Wir sollten die dringenden Nachbesserungsarbeiten auf der Straße unseres Glaubenskenntnisses in Angriff nehmen, wo es manche Frostaufbrüche der theologischen Ignoranz zu beseitigen gilt. Sonst kann man auf diesem Weg des Glaubens niemanden mehr mitnehmen und am Ende sogar selbst nicht mehr weitergehen. Theologen und Psychologen sprechen oft von kognitiver Dissonanz, wenn jemand in den Gegenwartsfragen ein fachkompetenter Zeitgenosse, in den Glaubensfragen aber ein zurückgebliebener unterentwickelter Naivling ist. Die Beheimatung im Haus des Glaubens ist nicht mehr sichergestellt, wenn dieser aufgrund theologischer Unkenntnis zur unbewohnbaren Ruine verkommt. Fasten schreibt man mit T wie Theologie.

E für Ernährung: Nur zwei Fast- und Abstinenztage verlangt uns die Kirchendisziplin noch ab im Jahr. Oder sollte ich sagen, zwei Fasttage traut sie uns nur noch zu? Aschermittwoch und Karfreitag. Sind wir Warmbader geworden in Sachen Ernährungsdisziplin, Weicheier in Sachen Genussmittelabstinenz? Wer oder was – außer dem eigenen inneren Schweinehund – sollte uns hindern, bis Ostern z. B. jeden Freitag einen Fasttag zu machen, wenn das eigene Feinkostgewölbe es hergibt, wenn die Rettungsringe um die Leibesmitte und die Reithosenform der Schenkel es nahelegen? Wer oder was – außer dem eigenen inneren Schweinehund – sollte uns hindern, sechs Wochen lang auf Alkohol oder auf Nikotin oder auf Süßigkeiten oder in spezieller Kombinationstherapie auf Mehreres zugleich zu verzichten? Innere Schweinehunde oder Sauhunde stehen nicht auf der Artenschutzliste, dürfen also jederzeit bejagt und besonders in der Fastenzeit erlegt und zerlegt werden. Fasten schreibt man mit E wie Ernährung.

N für Nächstenliebe: Das ist ein viel strapaziertes Wort unter wohlmeinenden Christenmenschen. Aber vom wohlmeinenden Wort zur wohltuenden Tat ist es ein weiter schwerer Weg. Die Fernstenliebe ist leichter als die Nächstenliebe. Der Fernste stinkt nicht, ist nicht laut, widerspricht nicht, rückt mir nicht auf die Pelle, will nicht meinen Arbeitsplatz, kurzum er stört nicht. Der Fernste bekommt gelegentlich eine Spende von mir, solange er mir fernbleibt. Aber der Nächste, das kann ein unangenehmer Nachbar mit dauernd lärmenden Kindern sein, das kann ein Hundebesitzer sein, dessen tierische Hinterlassenschaften meinen Vorgarten verunzieren, das kann die übellaunige Arbeitskollegin sein, das kann der miese Chef sein oder die minderbegabte Sekretärin. Mit denen auch nur menschlich umzugehen, fordert manchmal unmenschliche, sie gar noch wertzuschätzen übermenschliche Anstrengungen. Aber Fasten – richtig geschrieben – enthält immer das N für Nächstenliebe.

Welchen Buchstaben müssen Sie noch üben, damit das Fasten lesbar wird in der christlichen Handschrift ihres Lebens?

Sie – Anfänger!?

Ich soll einen Aufsatz für eine theologische Fachzeitschrift schreiben mit dem Thema »Vom Anfangen«. Und so als Nebenprodukt fällt mir ein:

Eigentlich kann man doch auch diese Fastenzeit als Zeit des Neuanfangs interpretieren und einmal für sich selbst durchbuchstabieren, wo denn ein Neuanfang, ein erneutes Anfangen sinnvoll, nötig oder gar dringlich wäre.

Anfangen, das heißt, brechen mit dem, was war, also Diskontinuität. Anfangen, das heißt, einen Neubeginn setzen, also Innovation. Anfangen, das heißt, einen neuen, stetigen Prozess starten. Sonst geht es uns wie dem Raucher, der sagt: »Mit dem Rauchen aufzuhören, ist gar nicht schwer. Das habe ich schon Hunderte von Malen gemacht.«

»Aller Anfang ist schwer«, sagt uns ein Sprichwort. Aber das Anfangen ist auch nötig; denn was nur bleibt, wie es ist, bleibt nicht, wie es ist; es wird schlechter! Neuanfangen ist so nötig wie Rudern gegen den Strom. Wer aufhört, fällt zurück.

Wo könnte, sollte, müsste in dieser Fastenzeit der Neuanfang starten? Vielleicht beim Neuanfang in unserer Ehe und Beziehung. Das könnte dann wie eine Bluttransfusion wirken, damit etwas lebendig bleibt oder wieder verlebendigt wird, damit die Liebe des Anfangs in neuer Form wieder erweckt wird, damit ich den Anderen wieder mit neuen Augen sehe.

Wie kann das gehen? Z. B. durch einen bewusst ausgesparten Abend in der Woche, der nur für sie beide ist, damit man in der Hektik nicht ständig aneinander vorbeirennt und sich fremd wird und schließlich fremd ist und fremd geht. Es kann auch durch eine ganz besondere Gestaltung des Hochzeitstages, des Namens- oder Geburtstages ein Neuanfang gestartet werden. Es könnte auch ein Neuanfang in meiner Berufung als Priester, als Lehrer, als Arzt, Jurist etc. anstehen. Das ist nötig, damit die unverbrauchte Dynamik des Anfangs mich wieder erfasst, damit sich nicht die bloße Routine des Alltags breitmacht, damit nicht der Grauschleier der Gewohnheit alle Farben überdeckt.

Wie kann das gehen? Z. B. durch Exerzitien oder durch die immer wieder neu notwendig werdende Verstetigung und Intensivierung der Gebetszeiten. Es könnte auch ein Neuanfang in meinem Familienleben vonnöten sein, damit ich als Vater oder Mutter nicht die wichtigen Entwicklungsschritte der eigenen Kinder oder die konkreten Notsignale von irgendeinem in der Familie übersehe, damit ich ansprechbar und ansprechend bleibe. Vielleicht müssen auch die Kinder von sich aus den Neuanfang mit ihren »unbelehrbaren Alten« in Angriff nehmen.

Wie kann das gehen? Vielleicht müsste ich, wenn das Einkommen das zulässt, weniger arbeiten, damit Zeit für die Familie bleibt. Vielleicht sollte ich mir mal die Gedenktage von langer Hand in den Kalender eintragen. Vielleicht sollten wir miteinander eine bestimmte Familienzeit festlegen, sei es beim Morgenkaffee, beim Mittagessen oder Abendbrot. Vielleicht sollte ich einmal wieder sensibel hineinspüren in die Erfahrungen der jeweils anderen Generation. Schließlich könnte auch ein Neuanfang in meiner Spiritualität dringlich sein, damit die große Hoffnung am Horizont meines Daseins nicht verblasst, sondern ihre Strahlkraft bewahrt, damit die kleine notwendige Hoffnung für den je konkreten Tag und seine konkreten Projekte nicht erstickt, damit Gott mir das lebendige und verlebendigende Gegenüber in meinem Leben bleibt.

Wie kann das geschehen? Z. B. indem ich eine bestimmte Gebetszeit festlege und konsequent einhalte. Oder indem ich dem Gottesdienst, z. B. auch der Eucharistiefeier am Werktag, oder dem Chorgebet in einem nahe gelegenen Ordenskonvent einen besonderen Platz reserviere oder das Gebet in der Familie wieder reaktiviere.

Jeder Anfang ist immer zugleich das Ende dessen, was war. Und damit stellt sich die Frage: Womit muss ich aufhören, um überhaupt neu anfangen zu können? Und zugleich ist der Anfang eine veränderte Fortführung, dessen, was nur durch die Veränderung hindurch zu bewahren ist. Und damit stellt sich die Frage: Was war bei mir schon im bisherigen Lebensansatz gut und bedarf nur eines renovierenden oder reformierenden Neuansatzes?

Bei allem scheint mir wichtig: Machen Sie nicht zu viele Baustellen auf. Dann klappt es mit der Bauaufsicht nicht mehr, und die ist nötig, zumindest bei meinen eigenen Baustellen. Man kann und muss hinter jeden Anfang zurückfragen, hinter den einer konkreten Lebensphase, hinter den des eigenen Lebens, hinter den der Menschheit und des Lebens überhaupt. Und dies Zurückfragen verweist uns letztendlich in den absoluten Anfang, der da mit Gott verbunden ist, der aus Gott entspringt. Zumindest für unser religiöses Leben und unser soziales Miteinander darf man wohl mit dem schönen deutschen Sprichwort sagen: »Fange nie an aufzuhören, und höre nie auf anzufangen.« Dem, der mit Gott nichts mehr anzufangen weiß im eigenen Leben, sei gesagt: Wer endlich wieder mit Gott anfängt, der lernt mehr und mehr etwas mit Gott anzufangen, so sehr, dass er mit ihm nicht mehr aufhören möchte.

Ein altes römisches Sprichwort sagt es ganz ähnlich: »Homo bonus semper tiro.« Ein guter Mensch ist und bleibt immer ein Anfänger. Wer nicht lebenslänglich Anfänger bleibt, ist schon fast am Ende. Bleiben Sie ein Anfänger, aber ein Anfänger vor dem Herrn, ein Anfänger mit dem Herrn. Denn so viel ist sicher, wir werden irgendwann alle zum Herrn gehen. Und der weiß mit Ihnen und mir eine Ewigkeit lang unendlich viel anzufangen.

Mea culpa?

In immer neuen Wellen, mal mit der pädagogischen Brandung, mal mit der psychologischen Brandung, mal mit der neurophysiologischen Brandung, wurde und wird immer neu eine bedrängende Frage an das Festland unseres Selbstbewusstseins gespült: Gibt es eigentlich wirklich Schuld? Und manches Stück Selbstbewusstsein ist dabei schon weggespült worden.

Bei Schuld geht es letztlich und im Kern nicht um irgendeinen versicherungsrechtlich oder per Bußgeld abzuarbeitenden Kleinkram. Es geht um das Verfehlen eines normativ vorgegebenen Handlungsziels von unbedingter Gültigkeit. Wer einem Verhungernden nichts zu essen gibt, obschon er es könnte, wer einem Unfallopfer nicht beisteht, obschon er es könnte, wer einen aufrichtigen Geschäftspartner betrügerisch über den Tisch zieht, wer ein Kind missbraucht, der lädt Schuld auf sich.

Aber über die offensichtliche Schuld hinaus gibt es auch eine Schuld, die nicht nach außen dringt, die durch den Verlust der eigenen Identität und Integrität gekennzeichnet ist oder durch das Verfehlen von eigenen Idealen. Es kann auch eine Schuld sein, die durch den Missbrauch oder Nichtgebrauch von Talenten entstanden ist, eine existenzielle Schuld, weil ich das dem Können entsprechend Gesollte nicht getan habe. Da gibt es keinen äußeren Richter, Staatsanwalt oder Verteidiger, da gibt es nur Gott und mich vor ihm. Und genau vor ihm wird mir meine Schuld klar. Und diese Schuld ist nicht justiziabel, aber real.

Ich behaupte also, dass Schuld auf sich zu laden und zu denken und als »mea culpa« (meine Schuld) denken und sagen zu können, eine zentrale und exklusive Auszeichnung des ich-bewussten Menschen ist.

Ich bezweifle nicht, dass man Menschen erfolgreich eine Schuld eingeredet hat, die sie nicht hatten und von der sie unter Umständen nur durch erhebliche therapeutische Bemühungen befreit werden konnten. Ich bezweifle nicht, dass viele Menschen sich selbst eine Schuld zugerechnet haben, die objektiv keine oder nicht die ihre war, nur weil sie skrupulös veranlagt oder durch Lebensumstände so geworden sind.

Aber der Mensch ist nur daher auch für den Missbrauch von Schuldkategorien ansprechbar, weil er prinzipiell auf den Gebrauch von Schuldkategorien hin angelegt ist. Er ist von Natur aus ein moralfähiges, ein moralisches Wesen.

Ich bezweifle nicht, dass Entschuldung in zahllosen dieser Fälle das Mittel der Wahl ist, um dem Menschen die ihm gebührende Freiheit zurückzugeben. Ich bezweifle aber mit Nachdruck, dass man dem Menschen etwas Gutes tut, wenn man ihm auf dem Weg der soziologischen, der psychologischen und der sozialpädagogischen Entschuldung, wenn man ihm auf dem Weg der neurophysiologischen und neuropsychologischen Entschuldung, oder auf dem Weg der philosophischen Negierung ethischer Kategorien oder durch die Umwertung aller Werte alle Schuld und Schuldfähigkeit zu nehmen versucht. Ich bezweifle nicht nur, dass diese Versuche eines progredienten Unschuldswahns statthaft sind, sondern vor allem, dass ihre Durchführung von dauerhaftem Erfolg gekrönt sein wird. Die in immer neuen Varianten versuchte Totalentschuldung des Menschen wäre, wenn sie denn gelänge, in ihrem Kern identisch mit der Totalentmündigung des Menschen.

Wer in angeblich naturbelassener Unschuld durch sein Leben reist, hat stets die Selbstentmündigung mit im Notgepäck. Wer sich im gleißenden Licht purer Unschuld sonnt, produziert den umso tieferen Schlagschatten der Selbstentmündigung.

Es gehört essentiell zum ich-bewussten Menschsein dazu, sagen zu können: »Confiteor Deo omnipotenti et vobis, fratres, ...« »Ich bekenne Gott, dem Allmächtigen und allen Brüdern und Schwestern, dass ich Gutes unterlassen und Böses getan habe.«

Das Bekenntnis »mea culpa« ist im Kern keine Erniedrigung oder Abwertung des Menschseins, sondern dessen Bestätigung. Es öffnet den Horizont von einer Egozentrik hin zu einer Anthropo- oder auch Theozentrik, wo nicht nur das Ego, sondern der Mitmensch und Gott im Mittelpunkt stehen.

Wo der Mensch in die erste Morgendämmerung einer relativen Freiheit und Bewusstheit hinaustritt, da ist er bereits als ein zur Schuld befähigter, nicht zur Schuld verdammter Mensch kenntlich. Insofern ist Schuld oder genauer die prinzipielle Schuldfähigkeit für die christliche Anthropologie ein bleibendes Merkmal des Menschlichen, ein menschliches Existential.

Die Schuld ist aber, wie schon gesagt, keine absolute, sondern eine relationale Größe. Schuld ist verortet in einem Referenzsystem, in Bezug auf das der Mensch schuldig werden kann und das er zugleich im Sinne einer Heils- oder Unheilsrealität mit individuellen und sozialen Folgen mitgestaltet.

Schuldfähigkeit und Schuld sind, theologisch-anthropologisch gesprochen, die mit dem Menschsein überkommene und übernommene und die lebenszeitlich bleibende Kategorie. Zugleich aber sind Schuldfähigkeit und Schuld kritisch einzuholende und heilsgeschichtlich zu überholende Kategorien.

Der Mensch kann sich und muss sich zu seiner Schuld verhalten, und das macht ihn in einem ihn moralisch qualifizierenden Sinn menschlich. Eine nur über die Konstatierung seiner Schuld hinausgehende Größe zeigt er, indem er sein »confiteor« und darin sein »mea culpa« spricht und Gott, zumindest aber den Mitmenschen um Verzeihung und um Mithilfe zur Überwindung dieser seiner Schuld bittet.

Schuldfähigkeit und Schuld sind ein Merkmal des Menschlichen bis der Mensch individuell wie kollektiv in die letzte Abenddämmerung seiner Freiheit und Bewusstheit hinein entschwindet. Und erst endzeitlich, so hoffen die Christen, wird die Schuld durch Gottes Gnade und Vergebung, durch das »neue Referenzsystem Reich-Gottes« eine endgültig und ein für allemal überholte Kategorie. Bis dahin gilt, was der Pfarrer und Dichter Lothar Zenetti so gesagt hat:

Menschen, die aus der Hoffnung leben, sehen weiter; Menschen, die aus der Liebe leben, sehen tiefer; Menschen, die aus dem Glauben leben, sehen alles in einem anderen Licht.

Von Palmsonntag bis Ostern

Am Palmsonntag beginnt die große Woche der Christenheit. Das Hosianna-Gejohle steht an ihrem Anfang und das »Kreuzige-ihn« an ihrem Ende.

Aber dann, mit Ostern, kommt der neue überwältigende Anfang ohne Ende. Werfen wir miteinander einen Blick auf die beiden wichtigen Zwischenschritte, auf den Gründonnerstag und den Karfreitag.

Eine Chassidische Geschichte erzählt: »*Ein Schüler kam zu einem Rabbi und fragte:* ›*Früher gab es Menschen, die Gott von Angesicht zu Angesicht gesehen haben. Warum gibt es die heute nicht mehr?*‹ *Darauf antwortete der Rabbi:* ›*Weil sich niemand mehr so tief bücken will.*‹«

Der Gründonnerstag sagt uns: Einer hat sich so tief gebückt, dass er bei den Drecks- und Schweißfüßen seiner Schüler und Jünger Hand anlegen konnte. Er hat sich nicht von anderen bedienen lassen, sondern anderen gedient. Der, mit dem niemand auf gleichem Fuße verkehren könnte, kümmert sich um den Dreck von der untersten Sohle seiner Jünger. Mit dem Sklavendienst der Fußwaschung begibt er sich auf Augenhöhe mit ihren Hühneraugen.

Und anschließend, nachdem er sie gereinigt hatte, hat er sie bewirtet mit Brot und Wein. Er hat es getan in Form des Paschamahls, in der symbolischen Vergegenwärtigung des Exodus Israels aus der Sklaverei Ägyptens.

Aber der Jude Jesus hat diesem Paschamahl noch einen weiteren Sinn hinzugefügt. Sein letztes Abendmahl erinnert vor allem an ihn, an Jesus selbst und an die Hingabe seines Lebens. Er deutet Brot und Wein neu und anders: »Das ist mein Leib, das ist mein Blut, hingegeben für euch, zur Vergebung der Sünden. Feiert dieses Mahl zu meinem Gedächtnis.«

Moses hatte sein Volk mit Gottes Hilfe aus der Gefangenschaft in Ägypten befreit und durch die Fluten des Roten Meeres ins sehr irdische Gelobte Land geführt, das noch heute voll ist von Blut und Tod.

Jesus ist der neue Moses. Er führt das neue Volk Gottes, seine Menschheit und seine Christenheit, aus der Gefangenschaft der Schuld heraus und durch die Fluten des Todes hindurch in das Gelobte Land, das keinen geografischen Namen mehr hat, sondern »Reich Gottes« heißt.

Jesus hat seinen Jüngern und uns die Augen geöffnet. Er verweist jenseits der Streitereien um militärisch-politische Landnahme auf das Reich Gottes, das keine Grenzen kennt, auf das Reich in der beseligenden vollendenden Nähe Gottes. Auch die Juden heute könnten von ihrem Volksgenossen, dem Juden Jesus, lernen. Und auch die arabischen Muslime könnten von ihrem Propheten Jesus etwas lernen. Nämlich dies: »Selig, die keine Gewalt anwenden; denn sie werden das Land erben«, so verheißt er es in seiner Bergpredigt (Mt 5, 5). Mit der Beherzigung dieses Wortes könnten beide Völker friedlich im selben Lande leben und einander leben lassen.

Jesus verweist jenseits der Streitereien darum, wer Knecht und wer Herr ist, darauf, dass er, der Herr der Herren, unter uns als Diener der Diener Gottes gegenwärtig ist. »Wer von euch der Größte sein will, der sei der Diener aller«, so hat er es seinen Jüngern mit Wort und Beispiel eingeschärft. Wenn sich die Päpste seit Jahrhunderten »Diener der Diener Gottes« nennen, dann müssen sie sich an dem Maßstab messen lassen, den Jesus vorgegeben hat.

Das Kreuz steht im Mittelpunkt des Karfreitags, es ist Synonym für das Unerträgliche, Untragbare, Unverfügbare, Unumgehbare etc. Es konfrontiert mich mit dem, was mein Leben durchkreuzt, mit dem, was ich nicht verdient habe, mit dem, was ich im Leben nicht will, mit dem Tod.

Das Kreuz muss vom Hinzurichtenden selbst zur Hinrichtung getragen werden. Es macht den Lebensweg schlussendlich zum Kreuzweg.

Das Kreuz wird flach gelegt, wenn einer aufs Kreuz gelegt und ans Kreuz genagelt wird. Und dann zeigt das Kreuz in alle vier Richtungen, nach Norden und Süden, nach Osten und Westen. Und wir nennen die Richtungen allesamt Himmelsrichtungen. Mir sagt das, dass Gott uns mit seinem Himmel in jeder Richtung begegnen kann und will. Gott begegnet uns auch in der Himmelsrichtung, die unser ganz persönlicher Kreuzweg hat.

Und wenn das Kreuz am Hinrichtungsplatz aufgerichtet wird, dann steht es in der Erde und endet begraben, vergraben in der

Erde – wie wir. Es zeigt aber auch ins Offene und ragt über sich hinaus zum Himmel – wie wir. Jedes Kreuz schreit die Erdennot hinaus und hinauf zum Himmel. Es verbindet Himmel und Erde, das Irdische Endliche und das Himmlische Unendliche.

Dass einer auf dem Dienstweg von Pontius nach Pilatus geschickt wird, dass im Prozess, der angeblich der Wahrheitsfindung dient, die dreisteste Lüge obsiegt, dass Hohepriester in undurchsichtigen Prozessen sogar in Gottes Namen über jemanden richtend herfallen, dass politisch Mächtige einen missliebigen Menschen aus Opportunitätsgründen und Machterhaltungskalkül foltern, aufs Kreuz legen und so auf bestialische Weise umbringen lassen, das war vor 2000 Jahren üblich, und das ist noch heute üblich – Kollateralschäden der Macht und des Machtmissbrauchs.

Und genau darum ist Jesus durch die Jahrhunderte hindurch der beispielhafte Mensch schlechthin. An ihm ist abzulesen, wie man die unmenschliche Zumutung des Kreuzes nicht um-*geht*, sondern durch Gottes Ermutigung mit dem Kreuz *um*-geht. Jesus stirbt als Beter am Kreuz, seine letzten Worte sind Psalmengebete. So stirbt er nicht gottverlassen aus der Gemeinschaft der Menschen heraus, sondern, wenn auch von fast allen Menschen verlassen, in die Gemeinschaft mit Gott hinein.

Ja, das Kreuz, der Kreuzweg und die Kreuzigung sind eine einzige Zumutung.

Aber der Kreuzträger und der Gekreuzigte ist auch eine Ermutigung, denn durch ihn wird auch der bitterste Kreuzweg zum Lebensweg, zum Heilsweg.

In der Hinrichtung Jesu Christi vollzieht sich die Ausrichtung auf Gott und Aufrichtung durch Gott. Und der ist ein Gott des Lebens und der Fülle.

Weltgemeinwohl (Misereor)

Vor den Toren Aachens liegen große Braunkohlevorkommen relativ dicht unter der Oberfläche, billige Energie, billiger jedenfalls als die viel tiefer liegende Steinkohle im Ruhrgebiet. Mit gewaltigen Baggern werden 200 Meter tiefe Löcher in die Landschaft gegraben, werden intakte Sozialgefüge, Kulturlandschaft und Heimat einfach weggefräst. Autobahnen werden verlegt, damit Großkonzerne Kohle mit der Kohle machen.

Und doch wissen alle, der Braunkohletagebau ist wegen seiner ungeklärten CO_2-Belastung ein energiepolitisches Auslaufmodell. Der immense Landschaftsfraß ist wie Hautkrebs am Körper der Heimat. Zahlreiche Dörfer und schöne Landschaften mit ihren Herrenhäusern, Burgen, Windmühlen, Klöstern, Kirchen werden einfach weggebaggert. Als der Immerather Dom, eine prachtvolle neuromanische Dorfkathedrale, diese schöne doppeltürmige Landschaftsmarke, fiel, war ich fassungslos. Nun könnte man sagen, die Menschen dort und in der Lausitz haben sich wegkaufen lassen von RWE oder Vattenfall oder wem sonst. Das ist doch ihre private Entscheidung. Leider sind diese Entscheidungen nicht nur persönliche, sondern auch nationale ja globale Entscheidungen, auch wenn wir das nicht immer so klar vor Augen haben.

Wir wissen z. B., dass im Jahre 2013 weltweit 36 Milliarden Tonnen CO_2 freigesetzt worden sind, soviel wie in keinem Jahr der Menschheitsgeschichte zuvor. Dabei verursachen gerade einmal 10 Länder 65 % des weltweiten Kohlendioxid-Ausstoßes und Deutschland ist dabei. Und dann sieht man, was hier vor Ort passiert, ist nicht mehr nur eine private Entscheidung, ja nicht einmal mehr nur eine nationale Entscheidung, es ist eine Entscheidung mit globalen Folgen. Und auf die macht Misereor in diesem Jahr besonders aufmerksam. Kohlendioxid, so wissen wir seit Langem, trägt entscheidend zur Klimaerwärmung bei. Neun von zehn der wärmsten Jahre seit Beginn der Temperaturaufzeichnung im Jahre 1880 waren in den 14 Jahren unseres 21. Jahrhunderts. Die durch das Verheizen fossiler Energien aufgeheizte Atmosphäre lässt Polkappen schmelzen, hebt den Meeresspiegel, erwärmt das Meerwasser und versauert es auch noch obendrein. All das gibt zu denken.

Seit Beginn der Industrialisierung ist die Versauerung der Meere um ca. 40 % gestiegen; denn das Kohlendioxid bildet im Wasser gelöst Kohlensäure. Die Versauerung behindert die Bildung der kalkhaltigen Korallen-Skelette. Und in Australien besteht die Gefahr am Great Barrier Reef, dem Weltnaturerbe und größten Korallenriff der Erde, dass durch den Kohleabbau in unmittelbarer Nähe über Jahrhunderttausende gewachsene Naturformationen zerstört werden.

Zwischen 1971 und 2010 ist die Meerwassererwärmung pro Jahrzehnt um 0,11 Grad Celsius gestiegen, also seither fast um ein halbes Grad. Das ist nicht einfach angenehmer temperiertes Badewasser, das führt zu einer erhöhten Neubildung von tropischen Wirbelstürmen, die ihre Energie aus dem erwärmten Wasser beziehen. Mit Windstärken von über 300 Kilometern pro Stunde und gewaltigen Wassermassen wie beim Wirbelsturm Haiyan haben sie verheerende Folgen. Im Jahr 2013 waren 100 Millionen Menschen von den Stürmen und Überflutungen betroffen mehr als 22.000 Menschen fanden dabei den Tod.

Zwischen 1900 und 2010 ist der Meeresspiegel um 19 Zentimeter gestiegen und je nach Szenario prognostiziert der Weltklimarat einen weiteren Anstieg auf 26 bis 82 Zentimeter bis zum Jahr 2100, genug um nicht nur zahlose Südseeatolle, sondern auch große Teile von Bangladesh und den Niederlanden unbewohnbar zu machen.

Misereor unterstützt in diesem Jahr insbesondere Maßnahmen gegen den Raubbau an der Natur, Maßnahmen zum Schutz gegen den Klimawandel, Maßnahmen für die Opfer des Klimawandels in Südostasien. Schwerpunktmäßig geht es um die Fischer auf den Philippinen. Sie werden z. B. dazu angeleitet, zum Schutz ihrer Küsten Mangroven zu pflanzen, anstatt sie als Brennholz abzuholzen. Sie werden ermutigt, andere Erwerbsquellen zu finden, weil ihnen die großen Fangflotten mit riesigen Schleppnetzen ihre Fanggründe leer fischen. Sie werden zum Gemüseanbau, zur Landwirtschaft, zur Produktion von Trockenfisch und zum Krabbenfang in den Mangroven angeleitet.

Misereor kümmert sich um die Opfer der vielen verheerenden Wirbelstürme, die in die Slums und auf die Müllkippen von Manila gespült wurden und dort unter menschenunwürdigsten Bedingungen leben. Sie werden umgesiedelt in einfache, sturmsichere, menschenwürdige Häuser.

Natürlich wäre es unverantwortlich, nicht auch an unser persönliches und familiäres Wohl oder an das Gemeinwohl unseres eigenen Volkes zu denken. Aber angesichts der weltweiten ökologischen, wirtschaftlichen, sozialen, politischen und kulturellen Verflechtungen sollten wir wissen: Was wir hier tun, hat mehr oder weniger weltweite Auswirkungen. Darum müssen wir immer auch das mitbedenken, was Misereor »Weltgemeinwohl« genannt hat, denn das steht auf dem Spiel. Die überbordende CO_2-Emmission aus dem deutschen Braunkohletagebau setzt das Weltgemeinwohl genauso aufs Spiel wie die überbordenden CO_2-Emmisionen aus unserem unvernünftigen Automobilismus.

Wir haben an vielen Stellen die Heimat, d. h. den uns anvertrauten Teil der Schöpfung, längst zur Durchgangsstraße degradiert und betoniert. Die Ränder unserer Schnellstraßen sind dabei zum platt gewalzten, fleischgewordenen oder besser Fleisch gewesenen Inhaltsverzeichnis internationaler Artenschutzabkommen geworden. Und wir selbst haben unsere Atemwege ganz dicht hinter dem Auspuff.

Wir müssen zu dem finden, was Carl Friedrich von Weizsäcker schon vor drei Jahrzehnten eine »asketische Weltkultur« genannt hat. Das ist nicht sauertöpfische Lebensverweigerung. Das ist nicht Verlust, sondern Gewinn von Lebensqualität. Lassen Sie uns damit anfangen um unserer selbst willen, um der uns weltweit anvertrauten Mit-Menschheit willen und um Gottes Willen.

Kreuz-Weg

Seit dem Spätmittelalter gibt es in der katholischen Kirche eine merkwürdige Andachtsform, die in Vergessenheit zu geraten droht und doch unbedingt in diese vorösterliche Zeit gehört: Der Kreuzweg.

In fast allen katholischen Kirchen findet man ihn, zumeist an den Seitenwänden oder in stillen Andachtskapellen aufgehängt, manchmal als Rundweg auf den Kirch- oder Friedhöfen. Oft begleitet er die Wanderwege vom Ortsausgang zu einsamen Waldkapellen oder zu Bergkuppen, die wie der Golgota-Berg in Jerusalem von der Kreuzigungsgruppe gekrönt sind. Zuerst gingen wohl Christen und Pilger im Heiligen Land den historischen Kreuzweg Jesu, um ihrem Herrn auch auf seinem Leidensweg nahe zu sein. Und dann brachten einige auch im Gefolge der Kreuzzugszeit diese Idee mit in ihre Heimat, bauten den Kreuzweg nach und ermöglichten so auch denen, die nicht selbst ins Heilige Land wallfahren konnten, an dieser Erfahrung teilzuhaben. Seit dem 14. Jahrhundert finden sich, besonders gefördert durch die Franziskaner, auch im Abendland Kreuzwege. Früher waren es auch schon mal 7, heute sind es zumeist 14 Stationen, die uns den Weg Jesu von der Verurteilung durch Pilatus bis zu seinem Tod und seiner Grablegung nachzeichnen.

Wer den Kreuzweg geht, erlebt auf der 1. Station, wie ein Mensch in einem haarsträubenden Unrechtsprozess von verlogenen Akteuren auf jüdischer und abgezockten Politakteuren auf römischer Seite zum Tode verurteilt wird. Er erfährt bei der 2. Station, wie dieser Mensch sein Kreuz annimmt, angefangen von Geißelung, Spott und Dornenkrönung bis zum Kreuz auf den Schultern. Der Kreuzträger Christus ist wohl unter der unmenschlichen Last des Kreuzes gefallen. Drei Stationen, die 3., die 7. und die 9. Station berichten davon, wie er tief und tiefer unter dem Kreuz fällt. Aber so tief er auch fällt, er ist nicht vor den Mächtigen zu Kreuze gekrochen. Weil er Rückgrat, weil er ein Kreuz hat und nicht katzbuckelt, darum ist man mit ihm über Kreuz. Darum haben ihn die religiösen Machthaber, die Hohepriester Hannas und Kaiphas, in üblem trickreichem Zusammenspiel mit dem politischen Machthaber, dem Prokurator Pontius Pilatus, aufs Kreuz gelegt und ans Kreuz geschlagen.

Wer äußerlich und innerlich mitgeht, der nimmt auf der 4. Station, Jesus begegnet seiner Mutter, die tief berührende Begegnung der Mutter mit ihrem geschundenen und dem Tod geweihten Sohn wahr. Das mit Behutsamkeit und Liebe ins Leben getragene Kind wird mit Brutalität und Hass aus dem Leben hinausgeprügelt.

Wer den Kreuzweg geht, erlebt auf der 5. Station mit Simon von Zyrene, wie einer, der mit all dem nichts zu tun hat, gezwungen wird, zum Helfershelfer der Menschenschinder oder – vielleicht doch eher – zum Helfer des Geschundenen zu werden. Wer den Kreuzweg nachzieht und nachvollzieht, der erlebt auf der 6. Station die tief bewegende Szene, wie Veronika dem von Blut, Schweiß und Tränen Gezeichneten ihr Kopftuch hinhält, wie der sein Gesicht darin trocknet. Der hilflos mitfühlenden Frau hinterlässt der Todgeweihte ein hilfreiches Bild des lebendigen, menschlich mitfühlenden Gottes.

Die 8. Station, Jesus begegnet den weinenden Frauen, zeigt die manchmal tatenlose und fruchtlose Jämmerlichkeit der Klageweiber und Jammerlappen an den Leidenswegen dieser Welt.

Die 10. Station, Jesus wird seiner Kleider beraubt, zeigt uns, wie ein Mensch, zur totalen Bloßstellung freigegeben, in seiner verletzlichen Nacktheit den Spöttern, Gaffern, Glotzern und Voyeuren preisgegeben wird.

Die 11. Station, Jesus wird ans Kreuz geschlagen, stellt uns den gekreuzigten Menschen in seiner höchsten, über Stunden in die Länge gestreckten Pein vor Augen, verspottet und jeder Beschreibung spottend, blutend und verblutend, sich in Atemnot aufbäumend und unter viehischen Schmerzen wieder in sich zusammensinkend.

Die 12. Station, Jesus stirbt am Kreuz, konfrontiert uns mit seinem Todesschrei. »Mein Gott, mein Gott, warum hast du mich verlassen« ist der Ausdruck tiefster Verzweiflung und tiefsten Vertrauens zugleich, denn es ist der Anfang eines alle Höhen und Tiefen des Menschen durchmessenden Gebetes, des Psalms 22. Und dann sagt einer, der es nicht in die Wiege gelegt bekam: »Wahrhaftig, das war Gottes Sohn!« Der angeblich so heidnische Hauptmann findet angesichts dieses Sterbens zum Glauben; die angeblich so frommen Juden veranlassen das Sterben aus der rasenden Rechthaberei ihres Glaubens.

Die 13. Station zeigt uns die Kreuzabnahme. Ein Angsthase zu Lebzeiten Jesu, Josef von Arimathäa, bekennt sich zu ihm angesichts des Todes Jesu. Man legt den Toten in den Schoß der Frau, die ihn ins Leben gezeugt, getragen und geboren hat. Der Lebenskreis schließt sich im Tod. Bei aller Liebe: Der Mensch zeugt mit dem Leben den Tod; nur Gott zeugt mit dem Tod das Leben.

Die 14. Station, die Grablegung, zeigt den letzten Freundschaftsdienst, den ein Mensch tun kann: die Toten begraben, sie dahin zurückgeben, woher sie stammen, in den Staub der Erde und das Todesdunkel des Grabes.

Wer den Kreuzweg mit Christus geht, äußerlich und innerlich als Christ mitgeht, der merkt, dass das nicht der pietätvolle Gedenkweg für einen ist, der aus dem Leben geschieden und von den Lebenden geschieden ist. Wer innerlich mitgeht, der merkt, dass er auf seinem eigenen Kreuzweg Geleit erfährt durch den bis in den Tod mitgehenden und mitleidenden Gott. Und der ist in Jesus Christus durch alle Lebens- und Sterbestunden zum Leben vorausgegangen, der hat selbst den Kreuzweg zum Lebensweg gemacht.

Die 15. Station, manche Kreuzwege haben sie tatsächlich, müsste uns den ersten Freundschaftsdienst zeigen, den Gott getan hat und den letzten, den er tun wird: Wie er am Anfang das Nichtseiende ins Sein und das Tote aus dem Staub der Erde zum Leben erhoben hat, so wird er – dann aber ein für allemal – die Toten aus den dunklen Gräbern der Erde im beseligenden Licht seines Himmels aufleben lassen.

Unbefristete Entgrenzung?

In wenigen Tagen feiern wir Ostern, das Fest der Auferstehung und des neuen Lebens. Das NT erzählt uns von einigen Auferweckungen von Toten: Die Tochter des Jaïrus (Mk 5,21–43 // Lk 8,54; Mt 9,25), der Jüngling von Naim (Lk 7,11) und der Freund Jesu, Lazarus (Joh 11,1–45), sie alle sind aus dem Tod zum Leben erweckt worden.

Mit der Gretchenfrage aus Goethes Faust tut man sich vergleichsweise leicht: »Wie hältst du es mit der Religion?« Aber es gibt auch noch eine heiklere Frage, die Marthafrage, die Jesus an die Schwester des verstorbenen Lazarus richtet:

»Ich bin die Auferstehung und das Leben. Wer an mich glaubt, wird leben, auch wenn er stirbt, und jeder, der lebt und an mich glaubt, wird auf ewig nicht sterben. Glaubst du das?«

Und Martha antwortet: »Ja, Herr, ich glaube, dass du der Messias bist, der Sohn Gottes, der in die Welt kommen soll.« Als er aber den Stein vor der Graböffnung wegschieben lassen will, entgegnet die aufs Praktische hin orientierte Martha: »Herr, er riecht aber schon, denn es ist bereits der vierte Tag.« Jesus, so erzählt uns das Johannesevangelium, erweckt den Lazarus dennoch. Manche sagen: Alles nur Märchen? Und dann wenden sie sich von den Märchen der Vergangenheit ab und den biotechnologischen Märchenerzählern der Gegenwart zu.

Werden wir Tote zum Leben erwecken können? Könnte man nicht sogar bei jemandem, der tot ist, noch intakte Zellkerne finden? Haare, Fingernägel u. a. wachsen schließlich noch. Könnte man die-

se intakten Zellkerne nicht in eine zuvor entkernte menschliche Eizelle implantieren? Das wäre die Klonung durch Kerntransfer, wie sie
bei dem ersten Klonschaf Dolly erfolgreich durchgeführt worden ist.
Dann müsste man die so präparierte Eizelle mit dem fremden Kern
in einen Uterus implantieren, in dem sich dieser per Klonung erzeug-
te Keim einnisten könnte. Was käme dabei heraus, wenn das alles
klappt? Es käme dabei ein eineiiger Zwilling zum Zellkernspender
heraus, der allerdings um die Jahre jünger wäre, die der Zellkernspender schon auf dem Buckel hat. Damit hätten wir zwar neues
Leben entstehen lassen, derselbe Mensch wäre das aber definitiv
nicht. Und es läge damit auch ganz gewiss keine Auferweckung wie
die des Lazarus vor; denn der, so nehme ich einmal an, hat vermutlich nicht nur biologisch, sondern auch kognitiv sein zeitliches Leben
weiter fortgesetzt, bis er dann endgültig verschieden ist.

Leider ist es sogar so, dass bisher die transferierten Zellkerne
noch ganz genau wissen, wie alt sie schon sind. Und dann treten
die Alterserscheinungen auf, die der Zellkernspender sich bereits
eingehandelt hatte: Gelenkverschleiß, alterungsbedingte Herz-Kreis-
lauf-Probleme etc. Das Klonschaf Dolly ist daran nach wenigen Jahren eines teils qualvollen Lebens gestorben.

Was hätten wir erreicht? Wir hätten nicht wie bei jeder natürli-
chen Zeugung wirklich neues Leben entstehen lassen. Wir hätten
von Neuem altes Leben entstehen lassen, und das nicht einmal im
Sinne einer Verlängerung des alten. Der geklonte Mensch ist nicht
die nahtlose Fortsetzung des alten Menschen, aus dem der Zellkern
entnommen wurde. Er stellt nicht die biografische und kognitive
Kontinuität und Identität des alten Menschen dar, er ist ein neuer
Mensch, aber leider ausgestattet mit den biologischen Macken des
alten.

Der märchenhafte Jungbrunnen, in den die alte Frau mühsam hi-
neinsteigt und aus dem sie dann behände als junges Mädchen wieder heraushüpft, ist auch in Zukunft von diesen Klonexperimenten
nicht zu erwarten. Weder Identität noch Kontinuität noch die Wiederholung besonders schöner Lebensabschnitte sind so sicherzustel-
len. Es ist die pure Verlängerung der Vergänglichkeit und keine Un-
vergänglichkeit, auf die die Lebenssehnsucht letztlich zielt.

Aber auch die Tochter des Jaïrus und der Jüngling von Naim werden einmal alt und gebrechlich geworden und wie der auferweckte Lazarus von Neuem gestorben sein – hingerafft von einer Virusgrippe, von der Pest oder einem Bürgerkrieg – und dann endgültig begraben worden sein. Welchen Sinn sollte es dann haben, dieses endliche Leben zu verlängern? Jesus missachtet nicht die Sehnsucht nach Leben, er bestätigt sie. Und zugleich weist die befristete Entgrenzung, die begrenzte Entfristung der Lebenszeit auf die unbefristete Entgrenzung, auf die unbegrenzte Entfristung des Lebens in Gottes Fülle und Vollendung hin.

Der 2006 verstorbene Dichter und Karikaturist Robert Gernhardt schreibt in der letzten Phase seiner Krebserkrankung sein Gedicht »Habenichts«. Darin spielt er mit dem changierenden Ausdruck: Kein Mittel haben gegen … und Nichts einzuwenden haben gegen …

Habenichts

Habe nichts gegen das Altern.
Wie sollte ich da etwas
gegen den Tod haben?
Hat ja auch sonst niemand etwas
gegen das Altern.
Hat ja auch sonst niemand etwas
gegen den Tod.
Alterten sie sonst alle?
Stürben sie sonst alle?
Da werde ich doch wohl keine
Ausnahme machen:
Habe gar nichts gegen das Altern.
Habe schon gar nichts gegen den Tod.
Robert Gernhardt

Ja, wir sind Habenichtse, haben kein Mittel gegen das Altern, haben schon gar kein Mittel gegen den Tod, auch nicht mit der raffiniertesten Biotechnologie.

Aber wir haben bei Gott und mit Gott etwas einzuwenden gegen das Altern und den Tod und berufen uns auf ihn und seine »Gegenmaßnahmen«. Ansonsten ist und bleibt der Mensch ein Habenichts. Aber für das Leben wie das Sterben gilt: Wer Gott hat, sich an den Gott des Lebens hält, dem fehlt nichts. Gott allein genügt. Denn der allein hat was gegen das Altern, der hat was gegen den Tod, nämlich sein Leben.

Und so ist die befristete Entgrenzung, die begrenzte Entfristung der Lebenszeit des Lazarus ein Hinweis auf die unbefristete Entgrenzung, auf die unbegrenzte Entfristung des Lebens in Gottes Fülle und Vollendung. Etwas Besseres als diese Hoffnung haben wir nicht. Aber was hat, wer nicht einmal mehr die hat?

1.4 Osterzeit

Texte für Ostern

Muss man (dran) glauben?

Christen, Juden und Moslems, also zusammen gut 3 Milliarden Menschen, glauben mit einigen Unterschieden mehr oder weniger fest an die Auferstehung der Toten. Und knapp 2 Milliarden Christen glauben mehr oder weniger fest daran, dass diese im Glauben gründende Lebenshoffnung mit der Auferstehung Jesu Christi unwiderruflich Ausdruck gefunden hat.

Knapp 900 Millionen Hindus und knapp 400 Millionen Buddhisten glauben mehr oder weniger fest an eine Wiedergeburt in einem anderen Lebewesen, als Pflanze, Tier oder Mensch, und hoffen nach dem leidvollen Kreislauf der Wiedergeburten endlich ins Nirwana, ins leidlose Nichts hinein zu verlöschen.

Ca. 1 Milliarde Atheisten glauben mehr oder weniger fest daran, dass mit dem Tod alles aus ist, dass dieses materiell verfasste biologische Leben alles ist und dass darüber hinaus nichts mehr zu erwarten steht.

So unterschiedlich wir Menschen nach Sprache und Kultur, nach Zeitalter und Lebensalter auch sind, darin sind wir einander gleich: Wir Menschen glauben etwas, und zwar auch die Atheisten. »Man glaubt ja nicht, wie viel man glauben muss, um ungläubig zu sein.« Das hatte schon der Münchner Kardinal Michael Faulhaber (1869–1952) festgestellt.

Wir Menschen geben dem gewaltigen Strom der Zeit und des Lebens, in dem wir alle nur kurzzeitige und gefährdete Mitschwimmer sind, eine umfassende Deutung, eine Richtung und ein Ziel.

Die einen, die atheistisch Gläubigen, sagen: Leben ist nichts als Materie. Und sie glauben nur an materielle Transformationsprozesse. Sie erklären nicht, warum sich aus dieser sinnlosen toten Materie Leben und Geist erhebt trotz aller Entropiezunahme in diesem Kosmos. Sie erklären nicht, warum wir als Menschen plötzlich nach einem umfassenden Sinn und nach einer umfassenden Hoffnung fragen, wo wir doch nichts als Materie sind, ohne Zweck und Ziel.

Die anderen betrachten bei ihrer Wiedergeburtslehre vor allem geistige Transformationsprozesse, die durch viele Wiedergeburten hindurchgehen. Und dann lassen sie das Ganze im Nirwana enden als dem Zielpunkt dieser gewaltigen Umwälzungen. Leben ist Leiden, sagt Buddha als seine erste Wahrheit. Wenn das irdische Leben nur als leidvolles Dasein gedeutet wird, und wenn das Ziel des Daseins offenbar nur in der Aufhebung und Beseitigung dieses Leids besteht, welchen Sinn hat dann das Ganze? Dann hat das ganze Theater dieser Weltgeschichte, die als Leiden, also als ein Defizit definiert ist, einzig den Sinn, dieses Defizit, nämlich das Leiden, wieder zu beseitigen und im Nirwana zu versinken. Das ist nur ein großes Nullsummenspiel!

Bei Khalil Gibran (1883–1931), einem christlich-libanesischen Schriftsteller und Maler, las ich dazu: »Leben und Tod sind eins, so wie der Fluss und das Meer eins sind.« Aus dem salzhaltigen Meer entsteigen die Wolken, regnen als Süßwasser über dem Festland ab, und die Ströme bringen es zurück ins Meer. Ein ewig anmutender Kreislauf wie Leben und Tod. Von unserem sterblichen Leben lebt anderes Leben. Und wir leben nur, weil wir anderes Leben zu unserem Erhalt zerstören. Das eben meint Stoffwechsel, wie es auch Atheisten sagen. Aber mehr soll da nicht sein?

Dann bemerkt Gibran auch noch: »Nur ein Leben, das das Leben im Körper sucht, fürchtet das Grab.« Leben ist seines Erachtens etwas anderes als nur eine Funktion des Körpers; es geht nicht mit dem Körper im Grab zugrunde. Es geht über den individuellen Tod hinaus weiter, wie es auch Hinduisten und Buddhisten sagen. Aber darüber hinaus behauptet Gibran auch noch: »Die Welt der Materie und alles, was zu ihr gehört, ist nur ein Traum im Vergleich zu dem Erwachen, das wir den ›Schrecken des Todes‹ nennen.«

Als Christen bestreiten wir nicht die materiellen Transformationsprozesse, von denen Physik, Chemie und Biologie reden. Als Christen bestreiten wir nicht die geistigen Transformationsprozesse, von denen etwa Philosophie und andere Religionen reden. Aber als Christen sehen wir darüber hinaus und durch diese Transformationsprozesse hindurch ein absolutes Ziel der Geschichte, den Gott, der Weg, Wahrheit und Leben ist. Aus ihm stammt alles Leben, und in ihm kulminiert alles Leben, das mir kein Biologie-, kein Chemie- und kein Physikbuch angemessen beschreibt.

Der uns als Mensch entgegenkommende Gott, den wir Weihnachten feiern, ist zugleich der uns durch den Tod zum Leben vorausgehende Gott, den wir Ostern feiern. Dieser Gott ist menschlich unverständlich und unverständlich menschlich, entgegenkommend und vorausgehend. Durch Christi Auferstehung ist selbst der Weg durch den Tod mit den Wegzeichen der Hoffnung markiert, und die zeigen Richtung Leben. Darum können wir mit dem großen Religionsphilosophen Romano Guardini sagen: »Der Tod ist nur die uns zugewandte Seite jenes Ganzen, dessen andere Seite Auferstehung heißt.« Und diese »Geborgenheit im Letzten gibt Gelassenheit im Vorletzten.«

Der schöpferische Gott, durch den, was wir Evolution nennen, erst ist und der die Weichen dieser Evolution auf Leben und Geist stellte, sollte der den Zug der Welt, sollte der den Strom von Materie, Leben und Geist in den endgültigen Abgrund des Todes und des Nichts stürzen lassen?

Johann Kaspar Lavater (1741–1801), der Schweizer Theologe und Religionsphilosoph, fragt in seinen »Denkzeilen an Freunde nach meinem Tode«: »Wenn wir glauben können, dass wir sind, werden wir je zweifeln können, dass wir sein werden?« Ostern eröffne uns den tiefsten Sinn der Weltgeschichte. Und der heißt nicht nur Stoffwechsel, nicht nur Überwindung des Leids, sondern vollendetes Dasein in Gott, Wahrheit und Leben in der Vollendung Gottes. Wenn die atheistisch Gläubigen angesichts des Todes sagen: Es wir nichts als das Nichts sein, dann sagen wir als Christen seit Ostern und im Licht von Ostern: Es wird mehr als alles sein, was wir erahnen, Leben in Fülle.

Augustinus hat einmal gesagt: »Wir leben im Lande der Sterbenden.« Ich möchte ergänzend hinzusetzen: Aber wir sterben ins Land der Lebenden.

Zweifel an der Verzweiflung

Vor Jahr und Tag, ich war noch Schüler, bin ich mit meinem Bruder durch Frankreich getrampt. Dabei haben wir auch einen Abstecher nach Verdun gemacht, einem der Hauptschlachtfelder des I. Weltkrieges.

Soweit das Auge reichte, sah man Grab an Grab, wie ein einziges Quadratkilometer großes Massengrab. In die Kellergewölbe der Gedenkstätte konnte man von außen hineinsehen. Sie waren vollgestopft mit menschlichen Gebeinen: Schädel, Schulterblätter, Rippen, Hüftknochen, Oberschenkel, Schienbeine etc., ein riesiger Schrottplatz menschlicher Skelettteile. Dieser Eindruck hatte etwas Erschlagendes. Da lagen Studenten, die mit Hurrapatriotismus in den Krieg gezogen waren, alte Offiziere, Familienväter, der Schule kaum entwachsene Jungen, gute und schlechte, hübsche und hässliche, hoffnungsvolle und hoffnungslose, begabtere und unbegabtere. Alles zerfetzt, zerschossen, zerschlagen, begraben, verwest und fast völlig vergessen. Ein totales Desaster des Lebens, ein grandioser Triumph des Todes! Und wir glauben an Auferstehung und ewiges Leben?!

Wie bekommt der Herrgott das alles wieder zusammen, was da herumliegt? Aber selbst dann, so sagt uns die Naturwissenschaft, beginnt das große Hauen und Stechen um die Atome und Moleküle, die im Stoffwechsel durch viele Körper gegangen sind und einmal Teil pflanzlicher, tierischer oder auch menschlicher Körper waren. Wahrscheinlich reicht die Menge an Kohlenstoff nicht für alle dann ja gleichzeitig lebenden Körper. Aber selbst wenn es reichte, bleibt die Frage: Welchen von meinen abgelegten Körpern nimmt der Herrgott für die Auferstehung? Nimmt er mich mit rosigen 7, mit pickeligen 17 oder mit runzeligen 70 Jahren? Nimmt er die beste Garnitur fürs Jenseits? Was aber ist mit denen, die nie eine gute Garnitur besaßen, die mit schweren körperlichen und geistigen Missbildungen leben mussten?

Ich glaube: Wo immer Gott aus den Tod neues Leben erwirkt, da bedarf er der materiellen Überreste des alten Lebens nicht. Gott ist doch kein Paläontologe, der Knochen sammelt und wieder zusammenflickt für ein himmlisches Menschenkunde-Museum. Ich glaube für das neue Modell menschlicher Existenz braucht Gott die Schrottplätze des alten Modells nicht.

Auf eine andere, offenbar auch weit verbreitete Vorstellung von Auferstehung stieß ich in einem alten Interview, das der Schauspieler Maximilian Schell (1930–2014) mit der damals schon über achtzigjährigen Marlene Dietrich (1901–1992) gemacht hatte. Ein Ausschnitt daraus liest sich so:

> Schell: Sie glauben nicht, dass nachher etwas kommt?
> Dietrich: ... aber so ein Quatsch, fürchterlich, kann man doch nicht dran glauben, dass die da oben da alle rumfliegen da, vielleicht? Gibt's ja gar nicht.
> Schell: Viele Philosophen haben sich den Kopf darüber zerbrochen ...
> Dietrich: Ja, ja, ja, ja ... Das ist alles, um sich zu trösten, das kommt doch alles aus der Bibel. Um die Leute zu trösten und zu sagen, die schwirrt da oben rum. [...] Aber man kann mir doch nicht erzählen, dass die da alle leben, da oben, und das muss ja furchtbar übersetzt sein, wie viele Leute da oben rumschwirren. [...] Außerdem glaube ich nicht an eine höhere Macht, oder die höhere Macht ist meschugge.

Dann wechselt sie blitzartig das Thema und kommt auf ihre Schallplatte mit Berliner Liedern zu sprechen. Und nicht wenige findet sie selbst »himmlisch«.

Diese Ablehnung der christlichen Osterbotschaft enthält allerhand »fundamentale Klöpse«. Schade, dass diese ansonsten kluge Frau da, wo es buchstäblich auf Tod und Leben geht, einen so kompletten Unsinn zusammendenkt und daherredet. Hat sie nie gehört, dass Himmel nicht oben ist? Leben wir denn noch im Mittelalter? Wo wäre in diesem Kosmos oben und wo unten? Hat sie nie gehört, dass man sich die Auferstandenen eher nicht wie die molligen, kurzflügeligen Barockputten als dickliche Himmelsbrummer vorstellen sollte? Hat sie nie gehört, dass Himmel eine raumlos zu denkende Existenzweise bei Gott meint? Da gibt's keinen Numerus clausus und kein »Wegen Überfüllung geschlossen«! Hat sie nie gehört, dass Himmel auch eine zeitlos zu denkende Existenzweise bei Gott meint? Ewigkeit meint nicht sehr viel Zeit, sondern Zeitlosigkeit. Im Himmel muss man wohl nicht zwischen »alten Hasen« und »jungen Hüpfern« unterscheiden. Raum und Zeit sind Eigenschaften des Materiellen. Auferstehung heißt Aufbruch zu einem Dasein frei von den Begrenzungen durch Raum und Zeit. Andernfalls würden wir im Himmel weiter unsere Zähne und Haare verlieren, müssten wir beim gewiss üppigen himmlischen Hochzeitsmahl weiter auf die schlanke Linie achten und Fältchen kaschieren. Alles wäre nur eine bestenfalls überarbeitete Neuauflage von dem Kladderadatsch, den wir hier lebenslänglich durchmachen.

Auch ein Vorwurf steckte noch im Interview: Bei eurem Auferstehungsglauben ist doch nur der Wunsch der Vater des Gedankens. Auferstehung heißt für Christen auch Konfrontation mit dem richtenden und rettenden Gott. Vielleicht wünscht sich jemand, der ohne den Gedanken an Gott gelebt hat, dass es keinen richtenden Gott geben möge. Dann ist wohl auch hier der Wunsch der Vater des Gedankens.

Ich glaube und hoffe mit Herz und Hirn auf den, der Sterben und Tod erlebte, durchlebte und überlebte. Mit dieser Osterbotschaft haben Menschen jahrtausendelang zu leben und zu sterben gewusst.

Auch und gerade angesichts der vielen Millionen Toten von Verdun, Stalingrad und Auschwitz, auch und gerade angesichts des unabsehbaren Gräbermeeres der Jahrtausende kann ich die Auferstehungshoffnung nicht begraben, denn sie ist unsterblich im Menschen verwurzelt. Rudolf Alexander Schröder hat die absolute Todesgewissheit und die unsterbliche Lebenshoffnung so zusammen in Verse gefasst:

Zum Totensonntag

Lass die Toten denn im Tod
Grab an Grab verwesen,
Du, ob Tod und Todes Not,
Weil du's weißt, erlesen,
Weißt an dir ist keiner Not
Fürder Macht gegeben:

All dein Leben führt zum Tod,
All dein Tod zum Leben.

Rudolf Alexander Schröder

Auferstanden?

Die Auferstehung Jesu ist die zentrale Botschaft des christlichen Glaubens. Der Glaube steht und fällt mit dieser Wahrheit. Der katholische Theologe Theodor Schneider pointiert das so: »Der Auferstehungsglaube ist der Nagel, an dem alle anderen Sätze des Credos hängen, er ist die innere Klammer, die alles andere zusammenhält.« Es geht also um die »Nagelprobe« unseres Glaubens. Und der evangelische Theologe Karl Barth meint: »Wenn es ein christlich-theologisches Axiom gibt, so ist es dieses: Jesus Christus ist auferstanden, er ist wahrhaft auferstanden!« Aber ist der Satz auch wahr?

Es hat zahllose Versuche gegeben, die Wahrheit der Auferstehung in Zweifel zu ziehen. Der angebliche Betrug durch die Jünger, die den Toten verschleppt haben sollen, um durch das Fehlen des Leichnams den Gedanken der Auferstehung plausibel erscheinen zu lassen, ist nur die erste schon neutestamentlich bezeugte Variante.

Zahllos sind auch die Spielarten der Behauptung, der Gekreuzigte Jesus sei nicht wirklich tot, sondern nur scheintot gewesen. Er habe sich aus eigener Kraft oder unter Mithilfe seiner Jünger, auf jeden Fall aber in natürlicher und nicht in übernatürlicher Weise aus dem Grab erheben, den Jüngern und den Frauen zeigen und dann auf Nimmerwiedersehen davonmachen können. Und so sei die Auferstehungsmär in die Welt gekommen. Es gibt zahllose Versuche, sich der scheinbar irrationalen Zumutung, die vom Auferstehungsglauben ausgeht, zu entziehen.

Da wird einerseits als Auferstehungssurrogat das Weiterleben in den eigenen Kindern propagiert: Vielen Dank sagt der ehe- und kinderlose. Da wird andererseits als Auferstehungssurrogat das postmortale Weiterleben in den eigenen Werken propagiert, das Überleben in den künstlerischen, militärischen, politischen oder wissenschaftlichen Leistungen. Aber was ist das für eine Auferstehung, die einen Menschen bestenfalls als Marmorbüste in der Walhalla weiterleben lässt?

Das Weiterleben in den Nachkommen oder in den Werken ist nur der unterschiedliche Ausdruck ein und derselben Lebenssehnsucht. Aber warum steckt diese Sehnsucht offenbar unkorrigierbar im Menschen und gehört zu seinem Wesen?

Es gibt auch theologische Deutungen von Auferstehung, die um eine intellektuell ärgernislose Unanstößigkeit bemüht sind: Da ist z. B. die These, Jesus lebe nur in der Verkündigung seiner Jünger fort. Der Auferstehungsglaube sei nichts als eine mythologische Chiffre für die Überzeugung, die Sache Jesu gehe weiter.

Die biblischen Texte sprechen trotz all ihrer Unterschiedlichkeit doch ganz eindeutig und nachdrücklich von Erfahrungen mit der Person des Auferstandenen. Erst aus der personalen Erfahrung der Gegenwart des Auferstandenen wächst auch die Zuversicht, dass es mit seiner Sache weitergeht. Woher sollte die Zuversicht der Jünger stammen, wenn Jesus nur im Grab geblieben wäre? Warum sollten sie zur bekräftigenden Ausschmückung dann ja tatsachenwidrige Behauptungen über Begegnungen mit dem Auferstandenen erzählen? Die biblischen Texte sprechen zunächst von Angst, Zweifel, Unverständnis, Verzagtheit und Unglauben der Jünger. Erst die personale Erfahrung mit dem Auferstandenen befähigt die Jünger zum Zeugnis für Auferstehung und neues Leben. Und das waren nicht bloß innersubjektive Wahrnehmungen, sondern konkrete intersubjektive Erfahrungen und Begegnungen mit dem Auferstandenen.

Es gibt leider keinen unmittelbaren Tat- oder Ereigniszeugen für das Wie der Auferstehung Jesu und keinen zweifelsfreien Bericht davon. Aber das Dass und das Was der Auferstehung bezeugen die Jünger bis in den Tod, subjektiv-existenziell und objektiv-historisch.

Ein bloßer ›Psycho-Gott‹ ohne Geschichtsrelevanz enthebt die Toten der Geschichte nicht ihres Todesschicksals, sondern belässt sie im Tod. Der Gedanke an die mit dem Auferstehungsglauben verbundene ausgleichende Gerechtigkeit bliebe auf der Strecke, wenn man den Gott der Geschichte zum Gott mit bloß innerpsychischer Zuständigkeit degradiert. Wenn Gott kein Gott der Geschichte ist,

ist auch Geschichte nicht mehr als Heilsgeschichte zu interpretieren. Aber mit dem Hinweis auf das von Freund und Feind nicht bestrittene leere Grab ist die Historizität der Auferstehung noch nicht belegt. Das Faktum des leeren Grabes bleibt deutungsbedürftig.

Eine Deutung der Auferstehung Jesu, die dieses Geschehen als Ganzes ins bloß Historisch-Faktische verlegt, macht Ostern nach dem Modell der Erweckung des Lazarus zur bloßen Reanimations- und Lebensverlängerungsmaßnahme mit bleibendem Todesvermerk und einer nur auf Widerruf gestundeten Zeit. Ostern meint aber nicht den befristeten Nachschlag auf diesseitig-endliches Leben, sondern den Eingang ins fristlose oder unbefristete, ins jenseitig-unendliche Leben.

Das Ostergeschehen ist an der Schnittstelle von psychisch-existenzieller und historisch-faktischer Wirklichkeitserfahrung. Die Wirklichkeit von Ostern sprengt die bloß historische Objektivität und die bloß psychologische Subjektivität. Das Osterereignis ragt hinein in Raum und Zeit, es entgrenzt und entfristet zugleich Raum und Zeit. Es lässt etwas aufscheinen von Gottes die Raum-Zeit sprengender Ewigkeit.

Karfreitag, Karsamstag und Ostersonntag sagen mir: Es fürchte niemand, seine Existenz als einen verfinsterten ewig grauenvollen Karfreitag verbringen zu müssen. Es erwarte niemand, dass alles in der Grabesstille eines ewigen und ewig gleichgültigen Karsamstags versinken und sein Bewenden haben möge. Das wäre noch der letzte Triumph des Mörders über das schuldlose Opfer. Das Bekenntnis zur Auferstehung Jesu besagt die Anerkenntnis seiner Heilsbedeutung auch für uns.

Es fürchte ein jeder die richtende Auferstehung mit ihrer vollendenden Gerechtigkeit; es hoffe ein jeder auf die rettende Auferstehung zum vollendeten Leben. Es wird nichts als Nichts sein, sagen die, die an Auferstehung nicht glauben. Gegen das »Nichts als Nichts« setzt der Glaubende das »Mehr als Alles«.

Zum Leben geliebt?!

Vor Kurzem schickte mir jemand die Todesanzeige einer gerade fünfzigjährigen Frau, die nach jahrelanger schwerer Krankheit am Krebs gestorben war. Die Todesanzeige war gänzlich ohne irgendein Hoffnungszeichen unseres Glaubens gestaltet. Sie war stattdessen gestaltet mit einem Gedicht des Karikaturisten und Dichters Robert Gernhardt. Der war im Jahr 2006 ebenfalls nach jahrelanger Krankheit am Krebs verstorben:

> Von viel zu viel
>
> Ich bin viel krank.
> Ich lieg viel wach.
> Ich hab viel Furcht.
> Ich denk viel nach:
>
> Tu nur viel klug!
> Bringt nicht viel ein.
> Warst einst viel groß.
> Bis jetzt viel klein.
>
> War einst viel Glück.
> Ist jetzt viel Not.
> Bist jetzt viel schwach.
> Wirst bald viel tot.
>
> *Robert Gernhardt*

Hier schreibt einer illusions- und schonungslos als ein konsequenter Hoffnungsverweigerer. Hat er nicht recht? Wie wahrscheinlich ist es denn, dass es ein Leben nach dem Tod gibt? Sollten wir uns nicht diesen beiden illusionslosen Hoffnungsverweigerern ehrlicherweise anschließen?

Aber machen wir einmal, bevor wir vorschnell die Flinte ins Korn werfen, eine Gegenrechnung zum Thema Wahrscheinlichkeit auf. Welche Vorab-Wahrscheinlichkeit hatte die dichte Materie beim

Urknall dafür in sich, dass in ihm unsere Milchstraße, unser Sonnensystem und unser blauer Planet entstehen würde? Das alles war geradezu beliebig unwahrscheinlich. Welche Vorab-Wahrscheinlichkeit hatte diese Erde dafür in sich, dass es Leben geben würde, dass daraus menschliches Leben entstehen würde?

Welche Vorab-Wahrscheinlichkeit hatte das Leben, dass gerade Ihr und mein Leben, so wie es ist, mit diesen Genen und mit dieser Geschichte entstehen würde? Auch die liegt nahe Null. Und dennoch: Es gibt Leben auf dieser Erde! Es gibt, gottlob, Sie und mich inmitten dieses Lebens, als einmaliges nie dagewesenes und nicht wiederholbares Leben. Es gibt dieses Leben und das staunt über sein eigenes Dasein und Sosein. Dass es Sie und mich gibt, ist vorab von geradezu astronomischer Unwahrscheinlichkeit gewesen. Und doch, kein Zweifel, es gibt Sie und mich.

Und eine zweite Frage: Können wir wirklich in letzter Konsequenz gänzlich ohne jede Hoffnung leben? Auch der so hoffnungsresistente, gern harte Gernhardt hat doch die eine Hoffnung, dass sein zu Ende gehendes Leben, seine Fahrt ins Dunkel, nicht nichtig sein möge.

Fahrt ins Dunkel

Wie ungeheuer grün das Grün
Wie furchtbar grau das Grau
Wie dunkel rings die Dunkelheit
Wie blau das späte Blau

So schwarz der schwarze Horizont
So licht das letzte Licht
So, endlich, gehts dem Ende zu
So, nichtig, hoffst du: nicht.
Robert Gernhardt

Kein Zweifel, es geht dem Ende zu mit Ihnen, mit mir und mit unseren Lieben. Vielleicht müssen wir uns auch an Gräbern – wie Maria von Magdala am Grab Jesu – die tränenblinden Augen öffnen lassen für das scheinbar Unmögliche, für das Leben jenseits des Todes.

Vielleicht müssen wir uns wie Maria von Magdala vom Auferstandenen beim Namen rufen lassen, wegrufen lassen vom Ufer der diesseitigen Endlichkeit, über den reißenden Strom der Verzweiflung, hin zum rettenden Ufer der jenseitigen Lebenshoffnung.

Der 1933 im Erzgebirge geborene und nach vielen Jahren der politischen Behinderung 1976 aus der damaligen DDR ausgereiste Dichter Reiner Kunze hat ein Gedicht über Ostern verfasst. Darin hält er trotz jahrzehntelanger atheistischer Indoktrination die hoffnungsvolle Spannung angesichts des Todes.

Ostern –

Die glocken läuteten,
als überschlügen sie sich vor freude
über das leere grab

Darüber, daß einmal
etwas so tröstliches gelang,

und daß das staunen währt
seit zweitausend jahren

Doch obwohl die glocken
so heftig gegen die mitternacht hämmerten –
nichts an finsternis sprang ab

Reiner Kunze

Sich überschlagen vor Freude, das kennen wir von Kindern, von Begeisterten, von Sportlern, von Liebenden etc. In den Zeilen von Kunze sind es die Glocken, die sich in der Osternacht vor Freude zu überschlagen scheinen. Und das tröstliche leere Grab ist seit 2000 Jahren Anlass eines ungläubigen und gläubigen, eines jedenfalls fassungslosen Staunens.

Und doch stößt sich der Osterjubel an der scheinbar nur Christus betreffenden Damaligkeit und Einmaligkeit dieses Osterereignisses und an der uns absolut und undurchdringlich erscheinenden Finsternis des Todes. Darum schreibt er:

> Doch obwohl die glocken
> so heftig gegen die mitternacht hämmerten –
> nichts an finsternis sprang ab

Wir müssen die undurchdringliche Mitternacht des Todes wohl miteinander aushalten. Aber selbst wenn es die Mitternacht, und gerade wenn es die Mitternacht ist, an die die Glocken anschlagen, haben wir Hoffnung. Denn wie Kunze wissen wir doch: Die Mitte der Nacht ist der Anfang des neuen Tages. Wenn die Glocken gegen die Mitternacht hämmern und wenn auch nichts von der Finsternis abspringt, vielleicht schlagen sie doch einen Hoffnungsfunken heraus aus der Finsternis, an dem sich das Osterlicht entzünden lässt. Die uns verbürgte Auferstehung Jesu Christi und unsere in existenzieller Tiefe wurzelnde Lebenshoffnung, das sind gute Gründe, die Richtigkeit der Verzweiflung zu bezweifeln.

Manchmal wachsen einem in existenziell bedrängenden Situationen fast wie eine Gnade des Himmels neue Gewissheiten zu. Beim Tode meiner eigenen Mutter fielen mir diese Worte ein:

> Herr, die dich in ihrer Mitte wissen, haben die tiefste Angst überwunden.
> Sie sehen in jeder Nacht die Stelle, wo es Tag wird, – und sind getrost.
> Herr, wir kommen aus deiner Hand, wir gehen an deiner Hand, wir fallen in deine Hand.
> Wo du bist, ist das Leben. Du verewigst uns in dir; denn wir – sind geliebt.

Ich glaube, wir dürfen und sollen gerade in der mitternächtlichen Finsternis des Todes unsere von Christus verbürgte Lebenshoffnung an die große Glocke hängen, damit wenigstens etwas zu hören ist von dem, was kein Auge geschaut hat, von dem, was Gott denen bereitet hat, die auf ihn hoffen, weil er sie liebt.

Apostel(in)

In seinem Roman »Der gottlose Pfarrer« erfindet Ulrich Harbecke eine verstörende Szene. Der gestandene und angesehene Pfarrer Hausner von St. Kilian wird am Ostermorgen wach, ohne eine Predigt vorbereitet zu haben. Aber er ist durch 27 Jahre im pastoralen Pulverdampf nicht nur grau und kahl geworden, er hat auch eine erhebliche pastorale Verblüffungsfestigkeit gelernt und ist überdies ein Mann des Wortes. Er hat schon viele Predigten – und nicht die schlechtesten – aus dem Stand gehalten. Der Gottesdienst beginnt mit allem, was eine ordentliche Gemeinde an österlicher Festlichkeit aufzubieten hat: Chor, Weihrauch, Kerzen, Ministranten. Pfarrer Hausner begibt sich also an den Ambo zum Evangelium und zur Osterpredigt und legt los. Aber da, mitten in der Predigt, überwältigt ihn ganz plötzlich das ohne Vorwarnung eintretende unverrückbare Bewusstsein, die absolute Evidenz, dass der Glaube ein Irrtum oder Irrwitz ist. Wie Ungläubige in einem einzigen Moment von absoluter Klarheit zum Glauben gekommen sind, so kommt er in einem einzigen Moment von absoluter Klarheit zum Unglauben.

Nach einem Moment der Totenstille und des fassungslosen inneren Staunens informiert er die Gemeinde. Er spricht sie mit »meine Damen und Herren« an und nicht mehr mit »liebe Schwestern und Brüder«, erklärt, dass er just in diesem Ostergottesdienst den Glauben endgültig verloren habe und das Hochamt daher nicht mehr fortsetzen wolle und könne. Er werde sich auch unverzüglich beim Bischof um seine Entlassung bemühen. Dann verneigt er sich und geht ohne Kniebeuge vor dem Tabernakel hinaus. Chor, Messdiener, Küster, ja die ganze Gemeinde steht sprachlos und fassungslos da. Sie können das jetzt fortspinnen, wie Harbecke das mit intimer Kenntnis seiner Kirche tut.

Wenn die Osterbotschaft ein Irrtum wäre, ohne dass wir es wüssten, dann wären wir, die daran glauben, Betrogene, und die, die sie verbreiten, betrogene Betrüger.

Wenn die Osterbotschaft ein Irrtum wäre, den wir wider besseres Wissen krampfhaft aufrecht zu erhalten suchten, dann wären wir miese Betrüger. Dann wäre es das einzig Richtige, den Gläubigen über seinen Unglauben reinen Wein einzuschenken und sich mit Anstand aus dem Weinberg des Herrn davonzumachen.

Was aber ist, wenn die Osterbotschaft die Wahrheit schlechthin ist, wenn sich nur niemand mehr fände, der uns die Osterbotschaft sagt, der uns in der Lebenshoffnung bestärkt? Was ist, wenn niemand mehr mit uns die Lebenshoffnung durchbuchstabiert, durchdekliniert, durchargumentiert? Dann wären wir arm dran, weil wir um den tatsächlichen Reichtum unserer Hoffnung nicht wüssten. Der zumindest in dieser Hinsicht hoffnungslose Robert Gernhardt dichtete kurz vor seinem Tod:

Vom Gewicht

Trägst den Tod in dir?	Stirbst wie nur je ein Tier?
Trägst schwer.	Nimms leicht.
Tod ist nicht irgendwer:	Tod wird durch nichts erweicht:
Wiegt.	Siegt.

Robert Gernhardt

Das ist die in Sarkasmus eingelegte Verzweiflung der tapfer Tuenden. Das ist einfach nur todtraurig, von einer Traurigkeit, die sich in sich selbst abschließt und damit Hoffnung ausschließt.

Das Osterevangelium mit der Maria von Magdala (Joh 20,1–18) zeigt einen anderen Weg. Maria von Magdala steht im Gegensatz zu den meisten Aposteln unter dem Kreuz Jesu und hält sein Sterben bis zum bitteren Ende aus. Sie ist auch bei seinem Begräbnis anwesend.

Sie ist es, die am Ostermorgen noch vor Sonnenaufgang, buchstäblich in aller Herrgottsfrühe, zum Grab geht, an den Ort der Trauer und Verzweiflung, an den Ort der unerfüllten Sehnsucht und der verloren gegebenen Hoffnung. Da will sie stehen und den absoluten Tiefpunkt aushalten. Sie kommt nicht mit dem siegesgewissen Osterhalleluja auf den Lippen, nicht mit der Ostersonne in den Augen, nicht mit dem Auferstehungsglauben zum Grab. Sie steht da nachtblind vom Todesdunkel, tränenblind von Trauer und Verzweiflung.

Aber ihr als Erster erscheint der Auferstandene am Ostermorgen, als sie sich in der Meinung, der Leichnam sei verschleppt worden, am Grab ausweint. Sie hält ihn tränenblind für den Gärtner und bittet ihn um Auskunft darüber, wohin der Leichnam verschleppt worden ist.

Aber Christus ruft sie beim Namen: Maria! Und da erkennt sie ihn durch den Tränenschleier hindurch. Mit einem Wort, mit ihrem Namen, ruft er sie aus der Todestrauer zur Lebenshoffnung. Und ihr gibt der Auferstandene den Auftrag, die Botschaft von Auferstehung und neuem Leben bei Gott weiterzusagen. So wird die hoffnungs-los-traurige Todeszeugin durch ihr Aushalten in der Liebe zur ersten hoffnungsvoll-staunenden Auferstehungszeugin, zur Apostola apostolorum, zur Apostelin der Apostel, wie die Tradition sie später nennt.

Maria von Magdala hat Jesus von Herzen geliebt, und eben deshalb ist sie nicht der Vamp, die femme fatal, die Maler und Filmemacher in unsortierter Männerfantasie bis heute aus ihr gemacht haben. Ihre Liebe macht nicht blind, sie macht sehend.

Vielen von uns geht es ähnlich: Wir sind nachtblind vom Todesdunkel, tränenblind von Trauer und Verzweiflung. Aber auch wir dürfen uns herausrufen lassen aus der Verzweiflung, beim Namen rufen lassen. Das ist das Ende unserer Nachtblindheit angesichts des Todes, das Ende unserer Tränenblindheit angesichts der Trauer. An Ostern ist ausgeweint. Es ist nicht das Ende aller Fragen, wohl aber der Anfang des Glaubens.

Noch eine eher persönliche Hoffnung verbindet sich für mich mit dem Namen Maria von Magdala. Meine älteste Schwester hieß Magdalena, und sie starb, bevor ich sie kennenlernen konnte. (Man sagte, sie habe mir sehr ähnlich gesehen, ein hartes Schicksal für ein Mädchen.) Vielleicht lerne ich sie kennen, wenn auch ich beim Namen gerufen werde, wenn mir in meinem Tod die Augen zugedrückt und angesichts seines Lebens die Augen auf- und übergehen werden.

Metamorphose?

Wir feiern Ostern, das Fest der Auferstehung und des vollendeten Lebens. Gibt es einen guten Grund dafür, angesichts des todsicheren Todes derart auf das Leben zu setzen?

Wenn man einen Blick auf die kosmologischen Zukunftsszenarien wirft, dann kann einem angst und bange werden.

Je nachdem, welche Masse im Kosmos realisiert ist, ergeben sich zwei Szenarien des derzeit expandierenden Universums. Unterhalb einer kritischen Masse findet sich eine fortschreitende Expansion. Der Physiker und Philosoph Klaus Mainzer beschreibt das so:

»Langsam werden die Galaxien dunkler, gehen die kosmischen Energieöfen aus. Ausgebrannte Sterne stürzen in sich zusammen. Die absolute und endgültige Energiekrise tritt ein. Das Universum wird dunkler und kälter. [...] So tritt das expandierende Universum eine nie endende Reise in die Leere an.«

Falls aber die Gravitation infolge des Überschreitens der kritischen Gesamtmasse im Universum die Oberhand gewinnt, würde das Expandieren in ein Kollabieren des Universums umgekehrt, bei dem alle Strukturen des Kosmos zerstört und unter ungeheuren Temperaturen wieder eingeschmolzen werden. Dazu Mainzer:

»Ungeheures Ansteigen der Temperaturen bei gleichzeitiger Kontraktion bis zur Anfangssingularität. Der germanische Mythos vom Weltenbrand drängt sich auf oder Dantes Inferno oder die Apokalypse des Johannes. Nach dem Kollaps wäre auch eine erneute Expansion möglich, dann wieder Kontraktion usf., Nietzsches ewige Wiederkehr des Gleichen oder das oszillierende Universum als kosmischer Mythos vom Sisyphos« (Audretsch, Jürgen / Mainzer, Klaus: Vom Anfang der Welt, 2. Aufl. München 1990, S. 37).

Zwischen Kollabieren und Expandieren gäbe es ein ständiges Untergehen und Wieder-Anfangen der Welt. Wie soll man da noch auf das Leben hoffen? Ist die Wahl zwischen diesen beiden Zukunftsszenarien »nie endende Reise in die Leere« und »Mythos vom Weltenbrand bzw. Dantes Inferno« nicht wie die Wahl zwischen erhängen und enthaupten? So oder so endet es todsicher tödlich!

Nun kann man aber fragen, welche Wahrscheinlichkeit die Entstehung einer bewohnbaren Welt und die Entstehung des Lebens und gar noch des menschlichen Lebens vorab beim Urknall hatte. Eins zu einer Billion (10^{12})? Eins zu einer Billiarde (10^{15})? Eins zu einer Trillion (10^{18}) oder noch größer? Und doch! Auch wenn es so absolut unwahrscheinlich ist, dass es uns winzige lebende Erdenwürmer, uns Eintagsfliegen in den Äonen überhaupt gibt, so viel steht fest: Es gibt uns just inmitten des Chaos der Weltuntergänge und Weltenstehungen! Hatte da ein Gott, wie ein besessener Liebhaber des Lebens, die vier Grundkräfte gerade so dimensioniert und kalibriert, dass es Leben und menschliches Leben geben konnte oder sogar geben musste?

Sollte ich dem unvergleichlich genialen Virtuosen der Welt- und Lebensentstehung nicht auch zutrauen können, dass er dies Leben erhält, indem er es in neue, uns unbekannte Dimensionen hinein transformiert? Der Aufgang dieses neuen Lebens ist um nichts unwahrscheinlicher als das Auftreten des Lebens, das wir hier haben und hegen, leben und lieben.

Auferstehung, wie soll das gehen? Wenn wir auf diese Frage keine endgültige Antwort haben, dann sollten wir vielleicht die Gegenfrage stellen. Leben aus der toten Materie des Anfangsinfernos, wie konnte das gehen? Sie und ich, wir sind der lebendige und je einmalige Beweis dafür, dass es ging.

Jeder von uns ist ein sterblicher, zweifelnder Mensch; das ist ein unbestreitbares Faktum. Aber das ist nur die eine Seite. Jeder von uns ist ebenso gewiss auch ein nach Leben und Sinn suchender Mensch. Das ist die andere Seite und ebenso ein Faktum.

Wer sagt und mit welchen Gewissheiten lässt sich sagen, dass nur und ausschließlich Sterblichkeit, Zweifel und Verzweiflung realitätsgerecht und sinnvoll sind? Wer kann bestreiten und mit welchen Gewissheiten lässt sich bestreiten, dass nicht auch Lebendigkeit, Vertrauen und Hoffnung realitätsgerecht und sinnvoll sind?

Was kann man nun tun, um inmitten der Sterbens- die Lebensperspektive, inmitten der Zweifels- die Vertrauensperspektive, inmitten der Verzweiflungs- die Hoffnungsperspektive zu gewinnen? Man darf sich von der Hoffnung ergreifen und aus der Verzweiflung herausholen lassen.

Der Tübinger Theologe Jürgen Moltmann hatte als Siebzehnjähriger das Bombeninferno seiner Heimatstadt Hamburg miterlebt und war dabei unmittelbarer Zeuge, wie sein Schulfreund von einer Sprengbombe zerfetzt wurde. In seiner anschließenden fünfjährigen britischen Gefangenschaft durchlebte er schwere Krankheiten und tiefe Depressionen. Beim Lesen in der Bibel war ihm dann der Schrei des sterbenden Jesus ganz nah gewesen: »Mein Gott, mein Gott, warum hast du mich verlassen.« Und auch dieser tiefgründige Verzweiflungsschrei ist ja noch ein Psalmgebet (Ps 22), das mit der Hoffnung auf den Gott des Lebens endet.

Auf dem Grund der Verzweiflung machte Moltmann eine merkwürdige Erfahrung: »Ganz langsam, aber sicher ergriff mich eine große Hoffnung auf die Auferstehung in Gottes ›weiten Raum, wo keine Bedrängnis mehr ist‹, wie es im Buch Hiob heißt.«

Hans Magnus Enzensberger hat in seinem Gedichtband »Kiosk« ein merkwürdiges Karfreitags- oder Ostergedicht hinterlassen mit der Überschrift:

Die Grablegung

Eine sterbliche Hülle,
so heißt es,
aber was war drin?
Die Psyche,
sagen die Psychologen,
die Seele,
sagen die Seelsorger,
die Person,
sagen die Personalchefs.

Dazu noch die Anima,
die Imago, der Dämon,
die Identität, das Ich,
das Es und das Überich.
Der Schmetterling,

der sich aus diesem Gedrängel erheben soll,
gehört einer Art an,
von der wir nichts wissen.

Hans Magnus Enzensberger

Der Tod, das sagt uns unser Glaube, ist nicht nur Exitus, also Ausgang oder Untergang dieses Lebens, sondern Transitus, Übergang in das Leben Gottes.

Nicht nur Descensus, also Abstieg in das Reich des Todes, sondern auch Ascensus, Aufstieg in das Reich Gottes. Und das ist der Gott, der das lebensferne Chaos des Anfangs in den lebendigen Kosmos unseres gegenwärtigen Daseins und dereinst zur Vollendung transformiert.

(V) Erzweifelt?

Eine der großen deutschen Wochenzeitungen, liberal und intellektuell, hat eine neue Rubrik herausgebracht: Glauben und Zweifeln. Wöchentlich und seitenlang widmet sie sich diesem Thema, das vor wenigen Jahren als völlig überholt und abseitig galt und den Kirchenzeitungen als dem letzten Refugium eines angeblich zurückgebliebenen Denkens gern und (ab-)dankend überlassen wurde. Das Titelbild, mit dem man diese Rubrik den staunenden Lesern erstmals offeriert, zeigt das berühmte Gemälde von Caravaggio, den zweifelnden Thomas vor dem Auferstandenen.

Vorgebeugt streckt Thomas seine rechte Hand aus und bohrt mit dem Zeigefinger geradezu in die Seitenwunde Jesu hinein. Das oberste Fingerglied ist ganz verschwunden in der offenen Wunde. Und Jesus umfasst mit seiner Linken den Unterarm des Thomas. Das Bild bleibt in der Schwebe: Zieht Jesus die Hand des Thomas dahin, damit dieser sich durch ein buchstäbliches Begreifen der Wunde überzeugt? Oder lässt er ihn bei dieser Exploration nur gewähren? Jesus sagt im Evangelium jedenfalls nicht: Finger weg, Augen zu und glauben! Der, dem der Zweifler Thomas hier begegnet, ist nicht der strahlend obsiegende unverwundbare Heroe, ist kein transzendenter James Bond.

Es ist ein uralter, immer neu bebilderter Traum der Menschheit, unverwundbar zu sein. Im mittelalterlichen Nibelungenlied gewinnt der Held Siegfried die Tarnkappe, die ihn unsichtbar und fast unangreifbar macht. Er tötet den Drachen, badet in dessen Blut und wird dadurch unverwundbar. Mit Waffen kann man ihm nicht mehr beikommen. Und doch: Während er im Blut des Drachen badet, fällt ein Lindenblatt auf seine Schulter. Hier ist er nicht imprägniert gegen Leid und Tod, hier bleibt seine schwache Stelle, seine verwundbare, seine wunde Stelle. Seine Frau Krimhild weiß um diese Stelle und stickt ein kleines Kreuzchen über dieser Stelle auf das Gewand ihres Mannes. Der angeblich treue Freund Hagen von Tronje soll diesen einzigen Punkt der Verletzbarkeit bewachen und schützen. Aber der ist der Verräter und benutzt das Zeichen als sicheren Hinweis für den todsicheren »Blattschuss«.

Die griechische Sage erzählt Ähnliches von Achill, dem Helden von Troja. Seine Mutter Thetis will ihn unverwundbar machen. Sie taucht ihn in das Feuer des Hephaistos und in das Wasser des Styx, damit er mit allen Wassern gewaschen und in allen Feuern gestählt sei. Aber sie muss ihn dabei festhalten, und das tut sie an der Ferse. Und genau hier ist seine schwache, seine verwundbare, seine wunde Stelle, die sprichwörtlich gewordene Achillesferse.

Warum faszinieren uns solche nahezu unangreifbaren Gestalten? Spiegelt sich da unser Traum von ewigem Leben? Unsere Wellness- und Anti-Aging-, unsere Versicherungs- und Vorsorge-Gesellschaft träumt diesen Traum noch immer und immer wieder. Mit immer neuen heimlichen und unheimlichen, jedenfalls sündhaft teuren Tricks versucht sie, Endlichkeit, Verletzlichkeit und Tod zu überwinden. Und doch: Bei aller Raffinesse, die Verwundbarkeit bleibt. Jeder und jede hat auf ganz eigene Weise offene Flanken und wunde Punkte. Trotz aller Heimlichtuerei kennen wir sie, und die Angst sitzt uns im Nacken oder an der Ferse. Am Ende aller Trickserei steht der Tod, ihm entgehen wir so wenig wie Siegfried oder Achill.

Wie werden wir fertig damit? Wir möchten auch unsere letzte wunde Stelle, unsere Achillesferse, die Stelle, wo man uns ins Mark treffen kann, mit einer harten Hornhaut überziehen. Wir wollen auch vor dem Tod todsicher sein, aber der ist uns sicher, todsicher.

Der Mensch in seinem *Göttlichkeitswahn* erträumt sich die leidlose Unverwundbarkeit. Gott aber geht den genau umgekehrten Weg, er wird Mensch und lässt sich verwunden. Er macht sich in Jesus Christus greifbar und angreifbar, er verwundet nicht, sondern macht sich – sogar tödlich – verwundbar. Der vom Tode Gezeichnete am Karfreitag und der Auferstandene am Ostertag zeigt uns seine Wunden und seine offene Flanke.

Er zeigt im Unheil der Welt unsere wunden Stellen als Heiland der Welt. Nur so, indem er sich ins Unheil der Welt hineinbegibt, ist er der wirkliche Heiland der Welt. Er ist der *verwundete Arzt* – so die Kirchenväter. Die Wunden sind Ausdruck der Identität und Kontinuität dessen, der am Karfreitag vom Leben in den Tod und am Ostertag vom Tod ins endgültige Leben ging.

Und der sagt dem Zweifler Thomas nicht Hände weg und Augen zu, sondern: »Streck deine Finger aus – hier sind meine Hände! Streck deine Hand aus und lege sie in meine Seite, und sei nicht ungläubig, sondern gläubig!« (Joh 20,19–31). Und Thomas sagt nur noch: »Mein Herr und mein Gott!« Das ist das kürzeste Glaubensbekenntnis. Die Wunden Jesu werden zum Kristallisationspunkt des Osterglaubens. Aus seinem Tod kommt uns das Leben.

Wir müssen die eigenen Wunden nicht geheim halten, denn es ist menschlich, Wunden zu haben, verwundbar zu sein. Wenn wir zu ihnen stehen, dann können sie auch geheilt werden. Sie können auch feinfühliger, hellhöriger und weitsichtiger machen für die Not der anderen. All die Strategien zur Selbstimmunisierung gegen das Leid machen unsere Welt nicht menschlicher, sondern unmenschlicher. »Gott bewahre uns vor der Hornhaut des *unheilbar Gesunden,* vor dem Menschentyp, vor dem selbst der Geist Gottes ratlos steht« (Kamphaus), weil alles kaschiert ist mit Scheinsicherheiten und Sicherheitsscheinen.

Wo wirklich gelebt und gelitten, gearbeitet und geliebt wird, da gibt es auch Wunden. Nur wer in der Lage ist, sich mitzuteilen mit seinem wunden Punkt, mit seiner offenen Flanke, wird auf dem Weg der Heilung vorankommen. Er wird mittragen an den Wunden anderer und so mitwirken an ihrer Heilung – im Namen Jesu Christi, *des verwundeten Arztes, des Heilands im Unheil der Welt.* Mit den

Todeswunden wird der Tod überwunden. Sie werden zum unveränderlichen Kennzeichen des Lebens.

Wer den Weg des Thomas geht, verzweifelt nicht am Glauben, sondern erzweifelt sich den Glauben.

Erst- und Letztkommunion?

Landauf, landab und rundherum wird in dieser Zeit zwischen Ostern und Pfingsten das Fest der ersten heiligen Kommunion gefeiert, pompös und üppig oder schlicht und ergreifend.

Kommunion stammt vom Lateinischen *communio* und bedeutet Gemeinschaft. Nach den Feiern stellt sich hier und da heraus, dass die Erstkommunion für viele auch die – zumindest vorläufige – Letztkommunion war. Das liegt keineswegs immer an den Kindern. Oft liegt es an den Eltern, die dem Kind zwar die Feier und die Geschenke nicht vorenthalten wollten, ansonsten aber lieber auf Abstand zu Kirche und Glaube gehen oder bleiben möchten. »Nach der Erstkommunion muss es dann aber auch gut gewesen sein!« Was soll das für eine Gemeinschaft sein oder werden, an der man nur einmal teilnimmt, der man aber ansonsten die kalte Schulter oder den verlängerten Rücken zeigt?

Ich entsinne mich eines kleinen Jungen, der nach seiner Erstkommunion Sonntag für Sonntag in die Frühmesse um acht Uhr kam. Dort saß er, der mit Abstand jüngste Gottesdienstteilnehmer, mutterseelenallein in der ersten Reihe, betete und sang mit kindlicher Inbrunst mit und war mit ganzem Herzen und wachem Verstand bei der Sache. Das ging so monatelang. Dann blieb der Kleine weg. Als ich ihn Wochen später mal in der Stadt traf und ihm sagte, dass wir ihn vermissen, da meinte er: Meine Eltern haben es mir verboten, weil ich mit dem »blöden Gottesdienst« immer den schönen Sonntagvormittag störe. Das ist eine Gemeinschaft, die keine werden durfte, weil sie den Eltern nicht so recht kommod war. Das kommt mir so vor, wie wenn man ein hoch musikalisches Kind nicht nur nicht fördert, sondern ihm immer wieder sagt, dass einem dieses blöde Gegeige auf die Nerven gehe und daher gefälligst zu unterbleiben habe.

Mehr als 50 Jahre liegt meine Erstkommunion zurück. Jener Weiße Sonntag war ein wirklich weißer Sonntag mit eisigen Winden
und immer neuen Schnee- und Graupelschauern. Mein Kommu-
nionanzug war aus einem alten Kostüm meiner Mutter geschnei-
dert worden. Aber da ich schon zu groß war, reichte der alte Stoff
nicht für eine lange Hose. So fror und bibberte ich entsetzlich in
meiner kurzen Hose. Aber man hat mich nicht behindert, sondern
behutsam gefördert in der Entwicklung meiner communio, meiner
Gemeinschaft mit Gott und den Mitmenschen.

Nach fünfzig Jahren Kommunion und dreißig Jahren Priesterweihe muss auch ich mich – wie jeder andere Christ – fragen, ob
ich die damals angelegte Gemeinschaft wirklich meinen Möglichkeiten und Fähigkeiten entsprechend mit Leben gefüllt habe. Es ist fast
wie bei einer Ehe: Was in dieser Gemeinschaft nur bleibt, wie es ist,
bleibt nicht, wie es ist; es wird schlechter. Und wo die Ehe nicht ein
lebendiger Lebensprozess wird, endet sie als Gerichtsprozess. Wo
die Kommunion nicht zum lebendigen Gemeinschaftsprozess wird,
endet sie als schleichender Auszehrungsprozess.

Brot und Wein nennen wir die Kommunion, das alltägliche Brot
und der eher festtägliche Wein sind die Zeichen der Gemeinschaft
mit Gott und den Menschen. Tausende von Gottesdiensten habe
ich besucht, mitgefeiert und selbst gestaltet, Tausende von Malen
kommuniziert, d. h. Brot und Wein zu mir genommen.

Das sind ganz simple Nahrungsmittel, Allerweltsnahrungsmit-
tel, schlichte Lebensmittel, die wir, Sie und ich, da zu uns genommen haben. $C_6H_{12}O_6$ für Stärke im Brot und C_2H_5OH für den Alkohol. Das, was wir da zu uns nehmen, wird chemisch gesehen
schließlich Bestandteil unseres Körpers, Bestandteil unserer selbst.
Aber gilt das auch für die in der Kommunion angezielte Gemeinschaft mit Gott und mit den Menschen? Mit anderen Worten: Ist
mir und Ihnen der Gott, an den wir Christen glauben, wirklich
unter die Haut gegangen, ist er uns zu Herzen gegangen, positiv
zu Kopfe gestiegen, ist er uns in Mark und Bein gedrungen, in
Fleisch und Blut übergegangen? Wird über alle Körperchemie hinaus auch die in Brot und Wein angezielte Gemeinschaft Teil unseres Selbst?

Das alltägliche Brot und der Wein können eine leibliche Marsch-ration sein. Und ganz ähnlich sollen das eucharistische Brot und der eucharistische Wein eine geistige Marschration, eine Wegzehrung auf dem Weg durchs Leben und durchs Sterben sein. Brot und Wein in der Eucharistie sind ein Lebensmittel gegen den Tod der Beziehung mit Gott.

Das alltägliche Brot und der festtägliche Wein können Lebens-mittel sein, die den Hungerleider und den Lebensdurstigen retten, und darum müssen wir sie miteinander teilen. Und genau so soll das eucharistische Brot, der eucharistische Wein durch die Teilung und Mitteilung ein Mittel sein gegen den Tod der Beziehung mit Gott und dem Menschen, ein Zeichen der Nähe zum sich mitteilen-den Menschen, zum sich mitteilenden Gott für die seelischen Hun-gerleider und die seelisch Lebensdurstigen.

Wie also sollten wir communio halten, wie kommunizieren? Vielleicht sollten wir versuchen, die Kommunion immer von neuem so innig wie die Erstkommunion und immer von Neuem so existen-ziell wie die wirkliche Letztkommunion zu empfangen, wie die Wegzehrung, mit deren Kraft wir den letzten Weg antreten und be-wältigen müssen. Und da sind auch nach 50 Jahren Erstkommunion noch bedeutende existenzielle Höhen zu ersteigen und existenzielle Tiefen zu durchschreiten.

Wenn wir die Kommunion zugleich wieder so innig wie die Erst- und so existenziell wie die Letztkommunion begehen, vielleicht steigt uns dann die Gemeinschaft mit Gott und den Menschen wie eine verändernde Schamröte oder eine beglückende Begeisterung wieder neu zu Kopfe. Vielleicht geht uns dann die Gemeinschaft mit Gott und den Menschen wieder unter die Haut. Vielleicht geht uns dann die Gemeinschaft mit Gott und den Menschen wieder zu Herzen und in Fleisch und Blut über. Die Kommunion ist nämlich keine Allerweltsnahrung, wohl aber das Nahrungs- und das Lebens-mittel aller Welt.

Hirtenidylle?

Immer wieder bezeichnet das Alte Testament Gott als einen Hirten. Und Jesus nimmt in ganz selbstverständlicher Tradition dieses Bild von Gott auf und übernimmt es für sich: »Ich bin der gute Hirt.« Und genau so stellen die allerersten Kunstwerke der Christenheit ihn dar, als Hirten. Folgen wir einmal den Spuren eines Gebets, das auch Jesus gebetet hat, folgen wir dem Psalm 23:

»Der Herr ist mein Hirte, nichts wird mir fehlen.«

So blöken doch wohl nur die weißen Schafe, denen es gut geht, die folgsam im Pulk der Herde nicht vom Weg abkommen, weil sie kreuzbrav hinter dem Hirten hertrotten. Aber blöken heute nicht eigentlich die schwarzen Schafe viel lauter: Wozu brauchen wir einen Hirten? Oder so: Hirte hin oder her, mir fehlt auch so nichts. Oder: Der Hirte hilft mir nicht, mir fehlt's an allem. Ich denke, für weiße wie für schwarze Schafe lohnt es, einen Blick auf den guten Hirten zu werfen. Und mit diesem guten Hirten ist zuerst und zuletzt Gott selbst gemeint.

»Er lässt mich lagern auf grünen Auen und führt mich zum Ruheplatz am Wasser.

Er stillt mein Verlangen; er leitet mich auf rechten Pfaden, treu seinem Namen.«

Dieser Vers bringt eine bukolische Idylle ins Bild. Satt und friedlich lagert die Herde beim Hirten, es fehlt ihr an nichts. Tausendmal ist dieses Bild gemalt, bedichtet und besungen worden. Aber ist es wirklich so? Sind wir nicht schon oft eher auf Schutthalden als auf grünen Auen und eher in Sandwüsten als auf einem Ruheplatz am Wasser gelandet? Und doch hält der Psalm ein urmenschliches, tief in uns verwurzeltes Sehnsuchtsbild fest, es möge uns einmal an nichts mehr mangeln.

»Muss ich auch wandern in finster Schlucht, ich fürchte kein Unheil.«

Der Psalm verschweigt nicht die dunklen Wegstrecken und Trockenschluchten, aus denen kein Entrinnen möglich erscheint, wenn Räuber oder Raubtiere auftauchen.

Im übertragenen Sinne kennen wir das auch. Da ist an die finstre

Schlucht einer schweren Krankheit zu denken, die allem Anschein nach unweigerlich in den Tod führt. Da brauchen wir einen lieben Menschen, einen guten Arzt oder Seelsorger, um hindurch- und hinauszufinden aus den Schluchten unseres Lebens. Vor allem aber brauchen wir einen Hirten, der uns angesichts des Todes den Weg zum Leben vorausgeht.

»Denn du bist bei mir, dein Stock und dein Stab geben mir Zuversicht.«

Eigentlich muss man übersetzen: Deine Keule und dein Stab geben mir Zuversicht. Die Hirten Palästinas hatten einen langen Hirtenstab bei sich, mit dem sie für Ordnung in Stall und Herde sorgten. Mit der Krümme des Stocks konnten sie einzelne Schafe an den Beinen aus der Herde herausangeln. Aber sie hatten auch eine Keule bei sich, mit der sie die Herde gegen Raubtiere wie Wölfe und Panther verteidigen konnten.

Jesus nimmt in seinen Bildern und Gleichnissen darauf Bezug und sagt von sich selbst: »Ich bin der gute Hirt. Der gute Hirt gibt sein Leben hin für die Schafe.«

»Du deckst mir den Tisch vor den Augen meiner Feinde.

Du salbst mein Haupt mit Öl, du füllst mir reichlich den Becher.«

Vom Bild des guten Hirten wechselt der Psalm zum Bild des festlichen überfließenden Gastmahls. Der Gastgeber und Wohltäter ist Gott selbst: »Du deckst mir den Tisch [...] du salbst mir das Haupt [...] du füllst mir den Becher.« Wir sind per Du mit dem Gott, der uns an seinen reich gedeckten Tisch lädt, uns immer neu den Becher füllt und das Haupt festlich salbt. Die Salbung mag uns an den von Gott Gesalbten (hebr.: Messias; griech.: Christus) und an unsere eigene Salbung in Taufe, Firmung, Weihe und Todesnähe erinnern.

Uns allen ist der Tisch gedeckt mit Brot und Wein, bei der Eucharistiefeier der Kirche. Und überdies deckt eine Gemeinde, die auf sich und auf das Wort Jesu hält, neben dem sonntäglichen Altartisch auch den alltäglichen Mittagstisch für die Hungerleider dieser Welt. Das entspricht dem Vorbild Jesu.

Auch im Angesicht des letzten Feindes, im Angesicht des Todes, ist uns ein Tisch gedeckt, der Tisch mit der letzten Wegzehrung hier und der Tisch des himmlischen Hochzeitsmahles dort. Wir sind seine persönlichen Gäste in der Zeit und nach der Zeit, und Gott ist unser Gastgeber und Tischnachbar.

»Lauter Güte und Huld werden mir folgen mein Leben lang, und im Haus des Herrn darf ich wohnen für lange Zeit.«

Sich in die Obhut des guten Hirten und des großherzigen Gastgebers zu begeben, ist nicht folgenlos. Die Verfolger Not und Tod werden endgültig abgeschüttelt. In unserem Gefolge sind die Güte und Huld Gottes. Wir sind zwar gekündigt im Haus dieser Erdenzeit, aber wir haben ein ungekündigtes, ein ewiges Wohnrecht im Hause des Herrn.

Vor einigen Jahren kam während meines Urlaubs eine junge Frau auf mich zu, die erfahren hatte, dass ich Priester sei. Sie wollte mit jemandem sprechen über ihre schwierige Lebenssituation. Wir vereinbarten eine Wanderung, auf der sie mir ihr Leid klagen und von ihren Nöten erzählen konnte.

Ihr Mann war einer anderen Frau wegen weggelaufen. Sie selber war seit Monaten trotz guter Ausbildung arbeitslos. Und mit drei noch ziemlich kleinen Kindern bei finanziell höchst beengten Verhältnissen stand ihr persönlich, wirtschaftlich und sozial das Wasser bis zum Halse.

Es wurde eine lange Wanderung. Als wir bei Anbruch der Dunkelheit auf einem kleinen Berg wieder in der Nähe unseres Feriendorfes ankamen, schlug ich vor, das Ganze mit einem Gebet abzuschließen. Ich fragte sie, ob sie noch beten könne und falls ja, was sie denn dann beten wolle. Da kam ihr ganz selbstverständlich der Psalm 23 in den Sinn: »Der Herr ist mein Hirte.« Und den betete sie gleich mehrmals auswendig, ganz langsam und ausdrucksvoll. Und da ahnte ich, dass sie in diesem Gebet den sicheren Führer durch die Weglosigkeit, den getreuen Verteidiger gegen die Widrigkeiten, den freigebigen Gastgeber gegen alle Brotlosigkeit gefunden hatte, kurzum, dass sie in Gott und seinem Christus dem unendlich guten Hirten und Gastgeber begegnet war.

Geistliche Berufe(ne)

Der 4. Sonntag der Osterzeit ist in der Katholischen Kirche traditionell der »Sonntag vom guten Hirten«, weil hier immer ein Abschnitt aus dem 10. Kapitel des Johannesevangeliums gelesen wird, in dem sich Jesus selbst als der gute Hirte bezeichnet, ein Titel den das AT Gott selbst zuweist.

Ebenso traditionell wird der Sonntag von guten Hirten als Sonntag der geistlichen Berufe begangen. An diesem Sonntag soll über geistliche Berufe informiert und für geistliche Berufe geworben und gebetet werden. Das älteste Bild, das die noch junge Kirche von Christus zeichnete, war das Bild des guten Hirten mit dem verlorenen Schaf auf den Schultern. An diesem Bild orientierte sich die Kirche und nannte ihre Angestellten bald Pastor, d. h. Hirte. Sie sollten in ihrem Tun Maß nehmen am guten Hirten und selber gute Hirten werden.

Bischof Heinrich Mussinghoff von Aachen schrieb vor einiger Zeit: »Es gibt sie, die ganz persönliche Berufung Gottes für jede und jeden von uns. [...] Bei den Berufungsgeschichten [...] geht es nicht um persönliche Karriereplanung. Es geht um die Freundschaft mit Christus und darum, ihm nachzufolgen. Das geht nicht ohne Ringen, nicht ohne Durststrecken.« Bis dahin war ich ganz bei ihm. Das konnte ich ganz und gar unterschreiben. Dann aber meinte er: »Die Menschen, die mich fragen: ›Wann schicken Sie uns einen neuen Pfarrer?‹, möchte ich provozierend fragen: Wann hatten Sie in Ihrer Gemeinde die letzte Primiz? Erbitten Sie von Gott Priesterberufe aus Ihrer Gemeinde und aus Ihrer eigenen Familie?«

Diesen Trick, sich die Einreden und Widerreden der Laien vom Leibe zu halten, den kannte ich seit Jahrzehnten. In meiner ersten priesterlichen Dienststelle, in der ich bei vollem Stundendeputat am Gymnasium nebenamtlich in einer Doppelgemeinde mitwirkte, fragte ein im Kirchenvorstand engagiertes Gemeindemitglied, um mich etwas zu entlasten, den damaligen Weihbischof: »Wann schicken Sie uns denn wieder einen Kaplan?« Und prompt kam die Gegenfrage des Weihbischofs: »Wann war denn in dieser Gemeinde die letzte Primiz?« Und das Kirchenvorstandsmitglied – bestens präpariert – nannte sieben Daten. Es gab in der Tat damals sieben noch aktive und dieser Doppelgemeinde entstammende Priester. Heute sind es nur noch zwei. Das Ereignis ist dreißig Jahre her. Es hat genügend Hinweise auf die seither eingetretene dramatische Entwicklung gegeben. Es wäre genügend Zeit gewesen, die Zeichen der Zeit zu erkennen und im Vertrauen auf Gottes Geist dem Geist-lichen-Mangel und dem geistlichen Mangel durch die Änderung der Zugangsbedingungen zum geistlichen Beruf entgegenzuwirken. Aber das Vertrauen auf den Geist Gottes hat wohl nicht nur im Kir-chenvolk, sondern auch in der Kirchenleitung gefehlt. Und darum fand man damals keine geistvolle Problemlösung. Und darum findet sich heute fast keine geistliche Berufung mehr.

Und Bischof Mussinghoff setzt fort: »Ich wünsche uns, dass wir wieder häufiger die Erfahrung machen, dass eine junge Frau oder ein junger Mann nach reiflicher Prüfung sagt: Hier bin ich, nicht ohne Umwege, nicht ohne Verletzungen, nicht ohne Brüche, aber hier bin ich, weil ich meine Hoffnung auf Gott setze.« Genau das wünsche ich unserer Kirche von ganzem Herzen auch. Aber zu-gleich frage ich auch – ganz ohne eigene Interessen –, ob diese un-sere Kirchenleitung Gott vorschreiben darf, zu welchen Konditionen er geistliche Menschen, Männer wie Frauen, berufen und in Dienst nehmen darf. Die Konditionen Jesu in Sachen Berufung waren of-fensichtlich andere.

Franz Kamphaus, während meiner Ausbildung Regens im Pries-terseminar Münster und inzwischen seit Jahren emeritierter Bischof von Limburg, schrieb zum Tag der geistlichen Berufe einen Text, der mich nachhaltiger angesprochen hat: »Manchmal, in einer ruhi-gen Stunde, frage ich mich: Was erwartest du noch? Ich merke, wie meine kleine Welt an den eigenen vier Wänden endet und ich zu-frieden bin, wenn es dort so läuft, wie es halt läuft. Ist das alles? Das kann doch nicht alles sein! [...] Ewiges Leben heißt ja nicht, dass es endlos so weitergeht, meint nicht eine Verjenseitigung des-sen, was ist. [...] Ewiges Leben heißt neuer Himmel und neue Erde (Offb 21,1), Durchbruch in eine neue Dimension jenseits der Zeit: Glück, das nicht mit dem Unglück anderer bezahlt wird; Lust, die nicht Privatvergnügen oder Gruppenprivileg bleibt, sondern alle erfasst; Jubel darüber, dass alle zu ihrem Recht kommen und Frieden finden. [...] Christen verachten nicht das, was ist. Aber sie lassen sich damit nicht abspeisen. Ihre Sehnsucht, ihre Lust am Leben greifen weit darüber hinaus; sie wittern mit allen Sinnen die Signale des ewigen Lebens.«

Was ist, wenn niemand mehr diese Sehnsucht nach Leben, diese Lust am Leben, diese die Raumzeit sprengende Verheißung ewigen Lebens in uns wach hält? Dann verarmt schon dieses Leben, versackt schon dieses Leben in Belanglosigkeit und Mittelmäßigkeit, weil dem Diesseitigen der Geruch und der Geschmack des Jenseitigen abhandengekommen ist, weil das vordergründige alltägliche Einheitsgrau nicht mehr von einem verheißungsvoll hintergründigen Licht durchstrahlt und in Farbe gesetzt wird, weil das zeitliche Leben nicht mehr irritiert und inspiriert wird durch die Option des ewigen Lebens.

Diese Welt braucht zu allen Zeiten geistliche Frauen und Männer, die mit beiden Beinen mitten in dieser Welt stehen und zugleich darüberstehen, die die Dinge dieser Welt nüchtern sehen und zugleich darüber hinaus sehen, die um die Grenzen des anscheinend Möglichen wissen und doch das scheinbar Unmögliche von Gott erhoffen. Für diese Irritation und Inspiration des Zeitlichen durch das Ewige braucht es zum Geistlichen Berufene und geistliche Berufe, braucht es Sie und mich.

(V) Ergebene Liebesmüh?

Das Johannesevangelium bringt in diesen Osterwochen die Weisungen Jesu so auf den Punkt: »Ein neues Gebot gebe ich euch: Liebt einander! Wie ich euch geliebt habe, so sollt auch ihr einander lieben. Daran werden alle erkennen, dass ihr meine Jünger seid: wenn ihr einander liebt« (Joh 13,34f.).

Ist zum Thema Liebe nicht alles gesagt, reichlich und bis zum Überdruss. Manche meinen, Liebe sei nur eine hormongesteuerte Ausnahmesituation, die sich bald wieder gibt, andere, sie sei eine permanente Überforderung des Menschen, noch andere, sie sei ein Phantasiegebilde ohne großen Realitätsbezug. Und dann steht da der Imperativ: Liebt einander, und zwar nicht, wenn es euch gerade gut auskommt, nicht nach eigenem Gutdünken, sondern so, wie ich, Jesus Christus, euch geliebt habe. Der Maßstab unserer Liebe zueinander ist die Liebe Jesu Christi zu uns. Und der ließ sich geißeln, mit einer Dornenkrone foltern, aufs Kreuz legen, festnageln und mit Todesfolge ans Kreuz hängen. Das Hohelied der Liebe im AT behauptet gar: »Stark wie der Tode ist die Liebe.« Aber unterliegt sie dem Tod nicht am Ende dennoch?

Sterben ist vielleicht nicht das Schwerste, was uns zugemutet wird; denn es kommt über uns, so wie die Wehen über eine schwangere Frau. Es geschieht uns, auch wenn wir es nicht wollen. Aber Lieben ist auch nicht dasselbe wie Sich-Verlieben. Auch das kommt über uns, geschieht mit uns. Lieben ist nicht das freischwebende Hochgefühl, ist kein verbaler Verfeierlichungsweihrauch für Sonn- und Festtagsreden. Das hat sicher auch hie und da seinen Platz und sein Recht, ist aber nicht das Entscheidende. Lieben ist ein Verb, zu Deutsch ein Tatwort, ein Tuwort, wie wir als Kinder gelernt haben. Lieben im eigentlichen Sinne will und muss selbst gewollt und getan sein.

Lieben zeigt sich als Handarbeit, als Hirnarbeit, als Herzarbeit. Wir sind mit unserem Lieben mehr als einmal am Ende, aber nie fertig. Das Projekt Lieben wird uns von Jesus Christus tagtäglich und lebenslänglich zugemutet aber auch zugetraut. Es kennt keinen Jugendschutz, keine Altersteilzeit, keine Wochen- und Lebensarbeitszeit, kein Wochenende und keinen Jahresurlaub. Das Projekt Lieben ist unendlich und verweist so auf die Unendlichkeit der Liebe Gottes zu uns.

All unsere menschlichen Defizite stehen dem gelungenen Vollzug dieser Liebe im Wege. Also ist dies Liebesgebot doch eine permanente Überforderung, eine heroisierende Sage und ein realitätsfernes Fantasiegebilde? Vielleicht können wir uns nur deshalb selbst ansehen und aushalten, weil zuvor wir liebevoll angesehen und ausgehalten werden, weil wir bedingungslos geliebt sind. Nicht wir müssen zuerst in eine überfordernde Vorleistung gehen. Gott sitzt nicht unbeteiligt da wie der Wertungsrichter beim Eiskunstlauf, dem wir unsere Akrobatik in Sachen Liebe vorzuführen haben und der nur Wertungskarten für Leistung und künstlerischen Ausdruck zieht. Leben können wir nur vom Vorschuss der Liebe, die wir unverdient empfangen von den Eltern, dem Partner, den Kindern, den Freunden. Leben und lieben können wir nur vom Vorschuss und Überschuss der Liebe Gottes zu uns.

Vielleicht muss man dann den Imperativ, du sollst Gott mit all deinen Kräften und du sollst deinen Nächsten wie dich selbst lieben, einmal zum Indikativ umformulieren. Du kannst Gott und den Nächsten lieben, du darfst Gott und den Nächsten lieben.

Clemens von Brentano, ein Fachmann in vielen Formen der Liebe, hat die paradoxe Erfahrung mit der Liebe so formuliert: »Die Liebe allein versteht das Geheimnis, andere zu beschenken und dabei selbst reich zu werden.« Liebe ist vielleicht das Einzige, was sich vermehrt, indem wir es teilen und einander in Wort und Tat mitteilen.

Die Liebe, die wir von Gott empfangen und die wir einander schenken, wächst und lässt uns wachsen, sie verändert uns. Sie macht aus dem wankelmütigen Simon, der angesichts des Todes Jesu fluchtartig das Weite sucht, den Felsen in allen Brandungen der Zeit, den Märtyrer Petrus. Sie macht aus dem fanatischen Christenverfolger Saulus den Völkerapostel Paulus, der für die Botschaft Jesu über alle Grenzen und bis in den Tod geht. Nur weil zuvor wir von der Liebe Gottes getragen werden, ist die uns zugemutete und zugetraute Liebe tragbar und tragfähig und ertragreich.

Die Liebe sollte sein wie ein cantus firmus, die stets gleichbleibende Grundmelodie unseres Lebens. Über dieser Grundmelodie der Liebe kann dann unser je eigenes Charisma, unsere ganz persönliche Begabung eine Lebenssymphonie eigener Art entfalten. Was trotz aller Begabung fehlt, wenn der cantus firmus der Liebe fehlt, das hat schon im 6. Jahrhundert vor Christus der legendäre chinesische Philosoph Laotse gesagt:

Pflicht ohne Liebe macht verdrießlich.
Verantwortung ohne Liebe macht rücksichtslos.
Gerechtigkeit ohne Liebe macht hart.
Wahrheit ohne Liebe macht kritiksüchtig.
Erziehung ohne Liebe macht widerspruchsvoll.
Klugheit ohne Liebe macht gerissen.
Freundlichkeit ohne Liebe macht heuchlerisch.
Ordnung ohne Liebe macht kleinlich.
Sachkenntnis ohne Liebe macht rechthaberisch.
Macht ohne Liebe macht gewalttätig.
Ehre ohne Liebe macht hochmütig.
Besitz ohne Liebe macht geizig.
Glaube ohne Liebe macht fanatisch.

Laotse

Und Christus hat es für uns vorgelebt, durchgelebt und noch im Tod überlebt, wie all das – mit Liebe getan – das Leben entgrenzt, eine neue Dimension von Leben erwirkt und bewirkt. Er hat uns gezeigt, dass die Liebe die einzige wirklich begehbare Brücke vom Leben zum Leben ist, selbst über den Abgrund des Todes hinweg.

Der heilige Papst Johannes XXIII. hatte es in seiner schlichten herzlichen Art so ausgedrückt: »Über allem die Liebe, koste es, was es wolle. Dafür will ich gern für einen Tölpel gehalten werden.« Und entsprechend hat er gehandelt. Mag das Alte Testament gesagt haben, stark wie der Tod ist die Liebe, das Neue Testament sagt uns seit Ostern: Stärker als aller Tod ist die Liebe!

Texte für Christi Himmelfahrt

Himmels-Richtung

Christi Himmelfahrt – was macht man mit einem solchen Fest? Ist das religiös ernst zu nehmen und wenn ja, wie? Oder sollte man es besser alkoholisch einnebeln, wenn nicht gar ins Vatertagskoma versetzen? Zunächst: Die Geschichte von Christi Himmelfahrt ist keine

135

antike Astronautenfantasie, keine biblische Adaptation der altgriechischen Daedalus- und Ikarus-Legende und auch kein Ammenmärchen wie »Peterchens Mondfahrt«.

Nur Lukas berichtet in seinem Evangelium ganz am Schluss und in seiner Apostelgeschichte ganz am Anfang von diesem singulären Ereignis, das doch ganz anders hätte Furore machen müssen, wenn da einer unter Missachtung der Schwerkraft ins Weltall entschwunden wäre. Auch die modernste Flugsicherung von heute hätte bei dem Ereignis damals kein UFO entdeckt.

Natürlich steht hinter der Erzählung des Lukas noch das antike dreistöckige Weltbild, das die Unterwelt des Todes in der Tiefe und die himmlische Welt in der Höhe annahm. Diese Dreistöckigkeit finden wir auch noch in unserem Apostolischen Glaubensbekenntnis: »Hinabgestiegen in das Reich des Todes, am dritten Tage auferstanden von den Toten, aufgefahren in den Himmel.« Diese Dreistöckigkeit der Welt war, wie wir wissen, ein reichlich simples Modell von der Welt und ist längst ad acta gelegt. Gegenstand unseres Glaubens war und ist aber nicht ein überholtes oder modernes und dann bald wieder modernisierungsbedürftiges weil überholtes Weltbild. Auch wir heute könnten unsere Hoffnung nicht anders als im heutigen Vorstellungshorizont formulieren, der doch schon morgen durch neue Vorstellungsmodelle abgelöst sein wird. Jenseits aller zeitbedingten Vorstellungsmodelle und Weltbilder verbindet die frühen Christen damals und uns heute die Hoffnung auf den Gott des Lebens. Es wäre unsinnig, wenn wir Christen wegen sich wandelnder Weltbilder eine Heidenangst um unsere Hoffnungsbotschaft entwickelten. Himmelangst sollte uns nur dann werden, wenn wir die Hoffnung auf den Gott des Lebens selbst vergessen und verlieren.

Aber auch wir sprechen jenseits aller dreistöckigen Weltbilder davon, dass jemand ein Hoch hat, auf »Wolke 7« schwebt, dass jemand sein Tief durchlebt, dass jemand bei anderen unten durch oder oben auf ist, dass sich jemand auf dem absteigenden Ast oder im Aufstieg befindet, im Aufwind ist. Damit meinen wir auch keine räumliche Niveauverlagerung oder Höhenangabe über dem Meeresspiegel, sondern eine existenzielle Zustandsbeschreibung.

Das Glaubensbekenntnis, das in seiner bildhaften Dreistufigkeit, diese drei existenziellen Dimensionen des Menschen zur Sprache bringt, sagt uns eben genau dies: Der, an den wir glauben, hat die tiefsten Tiefen des Todes durchlebt, er hat die höchsten Höhen des Lebens erschlossen. Er ist der Herr über Tod und Leben, wir sind dem Tod und dem Leben ausgeliefert. Er ist der Herr über Raum und Zeit, wir sind armselige Geschöpfe in Raum und Zeit.

Er, der aus Raum und Zeit hinübergegangen ist in die raumzeitlose Gegenwart Gottes, ist seither allen Zeiten und Räumen gegenwärtig, eben allgegenwärtig in allen Zeiträumen und Raumzeiten.

Christi Himmelfahrt meint das endgültige Aufgenommen- und Aufgehobensein des Menschgewordenen, das endgültige Erhöht- und Verherrlichtsein bei Gott.

Christi Himmelfahrt beschreibt den Weg aus der tiefsten Erniedrigung eines Menschen, aus tiefster Verachtung, Qual und Tod hinüber in die Erhöhung und Vollendung, in das Leben bei Gott.

Die Engländer haben es mit diesem Fest aus sprachlichen Gründen leichter als wir Deutschen, sie haben zwei Worte für Himmel. Von »sky« sprechen sie, wenn sie den Bereich der Luft- und Raumfahrt meinen. Von »heaven« sprechen sie, wenn sie die Geborgenheit und Vollendung in Gott meinen.

Seit der Menschgewordene und der den Menschentod Gestorbene in das vollendende Leben Gottes hinübergegangen ist, darf man sagen: Christi Himmelfahrt heißt: Der Himmel steht offen, auch für uns arme Erdenwürmer.

Christi Himmelfahrt heißt: Unsere Sterbensangst ist überwindbar, unsere vagabundierende Lebenssehnsucht hat ein endgültiges Ziel, die Vollendung in Gott.

Und noch eines sagt mir die Erzählung von Christi Himmelfahrt. Die frühen Christen lebten in der Naherwartung, sie suchten nach Zeichen des Himmels und erhofften in ihrer Verfolgung die unmittelbar rettende Wiederkunft Christi. Und da gibt Lukas den sanften Hinweis, die Erde nicht zu vergessen. »Ihr Männer von Galiläa, was steht ihr da und schaut zum Himmel empor?« Die Christen damals wie heute sollen nicht in sehnsuchtsvoller Erwartung untätig bleiben und schon gar nicht abheben, sondern mit beiden Beinen auf

der Erde stehen und mit Hirn, Herz und Hand ihre Hoffnung bezeugen. Das aber sagt er, Christus, ihnen zu: Seine Geistes-Gegenwart. »Ihr werdet die Kraft des Heiligen Geistes empfangen [...]
und meine Zeugen sein in Jerusalem [...] und bis an die Grenzen
der Erde« (Apg 1,8.11).

Der Christ ist kein Hans Guckindieluft, der Ausschau hält nach
einem Wolkenkuckucksheim. Die Christen heute sind wie die Apostel damals – geradezu um Himmels willen – von Gott zurückver-
wiesen auf diese Welt und sollen in deren Ängsten und Nöten die
Botschaft der Menschlichkeit, die Botschaft der den Tod überwindenden Hoffnung auf Gott bezeugen.

Aber auf der Erde Kurs halten in Sachen Menschlichkeit und tod-
überwindender Hoffnung, das kann ein Christ, wenn er und weil er
durch Christus die Himmels-Richtung kennt, an der er sein Erden-
Leben zu orientieren hat. Denn man kann nicht nach einer Marke
segeln, die man an den Bug des eigenen Schiffes genagelt hat. Man
braucht gerade in den finsteren Nächten der eigenen Existenz einen
Hoffnungsstern am Himmel, eine Himmelsrichtung von jenseits des
Bootes der eigenen Existenz. Nur wer um die von Christus vorgegebene Himmels-Richtung weiß, die unser Erdenleben haben sollte,
kann auch ein Erdenleben lang menschlich und hoffnungsvoll mit
Christus Kurs halten in Richtung Himmel.

Vor-Pfingsten

Direkt nach der Erzählung von der Himmelfahrt Jesu (Apg 1,12–14)
stellt uns die Apostelgeschichte die Keimzelle der ersten nachösterli-
chen Gemeinde vor Augen: Die Apostel, die Frauen, die mit Jesus
gezogen sind, Maria, die Mutter Jesu, und die Brüder Jesu. Sie gemeinsam sind die Zeugen von Tod und Auferstehung Jesu. Und zugleich gibt uns die Apostelgeschichte einen denkbar knappen
Tätigkeitsbericht dieser Keimzelle der Kirche: »Sie alle verharrten
dort (in Jerusalem) einmütig im Gebet.«

Der deutschstämmige, jüdische Religionsphilosoph Martin Buber
(1878–1965) ist gefragt worden, warum er an Gott glaube, und hat
eine merkwürdige Antwort gegeben: »Wenn es ein Gott wäre, von

dem man reden kann, dann würde ich nicht glauben. Weil es aber ein Gott ist, zu dem man reden kann, darum glaube ich an ihn.«

Er wollte wohl zum Ausdruck bringen: Wir können nicht angemessen von Gott reden. Selbst mit unseren klügsten Worten verkleinern, verfälschen und verunstalten wir Gott bis zur Unkenntlichkeit. Und an diesen durch die menschliche Sprache derart kontaminierten Gott wollte und konnte er nicht glauben. Aber soll man dann gar nicht mehr von Gott reden? Theologen und Philosophen haben angesichts dieser Unfähigkeit, angemessen von Gott zu reden, und angesichts der Unmöglichkeit, dann ja nur von ihm schweigen zu können, drei sprachliche Auswege ersonnen:

Der erste Weg ist die »via negativa«, von Gott nur zu reden im Modus der Negation: Der Mensch ist endlich, Gott aber un-endlich. Der Mensch ist vergänglich und sterblich, Gott aber un-vergänglich und un-sterblich. Der Mensch ist sichtbar und greifbar, Gott aber un-sichtbar und un-greifbar. Man negiert, was man vom Menschen zu wissen glaubt, um Gott nicht anthropomorph zu verfälschen.

Der zweite Weg ist die »via eminentiae«. Man versucht für Gott das, was die menschliche Sprache hergibt, ins Unendliche zu steigern: Der Mensch ist mächtig, Gott ist all-mächtig. Der Mensch ist wissend, Gott ist all-wissend. Der Mensch ist gütig, Gott ist all-gütig. Der Mensch ist räumlich und zeitlich gegenwärtig, Gott ist all-gegenwärtig. Man versieht menschliche Eigenschaften mit einem Qualifikator durch die Vorsilbe all, und so entgrenzt man, was man vom Menschen zu wissen glaubt, auf Gott hin.

Und der dritte Weg ist die »analogia entis«. Man versucht, analoge Aussagen von Gott zu machen. Gott ist wie ein Fels, der uns Halt gibt, wie eine Quelle, die unsern Durst stillt. Wir sagen, Gott ist wie ein guter Vater, wie eine liebevolle Mutter. Das heißt dann aber nicht, dass Gott, weil er wie ein guter Vater ist, auch ein biologischer Mann mit Bartwuchs ist. Dann heißt das nicht, dass Gott, weil er wie eine liebende Mutter ist, eine weibliche Oberweite hat. Und doch verstehen wir etwas von Gott, wenn wir ihn so vermenschlichen. Vielleicht verstehen wir es deshalb, weil er sich selbst in Christus vermenschlicht hat. Vielleicht verstehen wir es deshalb, weil er den Menschen nach seinem Bild und Gleichnis geschaffen hat.

Drei Wege haben wir, Gott zur Sprache zu bringen und zugleich die Unmöglichkeit mit auszusagen, das angemessen tun zu können. Aber das ist nur das Reden über Gott. Und das, sagt Martin Buber, brächte ihn nicht zum Glauben. Daneben, dahinter, darunter, darüber oder auch darin gibt es aber auch noch das Reden mit Gott.

»Die Grenzen meiner Sprache bedeuten die Grenzen meiner Welt« (Tractatus 6.5). Das hatte der große Sprachphilosoph Ludwig Wittgenstein 1918 gesagt. Wenn das so wäre, dann passte Gott so wenig, wie er in meine Sprache passt, genauso wenig auch in meine Welt. Er wäre ein weltloser Gott und wir eine gottlose Welt. Aber Wittgenstein hatte sich und uns doch noch ein Türchen offen gelassen. »Es gibt allerdings Unaussprechliches. Dieses zeigt sich, es ist das Mystische« (Tractatus 6.522).

Gott ist kein Gott, von dem man abgemessen und angemessen reden kann; aber wohl ein Gott, der zu uns reden kann und – all unsere Hirnwindungen dabei beanspruchend – von sich reden macht. Dieser Gott zeigt sich uns von sich aus. Er ist ansprechend und ansprechbar und zugleich anspruchsvoll.

Aber der Gott, von dem wir nicht angemessen sprechen können, ist der Gott, der sich trotz all unserer Unangemessenheit im Denken, Reden und Tun, von uns ansprechen lässt. Er hört und erhört oft unser Gebet, wie stammelnd und radebrechend auch immer wir uns äußern.

Und indem wir einmütig wie die vorpfingstliche Urgemeinde – mit den Aposteln, mit den Frauen, die Jesus begleitet haben, und mit seiner Mutter und seinen Brüdern – im Gebet verharren, entsteht das Volk Gottes, entsteht die Kirche Jesu Christi. Die betende Kirche ist ein Brückenkopf in der Zeit. Und die Brücke des Gebets führt über den Strom der Unaussagbarkeit hin zur Ewigkeit Gottes. Betend haben wir Teil an der Welt Gottes und nimmt er Teil an unserer Welt. Betend ist er mitteilbar für die Menschen und mitteilsam unter den Menschen.

In die betende Urgemeinde hinein sendet er seinen Heiligen Geist, stiftet er die Kirche mitten in der Welt. Hier kann der Zündfunke des Heiligen Geistes überspringen und ein Feuer der Geistesgegenwart und der tätigen Liebe entfachen.

Das Beten ist keine Einigelungstaktik, keine Selbstimmunisierung gegen die böse Welt. Beten schafft eine bewohnbare Nische der Hoffnung mitten in der Welt, ist eine Leben spendende Oase in der Welt und ein Lebensraum für die vom Tod bedrängte Welt.

Gewiss brauchen wir eine Theologie mit intellektuellem Tiefgang, damit wir verantwortlich von ihm reden. Aber noch nötiger brauchen wir das Gebet mit existenziellem Tiefgang, damit wir verantwortlich mit ihm reden. Überwinden Sie die falsche Scheu. Fangen Sie wieder an zu beten, nicht nur allein, sondern auch mit Ihrem Partner, mit Ihren Kindern, mit Ihrer Familie, mit Ihren Freunden. Das Gebet bringt Gott zu Ihnen und Ihrer Gemeinschaft und zugleich Sie und Ihre Gemeinschaft zu Gott.

Zwischen Himmel und Erde?

Das Fest Christi Himmelfahrt ist für Menschen unserer Zeit ein schwieriges Fest. Die Antike kannte den Mythos vom heroischen Menschen, der aufgrund seiner grandiosen Taten direkt in den Götterhimmel entrückt wird. Vom Propheten Elija wird im Alten Testament (2 Kön 2,11 und Sir 48,12) berichtet, dass er mit feurigem Wagen und feurigen Pferden zum Himmel emporfuhr. Auch Mohammed soll mit seiner Stute Burak, die der Legende nach den Kopf eines Engels gehabt hat, und unter dem Geleit des Erzengels Gabriel abgehoben haben und in die diversen Himmel, sieben an der Zahl, gelangt sein.

Im Felsendom auf dem Tempelberg in Jerusalem werden die angeblichen Hufabdrücke dieser Wunderstute gezeigt. Nur sehr simple Menschen wird man damit beeindrucken können. Kaum glaubwürdiger sind die Fußabdrücke Jesu auf dem Berg in Galiläa, von dem er abgehoben haben soll. Alles das sind Versuche, die deutungsoffenen Mythologien von der Himmelfahrt umzumünzen in eine platte, um nicht zu sagen plattfüßige Tatsächlichkeit. Das hilft der Glaubwürdigkeit nicht auf und uns nicht weiter.

Der evangelische Bibelwissenschaftler Rudolf Bultmann wollte nicht zuletzt deshalb das ganze Neue Testament zerlegen in Mythos und Kerygma, ausschmückend erzählende Zutat und Kernbestand der Verkündigung. Und nur die vom Mythos bereinigte Botschaft der Verkündigung wollte er gelten lassen. Dagegen meinte Dietrich Bonhoeffer ganz provokativ: »Der Mythos ist das Ganze.«

»Aus den Augen, aus dem Sinn.« So formuliert ein deutsches Sprichwort unsere schwache Erinnerungsfähigkeit oder unsere an Gleichgültigkeit grenzende Erinnerungsbereitschaft.

Aber die Jünger starren der Apostelgeschichte zufolge dem aus ihrer Reich- und Rufweite entschwundenen Christus fasziniert bis fassungslos nach.

»Während sie unverwandt ihm nach zum Himmel emporschauten, standen plötzlich zwei Männer in weißen Gewändern bei ihnen und sagten: Ihr Männer von Galiläa, was steht ihr da und schaut zum Himmel empor? Dieser Jesus, der von euch ging und in den Himmel aufgenommen wurde, wird ebenso wiederkommen, wie ihr ihn habt zum Himmel hingehen sehen.«

Sie bleiben mit beiden Beinen auf der Erde und starren doch zum Himmel, in die mit eigener Kraft unerreichbare Dimension. Und doch ist Himmel unsere Zukunft, das, was auf uns zukommt, das, was uns zukommt.

So sind wir Menschen, wir kleben der Schwerkraft folgend am Boden unserer Realität und richten uns doch mit Herz und Hirn aus auf das Ungeahnte, das noch aussteht, das noch kommen soll. Wir sind ausgespannt zwischen dem, was ist und dem, was werden soll. Ausgespannt zwischen dem irdischen Jesus an der Zeitenwende und dem wiederkehrenden Christus am Zeitenende.

Wer sich in diese Spannung stellt weiß, lebt anders, als der, der die Hände in den Schoß legt und den fernen Gott einen guten Mann sein lässt. Er lebt auch anders als der, dem sein Gott auf Nimmerwiedersehen entschwunden ist. Er weiß im Blick auf den irdischen Jesus, wie er menschlich leben soll und kann. Und er weiß im Blick auf den wiederkehrenden Christus, dass er so menschlich leben soll, wie er kann.

Die nur bei Lukas zu findende Erzählung von der Himmelfahrt des Auferstandenen ist eine einprägsame Illustration der Erhöhung Jesu zur Rechten Gottes und kein historische Richtigkeit beanspruchender Sonderreport. Wer sollte denn sehen oder gesehen haben können, ob Christus rechts oder links, vor oder hinter dem Vater sitzt? Das Sitzen zur Rechten Gottes ist eine schon im Neuen Testament zu findende und in unsere beiden Glaubensbekenntnis übernommene bildhafte Redeweise: »Er sitzt zur Rechten des Vaters und wird wiederkommen in Herrlichkeit zu richten die Lebenden und die Toten; seiner Herrschaft wird kein Ende sein.«

Das Fest Christi Himmelfahrt sagt: Jesus, der Christus, ist ganz bei Gott, ist zur Rechten Gottes, ist die rechte Hand Gottes, die er uns Menschen rettend und helfend entgegenstreckt. Und Jesus Christus ist der, der am Ende kommt, um die Welt zu richten, der die Vollendung bringt, um die Welt zu retten. Der Schweizer Dichter und Pfarrer Kurt Marti sagt das so:

Der Himmel, der ist, ist nicht der Himmel, der kommt,
wenn einst Himmel und Erde vergehen.
Der Himmel, der kommt, das ist der kommende Herr,
wenn die Herren der Erde gegangen.
Der Himmel, der kommt, ist die Welt ohne Leid,
wo Gewalttat und Elend besiegt sind.
Der Himmel, der kommt, das ist die fröhliche Stadt und
der Gott mit dem Antlitz des Menschen.
Der Himmel, der kommt, grüßt schon die Erde, die ist,
wenn die Liebe das Leben verändert.

Kurt Marti

Wir sind Bürger zweier Welten, der Welt, die ist und einmal vergeht und der Welt, die kommt und für immer bleibt. Von hier nach da, von »hinnen nach dannen« ist Christus uns nur vorausgegangen. Und wir sind und bleiben nicht rast- und ruhelose Streuner zwischen den Welten, sondern haben ein Bleibe- und Heimatrecht bei ihm.

Aber wie durchsteht man die Zwiespältigkeit dieser Existenz, die mit Hand und Fuß auf dieser Erde ist und sich doch mit Herz und Hirn auf den Himmel ausrichtet? Die Lesung aus der Apostelgeschichte und der letzte Vers aus dem Evangelium nach Matthäus geben uns da einen Hinweis und Ermutigung: »Ihr werdet die Kraft des Heiligen Geistes empfangen, der auf euch herabkommen wird;

und ihr werdet meine Zeugen sein in Jerusalem und in ganz Judäa und Samarien und bis an die Grenzen der Erde.«

Mit diesem Geist Jesu Christi sollen und können wir um Gottes willen den Aufbruch wagen ins Weite und Grenzenlose. Und für diesen Aufbruch sagt uns der erhöhte Herr mit den letzten Worten des Matthäusevangeliums zu: »Seid gewiss: Ich bin bei euch alle Tage bis zum Ende der Welt.« Wer in dieser Gewissheit der Nähe Jesu Christi lebt und wirkt, für den ist nicht einmal im Sterben Matthäus am Letzten.

Texte für Pfingsten

Gottes(be)weise?

Wir feiern von Ostern bis Pfingsten die Auferstehung und den Gott des Lebens. Kann man wenigstens die Existenz Gottes beweisen? Wenn Gott das oder der Wichtigste ist, wie wir immer sagen, dann wäre es doch gut, ihn auch beweisen zu können, oder?

Dann hätten die Gläubigen mit ihren inneren Zweifeln und die Ungläubigen mit ihren zweifelhaften Anfragen endlich Ruhe; denn Gott wäre ja bewiesen. Oder eben das Gegenteil, wir alle hätten von Gott nichts mehr zu erhoffen oder zu befürchten; denn seine Nichtexistenz wäre ja ein für allemal bewiesen.

Beweisversuche für die Existenz Gottes hat es viele gegeben in der Geschichte des Abendlandes. Aristoteles in Athen, Cicero im alten Rom haben es versucht, Anselm von Canterbury (1033/4–1109), Thomas von Aquin (1225–1274), Rene Descartes (1596–1650), Gottfried Wilhelm Leibniz (1646–1716) und schließlich auch noch Philosophen unserer Tage, Robert Spaemann (*1927) und Richard Swinburne (*1934). Immanuel Kant (1724–1804) hat die ihm damals vorliegenden Gottesbeweise ohne Ehrfurcht und ziemlich gründlich zerlegt. Aber sein eigener Versuch, aus der praktischen Vernunft auf Gott und ewiges Leben zu schließen, ist auch nicht überzeugend.

Wenn wir nach letzten Gewissheiten oder nach einem endgültigen Gottesbeweis fragen, ergeben sich drei Aporien, die der Philosoph Hans Albert »Trilemma der Erkenntnis« genannt hat:

1. Bei der Suche nach Gründen kommt man vom Hundertsten ins Tausendste und vom Tausendsten ins Zehntausendste usw. bis ins Unendliche. Nie zeigt sich ein letzter endgültiger und fester Grund der Argumentation. (Regressus ad infinitum)
2. Bei der Suche nach Gründen begeht man Denkfehler, weil man das erst noch zu Beweisende schon stillschweigend und ohne es zu merken voraussetzt. (Circulus vitiosus oder petitio principii)
3. An irgendeiner Stelle stoppt man notgedrungen den weiteren Diskurs und formuliert einen Lehrsatz. Z. B. Gott ist der erste unbewegte Beweger oder der, jenseits dessen nichts Größeres auch nur gedacht werden kann. Etc. (Dogma)

Wenn das so ist, dann gibt es keine Gewissheiten, weder wenn man Gottes Existenz, noch wenn man Gottes Nichtexistenz beweisen will, eine argumentative Pattsituation also.

Aber in einem sind sich Befürworter und Bestreiter der Existenz Gottes doch einig, in der Wahrheitsforderung. Die Gründe, die Gott in dieser Welt beweisen sollen oder die Gott aus dieser Welt verweisen sollen, müssen wahr sein. Befürworter und Bestreiter Gottes erheben einen Wahrheitsanspruch.

Aber für die Frage nach der Wahrheit gilt doch auch das Trilemma der Erkenntnis. Kann man die Wahrheit beweisen? Ich meine nicht, ob man beweisen kann, dass dieser oder jener Sachverhalt wahr ist, dass mein Auto vier Räder oder mein Hut drei Ecken hat. Das kann man sicher in vielen Fällen. Ich meine: Kann man beweisen, dass es Wahrheit gibt?

Setze ich diese Wahrheit, die ich da gerade beweisen will, nicht schon voraus, indem ich überhaupt nach einem Beweis für die Wahrheit frage? Wenn ich sage »Es gibt keine Wahrheit« oder »Nichts ist wahr!«, dann widerspricht doch gerade dieser Satz sich selbst. Denn er behauptet doch: Der Satz »Nichts ist wahr«, ist wahr. Also ist doch etwas wahr, nämlich der Satz, dass nichts wahr ist. Aber das ist ein unhaltbarer Selbstwiderspruch.

Wir suchen nach der Wahrheit, aber wir können das nur, weil wir schon in ihrem Kraftfeld stehen. Wir sind von der Wahrheit schon immer angezogen, aber wir haben sie nicht im Griff. Um sagen zu können, dass etwas wahr ist oder nicht, muss ich schon eine Ahnung von der Wahrheit haben, ohne sie wirklich umfassend zu kennen.

Nun haben wir Christen das Wort Jesu im Ohr: »Ich bin der Weg, die Wahrheit und das Leben« (Joh 14,6). »Jeder, der aus der Wahrheit ist, hört auf meine Stimme« (Joh 18,37).

So ähnlich wie mit der Wahrheit ist es mit Gott. Er ist wie die Wahrheit das je Größere, dass ich nicht beweisen kann, aber das ich voraussetzen muss für jeglichen Beweis. Ich brauche Gott schon, um überhaupt nach ihm fragen, ihn suchen, ihn finden zu können. »Du würdest ihn nicht suchen, wenn du ihn nicht schon gefunden hättest«, sagt Augustinus, der große Philosoph und Bischof am Ausgang der Antike. Die in Auschwitz ermordete Philosophin und Ordensfrau im Karmel, Edith Stein, hat den Begriff der Wahrheit und den Begriff Gottes so zusammengedacht: »Gott ist die Wahrheit. Wer die Wahrheit sucht, der sucht Gott, ob es ihm klar ist oder nicht.« Ein abschließend bewiesener Gott wäre ein Gott, dessen Existenznachweis in meinen intellektuellen Möglichkeiten Platz hätte. Aber was gewissermaßen bequem und abschließend in meinen Schädel passt, ist das nicht per se eine Nummer zu klein für Gott? Gott umfassend begreifen wollen, da könnte ich ebenso gut versuchen, ein transatlantisches Containerschiff auf die Briefwaage zu stellen.

Der unendliche Gott bedarf unserer ermüdenden und endlichen Beweise nicht. Er ist unendlich über sie erhaben. Aber für uns sind sie vielleicht doch gut und wichtig, weil sie uns helfen, die Unermesslichkeit Gottes besser zu erahnen. Versuchen wir also ruhig, den unfassbaren Gott mit all unserem Denken, mit all unseren Gottesbeweisen zu erfassen. Das schulden wir auch den Nichtgläubigen. Doch, wenn auch all unser Denken für sichere Gottesbeweise nicht hinreicht, so taugt es doch für gute Gotteshinweise, denen nachzugehen sich lohnt.

Das wusste auch schon der Heilige Augustinus: »Was soll es mir, wenn einer das nicht fassen kann? [...] Er freue sich auch so, und möge lieber im Nichtfinden Dich (Gott) finden als im Finden Dich nicht zu finden« (Augustinus: Confessiones Buch I, München 1980, S. 26f.). Im Scheitern der Gottesbeweise werden wir erst »Gottesweise«; denn »unruhig ist unser Herz bis es ruht in dir, o Gott.«

Die sieben Geistreichen

Sieben ist für die Bibel und die Christenheit eine heilige Zahl. Der Schöpfungshymnus, das Sieben-Tage-Werk aus dem 6. vorchristlichen Jahrhundert, lässt die Entstehung der Welt und des Menschen einmünden in den siebten Tag, den Sabbat, den Tag ohne Abend. Das Pfingstfest ist der 50. Ostertag, also genau 7 x 7 Tage nach Ostern.

In der katholischen Kirche kennt man die sieben Sakramente als Heilszeichen der Verbindung von Gott und Mensch. Und so hat die christliche Tradition, gestützt auf die jüdische, sieben Gaben des Heiligen Geistes herausgestellt, die den Menschen und seine Welt verändern. Der Prophet Jesaja (Jes 11,1f.) beschreibt diesen Geist als den Geist der Weisheit und der Einsicht, als den Geist des Rates und der Stärke, als den Geist der Erkenntnis und der Gottesfurcht. Die christliche Tradition ergänzt diese Gaben um die Frömmigkeit und entfaltet sie zur Siebenzahl. In Bildern beschreibt sie den Heiligen Geist als Taube, Wind, Sturm, Feuer, Wasser etc. Immer aber weiß sie um seine Unberechenbarkeit und Unbändigkeit. Der Geist weht, wo und wie und wann er will. Das reine weiße Licht, das vom Gottesgeist kommt, bricht sich im Prisma unserer Endlichkeit und strahlt in der üppigen Buntheit der Spektralfarben menschlicher Existenz. Und in jedem Menschen leuchtet so etwas von der strahlenden Helligkeit Gottes auf. Aber, was sind und bedeuten die sieben Gaben des Heiligen Geistes?

Die Geistes-Gabe der Weisheit lehrt uns zu unterscheiden zwischen wichtig und unwichtig, zwischen wahr und falsch. Die Weisheit ist keine raffinierte Bauernschläue, keine Trickserei von Winkeladvokaten. Sie achtet nicht auf den kurzfristigen Erfolg des Tages. Sie denkt über die nächsten Quartalszahlen für den Aktienindex hinaus. Sie lässt sich nicht fernsteuern vom je neuen Umfrage-Opportunismus, sondern weiß sich verantwortlich auch über den nächsten Wahlsonntag hinaus. Die Geistes-Gabe der Weisheit leidet nicht an der Kurzatmigkeit der Tagesparolen, sondern hat den langen Atem des Geistes Gottes. Und der hat am Anfang die Geschöpfe ins Leben gerufen und wird am Ende alles Leben zum Schöpfer berufen.

Die Geistes-Gabe der Einsicht gibt uns Einblick in das Wesen der Dinge. Täglich stürzt eine Unmenge von oberflächlichen Bildern auf uns ein. Hier ist eine Tiefenschärfe gefragt, die die politische, die wirtschaftliche, die wissenschaftliche Schaumschlägerei und Verlogenheit durchschaut. Ein-Sicht bedeutet: Hineinsehen in das Wesen der Dinge. Die Geistes-Gabe der Einsicht schafft eine Rücksicht und Vorsicht, die den Menschen im Blick behält, und vermittelt allen Einsichtigen aufs Ganze hin eine Weitsicht und Zuversicht um Gottes willen.

Die Geistes-Gabe des Rates ermutigt uns, einander Rat zu geben und voneinander Rat anzunehmen. Gott gab keinem alles, und keinem gab er nichts. Niemand kann alles, und niemand kann nichts. Jeder ist beratungsbedürftig und beratungsfähig.

Aber wir sollen zurückhaltend sein mit Ratschlägen und sie niemandem aufnötigen. Denn Ratschläge können auch Schläge sein. Manchmal sind gerade die, die dazu neigen, immer und überall Rat zu erteilen, selber nur besonders beratungsresistent. Manchmal sind die, die für alles und jedes Beratung fordern, entweder selber entscheidungsschwach oder sie verdienen ihr Geld mit dem neurotischen Beratungsbedürfnis anderer Menschen. Die Geistes-Gabe des Rates gibt uns zu wissen: Nur zusammen ergeben die gebrochenen Farben des Spektrums wieder das eine weiße Licht.

Die Geistes-Gabe der Erkenntnis ermutigt uns auch zur rationalen, zur empirischen und weltweit betriebenen Wissenschaft. Unser Verstand ist ein Gottesgeschenk des Himmels und seine Benutzung führt daher nicht auf höllische Weise zum Teufel. Aber wer intellektuell redlich seine wissenschaftliche Erkenntnis betreibt, muss eingestehen, dass es keinen archimedischen Punkt letzter Gewissheit gibt und jede wissenschaftliche Erkenntnis letztlich im Mutterboden eines Glaubens wurzelt. Und dann gilt: Wer mehr glaubt, als er weiß, weiß mehr, als er glaubt.

Die Geistes-Gabe der Stärke lehrt uns, auch in Schwierigkeiten durchzuhalten. Das können berufliche, wissenschaftliche, erzieherische, partnerschaftliche, schulische u. a. Schwierigkeiten sein. Man kann auch nach jedem Ende einen neuen Anfang wagen, aus allen Rückschlägen der Vergangenheit Vorschläge für die Zukunft gewinnen und nach allem Niederschmetternden immer wieder aufstehen. Denn wir werden am Ende zur Vollendung auferstehen.

Die Geistes-Gabe der Gottesfurcht meint nicht die Angst vor Gott. Gott ist kein tobsüchtiger, unberechenbarer Wüterich. Er ist aber der Ehrfurcht gebietende, uns unendlich überlegene Gott, der, vor dem wir einmal nach dem Maß unserer Verantwortung Rechenschaft ablegen müssen, vom letzten Penner bis zum größten Papst. In unserer Verantwortlichkeit vor Gott können wir uns nicht auf Mehrheitsmeinungen herausreden. Mehrheiten haben seit jeher gestern »Hosianna« und morgen »Kreuzige ihn« gebrüllt. Wer Gott nicht fürchtet, der ist selber zu fürchten, weil er keinen Maßstab über sich selbst und keinen Maßstab außer seinem eigenen gelten lässt.

Die Gabe der Frömmigkeit lehrt uns eine umfassende innige Gottverbundenheit, alltäglich wie festtäglich, werktäglich wie sonntäglich. Sie äußert sich im Gebet, das unser Tun und Ruhen durchzieht. Gott ist über uns, um uns, mit uns und in uns. Die Frömmigkeit weiß um Gottes räumliche und zeitliche Allgegenwart und lebt aus ihr. Für sie gibt es keinen gottverlassenen Ort und keine gottlose Zeit auf dieser Welt.

Der Schöpfergott ist unendlich geistreich, aber nicht zu unseren Lasten, sondern zu unseren Gunsten. Wer von Gott, dem Schöpfer, groß denkt, denkt auch groß vom Menschen, seinem geistreichsten Geschöpf; denn den Menschen hat Gott zu seinem inspirierten und inspirierenden Abbild gemacht. Diesem siebenfach geistreichen Gott können wir uns anvertrauen im Leben zum Sterben und im Sterben zum Leben.

Auf- oder Abtreten

»Mein Sohn! Ich rufe dir ins Gedächtnis: Entfache die Gnade Gottes wieder, die dir durch die Auflegung meiner Hände zuteil geworden ist.« So steht es im 2. Brief an Timotheus (2 Tim 1,6f.). Damit ist klar, dieser Brief richtet sich an einen durch Handauflegung und Gebet geweihten Amtsträger. Es ist ein Pastoralbrief, der dem Paulus zugeschrieben wird. »Entfache die Gnade Gottes wieder, die dir durch die Auflegung meiner Hände zuteil geworden ist.« Diesen Satz muss ich natürlich zunächst einmal auf mich selber beziehen, auf den, der durch Handauflegung und Gebet vor 30 Jahren selber zum Priester geweiht worden ist. Auch bei mir besteht die Gefahr, dass die Glut der Gnade Gottes unter der grauen Asche der Alltäglichkeit erstickt. Den Sauerstoff des Gottesgeistes brauchen wir alle, und zwar täglich. Dann aber möchte ich den Satz auch nach oben, an die Bischöfe und den Papst weiterreichen. Und ich möchte den Satz an das ganze Christenvolk in Deutschland weiterreichen.

Mein Eindruck, nicht nur von den Christen in Deutschland, ist nämlich der: Wir haben die Hosen schon voll, bevor noch der erste Schuss in den politischen, auch den kirchenpolitischen, in den gesellschaftlichen, wirtschaftlichen und wissenschaftlichen Auseinandersetzungen gefallen ist. Wir bitten schon vorweg um Entschuldigung dafür, dass wir katholisch sind, das tut uns leid und soll auch nicht wieder vorkommen.

Den Brief schreibt Paulus aus dem Gefängnis in Rom. Über Troas und Milet ist er dorthin gebracht worden. Seine Situation ist ernst, und er fühlt sich dem Ende nahe. In dieser Situation schreibt er an seinen zur Verzagtheit neigenden Schüler und Mitarbeiter Timotheus: »Gott hat uns nicht einen Geist der Verzagtheit gegeben, sondern den Geist der Kraft, der Liebe und der Besonnenheit.« Auch diesen Satz muss ich auf mich hin lesen und zugleich an die mir übergeordneten Dienststellen weiterreichen.

Der verstorbene Münsteraner Bischof Lettmann hat schon vor vielen Jahren bei Papst Johannes Paul II. von der »Noch-Struktur« des Christentums in Deutschland gesprochen: Noch haben wir 18 % Kirchbesuch am Sonntag, noch erreichen wir ca. 80 % der Erstkommunionkinder und ca. 30 % der Firmlinge eines Jahrgangs, noch lassen sich ca. 30 % derer, die standesamtlich heiraten auch kirchlich trauen, noch beerdigen wir ca. 70 % der Verstorbenen kirchlich etc. Dieses verräterische Noch lässt im Nachsatz ein »aber bald nicht mehr« erwarten. Diese elende, kleinlaute, verzagte Noch-Formulierung ist höchst verräterisch. Wir rechnen nur noch mit Abstieg und hoffen darauf, dass er möglichst glimpflich verläuft. Wir backen inzwischen so kleine Brötchen, dass sie von Trachtenknöp-

fen nicht mehr zu unterscheiden sind. Wir planen auf ganzer Linie
nur noch den Rückzug und nicht mehr den Angriff. »Vorwärts Kameraden, es geht zurück!« so karikierten die Soldaten am Ende des
verlorenen Krieges ihre Situation. Die Bischöfe liegen in Schockstarre und in Angstnarkose nach den Missbrauchs- und Kirchenaustritts-
geschichten, nach den dramatischen Rückgängen bei den Kirchbesu-
chern, den Kirchensteuern und den Priesteramtskandidaten. Und
dennoch können und dürfen bestimmte Fragen noch immer nicht
offen diskutiert und neu entschieden werden, z. B. die Frage nach
dem Diakonat der Frau, die – ein Skandal sondergleichen – auch
40 Jahre nach der Deutschen Synode von Würzburg aus Rom noch
immer nicht beantwortet worden ist. Dazu gehört die Frage nach
verheirateten Priestern (viri probati), die Frage nach der Altar-
gemeinschaft mit solchen christlichen Konfessionen, die an die Real-
präsenz Jesu Christi in den eucharistischen Gaben glauben, die Frage der Kommunion von wiederverheirateten Geschiedenen etc.

Paulus schreibt weiter an Timotheus: »Gott hat uns nicht einen
Geist der Verzagtheit gegeben, sondern den Geist der Kraft, der Liebe und der Besonnenheit.« Wie äußert sich der »Geist der Kraft«?
Die Kirche hat in 2000 Jahre viele Neros, Stalins und Hitlers über-
standen. Sie hat weit schwierigere Zeiten nicht selten unter schlechteren Hirten hinter sich als die gegenwärtigen. Das sollte uns auch
für die Gegenwart und Zukunft Vertrauen in die Kraft des Heiligen
Geistes geben.

Wie äußert sich der »Geist der Liebe«? Diese Kirche, diese Christenheit ist letztlich nur auf das Doppelgebot der Gottes- und Nächstenliebe verpflichtet. Und dem entspricht sie gewiss nicht perfekt,
aber in einer den Rest der Gesellschaft weit in den Schatten stellen-
den Weise. Caritas und Diakonie sind hier zu nennen. Der »Geist
der Liebe« äußert sich aber auch darin, dass die derzeit Verantwortlichen in der Kirche denen z. B. als Diakoninnen oder viri probati
mehr Kompetenz zutrauen und zubilligen, die sie bislang nur als
(blutige) Laien angesehen haben. – Wie äußert sich der »Geist der
Besonnenheit«? Wir Christen sollten nach außen nicht kurzatmig
oder gar mit Schaum vor dem Mund auf jede schräge Initiative aus
Politik, Medien oder Wirtschaft reagieren und ebenso wenig nach

innen mit Panik angesichts innerkirchlicher Reformen. Wir sollten stattdessen unbeirrt und mit Besonnenheit unseren Weg in der Nachfolge Jesu Christi weitergehen. Solange wir mit Gottes Geistesgegenwart rechnen dürfen, können oder müssen, haben wir keinen Anlass zu Defätismus. Aber wenn wir als Christen an den entscheidenden Schaltstellen in unserer Kirche, unserer Politik, unserer Publizistik, unserer Wirtschaft und Wissenschaft nicht mehr mit guten Sachargumenten auftreten, dann können wir abtreten.

Am besten bewahren wir das uns anvertraute Gut des Glaubens, der Hoffnung und der Liebe, wenn wir uns mit Herz, Hirn und Hand in Caritas, Gebet und Eucharistie auf die Mitte, auf Christus hin ausrichten. Dabei dürfen wir auf den in Taufe und Firmung empfangenen Geist setzen und uns, so ausgestattet, von Angelus Silesius sagen lassen:

> Mensch, alles, was du willst, ist schon zuvor in dir.
> Es lieget nur an dem, dass du's nicht wirkst herfür.
>
> *Angelus Silesius*

Geistes-Gegenwart?

Geist, was ist das? Und erst recht Heiliger Geist, den wir fünfzig Tage nach Ostern hochfestlich feiern, was ist das? »Die Tätigkeit des blumenkohlähnlichen Gehirns pflegt man Geist zu nennen.« So hatte der mitunter freche Wilhelm Busch einmal formuliert.

Auf dem Mannheimer Katholikentag gab es ein Forum »Gott und Gehirn«. Es sollte wohl darum gehen, auszuloten, ob der Gottesgedanke nur ein fixe Idee, eine Autosuggestion, ein Hirngespinst ist. Der Andrang war gewaltig; ca. 700 Menschen drängten sich in den Vortragsraum. Viele mussten abgewiesen werden.

Der Neuropsychologe, der vor mir zu referieren hatte, vertrat die Auffassung, dass es Geist nur in einem intakten und durch ein intaktes Gehirn gebe. Und alle geistigen, mentalen Regungen seien nur das Ergebnis neuronaler Aktivitäten. Wo kein Gehirn, da kein Geist. Er vertrat auch die Meinung, man könne das Gehirn durch Psychopharmaka und elektrische Stimulation in einen Zustand versetzen,

der dem einer Gotteserfahrung entspreche, diese also künstlich si-
mulieren. Die angebliche Erfahrung Gottes sei vielleicht doch nur
eine Einbildung.

Kurzum: Nach seinem Vortrag stand zumindest der Verdacht,
wenn nicht gar der konkrete Vorwurf im Raum, Gott sei nur ein
Hirngespinst. Alle mentalen Kategorien, wie zum Beispiel die Vorstellung von einem Ich oder die Vorstellung von Gott, seien letztlich
als neuronale Erregungsmuster unserer Hirnwindungen zu dechif-
frieren oder zu entlarven. Geist wäre demnach letztlich nichts anderes als Materie. Und die Materie allein ist dann das Wirkliche. Wo
Geist schon derart diskreditiert ist, da braucht man vom Heiligen
Geist schon gar nicht mehr zu reden. Wo Geist schon Spinnerei ist,
ist da der Heilige Geist nicht die Spinnerei im Quadrat?

Nun kann man aus der Täuschbarkeit unseres Gehirns nicht
schließen, dass es die behauptete extramentale Realität, z. B. Gott,
nicht gebe. Stellen Sie sich einmal vor, ich wäre so betrunken, dass
ich Herrn XY doppelt sehe. Aus der Tatsache, dass mein Gehirn
durch den Alkoholabusus zur Doppelsichtigkeit neigt, kann man
aber nicht schließen, dass es prinzipiell keine eineiigen Zwillinge geben kann.

Nun zweifle ich nicht, dass unsere geistigen Aktivitäten abhängig
sind von einem einigermaßen funktionsfähigen Gehirn. Sie sind ähnlich abhängig wie das Erklingen einer Komposition von einem funktionsfähigen CD-Spieler. Aber die CD oder der CD-Spieler sind nicht
die Komposition; sie bringen sie nur zu Gehör. Man könnte die Komposition auch live mit Instrumenten zum Klingen bringen, man könnte sie als Podcast auf seinen PC herunterladen oder mit Schellackplat-
ten oder mittels Tonbändern zu Gehör bringen. Man könnte sogar
ihren Klang mit Blick auf die Partitur imaginieren, wenn man hinreichend musikalisch vorgebildet ist. Das neuronale Substrat ist das materielle Trägermedium für den geistigen Gehalt. Und der kann in den
verschiedensten Trägermedien repräsentiert sein.

Die exakte Gegenposition zur materialistischen Weltsicht bietet
der Philosoph Georg Wilhelm Friedrich Hegel (1770–1831) in seiner
»Phänomenologie des Geistes«: »Das Geistige allein ist das Wirkliche.« Fast noch bündiger sagt es der amerikanische Philosoph

Ralph Waldo Emerson (1803–1882): »Die Welt ist materialisierter Geist.« Und bei dieser Position applaudieren sogar Physiker wie Carl Friedrich von Weizsäcker oder Hans-Peter Dürr.

Annehmen zu sollen, der Geist des Menschen sei der Inbegriff des Geistes, das Höchste, was der Geist zu bieten habe, erscheint mir überheblich und absurd. Ich habe keinen Zweifel, dass es mehr und höhere Formen von Geist in dieser Welt gibt als das, was auf der neuronalen Festplatte des Menschen gespeichert ist. Und auch die ist ja permanent im Um- und Ausbau begriffen.

Und warum konstruiert man diese merkwürdige, das jeweils Andere ausschließende Alternative, entweder Geist oder Materie? Der Quantenphysiker und Philosoph David Joseph Bohm (1917–1992) hatte diese Trennung auch nicht für sinnvoll erachtet und gemeint: »Die Trennung der zwei – Materie und Geist – ist eine Abstraktion.« D. h., diese Trennung entspricht nicht der Wirklichkeit.

Selbst das winzigste Stückchen Materie, z. B. ein Wasserstoffatom, ist derart informational aufgeladen, dass es den forschenden Naturwissenschaftler in ungeahnte Tiefen der Materie, an die Grenzen seiner technischen Möglichkeiten und an den Rand seiner geistigen Leistungsfähigkeit bringt.

Es ist allerdings nicht unwichtig, um welchen Geist es sich handeln soll und wes Geistes Kind wir selber sind. Denn man kann auch geistreich auf die Unwahrheit, die Destruktion und das Böse ausgerichtet sein. Goethe lässt in seinem Faust einen ganz und gar unheiligen Geist auftreten, den Mephisto. Und der führt sich so ein:

Ich bin der Geist der stets verneint!
Und das mit Recht; denn alles was entsteht
Ist werth daß es zu Grunde geht;
Drum besser wär's, daß nichts entstünde.
So ist denn alles was ihr Sünde,
Zerstörung, kurz das Böse nennt,
Mein eigentliches Element.

Johann Wolfgang Goethe (Faust I, Vers 1338–1344)

Der Heilige Geist ist demgegenüber der Geist, der bejaht, der entstehen, aufleben und wachsen lässt. Der Heilige Geist ist der Inbegriff des Geistigen, ist der Geist, der ermutigt, tröstet und in die volle, unverstellte und endgültige Wahrheit einführt. Der Heilige Geist ist der Geist, der zur Heiligkeit und zum Heil hinführt.

Gegen die Verneinung setzt er die Bejahung, gegen das Ableben das Aufleben, gegen das Zugrundegehen das Auferstehen, gegen das Nichtsein das Sein, gegen das Böse das Gute, gegen die Halbwahrheit und Unwahrheit die ganze Wahrheit, gegen das Unheil das Heil unseres Daseins.

Nicht der Lehm einer angeblich geistlosen Materialität formt sich und aus sich seinen Geist. Der Geist wirkt schon in allem, auch in der Materie. Und darum darf man den biblischen Mythos vom Adam aufnehmend mit Antoine de Saint-Exupéry sagen: »Nur der Geist, wenn er den Lehm behaucht, kann den Menschen erschaffen.«

Das A und O – der Geist

Kurz vor dem Ende der geistlosen und geistvergessenen Nazizeit, im Jahr 1943, vor mehr als 70 Jahren, verfasste Rudolf Hagelstange sein Gedichtbändchen: »Es spannt sich der Bogen«. Und darin findet sich das folgende Gedicht.

Im Anfang war der Geist

Im Anfang war der Geist, und seine Flamme
erfaßte alles, was nicht seinesgleichen war.
Vor seiner Glut entsprang das Reis dem Stamme,
Gebirge brachen auf aus totem Schlamme,
und Flüsse strömten wild und wunderbar.

Sein Atem ging und wärmte die Planeten,
und kreisend fuhr sein Schwung in ihre Schar
und jagte sie nach ersten steten
Gesetzen, und die Stürme wehten
und teilten Land und Wasser, das da war.

Es schuf der Geist, und seine Sendung
war Liebe und sein Wille Licht,
sein Sinn war Demut und sein Maß Verschwendung,
sein Weg war Wahrheit und sein Ziel Vollendung,
Unsterblichkeit sein Angesicht.

Es kam der Mensch. Und seines Herzens Sehnen
war, diesem Geiste gleich zu sein.
Wohl büßt er solchen Drang mit tausend Tränen,
und stündlich fließen sie noch denen,
die solchem Ziele ihren Odem leihn –

Doch keiner, dem dabei das Haar ergraute,
war dieser Unrast eine Stunde gram,
kein Junger, der in diesen Spiegel schaute!
Und keiner, der an diesem Hause baute,
der nicht die Hoffnung mit ins Schweigen nahm ...

Die Hoffnung, daß der irdischen Bedrängnis
ein großer Wille Ziel und Stunde weist,
und daß das bitterste Verhängnis
sich kehrt zu göttlicher Empfängnis:
Am Ende aber steht der Geist.

Rudolf Hagelstange

»Im Anfang schuf Gott Himmel und Erde [...] und der Geist Gottes schwebte über dem Wasser« (Gen 1,1–2). So beginnt das Buch Genesis und damit das Alte Testament. »Im Anfang war das Wort, und das Wort war bei Gott und das Wort war Gott« (Joh 1,1). So beginnt das Johannesevangelium. Die Heilige Schrift des Alten wie des Neuen Testaments setzt den göttlichen Geist an den Anfang der Kosmos- und Weltgeschichte und an den Anfang der Heilsgeschichte.

Gottes Geist ist im AT der alles initiierende und inspirierende Ursprung, aus dem sich evolutiv der Kosmos im Ganzen, unser Planet Erde, das Leben und der Mensch entwickeln. Ein geistiges Prinzip, nämlich das schöpferische Wort Gottes, ist nach dem Johannesevangelium nicht nur der Beginn der Weltgeschichte, sondern auch der Beginn der Heilsgeschichte.

Die Materie ist nicht aus sich selbst, ist nicht das einzige und letzte, von dem alles herkommt und auf das alles hinausläuft. Sie entspringt mit ihrer unglaublich intelligiblen Struktur einem geistigen Prinzip und bleibt darum für den Menschen eine lebenslängliche geistige Herausforderung.

Im Blick auf die biblischen Texte könnte man dem Dichter Rudolf Hagelstange beipflichten: Im Anfang war der Geist. Den Anfang setzt der Geist, der göttliche Geist, der meinen Geist unendlich übersteigt. Und der göttliche Geist hat doch zugleich das unscheinbare Saatkorn des Geistes in einen jeden Menschen gelegt. So ist der Mensch mit Geist begabt. Der Geist ist gewissermaßen als hoffnungsvolle Morgengabe, als zur Hoffnung Anlass gebende Mitgift in alles, besonders in den Menschen hineingelegt. Wir können mit unserem beschränkten menschlichen Geist nachdenken, und zwar dem nachdenken, was der schrankenlose Geist Gottes vorgedacht hat.

Wie in der Pfingstgeschichte beschreibt Hagelstange den Geist als Flamme: »Im Anfang war der Geist und seine Flamme erfaßte alles, was nicht seinesgleichen war.« Er beschreibt ihn als den Leben und Naturgesetzlichkeit einhauchenden Atem: »Sein Atem ging und wärmte die Planeten, und kreisend fuhr sein Schwung in ihre Schar und jagte sie nach ersten steten Gesetzen.« Er beschreibt ihn bildhaft als Sturm, also als eine unsichtbare Kraft, die doch das Sichtbare, die flüssige und feste Materie trennt.

Aber nicht nur das naturwissenschaftlichen Gesetzen Folgende, das wissenschaftlich Erfassbare entsteht aus dem göttlichen Geist, sondern auch das den moralischen Gesetzen Folgende, das ethisch Erfassbare geht aus ihm hervor. Hagelstange nennt: Liebe, Licht, Demut, verschwenderische Fülle, Wahrheit, Vollendung und Unsterblichkeit.

Wenn die Heilige Schrift sagt »Gott schuf den Menschen nach seinem Bilde, oder als sein Abbild«, so legt sie nahe, dass der Mensch in besonderer Weise Träger des göttlichen Geistes ist, dass der Mensch den Geist als innere Bestimmung in sich trägt.

Es kam der Mensch. Und seines Herzens Sehnen
war, diesem Geiste gleich zu sein.
Wohl büßt er solchen Drang mit tausend Tränen,
und stündlich fließen sie noch denen,
die solchem Ziele ihren Odem leihn –

Der Mensch kann seiner Bestimmung nur entsprechen, wenn er nach der Wahrheit des Geistes, d. h. nach dem wissenschaftlich Richtigen und dem moralisch Guten sucht. Diese Suche nach der Wahrheit des Geistes ist mühevoll und lebensfüllend, aber zugleich auch hoffnungsvoll und lebenserfüllend.

Die Hoffnung des Menschen, die Hoffnung, die er an Pfingsten und darüber hinaus bedenkt und feiert, ist die, dass er, der mit seinem Leben und Denken vom Geist Gottes herkommt, mit seinem Leben und Denken zum Geist Gottes wieder hinfindet, in Gott Vollendung findet.

Die Hoffnung, daß der irdischen Bedrängnis
ein großer Wille Ziel und Stunde weist,
und daß das bitterste Verhängnis
sich kehrt zu göttlicher Empfängnis:
Am Ende aber steht der Geist.

Der Geist ist es, der uns trotz aller Irrtümer zum Erkennen und zum Tun des Richtigen in der Wissenschaft ermutigt und befähigt. Der Geist ist es, der uns trotz aller Schuld zum Erkennen und Tun des Guten in der Ethik ermutigt und befähigt. Der Geist führt uns in die Wahrheit, die Gott in uns angelegt hat. Er führt uns in die Wahrheit, die Gott schenkt, die Gott in Vollendung ist. Der Geist ist das trojanische Pferd, dem selbst und gerade bei völliger Verfinsterung und Umnachtung die entsteigen, die die verbarrikadierte Stadt eines geistlosen Materialismus von innen her aufsprengen.

1.5 Feste im Jahreskreis

Himmlische Chemie?

Der weihnachtliche Festkreis ist auch liturgisch beendet, die Zeit im Jahreskreis, die gewöhnliche Allerweltszeit, hat uns längst wieder. Da erzählt uns das Evangelium am 2. Sonntag im Jahreskreis die Geschichte vom ersten Zeichen Jesu, dem Weinwunder auf der Hochzeit zu Kana (Joh 2,1–11), während die Karnevalisten schon singen: »Wenn das Wasser im Rhein goldner Wein wär.« Ist das nicht schrecklich: Das erste Zeichen Jesu ist ein Beitrag zum allgemeinen Besäufnis. Das sind 600 Liter, die da nochmals in eine vermutlich schon ordentlich angetrunkene Hochzeitsgesellschaft hineingeschüttet werden. Eine Festgesellschaft wird abgefüllt? Um ein Besäufnis geht es, glaube ich, nicht. Aber was machen wir mit einem solchen Evangelium?

Wir alle kennen Politiker, Wirtschaftler und Arbeitgeber, manchmal auch hochrangige Kirchenvertreter, die anderen Wasser predigen, aber selber Wein saufen. Wir alle kennen auch Lobbyisten und Gewerkschaftsfunktionäre, die nur für ihre Klientel Sekt statt Selters fordern und sich einen Dreck um die scheren, die nicht einmal am Selters nippen, geschweige denn einander mit Sekt zuprosten können. Das sind die irdischen alltäglichen Verhältnisse.

Bei Jesus gibts Wein für alle, und zwar reichlich, nicht nur für den Vorstand, für die Bosse, für die Lobby. Das Evangelium erzählt von einer festtäglichen buchstäblich überfließenden Fülle für alle.

So gar nicht dazu zu passen scheint die Lesung am zweiten Sonntag im Jahreskreis. Sie stammt aus dem Brief des Apostels Paulus an die Korinther (1 Kor 12,4–11) und spricht nicht weniger als acht Mal vom Geist.

Sie beginnt mit einer trinitarischen Formel: »Es gibt verschiedene Gnadengaben, aber nur den einen Geist. Es gibt verschiedene Dienste, aber nur den einen Herrn. Es gibt verschiedene Kräfte, aber nur den einen Gott: Er bewirkt alles in allen.« Das ist das Zentrum: Es gibt nur den einen Geist, nur den einen Herrn, nur den einen Gott. Das Kraftzentrum von allem ist Gott. Alle Gnadengaben gehen auf seinen Geist zurück. Alle Dienste in der Kirche gehen auf den einen Herrn zurück. Alle Kräfte gehen auf den einen Gott zurück.

»Jedem wird die Offenbarung des Geistes geschenkt.« Hier könnte man schon stutzen. Wird wirklich jedem die Offenbarung des Geistes geschenkt? Gibt es nicht doch reichlich viel geistlose Gestalten in unserer Gesellschaft, in unserer Kirche, und zwar von den untersten bis zu den obersten Rängen? Wer so redet, der hat sich selbst schon zum Maßstab gemacht. Wir sollten uns vielmehr herausgefordert fühlen, im anderen die Geistbegabung zu entdecken, zu benennen und zu fördern.

Aber dann steht da noch ein wichtiger Zusatz: »Jedem, wird die Offenbarung des Geistes geschenkt, damit sie anderen nützt.« Die besonders Geistvollen könnten nämlich auch Gefahr laufen, nur auf eigene Rechnung geistvoll zu sein, geistvoll nur zur Selbstvermarktung, geistvoll zur Herabsetzung der Anderen. Das wäre, wenn man einmal einen Blick auf das Evangelium zurückwirft, das Modell: Prost Gemeinde – Vorstand säuft. Sekt für mich, Selters für den Rest.

Paulus nennt dann die Gaben des Geistes: Dem einen wird vom Geist die Gabe verliehen, Weisheit mitzuteilen, dem anderen, Erkenntnis zu vermitteln, einem Dritten, Glaubenskraft zu schenken, einem Vierten, Krankheiten zu heilen, einem Fünften wunderbare Kräfte, einem Sechsten die Fähigkeit zur bewegenden, mitreißenden Rede, einem Siebten die Gabe zur Unterscheidung der Geister (Menschenkenntnis), einem Achten die Begabung ekstatischer Rede, einem Neunten die Fähigkeit, Texte und Eingebungen zu deuten etc.

Kurzum: Das Spektrum der Fähigkeiten hat kein Ende, und jede Fähigkeit hat ihr Recht und ihre Bedeutung. Wir dürfen uns freuen am Überfluss der Gaben und Begabungen auch hier in unserer so ganz und gar durchschnittlichen Gemeinde. Und wir müssen nur Sorge tragen dafür, dass diese Gaben und Begabungen aus dem Geist Gottes motiviert sind, mehr nicht. Wichtig ist nur, dass ich Maß nehme an Christus, dass mein Geist sein Geist wird. Das sagt Paulus seinen Korinthern, und das darf ich Ihnen weitersagen.

Zurück zum Evangelium: Wie kann aus Wasser Wein werden? Wenn man keine kohlenstoffhaltige Substanz, z. B. Zucker etc., dazugibt, dann ist aus H_2O, also Wasser, definitiv kein Alkohol, also

C_2H_5OH, zu machen. Wasserstoff und Sauerstoff, chemisch gesprochen H und O, bringen wir mit. Und die sind im Wasser wie im Wein. Aber wenn nur Wasserstoff und Sauerstoff aufeinandertreffen, gibt es eine stark exotherme Reaktion, die sogenannte Knallgasreaktion.

Damit aus Wasser Wein wird, muss etwas Entscheidendes hinzukommen, nämlich der Kohlenstoff, chemisch gesprochen das C. Damit aus dem hitzigen, knalligen und dann doch nur Wasser produzierenden alltäglichen Miteinander der Menschen der Wein des Festes und der überfließenden Fülle werden kann, muss auch hier das Entscheidende hinzukommen, das C, nämlich Christus.

Christus macht aus dem alltäglichen Wasser unserer menschlichen Gaben durch die Zugabe seines Geistes den Wein unserer christlichen Begabungen. Und mit dem Wein füllte er uns so ab, bis zum Rand, dass an nichts Mangel herrscht, dass eine Vorahnung vom himmlischen Hochzeitsmahl entsteht, vom Fest ohne Mangel und Dürftigkeit, zu dem wir alle geladen sind.

Dann ist die Quintessenz aus dem Evangelium vom Weinwunder und der Lesung von den Geistesgaben nicht Weingeist – sondern sein Geist, und der für einen jeden und für alle in himmlischem Überfluss. Dann entsteht mitten im scheinbar geistlosen Alltag eine Ahnung vom geistvollen Festtag. Und wir armen irdischen Wasserträger der Zeit sind geladene Gäste beim himmlischen Hochzeitsmahl der Ewigkeit.

Zwischen Lichtmess und Ostern

Am Eingang der stockdunklen Kirche bekam jeder Besucher eine Kerze in die Hand gedrückt. Sie wurde von einem Gemeindemitglied an der Osterkerze entzündet, um dem in die Kirche Eintretenden Licht zu geben, um ihn ins rechte Licht zu setzen, um ihn zu einem Lichtträger, vielleicht sogar zu einer Lichtgestalt zu machen. So hat es mit uns allen angefangen bei der Taufe. Die Taufkerze, die uns mit ihrem Licht das ganze Leben lang begleiten sollte, wurde an der Osterkerze entzündet. Die Osterkerze ist ein Hoffnungslicht im Dunkel des Lebens und des Sterbens und unsere Taufkerze sollte es auch sein oder werden.

Das Christsein, das uns mit der Taufe geschenkt wurde, sollte Licht und Wärme in die Welt bringen. Und wir sollten Hüter und Überbringer dieses hoffnungsvollen Leuchtfeuers sein. Ein herrliches Bild: Hunderte von brennenden Kerzen in einem ansonsten geheimnisvoll dunklen Raum.

Aber nach dem verheißungsvollen Auftakt der Taufe kam, was nicht kommen sollte: Im sauerstoffarmen Mief der Alltäglichkeit erlosch manchem die Flamme oder glimmte nur noch kümmerlich vor sich hin.

Dem einen erschienen die Predigten des Pfarrers langweilig und nichtssagend, und er stellte daher seinen Gemeindekontakt mehr und mehr ein. – Um das zu symbolisieren, pustet eine Reihe in der dunklen Kirche ihre Kerzen aus.

Der andere meinte, dass Gott, wenn es ihn denn gäbe, leider nicht auf seine Gebete eingegangen sei. Und er stellte das Beten ein. – Wieder löscht eine Reihe ihre Kerzen aus.

Wieder andere fanden, dass die Bischöfe großkotzig aufträten, Unsummen in Protz- und Prunkbauten versenkten. Und sie traten – christliche Sippenhaft – nicht nur aus der katholischen, sondern vorsichtshalber auch schon mal aus der evangelischen Kirche aus. – Die dritte Reihe löscht ihre Kerzen. Es wird merklich finsterer.

Wieder andere hatten samstags abends immer nur Fußball im Kopf, entweder im Stadion oder vor dem Fernseher. Und sonntags mussten sie immer den Kater auskurieren wegen der Jubelfeiern über den Sieg oder wegen der Trauerfeiern angesichts der bitteren Niederlage der eigenen Mannschaft. Da blieb für Kirche am Samstag und Sonntag kein Raum. – Eine vierte Reihe löscht die Kerzen.

Einige glaubten zwar an Gott, fanden auch ihre Gemeinde ganz nett, den kirchlichen Kindergarten für die Kleinen, die kirchliche Schule für die Größeren und das kirchliche Altenheim für die Alten praktisch und sinnvoll. Aber dafür muss man doch keine Kirchensteuern bezahlen. Und daher traten sie aus der Kirche aus. – Die fünfte Reihe löscht die Kerzen. Langsam wird die Dunkelheit bedrohlich.

Jugendliche schämten sich, wenn Klassenkameraden mitbekamen, dass sie zur Kirche gingen. Und weil sie Angst hatten, sie könnten ausgelacht werden, ließen sie lieber den lieben Gott einen guten Mann sein und blieben vorsichtshalber dem Schul- und Sonntagsgottesdienst fern. – Die sechste Reihe pustet die Kerzen aus. Nur hier und da brennt noch wie aus Versehen die eine oder andere Kerze in den sich verdunkelnden Reihen.

Andere hatten jeden Samstag Fete. Und da brauchte man doch Stunden, um sich für den Abend richtig aufzubrezeln. Und wenn man erst morgens um vier Uhr nach Hause kommt, kann doch niemand erwarten, dass man um 11 Uhr im Gottesdienst ist. – Die siebte Reihe löscht das Licht.

Noch andere hatten ernste Glaubenskrisen, fanden aber niemanden, weder unter den Mitchristen noch unter den Seelsorgern, mit denen sie darüber vernünftig hätten sprechen können. So erlosch in ihnen nach und nach die Flamme des Glaubens. – Die achte Reihe lässt die Kerzen erlöschen.

Noch andere verloren einen lieben Menschen, ohne den sie nicht leben wollten. Und sie fragten sich, warum Gott ihnen das angetan habe, warum er das habe zulassen können, haderten mit Gott und stellten den Kontakt ein. – Auch die neunte Reihe verfinstert sich. Inzwischen ist es fast stockfinster. Kerze um Kerze erlischt, einige glimmen noch, nur wenige brennen noch wie am Anfang.

Und so gewann die Dunkelheit und Verfinsterung in der Kirche mehr und mehr die Oberhand. Und die Gemeinde erschien manchen, nachdem sie schon länger draußen und schon lange nicht mehr drinnen waren, nur noch wie eine Ansammlung von trüben Tassen, Dunkelmännern, Finsterlingen und ewig Gestrigen.

Aber irgendwann, in einer Lebenskrise, in einer wirtschaftlichen Krise, in einer schweren Krankheit, bei beruflichen und familiären Sorgen, angesichts des Todes eines Menschen, fragt man doch nach dem Sinn des Ganzen, nach dem, was zu hoffen bleibt, nach dem, was trägt, und damit letztlich nach Gott.

Und auch wenn man wirtschaftlichen Erfolg hat, wenn man das berufliche Ziel des Lebens, wenn man den Mann oder die Frau für das Leben gefunden hat, wenn einem Kinder geschenkt worden sind, auch dann fragt man nach dem Sinn des Ganzen, nach dem Geschenk des Lebens, nach dem Geber alles Guten, nach Gott.

Dann merkt man, wir brauchen die kleinen vereinzelten Brandherde der Hoffnung, die lichtvollen Widerstandsnester gegen die allgemeine Verfinsterung.

Und dann ist es gut, dass es noch ganz vereinzelt jemanden gibt, dem das Licht des Glaubens noch nicht erloschen ist, der etwas abgeben kann von seinem Licht, der sein Licht weiterreichen kann, sodass sich das Licht der Hoffnung wieder entzünden lässt. Und mit jedem Licht, das neu entzündet wird, werden die vordem finsteren Gesichter der Anderen wieder erkennbar. Und das eigene Gesicht wird für die Anderen wieder erkennbar. Mit jedem Licht, das wieder entfacht wird, wird es heller und wärmer in der Gemeinde und in der Gesellschaft, in der Kirche und in der Welt.

Jeder von uns kann und soll darum auch ein Hüter des Lichtes, ein Lichtträger und Lichtbringer für die Anderen sein. Jeder von uns, auch das kleinste Licht unter uns, kann und soll, angesteckt durch Christus, selber von ansteckender Hoffnung und eine Lichtgestalt im Glauben sein.

Dreifaltigkeitsfest – Drei als Eins?

Ihr Christen habt einen merkwürdigen Gott, sagen uns die Muslime, sofern sie nachdenklich und friedliebend sind, angesichts dessen, was wir Christen den dreifaltigen Gott nennen. Wenn sie mit weniger Verstand und mehr Fanatismus ausgestattet sind, dann sehen sie im Christentum eine auszurottende gotteslästerliche Religion. Denn sie unterstellen dem Christentum mit Vater, Sohn und Geist – nach der simplen Logik von eins und eins und eins gleich drei – einen Polytheismus, also Vielgötterei. In manchen Ländern dieser Erde geht es bei der Beantwortung dieser Frage buchstäblich um Leben und Tod von Mitchristen.

Ihr Christen habt einen merkwürdigen Gott, sagen uns die Juden, weil ihr im Gegensatz zur Religion eurer jüdischen Herkunft den Juden Jesus zum Messias erklärt, ja sogar zum Sohn Gottes aufgewertet habt. Gegen beide monotheistischen Schwester- oder Bruder-Religionen und angesichts des Unverständnisses einer überwältigenden Mehrheit von Zeitgenossen in unserem Land haben die

Christen zu erklären, was sie meinen, wenn sie vom einen und dreifaltigen Gott sprechen.

Zunächst: Von dem Grundsatz »Gott ist einer« bzw. »Es ist nur
ein einziger Gott« weicht das Christentum keinen Deut ab. Es ist
und bleibt monotheistisch. Aber es ist auf eine – wie mir scheint –
besonders präzise, vielleicht sogar reflektiertere Weise monothei-
tisch als Judentum und Islam. Denn die beiden anderen monotheistischen Religionen, die Juden wie die Moslems, müssen ebenso wie
die Christen erklären, wie sich der eine und einzige, ja einzigartige
Gott zu dieser Welt verhält und sich ihr mitteilt.

Einfach ein Buch, weil angeblich vom Himmel selbst diktiert, für
heilig und sakrosankt zu erklären, wie es der Islam mit seinem Koran tut, überzeugt nach Aufklärung und hermeneutischer Wende in
keiner Weise. Den Koran jeglicher historisch-kritischen Anfrage
nach Entstehung und weiterer Bearbeitung zu entziehen und denen
mit Gewalt zu drohen, die dem Koran historisch-kritisch zu Leibe
rücken, mag Ausdruck einer engen Frömmigkeit, kann aber auch
Ausdruck von fundamentalistischer Rückwärtsgewandtheit sein.

Und das Judentum muss nach Dutzenden von Messiasproklama-
tionen in seiner Geschichte mit nicht selten desaströsem politischen
Ausgang, man denke z. B. an die Makkabäer, die Kriterien dafür klären, wer, wie oder was der Messias sein soll, der seit Jahrtausenden
von Gott erwartet wird. Ja das Judentum hat nicht selten auch einen
Messianismus ohne Messias proklamiert.

Alle drei monotheistischen Religionen müssen eine glaubwürdige Antwort auf die Frage nach der Präsenz Gottes in dieser und für
diese Welt finden. Das Christentum hat gegen viele innere Wider-
stände seine theologische Antwort auf die Frage, wie Gott in der
Welt und mit der Welt wirkt, in einem Jahrhunderte währenden
auch streitbaren Denkprozess erarbeitet.

Gott, der Gott den wir den Vater nennen, ist der Urheber der
Welt, ihr Schöpfer, der seine intelligiblen Spuren in dieser Schöpfung
hinterlassen hat. Er ist die Bedingung dafür, dass es dieses Etwas
gibt, für dessen Verständnis die Naturwissenschaften mit höchstem
experimentellem und intellektuellem Aufwand immer neue und
verbesserte Denkmodelle vorlegen. Als allmächtiger, d. h. das All

mit Macht schaffender Schöpfer ist er in seiner Schöpfung indirekt gegenwärtig. In allem, was Schöpfung ist, ist ein Hinweis auf den Schöpfer gegenwärtig. Da mag es sogar in Annäherung einen Konsens unter den monotheistischen Religionen geben.

Aber der eine und selbe Gott geht auch in die konkrete Geschichte ein, er schreibt Geschichte, genauer Heilsgeschichte in Jesus Christus, den wir Gottes Sohn nennen. Der unendliche Gott wird endlich, er endet, ja verendet am Kreuz. Der ewige Gott wird zeitlich, der Herr aller Zeit wird ein Kind seiner Zeit, ein Mensch unserer Zeit. Der allmächtige Gott wird machtlos als Wickelkind, er wird ohnmächtig als Kreuzträger. Der unbegreifbare Gott wird greifbar, aufgreifbar und angreifbar im Menschen Jesus Christus. Der unendliche Gott erschließt im Auferstandenen unserem endlich-engen Todes-Horizont die grenzenlose Unendlichkeit seines Lebens.

Und schließlich wird der eine und selbe Gott einem jeden Menschen, wo und wann immer er lebt, im tiefsten Innern erfahrbar als Heiliger Geist. Er spricht durch die Stimme unseres je eigenen Gewissens, durch Menschen und Ereignisse unseres deutungsbedürftigen Lebens. Er mahnt, tröstet und ermutigt uns im Kern unseres Subjektseins. Er befähigt uns zu tun, was wir nicht tun könnten oder nicht tun würden, wenn wir es nicht mit Gott zu tun hätten. Im Heiligen Geist ist die von keinem Ober-Guru, von keinem Groß-Mufti und von keinem Papst reglementierte Gottunmittelbarkeit eines jeden Menschen gegeben. Im Heiligen Geist haben wir die Privataudienz bei Gott wann immer, wo immer und wie immer wir ihrer bedürfen.

Dieser dreifaltig-eine Gott erschafft eine Schöpfung, die auf ihn, den Schöpfer, zurückverweist, er wird Teil der Menschheitsgeschichte und kommt uns in Christus geschichtlich menschlich nahe, er ist als Heiliger Geist gegenwärtig in den Tiefenschichten unseres Seins und Bewusstseins.

Nur so als der dreifaltige Gott ist Gott allgegenwärtig, d. h. jeder Zeit, jedem Raum und jedem Menschen gegenwärtig. Nur so ist er der Jahwe, der »Ich-bin-Da«. Er ist allgegenwärtig, indem er als allmächtiger Vater der Ursprung und das Ziel aller Schöpfung ist. Er ist allgegenwärtig, indem er in Jesus Christus ein leidtragender Teilnehmer in der Geschichte seiner Schöpfung ist. Er ist allgegenwärtig, indem er als Heiliger Geist ein inspirierender Liebhaber eines jeden seiner Geschöpfe ist.

Für diesen Gott gilt nicht eins und eins und eins gleich drei, sondern eins mal eins mal eins gleich eins, oder eins hoch drei gleich eins. Dieser dreifaltig-eine Gott ist das große und kleine »Einmaleins« unseres Glaubens.

Texte für Fronleichnam

Bundeslade?

Gerade haben wir Fronleichnam gefeiert mit Prozessionen, Eucharistiefeiern unter freiem Himmel, Anbetung des Allerheiligsten. Spielen wir hier nur – traditionsverhaftet wie die Kirche nun mal ist – ein bisschen mittelalterliche Frömmigkeit nach, so ähnlich wie die Ritterspiele, die man von Zeit zu Zeit vor Burgen und Schlössern geboten bekommt? Ist das ganze also Folklore?

Das eucharistische Brot in der Monstranz steht im Mittelpunkt. Monstranz kommt vom lateinischen *monstrare* und bedeutet zeigen. Wir wollen etwas zeigen und haben etwas zu zeigen. Was wir zeigen und warum wir es zeigen, das sagt die Schweizer Dichterin und Benediktinerin Silja Walter (1919–2011) mit Blick auf das Alte Testament in ihrem Gedicht:

Monstranz

Goldgefäß der Gnade,	Brot in Sonnenscheibe
neue Bundeslade	Gottes Leib und Bleibe
vor uns hingestellt.	Mitten in der Welt.

Silja Walter

Das Volk Israel hatte während seiner Jahrzehnte währenden Wanderschaft und Heimatsuche die sogenannte Bundeslade, als Ort der Begegnung mit Gott, stets bei sich. Das war eine mit Gold überzogene Truhe aus Akazienholz, auf der zwei Cherubim thronten (Ex 25,10–20). Sie enthielt nach Darstellung der Tora die Tafeln mit den 10 Geboten vom Sinai. Damit war sie so etwas wie ein Ort der Wegweisung für das Leben, ein Ort der Begegnung mit Gott, eine mitziehende Mitte für das wandernde Volk, eine Übergangsbeheimatung auf dem gefahrvollen Weg zur endgültigen Heimat im von Gott verheißenen Land.

Während der heftigen Auseinandersetzungen mit den Philistern wurde die Bundeslade zeitweise von einem einfachen Bauern namens Abinadab gehütet, der sie in seinem Haus aufbewahrte.

Später ging diese Bundeslade dem Volk Israel dann aber doch in der Schlacht von Aphek gegen die Philister, etwa im Jahr 1050 vor Christus, verloren. Dort landete sie erst in Aschkelon und dann in Aschdod im Tempel des heidnischen Gottes Dagon. Später, nach einer Reihe von schrecklichen Unglücksfällen und Seuchen, wurde sie von den Philistern auf einem unbemannten Eselskarren wieder an das Volk Israel zurückübermittelt.

Unter König David wurde sie auf den Tempelberg überführt in ein sogenanntes Stiftszelt. Sein Nachfolger, König Salomo, baute dann einen Tempel, der im Allerheiligsten die Bundeslade barg. Dort konnte sie nur der Hohepriester und auch der nur einmal im Jahr am Versöhnungsfest, am Jom Kippur, sehen, wenn er für die Sünden des Volkes und seiner selbst um Gottes Erbarmen betete.

Unter Nebukadnezar II. wurde Jerusalem im Jahr 587/6 vor Christus erobert, die politischen, militärischen und wirtschaftlichen Eliten des Volkes verschleppt und der Tempel geplündert. Seither galt die Bundeslade als verschollen. Im zweiten Buch der Makkabäer (2 Makk 2,4–8) wird erzählt, dass der Prophet Jeremia das Stiftszelt und die Lade in einer Höhle in dem Berg versteckt habe, »den Mose bestiegen hatte, um das von Gott verheißene Erbteil zu sehen.« Er habe den versteckten Eingang der Höhle wieder verschlossen. Einige Altorientalisten nehmen an, dass es sich um einen Gang im Berg Nebo oder unter dem Tempelberg in Jerusalem handelt. Die Stelle sollte unbekannt bleiben, damit die Bundeslade nicht wieder den Heiden in die Hände fiele. Erst Gott werde, wenn er in seiner Herrlichkeit erscheine, alles wieder ans Licht bringen.

Was sagt uns diese Geschichte, auf die das Gedicht von Silja Walter anspielt, heute? Die Monstranz ist unsere neue Bundeslade, der Ort der Begegnung mit Gott. Und das Brot in der Monstranz ist so lebensnotwendig wie die Sonne, von deren Wärme und Licht alles Leben auf der Welt abhängt. Es ist »Gottes Leib und Bleibe mitten in der Welt.«

Es hat Zeiten gegeben, und es mag solche Zeiten wieder geben, in denen ein einfacher Bauer in seiner Frömmigkeit das Allerheiligste hütet, weil sich niemand mehr dazu berufen fühlt oder die Berufenen es nicht mehr zu schätzen wissen. Es kann sein, dass dieser Mittelpunkt des neuen Volkes Gottes, das Brot in der Monstranz, in die Hände der Philister unserer Tage fällt. Wir sollten das nicht einfach tatenlos oder resigniert oder gar schulterzuckend geschehen lassen. Wir sollten die eng an das Priesteramt gebundene Eucharistie und die eucharistische Frömmigkeit nicht einem Zeit(un)geist opfern, der ihr keinen Wert mehr zumisst. Die Eucharistie ist nach Auskunft des Zweiten Vatikanischen Konzils »culmen et fons«, Quelle und Gipfel der Gemeinschaft und nicht beliebig durch Wortgottesdienste zu ersetzen. Es ist höchste Zeit, dass die Kirche neue Wege zum Priesteramt, z. B. über die viri probati, eröffnet und neue Wege zum Diakonat, auch zum Diakonat der Frau, erschließt. Eine Kirche, die wie in Schockstarre an der jetzigen Form des Amtes festhält, wird mit dem längst drohenden Verlust dieser Ämter auch die ans Priesteramt gebundene Eucharistie ins Abseits katapultieren. Sie wird die Eucharistie und damit sich selbst genauso aufs Spiel setzen wie die, denen beides schon jetzt nichts oder nichts mehr bedeutet.

Darum würde ich uns und den Verantwortlichen in der Kirche die beiden letzten Strophen besonders ans Herz legen. Manche von uns, die den besonderen Wert der Eucharistie bestreiten, und manche Verantwortlichen in der Kirche sind durch die Einschränkung ihrer Sicht wie durch Binden zu Blinden geworden oder drohen dazu zu werden:

Dich anschaun löst Binden   Lasst uns niedersinken
vom Gesicht der Blinden,   und anbetend trinken
dich anschaun macht gut.   Glauben, Hoffnung, Glut.

Silja Walter

Diese Glut unter der Asche scheinbar ausgebrannter Eucharistie-
frömmigkeit müssen wir neu entfachen, damit die Kirche und unsere ganz konkrete Gemeinde lebendig bleibt und wieder lebendiger
wird.

Invisible hand?

Wir feiern am Fronleichnamstag das lebensnotwendige Brot, das
Brot von der Erde und das Brot vom Himmel. Das Brot für diese
Welt und für die Welt Gottes.

»Wenn es um mein tägliches Brot geht, verlasse ich mich nicht auf
die Menschenliebe des Bäckers, sondern auf seine Gewinnsucht.« Das
meinte der Philosoph und Begründer der klassischen Nationalöko-
nomie, Adam Smith (1723–1790). Adam Smith glaubte an die »invisible hand«, er glaubte daran, dass der freie Markt wie eine unsichtbare Hand das Miteinander im Staat aufs Beste regeln könne.

Aber wenn dann irgendwo das Brot sehr knapp wird, weil es re-
gionale oder gar weltweite Ernteausfälle gegeben hat, dann verlasse
ich mich nicht mehr auf die Gewinnsucht der Bäckerinnung. Es
könnte nämlich sein, dass sich die Bäckerinnung angesichts der
knappen Ressource Brot eine goldene Nase verdienen will und daher das Brot hortet und überteuert an die Meistbietenden verkauft.
Es könnte auch sein, dass sich mit dem zu Biosprit umdirigierten
Korn in der Landwirtschaft mehr Geld verdienen lässt als mit dem
gebackenen Brot. Soll ich auch dann auf die unsichtbare Hand vertrauen, wenn es die Hand der Halsabschneider ist?

Am 18. Oktober 2012 befasste sich der Deutsche Bundestag mit
dem Problem der Lebensmittelverschwendung in unserer Gesellschaft. Dabei war dann im Bundestagsprotokoll zu lesen: »20 Millionen Tonnen genießbarer Lebensmittel wandern in Deutschland
jährlich in den Müll. Statistisch gesehen wirft jeder von uns Lebensmittel im Wert von 235 Euro pro Jahr in den Abfall. Jedes fünfte
Brot wird weggeworfen. Trotzdem haben wir über 300 verschiedene
Brotsorten in den Regalen der heimischen Bäckereien und Läden.
Und bis zum Ladenschluss wird das komplette Sortiment vorgehal-
ten, um dem Kunden noch nach 20 Uhr die volle Auswahl zu bieten.

Was übrig bleibt, wird weggeworfen.« Und dann tauchte für eine Bundestagsdebatte und erst recht für ein SPD-Statement darin eher ungewöhnlich das Wort auf: »Der Bischof von Caesarea, Basileus, hat einmal gesagt: Das Brot, das ihr verderben lasst, das ist das Brot der Hungernden. – Das ist ethisch, sozial und ökologisch unverantwortlich.«

Wenn die Zahlen stimmen – 235 Euro pro Kopf und Jahr bei 80 Millionen Bundesbürgern – dann werfen wir Deutschen jährlich Lebensmittel im Wert von 18,8 Milliarden Euro in den Müll. Das ist mehr Geld als alle privaten und kirchlichen Hilfswerke im Jahr sammeln können. Bei besserer Planung könnten wir also, ohne auf eine Mahlzeit verzichten zu müssen, Euros in zweistelliger Milliardenhöhe zugunsten der Hungerleider dieser Welt einsparen.

»Das Brot, das ihr verderben lasst, ist das Brot der Hungernden.« Das hatte Basilius der Große gesagt. Er hat von ca. 330 bis 379 in Kappadozien gelebt und war Bischof in Caesarea gewesen. Ich habe mich gefreut, dass das Wort von Basilius, wenn auch mit 1650-jähriger Verspätung, im Deutschen Bundestag angekommen ist. Aber wir Deutschen haben auch ein Sprichwort, das gut zu dem Wort des Basilius passt: »Möge das Brot, das du teilen willst, nie schimmelig werden.«

Erfreulicherweise hat dieser Bischof Basilius – anders als manche seiner Amtsbrüder – das auch selbst gelebt, was er gepredigt hat: »Ihr sagt, dass ihr nicht geben könnt. Ihr sagt denen, die euch bitten, dass ihr nicht genug habt, um zu geben. Eure Zunge schwört, dass ihr es nicht tun könnt, aber eure Hand verrät euch, denn obwohl sie nicht sprechen kann, erklärt das Funkeln an eurem Finger, dass ihr lügt. Wie viele Leute könnte dieser eine Ring von euch schuldenfrei machen? Wieviele zerfallende Häuser könnte er instandstellen? Nur eine eurer Truhen voll Kleider könnte einer Menge Leuten helfen, die jetzt vor Kälte zittern« (Predigt 7, An die Reichen).

Ich glaube nicht an die »invisible hand« eines völlig freien Marktes, dem wir uns nach Adam Smith anvertrauen könnten. Dieser völlig freie Markt ist so frei, dass er schon Millionen Menschen hat verrecken lassen. Ich glaube eher an die »invisible hand« des menschenfreundlichen Gottes, der uns Licht, Luft, Wasser und Erde hat zukommen und der uns Kraft und Intelligenz hat zuwachsen lassen, damit wir sie in seinem Sinne gebrauchen. So treibt das Licht der Sonne den Fotosyntheseapparat der Pflanzen an, sodass sie aus der Luft das Kohlendioxid, aus der Erde das Wasser entnehmen und in ihren Blättern Zucker bzw. Stärke bilden können.

Die uns Menschen geschenkte Intelligenz befähigt uns, die chemische Formel dafür zu finden: $6 CO_2 + 12 H_2O \rightarrow C_6H_{12}O_6 + 6 H_2O + 6 O_2$. Die uns Menschen geschenkte Arbeitskraft befähigt uns, das Korn zu mahlen und zu verbacken. Und die uns Menschen gezeigte Gerechtigkeit und Barmherzigkeit verbietet uns angesichts der Hungerleider dieser Welt, den Brotkorb höher zu hängen. Sie verbietet uns, das Brot zu horten anstatt zu teilen. Die unsichtbare Hand, die uns hält, ist die liebevolle menschliche Hand Gottes.

Klar: »Man kann Brot ohne Liebe geben, aber wenn man Liebe gibt, so wird man auch immer Brot geben.« Das dürfen wir uns von dem russischen Dichter Leo Tolstoj sagen lassen.

Dieser liebevolle menschliche Gott gibt uns mit dem täglichen Brot, was wir zum Leben brauchen. Dieser liebevolle menschliche Gott zeigt uns mit dem eucharistischen Brot, wie wir das Brot brechen, teilen und austeilen sollen. Für die Milliarden Hungerleider dieser Welt und füreinander sollen wir in seinem Auftrag das Brot brechen, das tägliche und das eucharistische Brot. Denn das Brot vom Himmel ist ein Brot für die Erde, Brot für die (heilsbedürftige) Welt.

Wo der Umgang mit dem eucharistischen Brot uns die Augen öffnet für den Umgang mit dem täglichen Brot und wo der Umgang mit dem täglichen Brot uns die Augen öffnet für das Geheimnis des eucharistischen Brotes, da ist Gott im Spiel. Der Philosoph Ralph Waldo Emerson (1803–1882) meinte: »Auch die Augen haben ihr tägliches Brot: Den Himmel.« Halten wir uns den vor Augen.

Brot-Zeit und Weg-Zehrung

Fronleichnam, so meinen manche Menschen, das sei eine antiprotestantische liturgische Kampfveranstaltung der Katholiken. Das Fest mag wie eine Demonstration sein, aber gewiss nicht gegen die Kirchen der Reformation, denn dies Fest ist mehr als zwei Jahrhunderte vor der Reformation entstanden. Es ist auch keine Demonstration gegen jemanden oder gegen etwas, sondern für jemanden und für etwas. Im Mittelpunkt des festtäglichen Geschehens steht ein Stückchen Brot, mit dem und zu dem hin wir feierlich einen kleinen Fußweg abschreiten, eine Prozession mit Brot und zum Brot.

Prozession kommt vom lateinischen *procedere* und heißt vorwärtsschreiten. Die Prozession sagt mir, dass wir mit der Zeit schreiten und am Ende die Zeit über uns hinweg schreitet. D. h., wir sind Pilger, die hier keine bleibende Stätte, keine endgültige Heimat haben, Pilger, die unterwegs sind zu einer ewigen Heimat. Das Kreuz von Kalvaria oder Golgotha tragen wir der Prozession voraus. Damit wird der vor einem jeden von uns liegende Tod nicht verschwiegen oder verharmlost, sondern unübersehbar ins Blickfeld aller Vorausschauenden gerückt. Dass wir in den Gemeinden, in denen ich Dienst tue, den gemeinsamen Gottesdienst auf dem Friedhof zwischen den beiden Ortsteilen feiern, unterstreicht noch einmal dieses Unbehaust- und Unbeheimatetsein sowie die Vorläufigkeit und Widerruflichkeit unseres Daseins. Das in der Prozession vorangetragene Kreuz erinnert uns auch an die Solidarität Gottes mit der Menschheit durch Leiden und Sterben hindurch bis in den Tod hinein. Aber neben dem Kreuz führen wir auch Fahnen mit, die an Ostern erinnern, Siegesfahnen des Lebens gegen den Tod. Und diese Siegesfahnen pflanzen wir auch noch auf dem Friedhof auf, allem Tod zum Trotz. Wenn wir auf dem Lebens- und Sterbensweg diese Hoffnung mit uns führen und hoch halten, dann sind wir nicht nur vorwärts geschritten bis zum Ende, sondern haben auch Fortschritte gemacht zur Vollendung hin.

Bevor es die Fronleichnamsprozessionen gab, gab es schon Reliquienprozessionen. Die Gebeine der Heiligen wurden zur Heiligung

173

der profanen Lebenswelt im feierlichen Zug mitgeführt. Es wurde sozusagen das Heilige oder der Heilige ins Profane hineintragen. Das Zeigen und Hineintragen des Heiligen sollte das Unheilige heiligen, das Heillose ins Heil überführen.

Im Sakrament des Altares haben wir nicht nur eine Reliquie, ein Überbleibsel von einem Toten, sondern ein Lebenszeichen. Fronleichnam ist nicht der Frondienst für einen Leichnam. Das mittelhochdeutsche Wort »fron« bedeutet Herr, und das Wort »lichnam« meint den lebendigen Leib, nicht den toten. Das Brot in der Monstranz nennen wir Leib des Herrn und Brot des Lebens. Es ist das Lebenszeichen und die Überlebensration für eine dem Tod geweihte, brotlose Welt.

Am Abend vor seinem Leiden, sozusagen bei seiner Henkersmahlzeit, hat Jesus Christus dies Brot zum Zeichen seiner bleibenden lebendigen Gegenwart erhoben. Das zeitliche Henkersmahl dessen, der dem Tode geweiht ist, ist zugleich die Voranzeige für das endgültige Festmahl des ewigen Lebens. Die Rückerinnerung an das Abendmahl vor seinem Leiden und Sterben ist der Vorausverweis auf das Himmlische Hochzeitsmahl. Vergangenheit und Zukunft verschmelzen in diesem Moment der Gegenwart Gottes im Sakrament.

»Deinen Tod, o Herr verkünden wir, und deine Auferstehung preisen wir, bis du kommst in Herrlichkeit.« Das ist der dankbare Rückblick und der verheißungsvolle Ausblick in einem. So beten wir unmittelbar nach den Wandlungsworten, die nicht nur Brot und Wein, sondern auch uns selber wandeln wollen, sollen und können.

Die Prozession und der Gottesdienst im Freien sagen mir: Wir Christen sollen uns nicht einigeln und abschotten. Im Zeichen des Brotes zeigen wir der Welt den Leben spendenden Gott, der so nötig ist wie das Brot zum Leben, der sogar angesichts des Todes unsere Über-Lebensration ist. Prozession und Gottesdienst im Freien sagen mir auch: Wir Christen sollen dann und wann unter dem engen Kirchendach hervortreten und hinaustreten unter den offenen Himmel Gottes, unter seine Sonne und seine Gestirne. Der Gott, der in der Stille und Intimität der Kirche und in der Intimität meines eigenen Denkens, Fühlens und Tuns zu finden ist, ist zugleich der Gott der kosmischen Weiten und Zeiten. Der Gott, der in der Enge meiner Lebenstage und in der Enge der Menschheitsgeschichte zu finden ist, ist zugleich der Herr aller Zeiten zum Heil aller Zeiten, der Herr aller Welt zum Heil aller Welt.

Also: Prozession heißt fortschreiten und Fortschritte machen. Das Mitführen des Brotes bei der Prozession sagt mir, dass wir wirkliche Prozesse, wirkliche Fortschritte nur machen mit dem Gott und zu dem Gott hin, der im Brot gegenwärtig ist. Das Brot in der Mitte der Monstranz und in der Mitte der Gemeinde zeigt einer oft heillos hektischen oder heillos verschlafenen Welt, was ihr zum Heile dient. Das Brot in der Mitte der Monstranz und in der Mitte der Gemeinde zeigt einer oft vorsichts-, rücksichts- und gedankenlos dahinlebenden Welt, wer und »was die Welt im Innersten zusammen hält«. Machen wir diese Mitte der Monstranz zur Mitte unseres Lebens, zur Mitte unserer Welt, damit sich unsere Welt- und Lebensgeschichte nicht im heillos-tödlichen Leerlauf um sich selbst dreht, sondern zum eigenen Heil Maß und Mitte, Sinn und Ziel im lebendigen und Leben schaffenden Gott findet.

Des Pudels Kern?

In Aachen wird Goethes »Faust« im Theater gegeben. Nach dem Osterspaziergang läuft ein merkwürdig närrischer Pudel mit ins Haus von Faust. Während der den Anfang des Johannesevangeliums neu und eigenwillig übersetzt, spielt der Hund auf unheimliche Weise verrückt. Und schließlich kommt aus dem verrückten Hund in Gestalt eines fahrenden Schülers Mephisto, der Teufel. »Das also war des Pudels Kern! – Der Kasus macht mich lachen.« Und mit dem Teufel im Bunde beginnt Faust schließlich den Egotrip, das Leben auf eigene Faust.

Am ländlichen Rand dieser grenznah-gemütlichen Großstadt liegt eine Pfarrei, zu der eine Kapellengemeinde mit 1300 Katholiken und eine Kirchengemeinde mit 1700 Katholiken gehören. Zwei Dörfer eben mit zwei properen Kirchlein im Abstand von wenig mehr als einem Kilometer. Nennen wir das eine Schleckbach und das andere Forstheim. Aber zwischen den beiden Dörfern bildet ein kleines Tal mit einem winzigen Bächlein nicht nur eine Wasserscheide zwischen den Menschen, sondern sogar eine Weihwasserscheide zwischen den Katholiken. Zwar hat man einen gemeinsamen Pfarrgemeinderat und einen gemeinsamen Kirchenvorstand, aber eben keinen gemeinsamen, geschweige denn einen je eigenen Pfarrer mehr. Da kann es schon mal krachen bei Fragen wie: Wo ist die Osternachtfeier in diesem Jahr? Wer erhält die bessere Zeit für die Christmette? Warum ist unsere Tauffeier in der falschen Dorfkirche etc.

Es ist Fronleichnam und ich habe Dienst. Von jeder der beiden Kirchen geht eine Prozession los, die eine mit, die andere ohne Blasmusik. Prozession kommt vom Lateinischen procedere und heißt voranschreiten, Fortschritte machen. Gebet, Gesang und eine Station zur Besinnung untermalen diesen Fortschritt. Mitten zwischen den Gemeinden will man sich zur Eucharistiefeier treffen – auf einem gemeinsam genutzten Friedhof. Merke: Manche Menschen finden erst auf dem Friedhof wieder zusammen.

Zum Gloria singen wir einen Kanon, dreistimmig »Lobet und preiset ihr Völker den Herrn«: 1. Stimme der Kirchenchor, 2. Stimme nur Schleckbach, 3. Stimme nur Forstheim. Da lässt keiner seinen Ortsteil hängen und siehe da, obwohl jeder nur seine Stimme singt, es klingt harmonisch; denn man hört aufeinander. Musik ist der erste Brückenbauer in diesem Gottesdienst.

Aber nicht sie steht im Mittelpunkt von Fronleichnam. Der wirkliche Brückenbauer ist der Spender des eucharistischen Brotes: Jesus Christus. Wie das Korn lässt er sich zermahlen, zwischen den Mühlsteinen der Interessengegensätze. Wie das Brot lässt er sich zerbrechen, um auch den widerstreitenden Hungerleidern Nahrung zu sein. Im eucharistischen Brot verbindet er die Entzweiten und Zerstrittenen. Ein Leib für die Vielen, damit die Vielen ein Leib werden, ein lebendiger Organismus gesammelt um den einen, seinen Altar.

Dass diesmal der Altar auf dem Friedhof steht, das gibt dem Ganzen noch eine weitere Bedeutung. Der letztlich entscheidende Brückenbauer ist der, der aus dem Tod zum Leben führt, der Auferstandene: Jesus Christus. In seiner Auferstehung verbindet er das

endliche Leben hier mit dem unendlichen Leben dort. Er über-
brückt oder untertunnelt auch die unzähligen Gräber und Friedhöfe
der Geschichte mit seinem Leben.

Nach dem Gottesdienst hat das alte Küsterehepaar Mühe, alle liturgischen Utensilien wieder zur Kirche zurück zu transportieren.
So beschließe ich mit den Ministranten: Wir behalten die Gewänder
an und jeder nimmt, was er tragen kann, Weihrauchfass, Lektionar,
Prozessionskreuz, Kerzen, Messbuch etc. und tragen es den Kilometer zurück zur Kirche. Ein paar Dutzend Gottesdienstbesucher
ziehen mit uns.

Eine merkwürdige Nachprozession ist das, die schließlich an einer viel befahrenen, mit Ampel geregelten Kreuzung auf das Grün
wartet. Da springt plötzlich ein zwar ausgewachsener, aber noch
junger Schäferhund mit irren Sätzen über die Kreuzung, rast hin
und her, springt diesen und jenen an, löst schreckhaftes Geschrei
aus und blockiert unter eigener Lebensgefahr die ganze Kreuzung.
Eine lange Leine schleift hinter ihm her. Als er an mir vorbeisaust,
bekomme ich die Leine zu fassen und ruckartig steht er. Er scheint
selber froh zu sein, endlich zur Ruhe kommen zu können, und be-
schnuppert mich schwanzwedelnd. Er scheint, anders als der Faust-
sche Pudel, Weihwasser nicht zu scheuen und Weihrauch gar zu
mögen. Ein kurioses Bild: Pfarrer im Messgewand mit Messbuch
und Hund an der Leine. Aber wohin jetzt mit dem Hund? In die
Sakristei gehört er definitiv nicht. Wir beschließen, in der nahe gelegenen Tankstelle nachzufragen, wem der Hund gehören könnte.
Eine längere Schlange steht dort vor der Kasse und wartet auf Abfer-
tigung. Den Kunden entgleisen die Gesichtszüge, fassungslos starren
sie uns an: Prozessionskreuz vorweg, Pfarrer im Messgewand mit
Messbuch unter dem Arm und Hund an der Leine, Messdiener mit
Lektionar, Kerzen und Packen von Gebetbüchern hinterher, Weih-
rauchschwenker und das alles in der Tankstelle. Und dann bricht
das Gelächter los. Der vierte Brückenbau diesmal zwischen denen,
die bei der Prozession waren, also mit- und zueinander und mit und
zu Christus Fortschritte gemacht haben und denen, die im feiertäg-
lichen Auto- und Kassenstau steckengeblieben sind. Der Hundebesitzer ist dabei und nimmt den heimlich durchs offene Auto-

fenster entwischten und in öffentlicher Prozession eingefangenen Hund mit nachträglicher Erleichterung entgegen.

Der Teufel stecke im Detail, sagen wir; dann kann er wohl auch eines Pudels Kern sein und zum Egotrip verleiten. Aber nicht nur der Teufel, auch Gott steckt im Detail und ist auch dort zu finden. Und von dort baut er Brücken im Gehen, im Singen, im Beten, im Kommunizieren, im Lachen – Brücken zwischen Mensch und Mensch, zwischen Gott und Mensch, Brücken sogar vom Diesseits zum Jenseits: »Das also war des Pudels Kern? [...] Der Kasus macht mich lachen.«

Herz-Solo

Zwei nicht nur für Außenstehende merkwürdige Feste hat die Kirche gerade gefeiert: Fronleichnam, das Hochfest des Leibes und Blutes Christi, zehn Tage nach Pfingsten und nochmals acht Tage später das Herz-Jesu-Fest. Feste aus dem katholischen Kuriositätenkabinett? Vielleicht kann man das Eine mit dem jeweils Anderen verständlich machen.

»Von Herzen – Möge es wieder zu Herzen gehen!« Das schrieb Ludwig van Beethoven in die Partitur seiner Missa Solemnis. Er wusste: Wenn diese Musik, die von Herzen kommt, nicht zu Herzen geht, dann hat sie ihren Sinn und ihr Ziel verfehlt. – »Von Herzen – Möge es wieder zu Herzen gehen!«

Das gilt nicht nur für die Missa Solemnis, sondern für jede heilige Messe, für jede Eucharistiefeier. Sie hat ihren Ursprung im Herzen des Herrn, sie ist seine Herzenssache, sie ist sein Herzensanliegen, und sie ist auf das Herz des Menschen ausgerichtet. Unser Herz ist gefragt, wenn wir Eucharistie als das feiern wollen, was sie ist: Das Zeichen der liebenden Gegenwart Gottes. *Die Sprache der Liebe ist nur einem liebenden Herzen zugänglich.*

Antoine de Saint-Exupéry hat das in seinem weltberühmten Kinderbüchlein für Erwachsene »Der kleine Prinz« so zum Ausdruck gebracht: »Hier ist mein Geheimnis. Es ist ganz einfach: man sieht nur mit dem Herzen gut. Das Wesentliche ist für die Augen unsichtbar.« Das gilt für uns alle, heute so wie schon damals im Abendmahlssaal.

Das Geheimnis Jesus enthüllt sich in Zeichen, Worten und Taten der Liebe. Wir kennen sie und kennen sie doch nicht. Erst wenn sie uns zu Herzen gehen, geht uns auf, was sie uns sagen und geben wollen.

Aber warum wählt Jesus diese Allerweltszeichen von Brot und Wein als Zeichen seiner Liebe? Das Brot steht für das Lebensnotwendige. Wenn wir im Vaterunser um das tägliche Brot bitten, dann ist alles mitgemeint, was wir zum Leben nötig haben. Das eucharistische Brot ist sein Lebenszeichen für alle Hungerleider dieser Welt, sein Lebenszeichen gegen die Brotlosigkeit der Welt, sein Lebenszeichen für die (Ver-)Teilungsgerechtigkeit. Wer sich so zum lebensnotwendigen Brot für die Welt macht, der ist nicht herzlos, sondern herzlich und herzensgut.

Der Wein steht für das Fest und die Feier, die unser Leben aus den Niederungen des grauen Alltags herausheben. Jesus Christus verdeutlicht mit dem Wein beim Abendmahl, dass es um mehr geht als um die blanke Notdurft des Lebens. Er will uns mehr geben als das, was wir unbedingt brauchen. Er gibt uns nicht nur das Nötigste, sondern auch das im wahrsten Sinne »Überflüssige«, das Überfließende. Der Wein ist sein Lebenszeichen gegen den Lebensdurst der Welt. Wer sich in so überfließendem Maß zum rettenden Trank für die nach Leben lechzende Welt macht, der ist nicht engherzig, sondern weitherzig und hochherzig.

Wie das Brot für alles das steht, was wir zum alltäglichen Leben nötig haben, so steht der Wein für das, was uns den Alltag zum Festtag werden lässt. Sich so bis zur Selbsthingabe gegen die Brotlosigkeit und den Lebensdurst dieser Welt einzusetzen, das geht nur, wenn man mit ganzem Herzen bei der Sache ist, wenn einem das Heil der Welt ein Herzensanliegen ist. Wer Brot und Wein in den Händen Jesu in der Nacht vor seinem Sterben mit den Augen des Herzens betrachtet, erkennt in ihnen Zeichen der Hingabe bis zum Tod für das Leben der Welt. Am Kreuz wird diese Hingabe schließlich sterbend mit dem Herzblut Jesu besiegelt.

Das Zweite Vatikanische Konzil nennt die Eucharistie »Culmen et fons«, das heißt »Gipfel und Quelle« von Gemeinschaft. Manchmal betont unsere Kirche den Aspekt »culmen, Gipfel der Gemeinschaft« so sehr, dass eigentlich auch kein mit allen ihm möglichen Sakramenten versehener Katholik fähig ist, diesen Gipfel der Gemeinschaft zu erklimmen.

Zu wenig betont unsere Kirche den Aspekt »fons, Quelle von Gemeinschaft«. Auch im Abendmahlssaal saßen Anfänger im Glauben und Feiglinge, die Fersengeld gaben, als sie bei ihrem Herrn hätten aushalten müssen. Sogar ein Verräter war darunter, der ihn ans Messer lieferte. Und doch galt allen das Herzensangebot der Gemeinschaft mit Gott. Das könnte und sollte ein Lehrstück für unsere Kirche sein, dass sie die Anderen nicht auslädt, sondern einlädt, ihre Gemeinschaft mit Gott zu vertiefen.

Auch wir Katholiken sind weit davon entfernt, reinen Herzens sagen zu können, die Eucharistie sei Gipfel und Quelle unserer Gemeinschaft mit Gott. Denn viele Katholiken haben sich an dieser Quelle schon lange nicht mehr sehen lassen, geschweige denn diesen Gipfel der Gemeinschaft erklommen. Das läuft auf ein Dürre-Programm in den Niederungen der alltäglichen Banalität hinaus, auf den Auszehrungstod des Christseins.

Das Fronleichnams- und das Herz-Jesu-Fest gehören nicht ins katholische Kuriositätenkabinett. Die Eucharistie verbindet beide miteinander. Sie ist die leicht zu übersehende Erscheinung des Herrn in unserer Welt. Die Eucharistie ist die Epiphanie der Gemeinschaft von Gott und Mensch.

Gott wagt die Vereinigung, die heilige Kommunion mit dieser gottlosen Welt. Und wir lassen sie uns in Fleisch und Blut übergehen, lassen sie uns zu Herzen gehen. Und dann tragen wir hoffentlich dieses Himmelsgeschenk der Gemeinschaft mit Gott in die Welt hinein und bezeugen mit Wort und Tat, mit Herz und Hand, worum es geht: Um Gottes Herzensanliegen, den Menschen, und zwar um seiner selbst und um Gottes willen. Darum sollte es uns ein Herzensanliegen sein, dass uns die Eucharistie mehr und mehr zur Quelle, zur Mitte und zum Gipfel der Gemeinschaft mit Gott wird. Denn sie ist keine Festtagsverfeierlichungsfolklore! Die Eucharistie ist das Lebensmittel der Kirche, das Brot vom Himmel als Brot für die Welt, die eiserne Ration fürs Leben und Sterben. Die Eucharistie kommt von Herzen, vom Herzen Gottes – möge sie uns Menschen wieder zu Herzen gehen! Machen wir sie uns wieder zum Herzensanliegen.

Texte für Verklärung Christi

(V) Erklärung

Am 6. August feiert die katholische Kirche das Fest der Verklärung des Herrn. Ein Berg ist der Ort, an dem sich das Ereignis der Verklärung abspielt. Bildreich und eindringlich erzählen die Evangelisten Matthäus, Markus und Lukas davon.

Während die Leser diese Kolumne vielleicht gerade in den Abendstunden lesen, sitze ich 30 Kilometer von Rom entfernt nahe Palestrina auf dem Dach der Villa San Pastore, die abendlichen Lichter der sich ewig dünkenden Stadt in der Ferne tief unter mir und vielleicht gerade ein kühles Glas Frascati bei mir. Auch das ist eine Art Berg der Verklärung, wie ihn der Urlaub schenken kann.

Verklärung, was soll das sein? Frisch Verliebte schauen einander verklärt an, schauen verklärt aus. Ist das Verklären, wie das Verlaufen eher das mit Irrtum behaftete Laufen ist, auch eher das Gegenteil von Klären? »Verkleren« aus dem Mittelhochdeutschen meint zugleich »erklären« und »erhellen«. Indem man etwas erklärt bekommt, erhellt es sich; indem etwas erhellt wird, erklärt es sich.

Und warum ist von einem Berg der Verklärung die Rede? Mit ihren Bergen scheint die Erde den Himmel zu berühren, in den Himmel hineinzuragen. Berge gelten der Bibel oft als Orte der Gottesbegegnung. Berge unterbrechen das Flachstreckenrennen unseres Lebens. Sie nötigen uns zur Anstrengung, verordnen uns ein höheres Niveau, aber schenken uns nicht selten auch eine buchstäblich höhere Einsicht.

Auf dem Sinai oder Horeb wird dem Mose das Geschenk der Gottesbegegnung zuteil, hier erhält er die Zehn Gebote als Weisung für den Einzelnen und das ganze Volk. Auf dem Berg der Seligpreisungen und der Bergpredigt, das ist nur ein kleiner Hügel aber mit einer herrlichen Aussicht über den See Genezareth, wird Jesus zum neuen Mose. Hier vertieft und interpretiert er die Weisung des Mosaischen Gesetzes neu. »Ihr habt gehört, dass zu den Alten gesagt worden ist [...] Ich aber sage euch.«

Der Berg der Verklärung ist vermutlich der Berg Tabor, ein weithin sichtbarer Kegelberg in Galiläa mit fantastischer Aussicht. Kurz vor seinem Leiden und Sterben erscheint Jesus auf diesem Berg der Verklärung seinen Jüngern in einem anderen Licht. Hier wird Petrus, Jakobus und Johannes eine besondere Aussicht und Einsicht in Geschichte und Geschick Jesu Christi zuteil. Hier leuchtet ihnen ein und auf, wer Jesus wirklich ist. Christus wird ihnen buchstäblich zur Lichtgestalt, wie es die Verheißung des Zacharias vorausgesagt hatte: »Durch die barmherzige Liebe unseres Gottes wird uns besuchen das aufstrahlende Licht aus der Höhe, um allen zu leuchten, die in Finsternis sitzen und im Schatten des Todes, und unsere Schritte zu lenken auf dem Weg des Friedens« (Lk 1,79). Die wie in ein österliches Licht getauchte Gestalt Christi, die Lichtgestalt Christus, wird schon vor dem Karfreitag zum Symbol für die Überwindung der Nacht des Todes.

Auch zwei andere Lichtgestalten der Geschichte Israels tauchen in dieser Erzählung plötzlich auf: Mose, der das Gesetz, und Elia, der die prophetische Weisung personifiziert. Sie machen deutlich, dass in Jesus das Gesetz und die Propheten, dass die ganze Heilsgeschichte in ihm zusammengefasst ist, dass die Heilsgeschichte in ihm kulminiert.

Und die Himmelsstimme, mit der alle drei Evangelisten die neue Einsicht der Jünger ins Wort bringen, teilt ihnen mit: »Dies ist mein auserwählter (mein geliebter) Sohn, auf ihn sollt ihr hören.« Und auch da klingt im Wort des Neuen Testamentes ein verheißungsvolles Psalmenwort des Alten Testamentes an.

Wie im Traum entrückt, benommen und nicht ganz bei Sinnen will Petrus drei Hütten bauen, eine für Jesus, eine für Mose und eine für Elia. Er will das visionäre, atemberaubende, berückende Geschehen festhalten. Er will diesen flüchtigen, beseligenden Glücksmoment der tiefen Einsicht und Aussicht festhalten – ein sinnloses Unternehmen für ein endliches, sterbliches Wesen in Raum und Zeit. Und dennoch liefert dieser Moment eine neue umfassende Deutung unseres Daseins, und dennoch behält dieser Moment zeitlebens eine sich tief einprägende Bedeutung.

Wir alle haben in unserem Leben solche gelichteten Momente, in denen uns etwas einleuchtet und aufleuchtet, in denen wir einen zuvor dunklen Zusammenhang oder einen zuvor fremden Menschen in einem anderen, neuen Licht sehen, in denen wir glauben, einen Blick in die Zukunft werfen zu können, in denen uns ein Überblick und Durchblick geschenkt wird. Wir alle brauchen solche Momente, in denen ein Himmelslicht das lichtlose Grau unseres Erdenlebens erhellt und eine Lichtspur in die Zukunft vor uns ausbreitet. Und wenn wir auch wieder wie die Jünger ins Tal der Tränen und der Mühsal hinab müssen, so gehen wir doch wie die Jünger als andere Menschen dahin. Wir nehmen den ahnungsvollen Ausblick auf eine andere kommende Welt mit.

Mit solchen zutiefst einleuchtenden, erhellenden, er- und verklärenden Lichtgestalten und Lichtstunden werden wir die kommenden Stunden und Tage, die Monate und Jahre unseres Lebens anders sehen und anders gestalten als ohne diese Erfahrungen. Ich wünsche Ihnen in dieser Urlaubszeit und darüber hinaus die eine oder andere lichtvolle Taborstunde zur Erhellung auch all der dunklen Stunden, die sicher wieder über uns kommen werden. Ich wünsche Ihnen den ahnungsvoll-lichtvollen Vorschein einer kommenden neuen Welt.

Über Leichen gehen?

Mit den Worten das passe gut zwischen den Erntedank für die Gaben der Natur und den Erntedank des menschlichen Lebens, den wir am Fest Allerheiligen feiern, gab mir ein Bekannter das Gedicht »Gleichgewicht« von Hilde Domin.

Wer ist diese Frau? Hilde Domin wurde 1909 in Köln geboren. Ihr Vater ist der jüdische Justizrat Eugen Siegfried Löwenstein und ihr Mann der jüdische Altphilologe und Archäologe Erwin Walter Palm. So hat sie während der nationalsozialistischen Diktatur doppelten Grund, ihrer Heimat Deutschland den Rücken zu kehren. Der gemeinsame Studienort Rom wird für das Ehepaar Palm zur ersten Exilstation. Als auch hier unter Mussolini die Judenverfolgung einsetzt, fliehen Hilde Palm und ihr Mann 1939, also quasi in letzter Minute, aus Italien über Paris nach Großbritannien und schließlich 1940 in die Dominikanische Republik. Hier, wo sie endlich ihr Leben in Sicherheit bringen kann, nimmt sie den Künstlernamen Domin an, als Dank an das Land der Rettung und wohl auch, weil in diesem Namen »dominus«, der rettende Herr, mitschwingt. 1954 kehrt sie nach zwanzigjährigem Exil nach Deutschland zurück. In Heidelberg ist Hilde Domin 2006 verstorben.

Gleichgewicht

Wir gehen
jeder für sich
den schmalen Weg
über den Köpfen der Toten
– fast ohne Angst –
im Takt unseres Herzens,
als seien wir beschützt,
solange die Liebe
nicht aussetzt.

So gehen wir
zwischen Schmetterlingen und Vögeln
in staunendem Gleichgewicht
zu einem Morgen von Baumwipfeln
– grün, gold und blau –
und zu dem Erwachen
der geliebten Augen.

Hilde Domin

Wann immer ich durch Aachen gehe, stoße ich auf archäologische Fenster. Da hat man oft tief im Boden archäologische Spuren aus der Römerzeit oder aus der Karolingerzeit freigelegt. Man hat sie mit einem Glasdach abgedeckt, und so schauen wir aus unserem heutigen Heute hinein in das jahrhunderte- oder jahrtausendealte gestrige Heute der Menschen vor uns. Und wann immer ich durch die 1200 Jahre alte Kirche von Kornelimünster, in der ich meinen Dienst tun darf, zum Altar schreite, »gehe ich über Leichen«, denn ungezählte Tote lagen und liegen hier unter dem Fußboden. Es sind Mönche, die tausend Jahre lang hier gelebt, gearbeitet und gebetet haben und hier bestattet wurden in der Hoffnung, dass der Tod nicht das endgültige Ende ist, sondern die Vollendung bringt.

Wir sollten die Leichen der menschlichen Unheilsgeschichte nicht übergehen und doch zugleich über die Leichen hinaus in Gottes Heilsgeschichte gehen. Wir gehen dabei, und mögen wir untereinander noch so verbunden sein, jeder für sich, denn jeder lebt sein einmalig unverwechselbares Leben und jeder stirbt seinen einmalig unverwechselbaren Tod.

Wir gehen im Takt unserer Herzen; denn unser Herz muss schon einigermaßen intakt sein und im Takt schlagen, wenn wir durchs Leben gehen. Irgendwie schwingt in diesen Zeilen von Hilde Domin auch ein Anklang von Herzenstakt mit:

> Wir gehen
> im Takt unseres Herzens,
> als seien wir beschützt,
> solange die Liebe
> nicht aussetzt.

Als seien wir beschützt, das heißt, dass wir es in Wirklichkeit vielleicht nicht sind. Aber solange wir die Liebe erfahren, fühlen wir uns beschützt. Und solange wir lieben, sind wir Beschützer. Der Herzenstakt und der Schutz halten an, solange nur die Liebe nicht aussetzt. Aber wo immer unsere menschliche Liebe von Aussetzern gezeichnet sein mag, Gottes Liebe kennt keine Aussetzer.

> So gehen wir
> zwischen Schmetterlingen und Vögeln
> in staunendem Gleichgewicht
> zu einem Morgen von Baumwipfeln
> – grün, gold und blau –
> und zu dem Erwachen
> der geliebten Augen.

Schmetterlinge und Vögel finden Halt im »Fast-Nichts« und werden getragen vom »Fast-Nichts« der Luft. Wo wir ohne Fallschirm nur dem Tod entgegenstürzen, da tummeln sie sich spielerisch in höchsten Höhen am Himmel und dicht über dem Erdboden.

Aber wie die Bäume, obschon in der Erde fest verwurzelt, mit ihren Baumwipfeln dem Himmel entgegenwachsen und von der Erde hoch zum Himmel weisen, so könnte auch unsere menschliche Perspektive die zum Himmel sein. Wir liegen nicht platt und bewegungslos am Boden und wir schweben nicht schmetterlingsgleich und vogelleicht in den Himmeln. Wir sind noch am Ausbalancieren zwischen Himmel und Erde. Wir gehen »in staunendem Gleichgewicht« zwischen Himmel und Erde.

Wir gehen – ob im Grün unseres Frühlings oder im Gold unseres Herbstes – immer auch unter dem Blau des Himmels. Wir gehen zu einem Morgen, der keinen Abend mehr kennt. Und an diesem Morgen, so dürfen wir hoffen, erleben wir das Erwachen der geliebten Augen. Wir hoffen, dass denen, denen wir die Augen im Tode zugedrückt haben, längst die Augen aufgegangen sind. Wir hoffen, dass auch uns die Augen auf- und übergehen werden angesichts der unverstellten Gegenwart Gottes.

Vielleicht dürfen wir uns schon jetzt dann und wann die Augen öffnen und das Herz weiten lassen. Vielleicht gilt auch für den Glauben, was Hilde Domin an anderer Stelle gesagt hat: »Nicht müde werden, sondern dem Wunder leise wie einem Vogel die Hand hinhalten«.

Texte für den Sonntag der Weltmission

Weltmission Liebe

Ein Gesetzeslehrer fragt Jesus: »Meister, welches Gebot im Gesetz ist das wichtigste?« Und Jesus antwortet: »Du sollst den Herrn, deinen Gott, lieben mit ganzem Herzen, mit ganzer Seele, mit all deinen Gedanken. Das ist das wichtigste und erste Gebot. Ebenso wichtig ist das zweite: Du sollst deinen Nächsten lieben, wie dich selbst. An diesen Geboten hängt das ganze Gesetz samt den Propheten« (Mt 22,37–40). Das sind die Kernsätze des Evangeliums am Weltmissionssonntag, der alljährlich am vorletzten Sonntag im Oktober gefeiert wird. Aber, was hat das Eine mit dem Anderen, was hat Liebe mit Weltmission zu tun?

Die Worte »Gott« und »Liebe« sind wohl diejenigen, die am meisten durch belangloses Bequatschen entstellt, entwertet, entleert, enteignet, entsorgt worden sind. Was gibt es da noch zu sagen? Und was hat das mit Weltmission zu tun? Und ist nicht auch die Weltmission durch vielfältige Versuche von Zwangsmissionierung und verordneter Staatsreligion hinreichend diskreditiert?

Stellen wir uns einmal vor, es wäre so, wie es das Hauptgebot der Gottes- und Nächstenliebe fordert: Gott wäre das Wichtigste in meinem Leben, das, was ich mit ganzem Herzen, mit ganzer Seele mit all meinen Gedanken liebe, und der Nächste würde von mir so geliebt, wie ich mich selbst liebe, was wäre dann?

Dann kann es 1. nicht sein, dass ich über Gott und die Liebe und die Liebe zu Gott belanglos herumschwadroniere, ein inflationäres Wortgeblubber veranstalte. Dann werfe ich nicht meine tiefsten Gottes- und Liebeserfahrungen den neunmalklugen Alles-Beschwätzern und den redseligen Herum-Schwadronierern in den Schlund, dann werfe ich nicht die Perlen meiner Gottes- und Liebeserfahrung den Säuen im Ignorantenstadel zum Fraß vor. Denn man kann Gott und die Liebe und die Liebe zu Gott auch durch redseliges Beschwätzen verschweigen, totschweigen.

Wenn Gott das ist, was ich mit ganzem Herzen, mit ganzer Seele mit all meinen Gedanken liebe, und wenn ich den Nächsten liebte wie mich selbst, dann kann es 2. nicht sein, dass ich über Gott und meine Liebe, über meine Liebe zu Gott und meine Erfahrung mit ihm schweige. Dann werde ich das, was mir so sehr am Herzen liegt, so sehr auf der Seele brennt, so sehr meine Gedanken beschäftigt, zumindest den Menschen mitteilen, die mir wichtig sind, die hinhören und verstehen können und wollen. Dann kommt Gott – manchmal aus tiefster Stille und aus tiefster Seele – zur Sprache.

Wenn Gott das ist, was ich mit ganzem Herzen, mit ganzer Seele mit all meinen Gedanken liebe, dann kann es 3. nicht sein, dass ich nicht bete. Dann wird Gott täglich, vielleicht stündlich und je nachdem mein Zuhörer, mein Mahner, mein Gesprächspartner, mein Ratgeber oder mein Tröster sein. Dann kommt Gott – manchmal aus tiefster Stille und in tiefster Seele – zu Worte.

Wo Gott nicht zur Sprache kommt, wo er nicht zu Worte kommt, wo er totgeschwiegen oder totgeredet wird, da betrügt man sich und betrügt man die Anderen, die man liebt, um das tiefste Geheimnis der Welt, um die grundlegende, letzte und bleibende Hoffnung der Welt.

Schauen wir nun das Gebot der Nächstenliebe an: Wenn es stimmt, dass ich – zumindest annähernd – meine Frau, meine Kinder, meine Eltern, meine Geschwister und vielleicht auch meine sonstigen Nächsten liebe, vielleicht sogar liebe, wie mich selbst, dann kann es nicht sein, dass ich bei ihnen Gott nicht zur Sprache bringe, dass ich bei ihnen Gott nicht zu Worte kommen lasse. Dann kann es nicht sein, dass ich mit ihnen nicht über Gott und mit ihnen nicht zu Gott spreche. Dann wird es so sein, dass ich mit ihnen vor dem Geheimnis der Welt, vor Gott, schweige. Dann wird es so sein, dass ich aus der Tiefe der Gottesbegegnung mit ihnen vom Geheimnis der Welt, von Gott, rede.

Und genau da fängt die innere Mission an, dass ich selbst aus dem Geschwätz in die Stille gehe, in die beredte Stille, wo Gott in meinem Innern zu Worte kommen kann, wo ich bei ihm mit allem, was mich bedrückt und beflügelt, Gehör finden kann.

Und genau da fängt die äußere Mission an, dass Gott nicht mehr verschwiegen wird, nicht vor dem Ehepartner, nicht in der Familie, nicht am Arbeits- oder am Ausbildungsplatz verschwiegen wird.

Wo man dem Anderen seinen Gott aufschwätzen will, da wird er nur totgeredet und, weil alle abschalten und weghören, damit letztlich totgeschwiegen. Aber wer aus dem eigenen Schweigen vor Gott, zum Hören auf Gott und zum Reden mit Gott findet, der hat anschließend etwas Gewichtiges zu sagen, wenn er – zugleich behutsam und bestimmt – zum Reden über Gott findet.

Das Johannesevangelium bringt die schönste Definition über Gott: Gott ist die Liebe. Und diese Liebe teilt sich mit, wo Gott sein Leben mit mir teilt und ich mein Leben mit ihm teile. Johannes

Paul I., der so menschlich lächelnde Dreißig-Tage-Papst, hat das schöne, so kurze wie inhaltsreiche Wort geprägt: »Die Liebe gewinnt immer.« Gottes Liebe gewinnt Sie und mich, wenn wir sie in uns einlassen, uns auf sie einlassen. Ihre und meine Liebe gewinnt den Anderen, sie gewinnt ihn für Gott. Die Liebe, die im letzten Gott ist, gewinnt immer. Die Liebe ist unsere Mission für die Welt, werk- und alltäglich, sonn- und feiertäglich, unsere hier und heute beginnende Aller-Welt-Mission.

Lebenszeichen

Am letzten Sonntag im Oktober begeht die Kirche den Weltmissionssonntag. Jeder soll nach seiner Façon selig werden, sagen die Einen, da brauchen wir keine Mission. Manche Christen, die sich für besonders aufgeklärt und liberal halten, finden Mission eher peinlich. Dazu ist man sich zu fein; denn das hat den Beigeschmack von Heilsarmee und dem Feilbieten frommer Billigtraktätchen am Bahnhof.

Andere gehen noch weiter und unterstellen, dass Mission geradezu ein Verbrechen an den Menschen ist. Gert von Paczensky behauptet, die Missionare seien Verbündete des Kolonialismus gewesen, hätten alte Kulturen zerstört, Menschen entwurzelt, Familien und Völker gespalten. Ich zweifle nicht, dass man für diese vernichtende Einschätzung einzelne historische Belege finden kann.

Ich zweifle allerdings sehr, dass das eine insgesamt zutreffende Einschätzung ist. Es waren Vertreter der Kirche, die sich seit der Entdeckung und der nicht selten grausamen Eroberung der Neuen Welt im 16. Jahrhundert für die Anerkennung von Menschenwürde und die Formulierung von Menschenrechten einsetzten, als es diese Begriffe noch gar nicht gibt. Ich denke an den Dominikaner und späteren Bischof Las Casas (1484–1566), einen entschiedenen Kämpfer gegen den Kolonialismus, der den mächtigsten Mann seiner Zeit, Kaiser Karl V., davon überzeugte, sich für die Menschenwürde der Indios und gegen die wirtschaftliche Ausbeutung durch die spanische Sklavenhaltergesellschaft einzusetzen. Er erwirkt 1542 beim spanischen König die Verabschiedung von Schutzgesetzen (Leyes Nuevas) zugunsten der Indiosklaven. Und schon zuvor im Jahre 1537 ist es Papst Paul III., der die Bulle Sublimus Dei gegen die Sklaverei formuliert. Es ist der Glaube an den menschenfreundlichen Gott, der den Menschen, wie die Bibel sagt, als sein Abbild erschaffen hat, der letztendlich zur Formulierung des Menschenwürde- und Menschenrechtsgedankens führt.

Von vielen alten Kulturen wissen wir heute nahezu nur noch durch die Berichte der Missionare. Sie sind es, die das »Lebenslänglich« in diesen fremden Kulturen auf sich nehmen, die Sprachen und kulturellen Besonderheiten ihrer Missionsgebiete erlernen und die teils schriftlosen Kulturen überlebensfähig machen. Nicht die Verkündigung des lebendigen Gottes, sondern die des toten Mammons hat die Kulturen der Völker mit der Planierraupe der Gewinnmaximierung dem Erdboden gleichgemacht. Man kann das bis heute z. B. an den großen weltweit operierenden Erdölunternehmen studieren.

Ist Mission nicht eine überfremdende Kolonisierung? Das war sie hier und da sicher auch. Seit Jahrzehnten aber weiß man um die Wechselseitigkeit dieses Prozesses. Er macht nicht einfach Indien oder Korea katholischer, sondern auch die katholische Kirche indischer und koreanischer, sprich weltoffener.

Manch ein Religions- oder Kirchenkritiker, z. B. Horst Hermann, hält offenbar auch kirchliche Kindergärten und Schulen für Orte des Glaubens- und Kulturkampfes und meint, man müsse die Kinder als die schwächsten und am leichtesten zu beeinflussenden Glieder der Gesellschaft vor dieser Indoktrinationsinstitution schützen. Und Gert von Paczensky behauptet gar: Die Missionsschulen erzögen die »Heiden« zu Menschen zweiter Klasse, anstatt sie auf Selbstverantwortung, Unabhängigkeit und die moderne Welt vorzubereiten.

Ich habe Dutzende von Missionsschulen in Afrika und Lateinamerika sehen dürfen, Schulen mit beruflicher und mit allgemeinbildender Ausrichtung. Für keine einzige traf das zu, was von Paczensky so vollmundig und diskriminierend von sich gibt. Dass dort auch über den christlichen Glauben gesprochen, dass dort auch Gottesdienst gefeiert wird, ist schließlich auch eine Offenlegung der Motive, die überhaupt erst zum Bau dieser Schulen geführt haben.

Offenbar hält nicht nur in Deutschland eine zunehmende Anzahl von Eltern, auch solche, die keine besonders intensiven Beziehungen zur Kirche pflegen, die privaten kirchlichen Bildungseinrichtungen nicht für besonders jugendgefährdend und setzt ihre Kinder bevorzugt dieser »schrecklichen Gehirnwäsche« aus.

»Seid stets bereit, einem jeden Rede und Antwort zu stehen, der nach der Hoffnung fragt, die euch erfüllt«, sagt uns die Heilige Schrift (1 Petr 3,15). Das setzt voraus, dass wir selbst auskunftsfähig und -bereit sind. Über die Lebenshoffnung selbst noch angesichts des Sterbens dürfen wir nicht schweigen. »Geht zu allen Völkern und macht alle Menschen zu meinen Jüngern« (Mt 28,19). Das ist der unzweifelhafte Missionsauftrag Jesu zum Wohl und zum Heil des Menschen. Und eine Kirche, die sich davor drückt, ist nicht die Kirche Jesu Christi.

In manchen islamischen Ländern wird die christliche Mission wie ein todeswürdiges Verbrechen verfolgt. Nur der Islam darf dort verkündet, nur zum Islam darf dort bekehrt werden. Und wer als Muslim zum Christentum konvertiert, der begibt sich allein dadurch mancherorts in Lebensgefahr. Dass es auch in der manchmal finsteren Geschichte des Christentums solche Phasen gegeben hat, ist nicht zu bestreiten, aber auch nicht, dass das lange und gründlich überwunden ist. Und trotzdem und deswegen haben wir Christen eine Mission, nämlich die, den menschenfreundlichen Gott, den Gott des Lebens erfahrbar werden zu lassen durch das, was und wie wir reden und wie und warum wir etwas tun. Eine Kirche, die sich von äußeren Einschüchterungen die Mission verbieten lässt oder sie sich selbst durch eine feige Vornehmheit verbietet, ist nicht überlebensfähig. Sie kann sich direkt unter Denkmalschutz oder ins Museum stellen und ihre Mitglieder auf die Artenschutzliste setzen lassen.

Wer aber verstanden hat, dass Mission ein entscheidend wichtiges Lebenszeichen der Kirche und ein Lebenszeichen von Gott ist, der wird diese Kirche gerade da nicht ab- sondern aufleben lassen, wo er selbst lebt.

Heikle Mission?

Die Katholiken feiern, vielleicht sollte man besser sagen begehen, am letzten Sonntag im Oktober den Weltmissionssonntag. Ist das nicht eine Nummer zu groß? Und überhaupt: Mission, muss das sein? Ist das nicht ein Relikt aus den unerleuchteten Zeiten der Kirchengeschichte?

Ich glaube, Mission muss sein. Wenn wirklich alle Völker von Gott zum Heil berufen sind, dann muss dieser Ruf auch in allen Völkern hörbar und verstehbar gemacht werden. Wenn Christus wirklich das Licht in einer vom Todesdunkel umnachteten Welt ist, dann muss dieses Licht auch in allen Ländern der Welt sichtbar, aufleuchtend und einleuchtend gemacht werden.

Mit dieser Überzeugung sind Zigtausende von Missionaren und Missionarinnen aus hunderten von Orden in die entlegensten Winkel dieser Welt gezogen und haben, so gut sie es eben verstanden und vermochten, den menschenfreundlichen und menschgewordenen Gott verkündet. Und die Gläubigen in einem doch mehr oder weniger vom Christentum geprägten Abendland haben all diese Initiativen in Gebet, Wort und Tat unterstützt – jahrhundertelang.

Als man sich seit der zweiten Hälfte des vorigen Jahrhunderts nicht mehr so sicher war mit der Mission, da hat man fast stillschweigend den Akzent verlagert. Da hieß das, was vorher als integraler Bestandteil mit zur Mission gehört hatte, plötzlich Entwicklungsarbeit und wurde von der Mission abgetrennt. Entwicklung war anregend, Mission war anrüchig.

Vor einiger Zeit hat das Zentralkomitee der Deutschen Katholiken, ich übertreibe etwas, so eine Art »Judenmissionierungsverdikt« ausgegeben. Wer es für notwendig erachtete, das Evangelium auch unter den Juden zu verkündigen, kam schon fast in den Verdacht des Antijudaismus wenn nicht gar des Antisemitismus. Unbestritten: Die Judenmission gehörte nicht nur nicht zu den Glanzlichtern, sondern eher zu den dunklen Kapiteln der Kirchengeschichte. Das in dieser Hinsicht dunkelste haben allerdings nicht die Kirchen, sondern die Nazis hingelegt.

Ganz gewiss war und ist Jesus ein Jude. Aber ebenso gewiss ist er nicht dafür gestorben, dass alles so bleiben sollte, wie es ohne ihn im Judentum seiner Zeit ohnehin schon war. Er hat im Abendmahlssaal am Abend vor seinem Tod vom neuen Bund gesprochen und ihn begründet und besiegelt in seinem Tod und seiner Auferstehung.

Wer glaubt, das Judentum sei das Nonplusultra aller menschenmöglichen Gottesbeziehungen, der muss Jude werden oder bleiben. Wer allerdings glaubt, Christus habe dem bleibend wichtigen Glauben seines Volkes etwas Neues und vorher nicht Dagewesenes hinzugefügt, nämlich den schier unfasslichen Gedanken einer Menschwerdung Gottes, der kann Christ werden und seine älteren Brüder im Glauben dazu einladen. Das heißt Mission. Und wenn Kirche im Verlauf der Jahrhunderte dann und wann Mission als Erweiterung ihres eigenen römischen Machtbereichs verstanden hat, dann war sie genau da dem Missionsauftrag Jesu untreu geworden und von der Mission Jesu abgekommen.

Seit dem dramatischen Einbruch der Priester- und Ordensberufungen in den meisten Ländern Europas und Nordamerikas werden kaum noch Missionare nach Lateinamerika, Afrika, Asien und Ozeanien entsandt. Die meisten Missionare dort sind über ihre jahrzehntelange, verdienstvolle Arbeit alt und grau geworden.

Inzwischen hat man erkannt, dass z. B. auch Deutschland ein Missionsland geworden ist. Darum ist man dazu übergegangen, zunächst aus Polen und dann aus Indien, aber auch aus Afrika Priester nach Deutschland zu importieren. Sie haben neue Perspektiven in unseren manchmal eurozentrisch verkrusteten Katholizismus eingebracht. Sie haben deutlich gemacht, dass Kirche die Grenzen zwischen den Nationen, Völkern und Rassen sprengt. Das Volk Gottes ist nicht identisch mit den Angehörigen nur eines Volkes oder nur einer Nation. Zum Volk Gottes sind alle Menschen guten Willens weltweit berufen.

Trotz aller positiven Aspekte ist dies Missionierungskonzept mit den »importierten Priestern« nicht aufgegangen. Das lässt sich schon jetzt anhand einer von der Deutschen Bischofskonferenz in Auftrag gegebenen Studie zeigen. Das Erste, was diese Priester in ihrer Deutschlandmission bekamen, war ein Kulturschock. Was sie nicht hinbekamen, war eine Remissionierung Deutschlands. Wie sollten sie auch angesichts der Kürze der Zeit und der Größe der Probleme! Und wenn im Missionskonzept unserer Kirche den Priestern eine entscheidende Rolle zugewiesen wird, dann sollte die Kirche auch darüber nachdenken, die Zugangswege zum Priestertum zu erweitern.

Eine Mission in Deutschland, das dürfen, können und sollen wir Deutschen, Laien wie Priester, schon selbst zuerst in Angriff nehmen. Wir verfügen über die Sprache, die andere sich erst einmal mühsam aneignen müssen. Wir sollten und könnten in Sachen Glauben mal wirklich »Deutsch« miteinander reden. Die Sache des Glaubens wird doch in unserem Alltag weithin nicht persönlich besprochen, sondern nur peinlich beschwiegen. Wir haben den kulturellen Hintergrund, den andere sich erst einmal mühsam aneignen müssen. Wir sollten offensiv das Kulturträchtige unseres Glaubens eindrücklich und ausdrücklich zur Geltung bringen.

Ein Missionsverbot – für welchen soziokulturellen Kontext auch immer – kann doch nur aufstellen, wer den Begriff Mission pejorativ missversteht. Mission heißt nicht Hirnwäsche, heißt nicht Überredung, heißt nicht Aggression gegen andere Religionen. Mission heißt Sendung im Auftrag Jesu, menschliche Sendung, um den menschgewordenen Gott menschlich erfahrbar zu machen. Und diese Sendung gilt nicht nur den Amtsträgern, sondern allen Getauften. Und wenn manchmal die Steigerungsform von träge, träger, Amtsträger zu lauten scheint, dann müssen eben alle Getauften die Wasserträger des Glaubens und der Taufe sein. Denn wenn wir mit unserem Glauben nicht auspacken, dann können wir einpacken.

Leuchttürme?

Wie sieht sie aus die Kirche im 21. Jahrhundert? In einem Studienkurs meines Priesterweihejahrgangs hatte ich Gelegenheit, eine »Feldstudie« zu absolvieren. Dazu fuhren wir nach Berlin, genauer in den Bezirk Berlin Marzahn-Hellersdorf, ein spannendes Erfahrungsfeld. Hier leben ca. 250.000 Menschen in riesigen Mietblocks und Hochhäusern, das mittlere Pro-Kopf-Einkommen beträgt 875 Euro, d. h. Millionäre wohnen anderswo. »Arbeiterintensivhaltung«

nennen das die dort Ansässigen mit ihrer sprichwörtlichen Berliner Schnauze. Die größte politische Kraft in der Bezirksversammlung ist Die Linke (22 Sitze), gefolgt von der SPD (15 Sitze), der CDU (7 Sitze). NPD, FDP und Grüne verfügen jeweils über 3 Sitze. Die Arbeitslosenquote beträgt 16,6 %. Das sind ca. 23.400 Personen, unter ihnen ca. 2.300 Jugendliche. 600 dieser Jugendlichen verfügen über keinerlei Schul- oder Berufsabschluss.

Nur ca. 7 % der Bevölkerung sind Christen, – ein Fähnlein der 7 Aufrechten?! Die Katholiken stellen gar nur 3 % der Bevölkerung, man könnte sie glatt übersehen. Und doch gelingt genau das nicht. Wer, wie fast alle, die hier wohnen, mit der S-Bahn am Bahnhof Marzahn ankommt, der kann einen y-förmigen Bau mit einem grellbunt verglasten Rundbau an der Spitze kaum übersehen. Don-Bosco-Zentrum steht dort auf den im Winde flatternden Fahnen und über dem Türeingang.

Hier leben und arbeiten Ordensmänner und Ordensfrauen, die Salesianer Don Boscos und die Heiligenstädter Schulschwestern. Chefin dieses Unternehmens, das sich »Manege« nennt, ist eine Ordensfrau und Sozialarbeiterin. Der Name Manege ist nicht so unpassend, wenn man weiß, dass da nicht selten der Bär los ist und ein ziemlicher Zirkus über die Bühne geht. Die kommunale Bezirksverwaltung hat die arbeitslosen Jugendlichen in vier Klassen von integrationsnah bis integrationsfern eingeteilt. Und darum haben die Ordensleute sich just der »untersten Kaste«, also der als intergrationsfern eingestuften Jugendlichen angenommen. Schulabschlüsse fehlen fast immer, Drogenkontakt und Alkoholkonsum sind dafür umso häufiger. Nicht wenige sind nicht nur arbeits-, sondern auch noch obdachlos. Hier werden die Jugendlichen vorbehaltlos akzeptiert, auch wenn die Christen unter ihnen zahlenmäßig kaum mehr als den Promillebereich ausmachen.

Die Salesianer unterhalten ein Jugendgästehaus und stellen den Handwerksmeister. Sie bieten Berufsorientierungsmaßnahmen für den Maler-, Tischler- und Schlosserberuf und eine Berufsausbildung zum Maler und Lackierer an. Zuverlässigkeit, Pünktlichkeit, Motivation, Disziplin, Lernwille und Durchhaltevermögen können nicht vorausgesetzt, sondern müssen oft mühsam erlernt werden. Fast

170 dieser mit sozialen, schulischen und beruflichen Problemen belasteten Jugendlichen sind Teilnehmer an diesen Maßnahmen. Einer, der diese Schule für die Aussichtslosen von ganz unten bis zum Berufsabschluss als Maler und Lackierer und dann noch nach »ganz oben« zum gut bezahlten Unterhaltungskünstler durchlaufen hat, ist der deutsch-tunesische Rapper Bushido. Er hält große Stücke auf diese Starthilfe der Salesianer. Mir scheint der mit den grellbunten Farben verglaste Rundbau in Berlin Marzahn ist ein hoffnungsvoller Leuchtturm gegen die Orientierungslosigkeit im Leben von Jugendlichen, ein Leuchtturm für den christlichen Glauben. Aber ein so kleines Häuflein von Aufrechten, richtet das etwas aus?

Als vor mehr als 25 Jahren die friedliche Revolution in der DDR die Mauern und Grenzen zwischen den waffenstarrenden Systemen in Ost und West zum Einsturz brachte, da nahm sie ihren Ausgangspunkt von den zuerst nur belächelten Montagsgebeten mit den harmlosen Friedenskerzen in Leipzig und anderswo. Aber genau diese winzigen Zellen wurden zum Kristallisationspunkt einer Systeme umstürzenden Volksbewegung, an der sich Millionen Menschen beteiligten. Christen sind der Stand-by-Modus der Gesellschaft, die versucht, ihr Programm auf Menschlichkeit ein- und umzuschalten. Bei so viel sozialem Engagement der Kirche kann man sagen: Christentum geht den Menschen zur Hand und geht zu Herzen.

Gibt es auch Aufbrüche bei der Kirche im Westen? Oder geht da alles nur im Krebsgang und auf der Treppe abwärts? Den angeblich unaufhaltsamen und permanenten Abwärtstrend kann ich nicht bestätigen. 2014 studieren in NRW mehr junge Menschen Theologie als in irgendeinem Jahr des letzten Jahrzehnts zuvor. Das Interesse an der Frage nach Gott ist nicht nur ungebrochen, es ist auf dem Vormarsch. In Aachen, Dortmund, Essen, Köln, Siegen und Wuppertal liegt die Auslastung der theologischen Studiengänge bei über 100 %, in Münster, der größten theologischen Fakultät in Europa, nur knapp darunter. Auch das ist ein Leuchtturm in der Gesellschaft und ein unglaubliches intellektuelles Kapital, mit dem sich in Sachen Menschlichkeit und Christlichkeit wuchern ließe. Dass sich das in den Kirchen bei den Priesterweihen und beim Sonntagsgottesdienstbesuch (noch) nicht widerspiegelt, sollte Anlass zu erheblicher innerkirchlicher Nachdenklichkeit sein bzw. werden. Es ist gut zu wissen, dass unsere Gesellschaft nicht nur über Technokraten, Macher und Funktionäre verfügt, sondern auch über Menschen, die darüber nachdenken, was aus christlicher Perspektive im Interesse der Menschlichkeit gemacht werden sollte und wie mit dem, was da gemacht werden kann, ein Mehrwert in Sachen Menschlichkeit zu erwirtschaften wäre. Bei so viel Interesse an der wissenschaftlichen Reflexion des Glaubens kann man sagen: Christentum geht den Menschen nicht nur zu Herzen und zur Hand; es steigt auch geistvoll zu Kopfe.

Wenn der christliche Glaube derart in Herz, Hand und Hirn ankommt, dann erübrigt sich die angstvolle Sorge um den Bestand des Christentums. Dann entstehen im Meer der Orientierungslosigkeit Leuchttürme der Orientierung und der Hoffnung auf mehr Menschlichkeit und Christlichkeit.

Texte für Allerheiligen und Allerseelen

Nichts als Gott

Ein befreundeter Priester aus den Neuen Bundesländern, ein gelernter DDR-Bürger, erzählte mir von einer typischen Gesprächssituation mit einem anderen gelernten DDR-Bürger: »Ich bin nicht katholisch; ich bin nicht evangelisch; ich bin normal. Ich glaube an nichts.«

Sind evangelische oder katholische Gläubige nicht mehr normal? Ist man nur dann normal, wenn man an nichts glaubt? Und wie geht das, an nichts glauben? Ist dann das Nichts der Gegenstand des Glaubens? Wenn das so ist, dann glaubt man ja doch an etwas. Und dann wäre man ja, weil gläubig, genauer weil nichts-gläubig, nicht mehr normal. Und umgekehrt: Ist man nicht mehr normal, wenn man an etwas glaubt? Wer glaubt, berechtigt zu sein, das festlegen zu dürfen? Und warum sollte man ihm das glauben?

Im Hebräerbrief des Neuen Testaments (Hebr 11,1) steht eine beeindruckende Definition dessen, was Glauben ist. »Glauben ist: Festehen in dem, was man erhofft, Überzeugtsein von Dingen, die man nicht sieht.« Weder das Nichts noch Gott kann ich sehen, aber erhoffen kann ich das Nichts ganz gewiss nicht. Im Hebräerbrief werden dann die großen Gestalten des Glaubens und ihre Lebensgeschichte in Erinnerung gerufen: Abraham, Isaak, Jakob. Sie ziehen auf eine bloße Verheißung hin weg aus ihrer Heimat und stellen sich einem Auftrag Gottes, ohne zu wissen, wohin sie das führt und ob sie das schaffen. Und sie wohnen selbst im sogenannten Gelobten Land noch in Zelten, den vorläufigen Behausungen derer, die noch nicht angekommen sind. Auch das »Gelobte« oder »Heilige Land«, um das Israelis und Araber seit fast einem Jahrhundert einen absurden Bruderzwist führen, ist ein geradezu beispielhaft unheiliges Land. Auch das Land der angeblich »unbegrenzten Möglichkeiten« in der sogenannten »Neuen Welt«, das für viele Menschen der Sehnsuchtsort schlechthin war, ist in seiner nicht selten nur großsprecherisch imperialen Borniertheit zum Inbegriff des Alten und Begrenzten geworden. Auch im sogenannten Gelobten Land oder im Land der unbegrenzten Möglichkeiten liegt die absolute und qualifizierte Mehrheit im Grab. Der Glaubende zweifelt an den selbst entworfenen Welt- und Volksbeglückungsstrategien, er hält es mit Abraham, »der erwartete die Stadt, mit den festen Grundmauern, deren Künstler und Baumeister Gott selbst ist.«

»Voll Glauben sind diese alle gestorben, ohne das Verheißene erlangt zu haben; nur von fern haben sie es geschaut [...] und haben bekannt, dass sie Fremdlinge und Gäste auf Erden sind.« In jeder Gräberreihe auf jedem Friedhof dieser Welt findet man das bestätigt: Wir sind nur Fremdlinge und Gäste, und wenn wir uns auch noch so sehr niedergelassen und eingerichtet haben. Wir geben hier nur ein mehr oder weniger kurzes Gastspiel in der Fremde, ein befremdlich kurzes Gastspiel in diesem Welttheater. Die großen Gestalten des Glaubens sind Heimatsucher geblieben. »Hätten sie dabei an die Heimat gedacht, aus der sie weggezogen waren, so wäre ihnen Zeit geblieben zurückzukehren; nun aber streben sie nach einer besseren Heimat, der himmlischen [...] denn Gott hat für sie eine Stadt vorbereitet.«

Vom Friedhof aus betrachtet, erscheint das Leben als etwas Vorläufiges und der Tod als etwas Unwiderrufliches, Endgültiges. Dennoch, die großen Gestalten des Glaubens erwarten nicht im

Tod, sondern im Leben jenseits des Todes das Endgültige, das Verheißene. Wir Christen haben über die Hoffnung der Glaubenden
des Alten Testaments hinaus in Christus einen entscheidenden
Grund mehr, das genauso zu sehen wie der Abraham des Hebräerbriefes. Ich will das an der Geschichte vom Kampf um Troja erläu-
tern. In einem jahrelangen erbitterten Kampf belagerten die griechischen Truppen die Stadt Troja. Aber sie konnten diese Bastion
nicht einnehmen. Endlich zogen sie mit ihren Schiffen ab, ließen
aber vor den Mauern von Troja ein großes hölzernes Pferd stehen.
Die Trojaner glaubten bereits, die Griechen hätten aufgegeben und
zogen das hölzerne Pferd als Zeichen des Triumphes in die Stadt.
In ihrem Siegestaumel merkten sie nicht, wie dem Pferd nachts
zwölf der besten griechischen Kämpfer entstiegen, die mit Feuer-
zeichen die Schiffe der Griechen zurückbeorderten und die Tore
der siegestrunkenen Stadt Troja sperrangelweit öffneten. Als der
Sieg am größten schien, war die Niederlage bereits perfekt. So stelle ich mir Ostern vor: Christus ist für uns Christen wie ein trojanisches Pferd eingeschleust in die für uns uneinnehmbare Bastion
des Todes. Wo der Tod, wie am Karfreitag, den entscheidenden
Triumph über den Gott des Lebens zu feiern scheint, da ist er bereits besiegt. Christus sprengt die für uns uneinnehmbare Bastion
des Todes von innen her. Er geht in den Tod, sterbend durchlebt
er ihn und macht daraus einen Durchgang zum Leben. Er markiert den Sterbeweg mit den Wegmarken der Lebenshoffnung; er
reißt eine Bresche in die Mauer der Hoffnungslosigkeit; er stellt
uns die Tore zum Leben sperrangelweit auf.

Christus ist unser trojanisches Pferd in der ansonsten so unein-
nehmbaren Festung Tod. Nicht mehr nur die scheinbar alles endgültig besiegelnden Grabsteine stehen fest auf dem Friedhof, sondern
auch wir, obwohl wir vom todsicheren Sterben bedroht sind. Vor
die Alternative gestellt, an ein unvorstellbar tödliches Nichts oder
an den unvorstellbar lebendigen Gott zu glauben, sage ich: Ich glaube an nichts als Gott. Denn »Glauben heißt: Feststehn in dem, was
man erhofft, Überzeugtsein von Dingen, die man nicht sieht.« Fest-
stehen in dem Glauben an eine bleibende allerfüllende Beheimatung
des Menschen im Leben Gottes jenseits allen Todes.

Todesangst – Lebenshoffnung?

Das Totengedenken prägt den November wie mit einem Trauerflor nicht nur durch seine Gedenktage, sondern auch durch seine Witterung und durch das allgemeine Sterben in der Natur. Ewigkeitssonntag nennen die Protestanten diesen letzten Sonntag im Kirchenjahr, Christkönigssonntag nennen ihn die Katholiken.

»Es sind die Lebenden, die den Toten die Augen schließen. – Es sind die Toten, die den Lebenden die Augen öffnen.« So steht es für einen dieser Novembertage ohne Autorenangabe auf einem Abreißkalender, den mir ein Freund als Wegbegleiter durch das Jahr geschenkt hatte. Dass wir, die Lebenden, unseren Toten die Augen schließen, ist leicht nachvollziehbar. Aber wie und wozu öffnen die Toten uns Lebenden die Augen? Ich glaube, sie öffnen uns die Augen zunächst für die Einsicht, dass der Tod auch im biologischen Sinne lebensnotwendig und das Leben todespflichtig ist.

»Ave, Caesar, morituri te salutant.« Das war der beim römischen Schriftsteller Sueton belegte Gruß der zum Tode Verurteilten, möglicherweise auch der Christen, vor einem Schaukampf auf Leben und Tod. »Die, die im Begriff sind zu sterben, wünschen dir, Kaiser, Heil.« Dass alle Gladiatoren vor ihren Kämpfen diesen Gruß entboten haben, ist allerdings nicht zu belegen.

Eine christliche Deutung des »morituri vos salutant« ist immerhin möglich. Dass die, die im Begriffe sind zu sterben, denen, die am Leben sind, das Heil wünschen, das ist eine tiefe Erfahrung von Menschlichkeit über den Tod hinaus. »Die Zeit des Geborenwerdens ist die Zeit des Sterbens«, das wussten schon die alten Römer. Aber dass man den Satz auch umkehren kann, »Die Zeit des Sterbens ist die Zeit des Geborenwerdens«, ist ihnen erst von Christen als Hoffnungsbotschaft nahe gebracht worden. Das Ableben eines Menschen als Aufleben in Gott zu interpretieren, das ist reichlich kühn. Wie kommt man zu dieser Kühnheit? Ist das einfach eine Charakterfrage?

Bei Seneca, einem Philosophen und hochrangigen Politiker im Rom des ersten nachchristlichen Jahrhunderts, ist die Kühnheit nichts als ein stoisches Sich-Abfinden mit dem Unabänderlichen:

»Wenn du einwilligst, führt dich das Schicksal, wenn nicht, zwingt es dich.« Und der Tod wird schließlich zu einem Einüben von Freiheit: »Richte deine Gedanken auf den Tod! Das will sagen: richte deine Gedanken auf die Freiheit! Wer sterben gelernt hat, hat verlernt, ein Knecht zu sein.« Hier spricht sich einer selbst Mut zu, um mit dem Tod fertig werden zu können. Seneca ist das auch in bewundernswerter Weise gelungen.

Wir Christen haben für die Bewältigung des Todes noch eine andere Ressource als die eigene Charakterstärke, die Verheißung Gottes. Sie sagt uns, der Tod ist nicht die Endstation, sondern eine Durchgangsstation. Geborenwerden und Sterben, das Eine wie das Andere, ist eine Transformation, ein Durchgang und Zugang zum Leben.

Auch bei Augustinus (354–430), dem großen Theologen und Philosophen, findet sich diese Sicht des Todes als Durchgang oder Übergang zu einem anderen Leben. Der Tod führt bei ihm trotz aller Irreversibilität daher nicht zur völligen Beziehungslosigkeit zwischen Lebenden und Toten: »Die Toten sind nicht tot, sie sind nur nicht mehr sichtbar. Sie schauen mit ihren Augen voller Licht in unsere Augen voller Trauer.« Und an anderer Stelle: »Wir wollen nicht trauern, dass wir ihn verloren haben, sondern danken, dass wir ihn gehabt haben, ja auch jetzt noch haben; denn wer in Gott stirbt, der bleibt in der Familie.«

Ganz dezidiert übernimmt die Liturgie der katholischen Kirche diese Position, Tod als Transformation, als Durchgang und Übergang, in der Präfation der Totenmesse: »Deinen Gläubigen, o Herr, wird das Leben gewandelt, nicht genommen. Und wenn die Herberge der irdischen Pilgerschaft zerfällt, ist uns im Himmel eine ewige Wohnung bereitet.«

In einem Pfarrbrief stieß ich auf Zeilen aus dem Testament eines hochbetagt verstorbenen katholischen Pastors. Jahrzehnte hatte er seiner Sauerländer Gemeinde diese Hoffnungsbotschaft von der Verwandlung unserer menschlichen Existenz nahe gebracht. Und doch fragte er sich am Ende: »Hatte ich Angst vor dem Sterben?« Seine Antwort ist zunächst ein klares Ja! »Ja, ich hatte Angst vor dem Sterben.« Doch dann reifte seine Meinung weiter: »Sooft ich mich von den lauten Stimmen der Umwelt betören ließ, die mir einpaukten, mein kurzes Leben sei alles, was ich habe, und deshalb möge ich mich mit allen Kräften daran hängen. Aber wenn ich diese Stimmen in den Hintergrund meines Lebens drängte und auf die leise Stimme achtete, die mich Gottes Kind nennt, weiß ich, dass ich keine Angst zu haben brauche und dass das Sterben die Tat der Liebe ist, die Tat, die mich in alle Ewigkeit in die Arme meines Gottes fallen lässt, dessen Liebe für immer fortdauert.«

Auf dem Kalenderblatt hatte es geheißen: »Es sind die Lebenden, die den Toten die Augen schließen. – Es sind die Toten, die den Lebenden die Augen öffnen.« Ja, die Toten öffnen uns die Augen über die Endlichkeit unseres Lebens. Aber ein Toter hat uns auch die Augen geöffnet über die Unendlichkeit des Lebens, das da durch den Tod hindurch noch kommt. Dieser Tote ist der auferstandene Christus, den feiern wir am Christkönigs- und Ewigkeitssonntag; denn er ist der König für Zeit und Ewigkeit. Ob wir nun geborene Helden sind, angstfrei selbst bis in den Tod, oder Angst haben um unsere gefährdete Existenz, durch ihn haben wir jedenfalls allen Grund zur Lebenshoffnung.

Alle(s) Heiligen

Seit vielen Jahren schenkt mir ein befreundeter Pfarrer einen Abreißkalender. Er liegt bei einem Stapel von Gebetbüchern in der Gebetsecke meines Schlafzimmers. Er zeigt nicht nur den Wochentag und das Datum an, sondern auch die Tierkreiszeichen, die Mondphasen, die Mond- und die Sonnenauf- und -untergangszeiten, damit ich wenigstens kalendarisch nicht hinter dem Mond bin. Aber auf jedem Blatt stehen vorn auch Bibel- oder Gebetsverse und die Heiligen und Seligen des jeweiligen Tages. Und hinten steht ein kurzer geistlicher Impuls. Nicht immer erscheint mir das besonders erhellend, und dennoch werfe ich bei der ersten Gebetszeit des Tages zunächst einen Blick auf das, was mir der Kalender über den neuen Tag sagt und mir für den neuen Tag als kleine Inspiration mit auf den Weg gibt.

An jedem Tag verzeichnet das Kalenderblatt Namen von Heiligen oder Seligen, manchmal ein halbes Dutzend oder gar mehr.

Die prominenten Heiligen und ihre Gedenktage kenne ich natürlich durch langjährige gottesdienstliche Übung. Aber die meisten Namen sind mir fremd. Es sind Menschen aus fernen Jahrhunderten, aber auch solche, die in meine Lebenszeit hineinreichen, es sind Menschen aus fernen Landen und nicht selten aus dem eigenen Heimatort. Immer wieder mal versuche ich, die Lebensgeschichte einer dieser kalendarischen Gestalten zu erforschen. Und dann bin ich fasziniert, manchmal befremdet, nicht selten betroffen von dem, was mir da begegnet.

Wenn ich unter dem Namen Benedikt nachforsche, so stoße ich auf den frommen Penner Benedikt Josef Labre im Rom des 18. Jahrhunderts und den großen Ordensstifter Benedikt von Nursia im 5./6. Jahrhundert und den strengen karolingischen Klosterreformer Benedikt von Aniane, den wohl eigentlichen Verfasser der Benediktsregel im 8./9. Jahrhundert. Im Blick auf die Heiligen kann ich unterstreichen, was Romano Guardini mir auf das Kalenderblatt schreibt: »Der Mensch ist dem Menschen Weg zu Gott.« Aber: Was sagt Ihr und mein derzeitiges Leben aus über den Weg zu Gott? Ist es wêgweisend oder eher wégweisend?

Wenn ich unter Teresa nachforsche, dann stoße ich auf Theresia Gerhardinger, die Gründerin der Armen Schulschwestern im 19. Jahrhundert, eine Pionierin der Frauenbildung, oder auf Teresa von Avila, die grandiose Ordensreformerin und Klostergründerin der Karmeliten im 16. Jahrhundert, oder auf Teresa Benedikta a Cruce, mit bürgerlichem Namen Edith Stein, die jüdisch-deutsche Philosophin und Ordensfrau, die die Nazis in Auschwitz ermordet haben.

Aus der Biologie kennt man die ökologische Nische, in der eine Art leben und sich entfalten kann. Jede Art hat ihre ganz spezifische ökologische Nische, in die sie eingepasst ist. Anderswo tut sie sich schwer. So etwas gibt es für Christen nicht, sie sollen sich überall einnischen und einmischen, überall den Glauben leben und entfalten. Wo immer sie sind, kann eine sakrale Nische gelebten, lebens- und liebenswerten Glaubens entstehen. Mögen die erwähnten Frauen auch alle Theresa heißen, sie sind keine genormte Serienfertigung und keine gestanzte Dutzendware für immer gleiche Verwendungszwecke. Heilige passen nicht nur in einen Kontext, sondern in jeden. Heilige sind echte Originale, so einmalig und individuell wie Ihr und mein Fingerabdruck. Sie haben an ihrem Ort und zu ihrer Zeit verstanden, was der Dichter Albrecht Goes auf meinem Abreißkalender schreibt: »Jeder Tag ist ein neuer Versuch Gottes mit uns.« Haben umgekehrt Sie und ich es heute schon mit Gott versucht? Heiligkeit heißt ja nicht, perfekt zu sein, sondern es mit Gott immer neu zu versuchen, tagtäglich, lebenslänglich. Und eine lateinische Spruchweisheit auf meinem Abreißkalender bestätigt das: »Ein guter Mensch bleibt immer ein Anfänger.«

Wenn ich unter dem Namen Thomas nachforsche, dann stoße ich auf Thomas Morus, den auf Veranlassung Heinrichs VIII. ermordete Lordkanzler im England des 16. Jahrhunderts, den tapferen Verteidiger der Gewissensfreiheit. Dann stoße ich auf Thomas von Aquin, den genialen Philosophen und Dominikaner-Theologen im 13. Jahrhundert. Dann stoße ich auf den zweifelnden Apostel Thomas im 1. oder den Mystiker Thomas von Kempen im 15. Jahrhundert. Die Namen mögen gleich klingen, die Biografien sind so bunt wie das Leben selbst, denn sie orientieren sich an dem, der das Leben selbst ist, an Gott und seiner unerschöpflichen Fülle. Und das garantiert eine unfassbare Vielfalt.

Auf meinem Abreißkalender schreibt Kornelius Bohl: »Gott ruft jeden Menschen einzeln und anders.« Es gibt auch für Sie und mich eine ganz spezifische Berufung. Aber hat Sie oder mich die eigene hartnäckige Nichtbeachtung dieser göttlichen Berufung zumindest schon einmal irritiert?

Allerheiligen, das große Fest dieser Woche, sagt mir: Die wirklich wichtige Karriere im Leben eines Menschen ist nicht die vom Niederbayern zum Oberbayern, nicht die vom Studienrat zum Studiendirektor, nicht die vom Penner zum Papst, sondern die vom Menschen zum wirklichen und wirksamen Christenmenschen und schließlich zum Heiligen. Und diese wirklich wichtige Karriere kann, obgleich sie steil bergab geht, dennoch beim Höchsten, bei Gott ankommen. Denn es kann, wer bei Menschen und nach menschlichem Ermessen unten durch ist, bei Gott sehr wohl obenauf sein.

Der Dichter Paul Celan schreibt auf meinem Abreißkalender: »Manche Menschen wissen nicht, wie wichtig es ist, dass sie einfach da sind. Manche Menschen wissen nicht, wie gut es tut, sie nur zu sehen. Manche Menschen wissen nicht, wie tröstlich ihr gütiges Lächeln wirkt. Manche Menschen wissen nicht, wie wohltuend ihre Nähe ist. Manche Menschen wissen nicht, dass sie Geschenke des Himmels sind. Sie wüssten es, wenn wir es ihnen sagen.«

Vielleicht wissen auch Sie noch nicht, dass Sie ein Geschenk des Himmels und für das Heil und die Heiligkeit bestimmt sind. Dann lassen Sie es sich hiermit immer wieder mal und ein für allemal gesagt sein.

Vor- und Abbilder

Haben Sie Vorbilder? Haben Sie Vorbilder nötig? Ich muss gestehen, dass mich Biografien großer Gestalten aus Wissenschaft, Politik, Wirtschaft, Religion immer wieder faszinieren. Ich habe zumindest in der Zeit der Entwicklung meines eigenen Lebenskonzepts Vorbilder gebraucht, gesucht und gefunden.

Ich habe keinen Fernseher; aber kürzlich sah ich als lang Entwöhnter bei Bekannten doch eine Polit-Talkshow im Fernsehen. Angesehene und, wie ich bis dahin dachte, achtenswerte Politiker waren da zum Diskurs über ein keineswegs belangloses Thema geladen. Ob der Moderator zu schwach oder die Diskutanten zu dreist oder alle irgendwie fehlgebucht waren, mag ich nicht entscheiden. Es wurde eine an argumentativer Schlichtheit kaum noch zu unterbietende, eine aufs Persönliche zielende wechselseitige Verunglimpfung. Dass Moderatoren und Diskutanten mühelos intellektuelle Mindeststandards unterlaufen können, ist man ja schon fast zu konzedieren bereit. Dass sie sich aber, wo Argumente gefragt wären, nur wechselseitig Respektlosigkeiten um die Ohren hauen, vermag ich aber noch nicht als adäquate Ersatzleistung anzusehen.

Öffentliche Verunglimpfung, persönliche Herabsetzung, unterstellungsfreudige Abschätzigkeit sind offenbar längst zum einträglichen schrillen Geschäftsmodell geworden. In diesem Klima der Verdächtigungen, Unterstellungen und Herabsetzungen gibt es keine Vorbilder mehr. Denn auch die, die welche wären oder sein könnten, werden ohne Wahrheitsprüfung oder offen wahrheitswidrig medial in den Dunstkreis von anrüchigen Schlafzimmer-, von miesen Nebenverdienst-, von hinterhältigen Mauschelei- und vordergründigen Klientelgeschichten gerückt.

Wir halten uns gesellschaftsweit nicht mehr an das menschliche Mindestgebot des wechselseitigen Respekts. Wenn ich – gleich ob auf Landes- oder Bundesebene – Oppositionspolitiker über Regierungspolitiker herziehen höre, dann impfen die mir möglicherweise einen tief sitzenden und vielleicht unbegründeten Verdacht ein, aber sie machen zugleich sich selbst verdächtig. Sie hören auf, redliche Makler, ehrliche und glaubwürdige Vertreter einer politischen Alternative zu sein. Sie zerstören die Würde des Parlaments und das Ansehen der Regierungen und der Volksvertreter so nachhaltig, dass sie sich beim Regierungswechsel selbst in Amt und Würden beschädigt haben. Vielleicht ist das, was allgemein Politikverdrossenheit genannt wird, eher eine Politikerverdrossenheit. Wir haben schon zu viel gewiefte glamouröse Selbstdarsteller in der Politik. Sorgfalt in der Arbeit, Redlichkeit bei den Finanzen, Glaubwürdigkeit im Wort sind der Rohstoff, aus dem Vorbilder entstehen. Bei dem gegenwärtigen Fernseh-Menschenbild schaut man nur noch trostlos in die Röhre oder verflacht vor dem Flachbildschirm.

Das Fest Allerheiligen bietet uns an einem Tag und auf einmal das ganze unabsehbare Spektrum an Vorbildern und erinnert uns daran, dass wir selber welche sein sollen und können. Ich bin sicher, bei jedem Heiligen, sogar bei den ganz großen, lässt sich ein Haar in der Suppe seiner Christlichkeit finden, manchmal vielleicht sogar ein ganzes Haarteil. Aber das Fest Allerheiligen hat nicht nur die ganz Großen im Blick. Allerheiligen ist nämlich nicht das Fest Allerheiliggesprochenenheiligen, sondern all derer, die uns mehr oder weniger grandios zum Heil vorausgegangen und derer, die noch mit uns zum Heil unterwegs sind.

Nun haben wir zwei Möglichkeiten, wie bei den Politikern: Wir können einen defizitorientierten Blick auf die Menschen werfen, die mit uns unterwegs sind und waren. Wir können diese noch unbekannten Heiligen in spe nach allen Regeln der Kunst schlecht machen oder schlecht reden. Und dann werden wir uns und andere todsicher frustrieren. Das ist eine üble, sich selbst erfüllende Prophezeiung.

Wir könnten aber auch einen ressourcenorientierten Blick auf die Menschen werfen, die mit uns unterwegs sind. Wir können das Positive an diesen noch unbekannten Heiligen in spe in den Blick rücken, ohne das Negative an ihnen übersehen oder wegreden zu wollen. Und dann werden wir uns und andere zielsicher motivieren.

Wenn wir den anderen nicht nur als Mängelwesen von seiner Sollseite, sondern als Talentwesen von seiner Habenseite aus sehen, dann bekommt das Christsein selbst in der Gestalt von uns durchschnittlichen grauen Mäusen endlich wieder seinen hoffnungsvollen, zuversichtlichen, lebendigen Glanz.

Die Frage war: Brauchen Sie Vorbilder? Die Antwort ist: Die Anderen brauchen Sie und mich als Vorbild, und Sie und ich brauchen die Anderen. Die Heilige Schrift traut uns das jedenfalls wechselseitig zu: »Ihr seid von Gott geliebt, seid seine auserwählten Heiligen. Darum bekleidet euch mit aufrichtigem Erbarmen, mit Güte, Demut, Milde, Geduld« (Kol 3,12).

Allerheiligen sagt mir: Jeder Mensch ist zum Heil und zur Heiligkeit berufen vom heiligen Gott. Jeder hat das Potenzial zum einzigartigen unwiederholbaren Vorbild, denn er ist das einzigartige unwiederholbare Abbild Gottes in dieser Welt. Das sagen uns schon die ersten Verse der Bibel. »Dann sprach Gott: Lasst uns Menschen machen, als unser Abbild uns ähnlich [...] Gott schuf also den Menschen als sein Abbild; als Abbild Gottes schuf er ihn. Als Mann und Frau schuf er sie.« Der heilige Gott, der Gott des Heils will uns als heilende und geheiligte schon jetzt mitten im Unheil der Welt, und er will uns als Heilige im vollendeten Heil bei sich. Heilige sind das göttliche Veredlungsprodukt des Menschen, sind das Menschenmögliche schlechthin.

Wo Menschen mit Gottes Hilfe das Menschenmögliche aus sich machen und machen lassen, da sind sie Heilige. Und als Heilige sind sie Vorbilder, Vorbilder weil Abbilder des heiligen und heiligenden Gottes, Heilige schon jetzt mitten im Unheil dieser Welt und Heilige schon bald im Heil der Welt, die kommt.

Hymnus im November

Der November holt uns mit seinen Gedenktagen Allerheiligen, Allerseelen, Volkstrauertag, Totensonntag immer wieder auf die Friedhöfe zu den Gräbern unserer Angehörigen und Freunde und an die Ehren- oder Mahnmale der Gefallenen. Sterben und Tod sind allerorten gegenwärtig in der Natur wie auch in der Kultur.

Das Stundengebet der katholischen Kirche, das die Priester und Ordensleute ihrem Weiheversprechen oder den Ordensvorschriften entsprechend zu beten haben, gliedert den Tag. Im Morgengebet, der Laudes, im Mittagsgebet, der Sext, im Abendgebet, der Vesper und im Nachtgebet, der Komplet, kurzum zu allen Tageszeiten wird der Blick auf Gott gerichtet, auch und gerade im Angesicht von Sterben und Tod. Der Psalmbeter mahnt uns: »Unsere Tage zu zählen, lehre uns! Dann gewinnen wir ein weises Herz« (Ps 90,12). In der Regel zählen wir unsere Tage nicht, sondern verplanen sie oder verleben sie zahl- und manchmal auch planlos, wie wenn wir unendlich viel davon hätten. Aber der Abend des Tages erinnert an den Abend des Lebens und den Abend der Welt, an die Befristung unserer Zeit.

Ein Hymnus, der in der Komplet, dem Nachtgebet der Kirche, immer wieder auftaucht, passt sehr gut in den November, in diese Zeit des Sterbens in der Natur und des Totengedächtnisses der Menschen.

> Tod und Vergehen – waltet in allem,
> steht über Menschen – Pflanzen und Tieren
> Sternbild und Zeit.

> Du hast ins Leben – alles gerufen.
> Herr deine Schöpfung – neigt sich zum Tode:
> Hole sie heim.

> Schenke im Ende – auch die Vollendung.
> Nicht in die Leere – falle die Vielfalt
> irdischen Seins.

Herr, deine Pläne – bleiben uns dunkel. –
Doch singen Lob wir – dir, dem dreieinen,
ewigen Gott. Amen.

Dieser nüchterne Hymnus mit Schaumbremse, der merkwürdige Rhythmus dieser Zeilen, die nachtschlafende Zeit, in der ich sie immer wieder bete, manchmal todmüde, manchmal hellwach, ergreift mich immer wieder.

Tod und Vergehen – waltet in allem,
steht über Menschen – Pflanzen und Tieren
Sternbild und Zeit.

Was diese Zeilen sagen, das bestätigen uns die menschlichen Erfahrungen, die biologischen Beobachtungen der Natur, die astrophysikalischen und kosmologischen Erkenntnisse. Die Endlichkeit hat alles durchseucht, angekränkelt und auf Tod gestellt. Sogar die uns kosmische Eintagsfliegen so ewig dünkenden Sternbilder sind kurze Momentaufnahmen, Blitzlichter am Rande der Ewigkeit. Und selbst die Zeit haben wir nur als uns widerruflich gestundete.

Du hast ins Leben – alles gerufen.
Herr deine Schöpfung – neigt sich zum Tode:
Hole sie heim.

Diese Strophe ruft den Schöpfer auf den Plan, den, aus dessen Geist und Macht die tote Materie hervorging und ihr unergründetes Potenzial, Leben und Geist zu entfalten. Diese Schöpfermacht des Anfangs wird bittend angerufen, dass unser Ende nicht Abgang und Untergang, sondern Heimgang werde.

Schenke im Ende – auch die Vollendung.
Nicht in die Leere – falle die Vielfalt
irdischen Seins.

Hier spricht sich die tiefe menschliche Hoffnung aus, dass unser Enden, Beenden und Verenden durch Gott ein Vollenden werde, dass die bisher nur in Ansätzen verstandene, unglaublich kreative Lebensvielfalt nicht in die Einfalt toter Materie und dass die Materie nicht ins Nichts zurücksinke. Die Bewahrung des Seins wäre ein Geschenk des Himmels an diese mit dem Nichts konfrontierte Erde, das wäre der geerdete Himmel. Und dann endet der nächtlich zu betende Hymnus so:

> Herr, deine Pläne – bleiben uns dunkel. –
> Doch singen Lob wir – dir, dem dreieinen,
> ewigen Gott. Amen.

Kann man so etwas beten? Ist das nicht eine Zumutung, an einen Gott zu glauben und ihn gar noch zu loben, dessen Pläne mir und uns allen schlichtweg dunkel bleiben? Ja, gewiss! Aber es wäre eine noch größere Zumutung, an einen Gott zu glauben und ihn gar noch zu loben, den ich und wir durchschaut hätten! Wir sind doch zu dämlich, das gnadenlose Chaos unserer Finanzmärkte, das himmelschreiende Unrecht unserer Weltwirtschaft, das menschenverachtende Gebaren unserer Machtpolitik auch nur annähernd zu ordnen! Wenn das, was Menschen bisher erdacht haben und zukünftig erdenken werden, der letzte Horizont des Geistes und der Hoffnung wäre, dann Gnade uns Gott! Ich lobe diesen Gott, weil er meinen und unseren begrenzten Horizont so unendlich überragt. Ich lobe ihn, weil ich fest darauf hoffe, dass er in all unserer und jenseits all unserer Planlosigkeit einen Plan mit der Welt und dem Menschen hat, einen Plan, der diese von Tod und Verderben gezeichnete Schöpfung heilt, seinen Heilsplan zum Leben.

Christkönigsweg

Ein Kirchenjahr geht zu Ende am Christkönigssonntag, ein neues beginnt mit dem ersten Advent.

Im Osten vieler gotischer Kirchen und Kathedralen, der aufgehenden Sonne zugewandt, sieht man das weihnachtliche Bild der Geburt Jesu Christi. Der Gott, an den wir Christen glauben, der Herr über alle Welt, begibt sich in unsere Welt. Der Herr über die Zeit begibt sich in die Zeit, wird ein Kind der Zeit. Gott ist im Kommen, wird Mensch. Gottes Niederkunft in Jesus Christus ist ein Ereignis unserer Geschichte.

Und im Westen vieler gotischer Kirchen und Kathedralen sieht man, der untergehenden Sonne zugewandt, das königliche Bild des wiederkehrenden Christus. Zumeist ist es als Mitte in die großen Fensterrosetten eingelassen. Und es leuchtet genau dann die majestätische Gestalt des Pantokrators, des Allherrschers, auf, wenn sich die Sonne am Abend des Tages, am Abend des Lebens, am Abend der Welt neigt. Wenn ich mit meinem Tun und Lassen und meinem Latein am Ende bin, wenn diese Welt mit ihrem Welttheater am Ende ist, dann wird uns das Bild des Herrn der Welt endlich aufleuchten, einleuchten und heimleuchten.

Wir Christen leben zwischen der Niederkunft Christi in der Vergangenheit und der Wiederkunft Christi in der Zukunft. Und diese Zwischenzeit zwischen dem, der war, und dem, der sein wird, gilt es im Geiste dessen, der immer ist, im Geiste Jesu Christi zu gestalten. Aber wie? Das sagt uns das Evangelium vom letzten Sonntag des Kirchenjahres in der großen Gerichtsrede. Es ist bei Matthäus das letzte öffentliche Wort Jesu vor seinem Leiden und Sterben, ein eindringlich lebenspraktisches Wort.

In dem als Menschensohn und König titulierten Richter sehen die Christen Christus selbst. Er benennt die Beurteilungskriterien für unser Tun und Lassen zwischen seiner Niederkunft und seiner Wiederkunft: die Werke der Barmherzigkeit.

1. Die Hungernden speisen: Zehntausende sterben täglich noch immer an Hunger, während die lebensrettenden Lebensmittel zu Biosprit verarbeitet werden, um in Sprit fressenden Status-

karossen die Elendsquartiere umfahren zu können. Aber es gibt auch den Hunger nach menschlicher Zuwendung und menschlicher Anerkennung. Und an dem Hunger krepieren auch viele in unserem wohl saturierten Land.

2. Die Dürstenden tränken: Der Kampf ums Trinkwasser, um sauberes genießbares Wasser, ist längst ein Lebenskampf in Lateinamerika, in Indien, in Afrika, im Nahen Osten. Wasserleitungen, Brunnen, Meerwasserentsalzungsanlagen bauen, all das heißt heute die Dürstenden tränken. Wenn wir in Deutschland an sauberem trinkbarem Wasser auch keinen Mangel haben und pro Kopf ca. 140 Liter täglich verbrauchen, so gibt es doch auch hier Durst. Es gibt den Lebensdurst bei den Sterbenden, den Lebensdurst bei denen, die nicht genug kriegen können von ihren Suchtmitteln Alkohol, Geld, Medien, Sex. Ihnen wäre die Quelle zu zeigen, die ihren Durst wirklich stillen kann.

3. Die Fremden und Obdachlosen aufnehmen, beherbergen: Sie kommen mit Kind und Kegel in abenteuerlich-lebensgefährlichen Booten, haben ihr ganzes Vermögen drangesetzt, stranden auf Lampedusa oder Mallorca und werden postwendend wieder in ihr Elend zurückgebracht. Aber die Fremden und Obdachlosen gibt es auch hier. Man muss schon blind sein, um die Bettler, Stadtstreicher, Penner oder wie immer sie genannt werden, zu übersehen, und herzlos sein, sie zu übergehen.

4. Die Nackten bekleiden: Wir kennen die in Lumpen gehüllten Müllsammlerkinder in den großen Städten Lateinamerikas, Afrikas, Asiens. Aber was heißt Nackte bekleiden in unserer abgedreht durchgestylten Markenklamottenwelt? Gemobbte, Bloßgestellte, bis auf die Knochen Blamierte, sogar im Internet Entblätterte gibt es auch hier. Reichen wir ihnen den schützenden Mantel der Menschlichkeit. Setzen wir der menschlichem Anstand und menschlicher Würde hohnsprechenden Schamverletzung Widerstand entgegen.

5. Die Kranken besuchen: Je länger eine Krankheit dauert und je mehr es dem Ende zugeht, umso einsamer werden viele Kranke, fast wie in der Einzelhaft und Isolationsfolter. Wer den Leidenden besucht, begegnet dem mitleidenden Gott.

6. Die Gefangenen besuchen: Das ist noch schwerer. Denn dass und wo einer gefangen ist, wird oft von seinen Angehörigen vertuscht und verheimlicht, weil es ehrenrührig ist. Der Weg dahin ist keineswegs leicht. Wer ihn dennoch geht, begegnet im Gefangenen dem befreienden Gott.

Gott erscheint als königlicher Richter am Horizont unserer Existenz. Und die, die man hier kaum ernst nimmt, die letzten Heuler, Penner, Hungerleider, Vereinsamten, Kranken, Gefängnisinsassen, die Ein- und Ausgesperrten aller Art, deren Wort hier kaum Gewicht zugemessen wird, die werden dort zu Kronzeugen der Verteidigung für oder zu Kronzeugen der Anklage gegen uns.

Wenn wir Sorge tragen um die Not unserer Zeit, wird am Ende unserer Zeit einer um unsere letzte Not Sorge tragen. Darum dürfen wir schon jetzt – in der Sorge um andere – um uns selbst unbesorgt sein. Gott, wenn er richtet, richtet sich nach uns; richten wir uns also nach ihm.

Diese große Gerichtsrede Jesu ist die Magna Charta für die Einheit von Gottes- und Nächstenliebe. Sie sagt uns, dass es keine Liebe zu Gott gibt, die nicht an der Liebe zum Menschen erkennbar wäre.

»Was ihr für einen meiner geringsten Brüder und Schwestern getan habt, das habt ihr mir getan.« Damit hat jedes Tun in der Zeit einen Ewigkeitswert vor Gott. »Und was ihr für einen dieser Geringsten nicht getan habt, das habt ihr auch mir nicht getan.« Damit hat jedes Unterlassen in der Zeit einen Ewigkeitswert vor Gott.

Zwischen der Niederkunft Gottes in unserer Zeit und der Wiederkunft Gottes am Ende unserer Zeit sollen und dürfen wir die Menschlichkeit Gottes erfahren und erfahrbar machen. Die Werke der Barmherzigkeit sind die Wegmarkierungen auf dem Königsweg der Menschlichkeit, der erstaunlicherweise von Gott mit Gott zu Gott führt.

2. Heilige – Selige – Sonstige

Gebärmutter des Heils – Maria (01.01./25.03./15.08./08.12.)

Über Maria wissen wir historisch wenig. Und dennoch: Mit vier Hochfesten am 1. Januar, am 25. März, am 15. August, am 8. Dezember, zwei Festen und acht Gedenktagen macht die Kirche ein Aufhebens um Maria wie um keine Heiligengestalt sonst.

Sie beginnt bereits am 1. Januar mit dem Hochfest der Gottesmutter Maria und endet am 8. Dezember mit dem Hochfest der ohne Erbsünde empfangenen Maria. Sie widmet dieser Frau nicht irgendeinen, sondern just den Wonnemonat Mai und irgendwie auch noch den Rosenkranzmonat Oktober.

Das ganze Jahr über zwischen diesen beiden »Eckfesten« gibt es eine »geballte Ladung« an Marienfesten: am 13. Mai Unsere Liebe Frau von Fatima, am 2. Juli Mariä Heimsuchung, am 16. Juli Unsere Liebe Frau vom Karmel, am 15. August Aufnahme Mariens in den Himmel, am 22. August Maria Königin, am 8. September Mariä Geburt, am 12. September Mariä Namen, am 15. September Schmerzen Mariens, am 7. Oktober Maria vom Rosenkranz, am 21. November Unsere Liebe Frau von Jerusalem etc. Ist das nicht alles reichlich dick aufgetragen und völlig überzogen?

Über Maria, so meinte ein alter Pfarrer aus meiner Jugendzeit, könne man nie genug sagen. Und so schloss er jede heilige Messe, nachdem er bereits den Schlusssegen gegeben und den Entlassungsgruß entboten hatte noch mit den Worten: »Maria mit dem Kinde lieb, uns allen deinen Segen gib.« Ich fand das aus theologischen, aus liturgischen und aus lyrischen Gründen schlicht unerträglich. Ein anderer sicher sehr verdienstvoller Pfarrer beendete in der Wiederaufbauzeit seiner Martinus-Kirche jeden Gottesdienst mit »Maria, wir vertrauen, du wirst Martini bauen.« Irgendwann wurde es einem Mitglied der Pfarrei wohl zu bunt, und so scholl es von der Orgelbühne: »Maria lässt dir sagen, du musst dich selber plagen.«

Man hat die Zeit zwischen 1850 und 1950 gelegentlich als Marianisches Jahrhundert bezeichnet. Wo Maria schon fast zur Göttin erhoben schien, da war das wohl nur ein Notsignal dafür, dass Theologie und Kirche ein Gottesbild in den Vordergrund geschoben hatten, dem die mütterlichen Eigenschaften fehlten. So sehr Maria damals fast im Zentrum der Verkündigung gestanden hatte, seither geriet sie mehr und mehr ins Abseits.

Vielleicht ist es jenseits des Überschwangs marianischer Gefühligkeit von noch immer Millionen Wallfahrern hilfreich, ganz nüchtern auf die Maria der Bibel zu schauen. Im Markusevangelium (Mk 3,20) halten »seine Mutter und seine Brüder« den Prediger und Wundertäter Jesus schlicht für »von Sinnen«. Und auch Jesus distanziert sich von seiner Familie: »Wer den Willen Gottes tut, der ist für mich Bruder und Schwester und Mutter« (Mk 3,35). Da ist von Marienverehrung keine Spur. In der Kindheitsgeschichte bei Matthäus spielt Maria eher eine passive Rolle neben dem aktiven Josef. Erst beim Evangelisten Lukas tritt Maria uns als eine tief fromme und zugleich selbstbewusste Frau entgegen. Sie fragt nach, wo sie Gottes Wege nicht versteht: »Wie soll das geschehen, da ich keinen Mann erkenne?« (Lk 1,34). »Kind, wie konntest du uns das antun? Dein Vater und ich haben dich voll Angst gesucht« (Lk 2,48).

Aber sie, die Fragende, ist es auch, die einwilligt und sich von Gott in Dienst nehmen lässt für sein Heilswerk (Lk 1,38): »Ich bin die Magd des Herrn; mir geschehe wie du gesagt hast.«

Sie ist es, der Lukas das Magnifikat (Lk 1,46–55) in den Mund legt: »Meine Seele preist die Größe des Herrn, und mein Geist jubelt über Gott, meinen Retter [...] Denn der Mächtige hat Großes an mir getan [...] Er stürzt die Mächtigen vom Thron und erhöht die Niedrigen, die Hungernden beschenkt er mit seinen Gaben und lässt die Reichen leer ausgehen.«

Maria macht damit deutlich, dass der Gott von ganz oben der Gott für die ganz unten ist, dass der Gott, an den die Mächtigen nicht heranreichen, sich in die Reichweite der Ohnmächtigen begibt. Und hier als Mitwirkende im Dienste der Gerechtigkeit Gottes, da ist der Platz Marias und da ist auch unser Platz.

Maria steht mit nur einem der Apostel, mit Johannes, unter dem

Kreuz (Joh 19,25ff.). Die restlichen 11 Säulen der Kirche, als die man die Apostel gern bezeichnet, sind eingeknickt. Aber Maria steht im Leben und Sterben zu Jesus, auch wenn sie manches nicht versteht. Maria ist, wenn die Kirche an Pfingsten gegründet wurde, jedenfalls ein Gründungsmitglied; denn sie gehört zur betenden Urgemeinde in Jerusalem (Apg 1,14).

Zur »Maienkönigin«, »Rosenkranzkönigin«, »Königin der Apostel«, »Königin der Engel«, ja sogar zur »Königin des Himmels« hat man sie hochstilisiert, als ob man im Himmel nicht endgültig auf die Titel derer verzichten könnte, die schon auf Erden eine überwiegend schlechte Figur abgeben. Aber wer ist Maria, was zeichnet sie aus?

Maria ist der »Ort« in der Weltgeschichte, an dem Gott Mensch wird; sie ist die »Zeit« in der Menschheitsgeschichte, die mit der Menschwerdung Gottes erfüllt wird. Maria ist – wie wir – ohne Gott ein Nichts; aber sie ist mit Gott die Keimzelle und – in dieser Doppeldeutigkeit – die Gebärmutter des Heils.

Maria ist der Mensch, der Gott vorbehaltlos Raum und Zeit gibt in dieser Welt, der Gott für die eigene Lebensplanung nicht nur ein Mitsprache-, sondern das Verfügungsrecht einräumt, der Gott die Richtlinien- und Letztentscheidungskompetenz über das eigene Leben zugesteht. Sie lässt Gott an sich, in sich, mit sich wirken, gibt sich ihm hin. Und in dieser Hingabe ist sie beispielhaft für uns. Sie lässt Gott über sich verfügen, sie fügt sich in seinen Heilswillen. Und gerade so verfügt sie sich selbst aus dem Unheil der Zeit in das Heil der Ewigkeit Gottes.

Aber ihr Beispiel in ihrer Zeit ist uns Vorbild für unsere Zeit. Auch wir können Gott vorbehaltlos Raum und Zeit geben in dieser Welt. Auch wir können, indem wir Gott an uns, in uns und mit uns wirken lassen, Keimzellen des Heils sein und werden für unsere heutige Zeit und Welt.

Vorbehaltlich Leben – Bekehrung des Paulus (25.01.)

Am 25. Januar feiert die Kirche alljährlich das Fest der Bekehrung des Paulus und im Jahr 2009 obendrein seinen mutmaßlich 2000. Geburtstag. Bei der Lektüre seiner Schriften stoße ich auf zwei Verse im 1. Korintherbrief (1 Kor 7,29–31), die mich stutzig machen: »Denn ich sage euch, Brüder: Die Zeit ist kurz. Daher soll, wer eine Frau hat, sich in Zukunft so verhalten, als habe er keine, wer weint, als weine er nicht, wer sich freut, als freue er sich nicht, wer kauft, als würde er nicht Eigentümer, wer sich die Welt zunutze macht, als nutze er sie nicht; denn die Gestalt dieser Welt vergeht.«

Der 1. Korintherbrief ist wohl im Frühjahr 55 in der Hafenstadt Ephesus geschrieben worden. Paulus hatte sich auf seiner dritten Missionsreise von 52 bis 55 in Ephesus aufgehalten. Zuvor hatte er auf seiner zweiten Missionsreise, in den Jahren 50/51, in Korinth bei Aquila und Priscilla, einem begüterten judenchristlichen Kaufleuteehepaar gewohnt und währenddessen die Gemeinde von Korinth gegründet.

Gallio, ein älterer Bruder des Philosophen Seneca, war Prokonsul in Archaia, dem römischen Verwaltungsdistrikt, zu dem Korinth gehörte. Dieser Gallio hatte eine Klage der Juden gegen Paulus niedergeschlagen (Apg 18,12–17). Die Kenntnis seiner Amtszeit erlaubt uns die Datierung der Gemeindegründung. Die Gemeinde von Korinth hatte in diesen Anfangsjahren 100 bis 200 Mitglieder. Überwiegend waren das Heidenchristen aus der Unterschicht. Zum Gottesdienst traf man sich aber in Häusern der wenigen Oberschichtmitglieder.

Korinth war eine quirlige Hafenstadt mit einer aus Griechen, Römern, Orientalen und Juden bestehenden religiös und weltanschaulich bunt gemischten Bevölkerung. So gab es manches Zerwürfnis auch in der Gemeinde, die bis zu Streitigkeiten über das Herrenmahl reichten. Weil es zwischen Ephesus, wo Paulus lebte, und Korinth einen regen Schiffsverkehr gab, war die Nachrichtenlage gut und aktuell. So greifen die Briefe des Paulus immer wieder Konflikte auf und versuchen, sie zu moderieren oder zu lösen.

In dieses quirlige Treiben, in diese weltstädtischen Umtriebe hinein, denen nichts Menschliches und nichts Menschlich-allzu-Menschliches fremd war, schreibt Paulus seine befremdlichen Zeilen: »Die Zeit ist kurz. Daher soll, wer eine Frau hat, sich in Zukunft so verhalten als habe er keine« (1 Kor 7,29). Was soll das heißen? Ist das eine Empfehlung zu junggesellem Lotterleben, so zu tun, als wenn man nicht verheiratet wäre? Oder ist das umgekehrt unter Wahrung der äußeren Form der Ehe die Anleitung zur Nichtbeachtung des ehelichen Miteinanders? Soll man die Frau, den Mann links liegen lassen, Zärtlichkeiten einstellen? Paulus dachte ganz und gar nicht an eine Empfehlung zur vagabundierenden Partnersuche und ebenso nicht an eine Vernachlässigung des einmal aus Liebe gewählten Ehepartners.

Paulus schreibt weiter: »[…] wer weint, als weine er nicht, wer sich freut, als freue er sich nicht, wer kauft, als sei er nicht Eigentümer, wer sich die Welt zunutze macht, als nutze er sie nicht« (1 Kor 7,30f.). Ist das eine säuerliche Weltverweigerung, Miesmacherei, Verunglimpfung des Schönen und Beglückenden etc.? Ist das eine Empfehlung zur Halbherzigkeit, zur Bagatellisierung der Welt? Ist das eine bloß zur Schau gestellte Coolness?

Dass Paulus all das nicht meint, kann man mit vielen seiner Briefe belegen. Im Römerbrief (Röm 12,15) schreibt er, dass wir uns betreffen lassen sollen, mit den Weinenden weinen, mit den Fröhlichen uns freuen. Und auch Paulus selber ist mit ganzem Herzen bei der Sache Jesu; er schreibt seine Briefe quasi mit Herzblut, setzt sich ein bis zum Martyrium in Rom unter Kaiser Nero um das Jahr 65.

Die frühen Christen, unter ihnen auch Paulus, lebten in einer starken Endzeitstimmung, einer Naherwartung der Wiederkunft Christi. Manche neigten dazu, die Daseinsvorsorge aufzugeben, nichts für die alten Tage zurückzulegen, sich von geregeltem Tätigsein zu dispensieren, um auf die Wiederkunft Christi zu warten. Paulus missbilligt das.

Aber er warnt auch vor dem Gegenteil, davor, dem Partner die letzte und höchste Bedeutung zu geben. Er warnt davor, der Trauer über den Verlust und der Freude über den Gewinn materieller Dinge die letzte und höchste Bedeutung zuzumessen.

Ingeborg Bachmann, eine Dichterin des vergangenen Jahrhunderts, sprach einmal von der »auf Widerruf gestundeten Zeit.« So etwas Ähnliches sagt Paulus in seinen Worten. Hängt euer Herz nicht an etwas, das doch untergeht, das euch nicht halten und nicht retten kann.

»Ich sage euch, Brüder: Die Zeit ist kurz. […] denn die Gestalt dieser Welt vergeht.« Wenn dieses »die Zeit ist kurz« für die Welt gilt, um wie viel mehr dann für die Menschheit und den einzelnen Menschen, der nur ein Fliegenschiss im unendlichen Meer des Kosmos, der nur wie ein flüchtiger Moment in den Jahrmilliarden während Äonen ist?

Paulus plädiert für eine heilsame Relativierung dessen, was uns jetzt bedrückt und belastet oder beglückt und bewegt. Wir sollen nicht auf ein vergängliches Gut, sondern auf den unvergänglichen Geber alles Guten setzen. Paulus setzt ganz auf die Gestalt einer neuen Welt, die sich schon andeutet, die schon da ist, aber deren Vollendung noch aussteht. Nur der, der diese Welt ins Dasein stellte, Gott, wird auch die neue Welt heraufführen können.

Seit Paulus sind 2000 Jahre vergangen, und nichts ist mit Wiederkunft Christi. War dann die ganze Naherwartung der frühen Christen blanker Unsinn, nichts als üble Panikmache, ein existenzieller Vollalarm ohne Bedeutung? Das glaube ich nicht. Denn Gottes Spuren sind in allem, was uns begegnet. Sein Angesicht spiegelt sich in jedem menschlichen Angesicht. Gott ist uns näher als wir uns selbst, er ist uns innerlicher als wir uns selbst. Und auch der wiederkehrende Christus ist uns erschreckend nahe. Er ist von uns nur einen Atemzug weit entfernt, nämlich unseren letzten.

Geistiges Schwergewicht – Thomas von Aquin (28.01.)

Am 28. Januar begeht die Kirche das Fest des heiligen Thomas von Aquin. Thomas wird Ende 1224 oder Anfang 1225 als Sohn des Grafen Landulf von Aquin und der Gräfin Theodora von Theate auf Schloss Roccasicca bei Neapel geboren. Ein entfernter Onkel von ihm ist Kaiser Friedrich II. Fünfjährig schon steckt man ihn ins Kloster Monte Cassino.

Ab 1239, mit 14 Jahren also, begibt er sich ans Studium der sogenannten freien Künste in Neapel. Und dort bekommt er Kontakt mit der Philosophie des Aristoteles und mit dem damals noch brandneuen und als rebellisch geltenden Orden der Dominikaner. 1243, mit 19 Jahren, tritt er in diesen Orden ein. Ein Jahr darauf wird er von den Dominikanern zum Studium nach Paris abkommandiert. Aber auf der Wanderung nach Paris geschieht etwas Unglaubliches: Seine

Brüder Rainold und Landulf überfallen ihn und setzen ihn auf den väterlichen Burgen Monte Giovanni und Roccasicca in Haft. Abt in Monte Cassino, der benediktinischen Stammburg, hätte er werden sollen als politisch-wirtschaftliche Interessenvertretung der Familie im geistlichen Bereich, nicht aber Mitglied in einem Verein besitzloser Spinner. Man führt ihm sogar eine Prostituierte zu, damit er wenigstens in dieser Hinsicht den Kopf verlöre und endlich Vernunft annähme oder jedenfalls das, was man dafür hielt. Dem Vernehmen nach wurde kein Schäferstündchen daraus, und die Familie gibt nach einem Jahr den Widerstand auf.

Die Dominikaner gelten damals nicht nur als verrückt, sondern auch als Gefährdung der kirchlichen Ordnung. Sie beteten weniger als die Benediktiner, verzichteten auf Grundbesitz, lebten nicht in Klöstern, sondern in kleinen Konventen, hatten keinen Abt, sondern nur einen auf Zeit gewählten Prior, bestritten den Lebensunterhalt notfalls bettelnd. Der Eintritt in den Orden der Predigerbrüder ist also vergleichsweise so, wie wenn der für die Leitung eines bestimmten Unternehmenszweiges ausgesuchte Industriellensohn in eine Kommune zieht, um chinesische Philosophie zu studieren, ein Ärgernis für die Familie.

1245 wird Thomas, zwanzigjährig, in Paris Schüler des Albertus Magnus, der ihm den ganzen Aristoteles, auch den heidnischen Naturphilosophen, nahebringt. Als Albert 1248 Professor in Köln wird, zieht Thomas mit ihm und bleibt vier Jahre in Köln. 1252 erhält er einen Lehrauftrag in Paris und 1256 wird er selbst dort Professor. Aber es gibt erbitterte Auseinandersetzungen mit verknöcherten Konservativen. Man wirft ihm vor, den »Wein des Evangeliums« mit heidnischer Philosophie zu »verwässern«. Aber Thomas entgegnet, er verwandle nur das »Wasser der Philosophie wie bei der Hochzeit zu Kana in den Wein des Evangeliums«. In dieser Pariser Zeit entsteht seine »Summa contra gentiles«. Eine Auseinandersetzung mit griechischer und arabischer Philosophie, Fundamentaltheologie im besten Sinne.

1259 wird Thomas nach Rom beordert und beginnt dort mit dem theologischen Werk, das bis in unser Jahrhundert nachwirkt, der »Summa theologica«. In dieser Zeit bietet ihm Papst Clemens IV. den Erzbischofsstuhl von Neapel an. Thomas bittet inständig darum, ihm das zu ersparen. Heute schicken sich eher geistig minder gewichtige Personen an, einen Bischofsstuhl zu erhalten, nicht selten mit Erfolg.

1268 kommt er zum dritten Male nach Paris, alles zu Fuß und den Lebensunterhalt erbettelnd. Hier auf dem Höhepunkt seiner Schaffenskraft erhält er mehrere Sekretäre. Während er dem einen ein Werk in Kurzschrift diktiert, schreibt der andere das zuvor Aufgenommene in Langschrift leserlich um. Buchstäblich bis zum Umfallen diktiert er, und zwar täglich und parallel verschiedene Werke. Thomas ist so dick, dass man den Schreibtisch rund aussägt. Aber er ist nicht nur ein körperliches Schwergewicht, sondern vor allem ein geistiges.

In diesen Jahren in Paris wird eine Richtung des Aristotelismus gemaßregelt und kirchlich verurteilt. Thomas, der sich ja auf Aristoteles stützt, gerät unter heftigen Beschuss aus einflussreichen konservativen Kirchenkreisen, von Franziskanern wie Weltpriestern. Da zieht sein Orden ihn 1272 aus der Schusslinie und verhindert so möglicherweise seine lehramtliche Verurteilung. Zu Fuß wandert er zurück nach Neapel, wo er den Auftrag erhält, eine neue theologische Fakultät aufzubauen.

1274 wird Thomas als Konzilstheologe nach Lyon eingeladen. Ende Januar oder Anfang Februar tritt er den Fußmarsch dorthin an, kommt aber nicht mehr weit. In der Zisterzienserabtei Fossanova stirbt er am 7. März 1274, gerade erst neunundvierzigjährig. Angesichts dieses ganz und gar auf Erkenntnis ausgerichteten Lebens könnte man folgende Quintessenz ziehen:

Am jugendlichen Thomas kann man erkennen: Es hat keinen Sinn, junge Menschen zu dem zu zwingen, was man selbst als deren Glück erachtet. Es könnte wie bei Thomas ein Glück für die Kirche und Gesellschaft sein, wenn die erzieherische Gleichschaltung misslingt.

Am Thomas, der sich gegen die damalige kirchliche Gepflogenheit mit dem heidnischen Aristoteles auseinandersetzt, kann man erkennen: Man kann das Nachdenken über Gott prinzipiell nicht weit genug treiben. Und jeder Gegenstand des Denkens, und sei er noch so neu und sperrig, ist es wert, sich intensiv mit ihm zu beschäftigen; denn in seinen letzten Gründen verweist er auf Gott.

Am Thomas, der das reiche elterliche Erbe und den wohldotierten Erzbischofsstuhl ausschlägt, kann man erkennen: Was heute nottut, ist nicht ein gekaufter, sondern ein getaufter Verstand, der nicht um des Geldes, sondern um Gottes willen seine höchsten Leistungen vollbringt.

Am 6. Dezember 1273, ein Vierteljahr vor seinem Tod, hörte er mitten in einem Traktat über die Buße für immer auf zu schreiben mit folgender Begründung: »Ich kann nicht mehr; vor dem, was ich gesehen habe, erscheint mir alles, was ich geschrieben habe, wie Spreu.« Diese alles in den Schatten stellende Erfahrung Gottes wäre auch uns heute zu wünschen.

Heiliger Name? – Hieronymus Ämiliani (08.02.)

Sagt Ihnen der Name Hieronymus etwas? Die Kunstbeflissenen unter Ihnen werden an die zahllosen Bildmotive »Hieronymus im Gehäuse« denken, die den bibelgelehrten Einsiedler mit einem mahnenden Totenschädel und mit seinem Löwen zeigen. Andere denken an Hieronymus Bosch (um 1450–1516), den niederländischen Maler apokalyptischer, infernalischer Schreckensbilder, der am Vorabend der Reformation lebte. Mit einem dritten Hieronymus, nämlich Hieronymus Ämiliani, einem etwas jüngeren Zeitgenossen von Hieronymus Bosch, möchte ich Sie bekannt machen, denn sein Fest wird von der Kirche am 8. Februar begangen.

Hieronymus Ämiliani heißt eigentlich mit Vornamen Girolamo und wird 1486 als Spross einer venezianischen Adelsfamilie geboren. Er erhält standesgemäß eine hervorragende Ausbildung. Aber nach dem Tod seines Vaters bricht er seine Studien ab und wird, für den abenteuerlustigen jungen Mann naheliegend, Soldat. Als solcher zieht er in den Krieg zwischen den lombardischen Städten und König Karl VIII. von England, wo er sich die ersten militärischen Meriten verdient.

Dann dient er im Krieg seiner Vaterstadt Venedig gegen Kaiser Maximilian I. Gegen gewaltige kaiserliche Übermacht verteidigt er, als der eigentliche Kommandant getürmt ist, lange und heldenhaft die kriegswichtige Festung Castel Nuovo. Als sie im August 1511 dann doch fällt, wird er angekettet in einen Kerker gesperrt, in dem er den Tod vor Augen einen Monat zubringt. Hier nimmt sein Leben eine entscheidende Wende. Er fleht zur Gottesmutter von Trevigi, und als er einige Zeit später mit seinen Ketten in Trevigi auftaucht, erzählt er von seiner wunderbaren Befreiung aus dem Kerker, die er der Mutter Gottes zuschreibt. Er legt seine Ketten auf dem Altar nieder und hinterlässt eine Urkunde über seine wunderbare Rettung. Die Stadt Venedig ernennt ihn nach dem Friedensschluss wegen seiner außerordentlichen Tapferkeit zum Kommandanten von Castel Nuovo. Jetzt, wo er das Ziel seiner Jugendträume erreicht hat, wo er in der militärischen Hierarchie oben angekommen ist, quittiert er die soldatische Laufbahn und wendet sich der caritativen Arbeit für Kranke, Waisen und Arme zu. 1518, also mit 32 Jahren, empfängt er die Priesterweihe.

Als im Jahr 1528 Venedig von Seuchen und Hunger heimgesucht wird, fährt er mit seinem Boot durch die Kanäle Venedigs zu den Kranken, den Armen, den Hungernden und verschafft ihnen unter Veräußerung seines Hausrats und unter Aufbietung all seiner materiellen Möglichkeiten nach Kräften Hilfe. Dabei fängt er sich selber den Flecktyphus ein. Als er nach langem Krankenlager wieder genesen ist, kümmert er sich um die zahllosen Waisen der Seuche. Er sammelt sie von den Straßen ein und gibt ihnen Unterkunft in einem Haus bei San Rocco. Er kümmert sich um ihre schulische und berufliche Ausbildung, damit sie irgendwann auf eigenen Füßen stehen können. Am Ende sind Hunderte von Kindern in seiner Obhut. Die Stadt Venedig, deren Senator er einige Jahre ist, stellt ihm weitere Räumlichkeiten, das sogenannte »Hospital für die Unheilbaren«, zur Verfügung. In Padua, Verona, Brescia und Mailand entstehen ähnliche Einrichtungen. Er legt Wert darauf, dass sich die Häuser durch die Arbeit der Jugendlichen zumindest teilweise selbst tragen.

Als sich seinem Beispiel eine größere Anzahl von Patriziern, Adeligen, Priestern anschließt, gründet er noch im selben Seuchenjahr 1528 in der Einsamkeit von Somasca bei Bergamo einen Orden, der mit derzeit ca. 500 Mitgliedern bis heute Bestand hat. Sie übernehmen schließlich die Augustinusregel und nennen sich nach dem Ort ihrer Gründung »Somasker«. Der Bischof von Chieti, der spätere Papst Paul IV., unterstützt diese Ordensgründung. Die Aufgabe der Somasker ist wie die ihres Gründers die Jugendhilfe, die schulische und berufliche Ausbildung und die Krankenpflege. Heute arbeiten die Somasker in Internaten, Waisen- und Krankenhäuser z. B. in Italien sowie in Nord-, Mittel- und Südamerika. Ein Ableger des Ordens, eine Neugründung des 19. Jahrhunderts, arbeitet heute in Belgien.

Als 1536/37 in Bergamo die Pest wütet, organisiert Hieronymus mit den Somaskern erneut die lebensgefährliche Nothilfe. Er infiziert sich bei dieser Arbeit wiederum selbst und stirbt im Alter von 51 Jahren am 8. Februar 1537, also vor 475 Jahren.

Aus den Tiefpunkten seines Lebens, der Kerkerhaft von 1511 und der langen Krankheit im Seuchenjahr 1528, macht er Höhepunkte der Menschlichkeit.

Der Held auf den Schlachtfeldern wendet sich von seinen Karrieregelüsten ab und wird, indem er sich um die »Kollateralschäden« militärischer Aggression kümmert, ein Held der Nächstenliebe.

Erst verteidigt er tapfer eine militärische Festung, um seiner Heimatstadt Venedig zu dienen. Dann begründet und verteidigt er tapfer eine caritative Festung an der Front von Not, Unwissenheit und Krankheit, um der Menschlichkeit zu dienen. Diese Art von Konversion täte unserer nicht weniger gewaltsamen und immer neu auf den gewaltigen Irrtum der Gewalt setzenden Welt dringend Not. Seinen Mitstreitern schärft er ein: »Unser Ziel ist Gott, der Quell alles Guten, und wir sollen nur auf ihn vertrauen, nicht auf andere.« Das ist schon alles, um Gottes und der Menschen willen. Hieronymus heißt übersetzt »heiliger Name«. Durch dieses Leben wird aus dem heiligen Namen der Name eines Heiligen, eines namhaften Heiligen sogar.

Kirchenlehrer – Petrus Damiani (21.02.)

Am 21. Februar feiert die Kirche das Fest des Petrus Damiani. Der Mann kann einem angesichts der gegenwärtigen Kirchenprobleme Mut machen, denn er hatte es mit ungleich größeren zu tun.

1006 wird er, als 7. Kind geboren, von seiner Mutter irgendwo in Ravenna ausgesetzt. Die Konkubine eines Klerikers liest ihn auf und rettet ihn. Eine erste Ironie seines Lebens, denn er wird später engagiert gegen das verbreitete Klerikerkonkubinat ankämpfen. Früh Vollwaise kommt Petrus für die ersten 10 Lebensjahre in die Obhut eines älteren Bruders, der ihn mit Härte zu regieren sucht. Petrus flieht und ein anderer Bruder, Damian, ein Priester, zieht ihn groß und vermittelt ihm mit viel Menschlichkeit eine gute Ausbildung. Zum Dank dafür nennt sich Petrus, inzwischen ein erfolgreicher Privatlehrer in Ravenna, nach diesem Bruder Petrus Damiani. Er sucht eine geistliche Lebensform, stößt aber bei den Klerikern und Mönchen damals auf intellektuelle Unbedarftheit und existenzielle Unernsthaftigkeit. So begibt er sich mit 29 Jahren in einen losen Verbund von Eremiten in die Einsiedelei Fonte Avellana auf dem Apennin. Die gut 30 Einsiedler, die ihr Leben in strengem Fasten, Arbeiten und Beten zubringen, wählen Petrus zu ihrem Prior. Aus der Hand eines Bischofs, der selber von einem Bischof mit erkauftem Titel geweiht worden war, empfängt Petrus Damiani die Priesterweihe. Eine zweite Ironie seines Lebens, denn er wird später ebenso engagiert gegen die Simonie, den Ämterkauf in der Kirche, kämpfen. Er sagt: »Geldgier und Mönchtum sind unvereinbare Dinge. […] Hören wir auf nach weltlicher Macht zu streben.«

Durchaus polemisch kämpft er gegen die bürgerliche Behäbigkeit und Leichtlebigkeit der Priester und Bischöfe seiner Zeit. »Wir selbst sind Schuld, dass die Achtung vor dem Priester verloren geht […], so dass die Priester eher als eitle Menschen und Possenreißer denn als Diener der Kirche und Gesalbte Jesu Christi erscheinen. […] Während Mäßigkeit die Bischöfe empfehlen sollte, sind sie nun durch ihre Verschwendung zu Prassern geworden […] der Pelz der Schafe wird verachtet, die Felle der Hermeline […] werden gesucht.«

Vielleicht noch schlimmer als das Priesterkonkubinat: In vielen Regionen werden Bischofssitze und Abteien an den Meistbietenden verkauft. Auch die damit verbundenen Ämter werden verschachert.

»Während einer durch seine Schmeicheleien nach dem Titel eines Bischofs jagt, macht er sich zum Schmarotzer, und während er aus Ehrgeiz nach der Mitra strebt, macht er sich zum Schauspieler.«

»In unserer Gegend findet man nur wenige, die des bischöflichen Amtes würdig sind; denn alle suchen, was ihnen Vorteil bringt.« Eine vernichtende Zustandsdiagnose für die Kirche damals.

Petrus wird so zum Mahner der Päpste. Papst Stephan IX. erhebt Petrus Damiani schließlich gegen dessen Willen zum Kardinalbischof in Ostia. Nun muss er, der mehrfach um Amtsentpflichtung bittet, selbst tun, was er zuvor von den Bischöfen gefordert hatte und den Spagat zwischen kirchenpolitischer Aktion und monastischer Kontemplation bewältigen, die Zerreißprobe seines Lebens. Dabei erkennt er: »Oft lernt man, indem man lehrt. Der eigene Mund ist ein Antriebsmittel, um das zu tun, was man anderen einschärft. […] Das gepredigte Wort geht hervor von der Zunge, aber es empfängt seine Kraft aus dem Lebenswandel des Predigers.« Das muss man sich als Vertreter der Kirche auch heute gesagt sein lassen.

Petrus Damiani wird als päpstlicher Legat nach Mailand geschickt, wo es einen innerkirchlichen Volksaufstand gegen die oft adeligen Priester gibt, die mit gekauften Ämtern und Pfründen und im Konkubinat lebten. Fast alle Kleriker Mailands hatten mit Geld ihr Amt erkauft. Und da stellte sich die Frage, ob diese simonistischen Priester überhaupt gültig die Sakramente spendeten. Petrus kehrt mit eisernem Besen durch diesen innerkirchlichen Saustall, belegt die Priester mit erheblichen Bußleistungen und verlangt für die Zukunft schriftlich das Versprechen ehelosen und ehrbaren Lebenswandels. Wer dazu nicht bereit ist, wird des Amtes enthoben. Die erteilten Weihen und gespendeten Sakramente erklärt er dann aber, gegen den Willen des damals amtierenden Papstes, für gültig. Die Theologie nach ihm schließt sich aber diesem Urteil an.

Mit der Wahl von Papst Alexander II. tritt ein Gegenpapst namens Cadalus auf, ein Günstling der lombardischen Bischöfe. Auch hier kämpft Petrus engagiert für den rechtmäßigen Papst und interveniert für ihn beim Deutschen Kaiser.

1062 leitet er als päpstlicher Legat die Reform des Klosters Cluny ein. Die Ehekrise von Kaiser Heinrich IV., die zu einer Staatskrise zu werden droht, weiß er 1069 zu beheben.

Er verwahrt sich gegen die unerträglichen Bannflüche von Päpsten, mit denen diese ihre Weisungen zu bekräftigen pflegten. Er kämpft gegen die bischöfliche Justizimmunität, mittels derer die Bischöfe – trotz offensichtlicher Vergehen – von Untergebenen nicht belangt und beim Papst oder Erzbischof angezeigt werden konnten.

Er sagt: »Das hieße ja gleichsam einen Schleier über die eigenen Fehler ausbreiten und sich dem Gerichte entziehen, während man über andere richtete.« Dazu verweist er auch auf Petrus, der sich der Kritik des Paulus gestellt und seine Haltung geändert hat. Auf der Rückreise von einer erfolgreichen Vermittlungsmission in Ravenna stirbt Petrus Damiani 1072 in Faenza.

Dieser Mann hat nicht die kirchlichen Verhältnisse schön und dem Papst nach dem Munde geredet. Er hat die Kritik des Volkes an Priestern, Bischöfen und Päpsten ernst genommen und so der Einheit der Kirche mehr gedient als die zahllosen Vertuschungskünstler vor und nach ihm. Er hat auch dem Volk nicht nach dem Munde, sondern schonungslos Klartext geredet. Dass ihn Papst Leo XII. 1828 zum Kirchenlehrer ernannt hat, ist angemessen. Und so viel ist im Blick auf dieses Leben auch klar: Den Titel Kirchenlehrer schreibt man nicht mit doppeltem E hinter dem L.

Eine Welt, die sich macht – Pierre Teilhard de Chardin (10.04.)

Im sogenannten Darwin-Jahr 2009 gedachte alle Welt seines 200. Geburtstags und des 150. Jahrestages des Erscheinens seines bahnbrechenden Werkes »Über die Entstehung der Arten durch natürliche Zuchtwahl«. Und nicht wenige meinen, Darwin habe mit seiner Evolutionstheorie der Schöpfungstheologie den endgültigen Todesstoß versetzt. Damit ist die Welt angeblich gespalten in eine gottlose wissenschaftliche und eine gottvolle unaufgeklärte Welt, Glauben hie gegen Wissen da, eine schizophrene Welt.

Auch wenn ich die Bewunderung für Darwin teile, muss ich doch an einen Mann erinnern, der – obschon nicht minder genial wie Darwin – heute gleichwohl fast in Vergessenheit geraten ist: Pierre Teilhard de Chardin (1881–1955).

Eine erste Spur legte mein Deutschlehrer auf der Penne, der sicher nicht länger als fünf Minuten über das Denken dieses Mannes gesprochen und mich neugierig gemacht hat. Kurz nach dem Abitur fuhr ich zur Bundesgartenschau nach Köln und übernachtete bei einer Cousine. Dort stieß ich vor dem Schlafengehen auf ein Buch über Teilhard de Chardin und las mich darin fest. Hier war einer, Naturwissenschaftler und Paläontologe einerseits sowie Theologe und Jesuit andererseits, der die in Wissen und Glauben zutiefst gespaltene Welt auf geniale Weise wieder zusammenfügte. Bei der Rückfahrt ließ ich das Buch ohne zu fragen mitgehen, und so wurde der gestohlene Teilhard mir zur intellektuellen Notration in den Jahren der Zerreißprobe zwischen dem »gottvollen Theologie- und dem gottlosen Biologiestudium«. Und meine Diplomarbeit in der Theologie widmete ich diesem großen Brückenbauer über den reißenden Strom der Differenzen zwischen dem Ufer der Schöpfung und dem Ufer der Evolution.

Er ist einer der ersten, der nicht nur von einer biologischen Evolution spricht, sondern auch von einer kosmologischen und chemischen wie auch von einer kulturellen und psychosozialen Evolution. Und in alldem sieht er Gott am Werke, den unvordenklichen Vordenker alles dessen, was wir nur mühsam nachdenken können.

Seit 1905 ist Teihard Physik-, Chemie- und Biologielehrer in Kairo, 1911 empfängt er die Priesterweihe, den I. Weltkrieg besteht er als Sanitätssoldat an der Front. Hier formuliert er zum ersten Mal seine Naturmystik. 1920 schreibt er seine Doktorarbeit über die Säugetiere des unteren Eozäns und hält danach Vorlesungen über die Vereinbarkeit von Evolution und Schöpfung am Institut Catholique in Paris. Die Resonanz ist erheblich, aber den Ruf auf einen Lehrstuhl an der Sorbonne darf er auf Anweisung des Ordens nicht annehmen. Man schickt ihn stattdessen 1923 auf eine paläontologische Expedition nach China, damit er mit seiner »abenteuerliche Theorie« nicht die Theologie durcheinanderbringt. Aber genau hier wirkt er von 1929 bis 1931 als Wissenschaftler mit bei der Entdeckung des damals sogenannten Pekingmenschen, eines Homo erectus, wie wir heute sagen. Von 1923 bis 1946 forscht er in China, von wo aus er aber zahlreiche Expeditionen nach Somalia, Nord- und Zentralindien, Java, Burma etc. unternimmt.

Teilhard sieht in der Evolutionstheorie die naturwissenschaftliche Beschreibung des einen und selben Vorgangs, den die theologische

Beschreibung Schöpfung Gottes nennt. Aber dieser Gott schafft keine Fertigbau-Welt wie aus dem Lego-Baukasten. Er schafft eine sich in relativer Autonomie weiterentwickelnde Werdewelt. Gott macht eine Welt, die sich macht.

Zuerst bildet sich in den gewaltigen kosmologischen Prozessen die noch tote Erde heraus. Geogenese nennt Teilhard diesen Prozess. Aber die entstandenen chemischen Elemente durchlaufen einen Prozess des Komplexitätswachstums, von Atomen über Moleküle hin zu Makromolekülen, mit den Grundbausteinen des Lebens, DNA für die Information und Protein für die Katalyse. Um die tote Erde herum bildet sich sodann ein nach und nach immer komplexer und differenzierter werdendes Geflecht von Leben. Biogenese nennt Teilhard das. Und schließlich bildet sich in dieser Sphäre des Lebens das immer komplexer und differenzierter werdende Geflecht von informationsverarbeitenden Zellen (Neurone) und Organen (Gehirne). Diese Herausbildung der Gehirne und des Denkens nennt er Noogenese. Und lange bevor es die ersten noch primitiven Computer gibt, prognostiziert er eine weltweite Vernetzung des Denkens: »Es entsteht ein Denken, das kunstreich das Organ vervollkommnet, auf dem es beruht.« Eine manchmal bornierte Kirche hat zuerst ein Veröffentlichungsverbot für seine Werke verfügt und sie doch im Stillen mit heißem Herzen gelesen. Die Dokumente des Zweiten Vatikanischen Konzils legen davon ein beredtes Zeugnis ab.

Der Mensch endlich ist das Geschöpf, das den Schöpfer erdenkt und bedenkt, sein Dasein vom Schöpfer her denkt und auf ihn hin denkt. Der Mensch ist das Geschöpf, in dem die evolutiv konzipierte Schöpfung kommunikationsfähig wird auf ihren Schöpfer hin, – hellhörig, weitsichtig, feinfühlig für die eigene zeitlich-endliche Geschöpflichkeit, – hellhörig, weitsichtig, feinfühlig für seinen ewigen unendlichen Schöpfer.

So hat Teilhard de Chardin eine starre Schöpfungsvorstellung evolutiv dynamisiert und eine im Zufall driftende Evolutionsvorstellung auf Gott hin zentriert.

Pierre Teilhard de Chardin, dieser große Paläontologe, Theologe und Naturphilosoph, stirbt in New York am Ostersonntag 1955

durch Herzinfarkt, – der Auferstehungs- als Todes- und der Todes-
als Auferstehungstag. Ich glaube, dass der den Glauben erforschende
Naturwissenschaftler und der die Natur erforschende Gläubige nur
zwei Menschen auf dem Weg zum selben Ziel sind. Und ich hoffe,
dass sie sich, von wo immer sie aufgebrochen sind, am Ende ihres
Sternmarsches im selben Ziel, beim Gott des Lebens, begegnen.

Der Leitstern dieses Sternmarsches aber ist die unstillbare Sehnsucht nach Wahrheit, die Gott in seine Geschöpfe hineingelegt hat,
die unstillbare Sehnsucht nach der Wahrheit, die Gott selber ist.

Selbst- und sendungsbewusst – Katharina von Siena (29.04.)

Im Jahr 1347 wird dem verarmten Adeligen Giacomo di Benicasa,
der als Wollfärber den Lebensunterhalt verdient, und seiner Frau
Lapa di Puccio di Piagente das – sage und schreibe – 23. Kind geboren. Die meisten ihrer Geschwister überleben die damaligen Pestepi-
demien und Kriege nicht. Die Eltern Benicasa nannten ihre Tochter
Katharina. Bis heute ist sie bekannt als Katharina von Siena, die später zur Kirchenlehrerin erhoben wird. Am 29. April feiert die katholische Kirche ihren Gedenktag.

Katharina hatte schon im Alter von sechs oder sieben Jahren religiöse Visionen. Als sie, damals war das nicht ungewöhnlich, mit 12
Jahren verheiratet werden soll, weigert sie sich standhaft, tritt in
eine Art innere Emigration und widmet sich zunächst jahrelang
dem Gebet und der Askese.

Mit 16 Jahren wird sie gegen den Willen ihrer Eltern Dominika-
ner-Tertiarin, bleibt also an der Schwelle zwischen Laienstand und
Ordensfrau. Von nun an sieht sie ihre Aufgabe im Gebet, in der
Krankenpflege und in der Armenfürsorge.

Katharina ist, auch wenn sie kaum lesen und schreiben kann,
eine begeisternde, faszinierende Rednerin. Schnell sammelt sich
um sie eine große Gruppe von Anhängern, die Familie, wie sie sich
nennen. Von der übrigen Bevölkerung Sienas werden sie Catherinati
genannt und sind keineswegs unumstritten.

Um 1370 beginnt Katharina mit ihrem politischen und kirchenpolitischen Wirken u. a. in Pisa, Florenz und Avignon. Der Friede

ist ihr zentrales Anliegen und das Wort Pace wird zum Kennwort der Catherinati.

Als ungebildete gut 20-Jährige niederen Standes diktiert sie Briefe an Könige, Bischöfe und den Papst und findet Gehör, ja wird sogar zur Ratgeberin der Mächtigen.

Sie redet der kirchlichen und politischen Obrigkeit streng ins Gewissen: »Wie sehr muss man sich schämen, wenn man jene, die ein Vorbild in freiwilliger Armut sein und das Kirchengut an die Armen verteilen sollten, im Pomp, in wirklichkeitsleeren Werten der Welt schwelgen sieht.«

Es ist eine völlig verrückte Zeit. Die Päpste residieren zwischen 1309 und 1377 nicht selten in Saus und Braus in Avignon. Katharina sieht eine ihrer Hauptaufgaben darin, den Papst aus der Abhängigkeit vom französischen Hof zur Rückkehr nach Rom zu bewegen. So schreibt sie an Gregor XI.: »Ich sage Euch im Namen Christi des Gekreuzigten, dass Ihr kommen sollt, sobald Ihr nur könnt. Achtet auf keinen Widerspruch, den Ihr erfahrt, sondern kommt wie ein Mann ohne Furcht! Hütet Euch, mit einem kriegerischen Heer zurückzukehren, sondern kommt mit dem Kreuz in der Hand, wie das sanftmütige Lamm.«

Aber nach der Rückkehr von Papst Gregor XI. und seinem baldigen Tod in Rom bricht 1378 das große abendländische Schisma aus, das fast 40 Jahre bis 1417 andauert und zeitweilig nicht nur zwei, sondern sogar (1409–1417) drei Päpste an der Spitze der Kirche sieht. Erst das Konzil von Konstanz beendet diese schreckliche Spaltung.

Den Kardinälen, die 1378 zunächst in Rom unter dem Druck der Straße Urban VI. und dann einige Monate später Klemens VII. zum Gegenpapst wählen, der wieder in Avignon regiert, wäscht Katharina gehörig den Kopf. Verglichen mit den damaligen kirchlichen Problemen erscheinen mir die heutigen nahezu lächerlich klein.

Als 1374 auch in Siena die Pest ausbricht, bleibt Katharina in der verseuchten Stadt und pflegt die oft völlig hilflos zurückgelassenen Kranken. Es gibt aber auch innerkirchliche Anfeindungen und Verdächtigungen. 1374 wird Katharina vor das Generalkapitel des Dominikanerordens gerufen und dort wohl wegen des Vorwurfs der

Ketzerei verhört. Von dem Vorwurf wird sie freigesprochen, aber man stellt ihr den einflussreichen Raimund von Capua als Beichtvater an die Seite, der sie nunmehr bis zu ihrem Lebensende als Berater und Dolmetscher begleitet und der auch nach ihrem Tod ihre Biografie verfasst. Eine Frau mit dieser inneren Dynamik und Wortgewalt muss man sozusagen an die »Leine nehmen.«

Katharina ist nicht nur eine leidenschaftlich kämpfende, sondern auch eine herzlich mitfühlende Frau. Sie steht zum Tode verurteilten bis zur Hinrichtung bei, schenkt einem Hungernden das silberne Kreuz von ihrem Rosenkranz und einem Bettler ihren Ordensmantel. Als man sie tadelt, es sei für eine Frau unschicklich, ohne Obergewand in der Öffentlichkeit aufzutreten, antwortet sie: »Ich will lieber ohne Mantel als ohne Liebe mich finden lassen.«

In manchem ist Katharina gescheitert, so mit ihrer Friedensinitiative zwischen Papst Gregor XI. und Florenz. Auch in ihrem Aufruf zum Kreuzzug ins Heilige Land, den sie aber nicht als militärische, sondern als missionarische Aktion verstanden wissen wollte, bleibt sie ein Kind ihrer Zeit.

Aber ihre unbeugsame Gradlinigkeit und Konsequenz im Einfordern und Einhalten eines ganz und gar an Christus orientierten Lebens hat ein reinigendes Feuer in der Kirche entfacht und die Kirche nachhaltig verändert. Dazu passt ihr Wort: »Nicht der Beginn wird belohnt, sondern einzig und allein das Durchhalten.«

Und auch ein anderes Wort von ihr zeugt von ihrem großartigen menschlichen und christlichen Format: »Dem Tapferen sind Glück und Unglück wie seine rechte und seine linke Hand, er bedient sich beider.«

Bereits mit 33 Jahren, am 29. April 1380, stirbt Katharina von Siena und wird in Rom begraben. Sie ist eine Frau ohne finanzkräftige Herkunft, ohne politische Ämter, ohne nennenswerte Schulbildung, aber mit einem ganz in Christus begründeten Sendungsbewusstsein und einer umwälzenden und aufrüttelnden Dynamik. Ein solches, die Kirche und Gesellschaft von Grund auf veränderndes Selbst- und Sendungsbewusstsein zu haben, ist auch uns heute nicht untersagt.

Sehend unter Blinden – Pauline von Mallinckrodt (30.04.)

Während sich alles für den 1. Mai mit Getränken oder Wanderschuhen oder Grillfleisch oder sonstigem für überlebensnotwendig Erachteten versorgt, am 30. April eben, begeht die Kirche währenddessen den Todestag einer bemerkenswerten Frau, Pauline von Mallinckrodt.

Mit ihrem Lebenswerk bekam ich auf merkwürdige Weise zu tun. Die Nachbarn vis-à-vis meinem dörflichen Pfarrhaus erhielten gelegentlich Besuch von einer blinden Frau. Und dieser ganz offenbar frommen Dame lasen sie dann und wann aus meinem ersten Predigtbändchen vor. Eines Abends war ich dort auch geladen und die Blinde fragte, ob ich etwas dagegen hätte, wenn sie mein Buch in Blindenschrift übertrüge. Einige Monate später erhielt ich ein Paket aus Paderborn mit drei dicken, aber merkwürdig leichten Büchern, meine Predigten in Blindenschrift, und könnte nun, wenn ich es könnte, mit Fingerspitzengefühl ertasten, was ich vor Jahr und Tag zu Gehör und zu Papier gebracht habe. Die blinde Dame arbeitete in einem Ordensverlag für Blinde in Paderborn. Mehr als ein Jahrzehnt später, ich war an der theologischen Fakultät in Paderborn tätig, da begegnete mir ein größerer Schwarm von Nonnen in mir unbekannter Tracht.

Wie ein guter Ornithologe die Vogelarten am Gefieder erkennt, so ein geübter Theologe die Nonnenarten am Habit. Aber diese konnte ich nicht zuordnen. Als ich eine meiner Studentinnen fragte, sagte sie mit liebenswerter Frechheit, das seien die Mallinckröten.

Die Frau, die diese für mich zunächst unsortierten Spuren hinterlassen hat, ist Pauline von Mallinckrodt. Am 3. Juni 1817 wird sie, die älteste von vier Kindern, in Minden als Tochter eines hohen preußisch-protestantischen Beamten geboren. Als dieser in Aachen Vizeregierungspräsident wird, kommt sie mehr und mehr mit dem katholischen Milieu in Berührung und wird intensiv geprägt durch ihre zum Katholizismus konvertierte Lehrerin Luise Hensel. Das ist die Dichterin schlicht-frommer geistlicher Lieder wie »Müde bin ich, geh' zur Ruh« u. a. Auch ihre fast gleichaltrigen Freundinnen Clara Fey und Franziska Schervier, die beide später Ordensgründerinnen werden, prägen sie stark. Als sie 17 Jahre alt ist, stirbt die Mutter an Cholera und Pauline führt den großen Haushalt tatkräftig weiter.

Als die Familie auf das Landgut Böddeken bei Paderborn zieht, gründet Pauline von Mallinckrodt, die als Pädagogin eine Naturbegabung ist, auf Anregung des Frauenvereins 1840 in Paderborn eine Kindertagesstätte. Hier entdeckt sie auch ihre große Liebe, der sie fortan ihr ganzes Leben widmet, die blinden Kinder. Nach dem Tod ihres Vaters bereist sie als 25-Jährige Berlin, Prag, München, Innsbruck und Wien, um hier aus den einschlägigen Erfahrungen im sozial-caritativen Bereich für ihre Aufgabe zu lernen. Als die westfälischen Stände ihr 1847 die Leitung der Provinzialblindenanstalten antragen, sucht sie bei ihrer Freundin Clara Fey, die gerade in Aachen den Orden der »Schwestern vom Armen Kinde Jesu« gegründet hatte, um personelle Unterstützung nach. Aber der Orden ist noch zu sehr am Anfang, um unterstützend tätig werden zu können. Die Sacré-Cœur-Schwestern, bei denen sie vorspricht, werden von der preußischen Landesregierung nicht zugelassen. So gründet sie kurzerhand mit drei anderen jungen Frauen 1849 einen eigenen Orden, die »Schwestern von der christlichen Liebe«, um die vielfältigen Aufgaben in der Kindertagesstätte und der Provinzialblindenanstalt übernehmen und bewältigen zu können. Der Orden wächst erheblich, und so kümmert sich Pauline fortan auch um die Betreuung von Waisen, um Mädchenbildung und um die geistliche Aus- und Weiterbildung von Lehrerinnen. Um 1870 leiten die Schwestern von der christlichen Liebe schon ein Dutzend Schulen und zwei Waisenhäuser. Zur Sicherung des Ordens kauft sie vom eigenen Vermögen in Paderborn Land und Gebäude für das Mutterhaus. Bis zum Jahr 1870 wächst der Orden auf 250 Schwestern in 20 Niederlassungen von Paderborn bis Konstanz an. Im Kulturkampf erhalten ihre Schwestern Unterrichtsverbot von der preußisch-protestantischen Landesregierung. Als ihr auch Neuaufnahmen in den Orden untersagt werden, weicht sie mit Klosterneugründungen nach Belgien, in die USA und Chile aus. Im Kampf gegen die bismarckschen Schikanen steht ihr auf politischer Seite ihr Bruder Hermann von Mallinckrodt bei, der von 1868–1874 als Mitglied im Preußischen

Abgeordnetenhaus, von 1867–1874 als Abgeordneter im Reichstag ein entschiedener Gegner Bismarcks und 1870/71 Mitbegründer der Zentrumspartei ist. Als dennoch trotz ihrer auch juristischen Interventionen durch katholikenfeindliche preußische Regierungsdekrete Schule um Schule geschlossen und schließlich auch das Mutterhaus des Ordens aufgehoben wird, weicht sie in das Kloster Mont St. Guibert bei Brüssel aus, wo sie auch dem Paderborner Bischof Konrad Martin politisches Asyl gewährt, der, von den Preußen abgesetzt, von dort aus sein Bistum zu leiten versucht. In einer Nacht-und-Nebel-Aktion überführt sie später dessen Leichnam zurück nach Paderborn. Aber zu dem Zeitpunkt der heftigsten preußischen Repressalien blüht der auf ca. 300 Schwestern angewachsene Orden bereits in Amerika, Belgien und Böhmen. Als Pauline von Mallinckrodt schließlich wieder nach Paderborn zurück kann, nimmt sie auch noch ihre alte Lehrerin aus Aachener Tagen, Luise Hensel, auf. Am 30. April 1881 stirbt diese politisch-unbeugsame, caritativ-weitsichtige und tief-fromme Frau. 1985 wird sie, wie kurz vorher ihre beiden Schulkameradinnen, die Ordensgründerinnen Franziska Schervier und Clara Fey, seliggesprochen. Diese Frau war eine, die im Unterschied zu jenen, die sehenden Auges blind sind, nicht nur die Blinden sah, sondern sie auch »sehend« machen konnte. Sie war in einer Zeit der Herren- und Paragraphenreiter eine Frau, die im Namen Jesu Christi mit Herz gegen die Fühllosigkeit, mit Hirn gegen die Geistlosigkeit und mit Hand gegen die Untätigkeit einschritt als Schwester der christlichen Liebe.

Gestandenes Weibsbild – Theresia Gerhardinger (09.05.)

Wer in Regensburg vom Dom kommend über die mittelalterliche Steinerne Brücke geht, landet in Stadtamhof, dem Ortsteil, aus dem das gestandene Weibsbild stammt, dessen Gedenktag am 9. Mai ist: Karolina Gerhardinger. Im selben Jahr wie Heinrich Heine und Annette von Droste-Hülshoff wird sie 1797 als einzige Tochter des Schiffsmeisterehepaars Willibald und Franziska Gerhardinger geboren. 1803 wird sie Schülerin der Chorfrauen von Notre Dame in Stadtamhof und erlebt hautnah die Auswirkungen der Französischen Revolution. Vom Dachboden ihres Elternhauses beobachtet die 13-Jährige 1809 die Beschießung der Stadt Regensburg durch napoleonische Truppen. Ihre geliebte Schule wird aufgehoben, aber sie trifft schon in diesem jugendlichen Alter die Lebensentscheidung für den Lehrberuf.

Ihr damaliger Pfarrer und späterer Regensburger Bischof Wittmann rät ihr, in keinen der hart bedrängten und durch den Reichsdeputationshauptschluss von Auflösung bedrohten Orden einzutreten, sondern eine eigene, zwar klösterlich lebende, aber freie Lehrinnenschaft zu gründen für die Erziehung und den Unterricht von Mädchen und jungen Frauen, insbesondere aus der im Zuge der Industrialisierung verelendenden Unter- und Mittelschicht. Hellsichtig nimmt sie die sozialen, die religiösen und die Bildungsprobleme in den Blick und deren wechselseitige Bedingtheit. Auch nach dem Tode Wittmanns 1833 bleibt sie den gemeinsam entwickelten Vorstellungen treu und gründet noch im selben Jahr in Neunburg vorm Walde das erste Kloster und die erste Schule ihres Ordens der »Armen Schulschwestern von Unserer Lieben Frau«. »Die Klugheit rechnet, die Liebe liebt.« Mit diesem Wort beginnt die 25-Jährige unter dem Namen Maria Theresia von Jesus ihr Ordensleben. König Ludwig I. von Bayern gibt 1834 die landesherrliche Genehmigung, und es entsteht eine Musterschule mit einer damals revolutionären Pädagogik. Nicht nur hauswirtschaftliche, sondern auch kaufmännische, fremdsprachliche, musische Fächer gehören dazu, ebenso Sport und moderner Anschauungsunterricht. 1838 gründet sie im Amberg die erste höhere Schule für Mädchen.

Bald werden Kloster und Schule in Neunburg zu klein, darum siedelt sie 1843 nach München in das alte Kloster der Klarissen am Anger über, das ihr König Ludwig überlässt unter dem Vorbehalt, dass es Staatseigentum bleibt und von ihr baulich unterhalten wird. Im selben Jahr noch gründet sie eine Art erste Fachakademie für Sozialpädagogik. König Ludwig I. von Bayern bemerkt nach einer Begegnung mit ihr: »Diese Frau weiß, was sie will, und was sie will, ist groß gedacht.« Sie gründet Kindergärten, Kinderhorte, Volksschulen, höhere Schulen und das vermutlich erste Lehrerinnenbildungsseminar Bayerns oder gar Deutschlands. 1847 gründet sie die erste Niederlassung in Nordamerika, 1858 im Banat, 1864 in London.

Die kargen Anfänge kommentiert sie so: »Wenn der Herr segnet, reicht das wenige Brot für viele aus.« Die Verbindung von Weltaufgeschlossenheit, exzellenter Fachkompetenz und klösterlichem Leben wird auch von der damaligen Kirchenleitung nicht sogleich verstanden. Zu den Schwierigkeiten mit irischen Bischöfen in Nordamerika bemerkt sie ganz ohne Irritation durch deren Amtswürde: »Ich selber erwarte, da uns so viele Leiden, Verdemütigungen usw. treffen, noch Großes.« Der Münchner Erzbischof erscheint samt Generalvikar 1852 in ihrem Münchner Kloster und verlangt von der seines Erachtens eigensinnigen Leiterin des Kloster und von allen Schwestern die sofortige Unterwerfung unter seine bischöfliche Richtlinienkompetenz. Sie kniet sich vor den Erzbischof nieder und sagt: »Ich unterwerfe mich Eurer Erzbischöflichen Gnaden, soweit dies nicht dem Willen Gottes und meinem Gewissen widerspricht.« Diese Frau zeigt Rückgrat und Haltung, sogar noch im Knien. Der Wille Gottes und ihr Gewissen sind auch vor Bischofs- und Königsthronen der einzige Maßstab für ihr Denken, Entscheiden und Tun. Im Jahr 1865 wird die Ordenssatzung der »Armen Schulschwestern von Unserer Lieben Frau« durch Pius IX. in Rom bestätigt. Man verzichtet sogar – wie damals sonst kirchenüblich – darauf, ihr in Gestalt eines Prälaten oder gar eines Bischofs eine »männliche Oberaufsicht zur Hilfe« zu geben. Man hat offenbar verstanden: Selbst ist die Frau!

Ihre Korrespondenz in all diesen Jahren der Gründung neuer Niederlassungen, Kindergärten, Schulen, Akademien ist riesig und umfasst nicht weniger als 5000 Seiten. Als Maria Theresia Gerhardinger 1879 in München stirbt, zählen ca. 3000 Schwestern zum Orden, die in 166 Niederlassungen in Europa und in 125 Niederlassungen in Nordamerika wirken. Heute arbeiten ca. 5000 Schwestern in dreißig Ländern der Erde in Kindergärten, Kinderhorten, Kinderheimen, in zahlreichen allgemein- und berufsbildenden Schulen und Fachakademien. Das Leitwort der Maria Theresia Gerhardinger ist auf ihrer Grabplatte eingemeißelt und kann allen, die in persönlichen oder beruflichen Problemen am Rande der Resignation und des Scheiterns stehen, Trost und Ermutigung sein: »Alle Werke Gottes gehen langsam und leidvoll vor sich, dann aber stehen sie desto fester und blühen desto herrlicher.« Mühsal und Widerstand interpretiert sie als Indiz dafür, dass da die Wertarbeit der Werke Gottes im Werden ist. 1985 wird sie von Papst Johannes Paul II. selig gesprochen.

1858 schreibt sie »Folge dem Stern, der dir aufgegangen, er wird dich sicher zu Jesus führen.« Sie vertraut der je individuellen Führung und Fügung Gottes konsequent und bedingungslos. Frauen, die solche Sternstunden haben und darüber hinaus auch noch selbstbewusst ihrem je eigenen Leitstern bis zu Christus folgen, hat die Kirche gerade heute wieder bitter nötig.

Herzenssache! – Magdalena Sophia Barat (25.05.)

Am 25. Mai begeht die Kirche das Fest der Magdalena Sophia Barat. – Wenn der große Bruder die kleine Schwester in Latein oder Mathematik unterrichtet, führt das häufiger zu Familienkrisen als zu bedeutenden Bildungserfolgen, erst recht, wenn der große Bruder noch streng ist. Aber genau das war die Situation, in der Sophia Barat, und zwar erfolgreich, fürs ganze Leben gelernt hat.

Am 12. Dezember 1779 kommt sie als Frühgeburt bei einer nächtlichen Feuersbrunst im burgundischen Städtchen Joigny zur Welt. Ihr Vater, Jacques Barat, ist ein Fassbinder und Weinbauer. Angeleitet durch die fromme Mutter empfängt Sophia, damals ganz ungewöhnlich, schon mit neun Jahren die heilige Kommunion.

Ohne schulische Ausbildung, damals ein Luxus, auf den man insbesondere bei Mädchen zumeist verzichtet, wäre sie wohl die Frau eines Weinbauern geworden. Aber ihr Bruder Ludwig, damals schon Theologiestudent, erkennt ihre große Begabung und überzeugt die Eltern davon, seine Schwester unterrichten zu dürfen. Es wird eine harte Schule für die kleine Sophia. Zu den alten Sprachen Latein und Griechisch kommt noch Mathematik, Geografie, Naturwissenschaft, Literatur, Religion hinzu, ein gewaltiger pädagogischer Rundumschlag.

Die Wirren der Französischen Revolution 1789 bringt Tausende von Priestern ins Gefängnis oder gar aufs Schafott, wenn sie nicht dem Glauben abschwören oder wenigstens einen Laien-Eid ablegen. Ludwig Barat, inzwischen Diakon, wird ebenfalls inhaftiert bis 1794. Anschließend geht die Ausbildung seiner Schwester in Paris, wo Ludwig schließlich im Untergrund als Priester wirkt, unvermindert weiter.

Im Jahr 1800 gründet Sophia Barat angeregt durch Pater Varin mit drei anderen jungen Frauen die Kongregation vom göttlichen Herzen Jesu, die Gemeinschaft der Sacré-Cœur-Schwestern, deren Leiterin sie 1802 im Alter von 23 Jahren wird und bis zu ihrem Tode 1865 bleibt. Sie nimmt dabei den Ordensnamen Magdalena an. Ein erstes Kloster samt Pensionat entsteht in Amiens. In Grenoble übernimmt sie bald ein zweites Kloster. In einer ehemaligen Zisterzienser-Abtei in Poitiers begründet sie 1806 ein Noviziat für den Ordensnachwuchs, denn zahlreiche junge Frauen schließen sich ihr an. Aber es gibt acht Jahre andauernde schwere Kämpfe um die Ordensstatuten, die sich stark an denen der Jesuiten orientieren und in denen es schließlich heißt: »Der Geist der Gesellschaft ist wesentlich auf Gebet und inneres Leben gegründet.« »Cor unum et anima una in corde Jesu.« »Ein Herz und eine Seele im Herzen Jesu« wird der Wahlspruch. Als Aufgabe übernimmt man die Erziehung und Bildung der weiblichen Jugend. 1815 sind es bereits sechs Ordensniederlassungen, 1835 schon vierzig. 1818 begründet ihre Freundin Philippine Duchesne das erste überseeische Kloster in Louisiana. Was sich wie eine glatte Erfolgsgeschichte anhört, ist in Wirklichkeit eine schwere Leidensgeschichte. Die bitteren ordensfeindlichen politischen Strömungen in vielen Ländern Europas im 19. Jahrhundert und der französische Bürgerkrieg 1830 führen sie nicht etwa zur Aufgabe, sondern zur Expansion ihres Ordens, in die Schweiz, mit dem Noviziat und einem Internat nach Rom und dann weiter ins übrige Italien. Auch als in Italien unter Garibaldi zehn Klöster verwüstet werden, zweifelt und verzweifelt sie nicht an ihrer Sendung. Sie gründet in Kanada, auf Kuba, in Chile, Algerien, Belgien, Deutschland, Österreich, Spanien, Irland weitere Niederlassungen.

»Unsere Heimat hienieden ist der ganze Erdkreis und droben im Himmel.« Jede Neugründung ist immer und zuerst eine Frage der Spiritualität, ein Hinhören auf den Ruf Gottes, dann erst eine Frage der Strategie und Logistik. 14.000 Briefe schier in alle Welt sind von

Magdalena Sophia Barat erhalten. Mit ihnen leitet, stärkt, tröstet und ermutigt sie ihre Mitschwestern in aller Welt, ähnlich wie es Ignatius von Loyola mit seinem Jesuitenorden getan hat.

Ihre Erziehungs- und Bildungsarbeit für die weithin benachteiligten Mädchen und jungen Frauen ist mutige Pionierarbeit für Herz und Verstand. Weder verknöchertes Festhalten am Alten noch illusionsbehaftetes Fixiertsein auf das jeweils Neue dient ihres Erachtens einer zeitgemäßen Bildungs- und Erziehungsarbeit: »Die alten Arbeitsweisen soll man nicht verachten, den neuen soll man sich nicht verschließen.« Magdalene Sophie Barat respektiert die Individualität jeder, auch der kindlichen Persönlichkeit und setzt auf die absolute Ebenbürtigkeit der Frauen mit den Männern. »Dem Heiland ist es lieber, wenn wir in Güte und Nachsicht zu weit gehen, als in Strenge.« Das ist ihr erzieherisches Credo.

Ohne eine existenziell tiefe Beziehung zu Gott und ohne eine selbstlose Liebe zu den Menschen, ist ihres Erachtens keine nachhaltige, keine Herz und Verstand umfassende Bildung und Erziehung möglich.

Sonntags vor Christ Himmelfahrt 1865 findet sich Magdalena Sophia Barat, sie ist inzwischen 86 Jahre alt, noch einmal im Kreise ihrer Schwestern ein. »Es drängt mich zu kommen, denn Donnerstag geht es in den Himmel! Wir müssen uns vorher doch noch sehen«, sagte sie mit prophetischer Vorahnung. Am nächsten Morgen trifft sie ein Schlaganfall, nachdem sie wie gewöhnlich um 5 Uhr aufgestanden ist und ihre Betrachtung bewegungslos kniend verrichtet hat, das Kruzifix in der Hand. Bis zu ihrem Ende bleibt sie ohne Sprache. Als die letzte Stunde des Himmelfahrtsfestes schlägt, übergibt sie ihr Leben mit Leib und Seele, mit Herz und Verstand in die Hände Gottes. Es ist der 25. Mai 1865.

Das Testament schließt mit den Worten: »Ich bitte den guten Meister, Sie alle zu segnen und tief in Ihre Seelen den Willen und das unaufhörliche Verlangen einzuprägen, sich bis zum letzten Atemzug der Liebe des göttlichen Herzens und um seinetwillen dem Heil der Seelen zu weihen, wie es unser heiliger Beruf verlangt.« Die Sache mit Gott um der Menschen willen und mit den Menschen um Gottes willen ist das Herzensanliegen ihres Lebens.

Elliptisch? – Petrus und Paulus (29.06.)

Am 29. Juni feiert die Kirche die Apostel Petrus und Paulus. Jeder von ihnen ist noch mit einem weiteren Fest ausgestattet, Petri Stuhlfeier und Pauli Bekehrung. Und gerade eben hat die Kirche ein weltweites Paulus-Jahr ausgerufen.

Simon ist ein Fischer aus Kafarnaum am See Genezareth und traditionell im jüdischen Glauben erzogen worden. Jesus selbst hat ihn Kephas oder Petrus genannt, was so viel heißt wie Fels. Das Haus des Petrus, das bald zu einer ersten frühchristlichen Pilgerstätte geworden ist, hat man in Kafarnaum ausgegraben.

In allen Apostellisten steht Petrus an erster Stelle als die Führungsfigur unter den Aposteln. Er ist impulsiv, begeisterungsfähig und – feige. Er ist es, der in Jesus den Messias, den Sohn Gottes sieht. Er ist es auch, der von Jesus schroff zurechtgewiesen wird, weil er Jesus von dem ihm verhängnisvoll erscheinenden Leidensweg abbringen will.

Vollmundige Treueschwüre z. B. im Abendmahlssaal gehen ihm locker über die Lippen: »Wenn ich auch mit dir sterben müsste, ich verlasse dich nicht.« Doch Jesus weiß um dessen Schwächen und sagt: »Noch ehe der Hahn kräht, wirst du mich dreimal verleugnen.«

Zwar schwingt Petrus das Schwert und haut einem Knecht bei der Gefangennahme Jesu ein Ohr ab, aber dann gibt er wie alle anderen Jünger Fersengeld. Später schleicht er sich mit Johannes nochmals bis in den Hof des hohepriesterlichen Palastes, in dem Jesus verhört und gefoltert wird. Als er aber am Feuer als Jünger Jesu erkannt wird, verleugnet er Jesus beim ersten Hahnenschrei. Der Hahn auf den meisten katholischen Kirchen, der sich wetterwendisch nach dem Wind dreht, erinnert an den Treuebruch des ersten Papstes und die vielen Treubrüche der Christen aller Jahrhunderte.

Petrus stand mit Jakobus und Johannes dem Herrn besonders nahe. Auf dem Berg der Verklärung hat er das ahnungsvolle Hoch und im Garten Gethsemani vor dem Leiden hat er das niederschmetternde Tief im Leben Jesu mitbekommen und nicht verstanden.

Petrus wird vom auferstandenen Herrn am See Genezareth ein zweites Mal berufen. Wieder brennt ein Feuer wie im Hof des Hohepriesters. Auf die dreifache Verleugnung folgt die dreifache Frage:

»Petrus, Sohn des Jonas, liebst du mich mehr als diese?« Und es folgt der Auftrag: »Weide meine Schafe, weide meine Lämmer.« Aus dem Feigling wird ein unerschrockener Verkündiger, aus dem Fischer ein Menschenfischer.

Petrus geht danach mit letzter Konsequenz aufs Ganze, bis in den Tod um das Jahr 65 in Rom. Er stirbt wohl am Kreuz und nach einem ins Legendarische gehenden Bericht mit dem Kopf nach unten hängend. Sein Grab wird mit guten Gründen unter der Peterskirche in Rom verehrt.

Und dann Saulus Paulus. Er stammt aus Tarsus in der heutigen Südtürkei im Grenzgebiet zu Syrien. Er gehört zum Stamm Benjamin, ist gelernter Zeltmacher und erhält eine pharisäische Ausbildung in Jerusalem bei Rabbi Gamaliel. Paulus ist ein Mittäter bei der Steinigung des ersten christlichen Märtyrer Stephanus. Er besitzt bereits römisches Bürgerrecht, damals ein Vorrecht nur weniger Reichsbewohner. Er ist im Gegensatz zu Petrus kein Provinzler, sondern ein polyglotter Weltbürger, kein Schlichtgemüt, sondern ein Intellektueller, und im Kampf der Ideen ein Ideologe und Überzeugungstäter.

Zuerst verfolgt Saulus die Christen. Wahrscheinlich wird er im Jahr 32 oder 33 Christ. Die Bekehrung vom Saulus zum Paulus ist schon sprichwörtlich geworden. Gleich dreimal berichtet die Apostelgeschichte von der Bekehrung des Saulus vor Damaskus. Paulus selbst erwähnt sie in seinen Briefen mehrfach.

Er drückt dem Apostelkonvent von Jerusalem im Jahr 48 seinen Stempel auf, indem er gegen Petrus durchsetzt, dass Heiden, die Christen werden wollen, sich nicht an die jüdischen Gesetzes-, Reinheits- und Beschneidungsvorschriften halten müssen. Jerusalem, Antiochien, Korinth, Athen, Ephesus, Cäsarea, Damaskus, Zypern und schließlich Rom sind wichtige Stationen seiner rastlosen Mission. Fast ein Jahrzehnt verbringt er im Gefängnis, erleidet Schiffbrüche, Verfolgungen, Auspeitschungen und Steinigung. Und aus allem Niederschmetternden steht er wieder auf und lebt, was er selbst so formuliert: »Nicht mehr ich lebe, Christus lebt in mir. Soweit ich aber jetzt noch in dieser Welt lebe, lebe ich im Glauben an den Sohn Gottes, der mich geliebt und sich für mich hingegeben hat.«

Wahrscheinlich im Zuge der Christenverfolgung unter Nero findet Paulus im Jahr 64 in Rom den Tod, nicht durch Kreuzigung, sondern als römischer Bürger durch das Schwert. Sein Grab wird mit guten Gründen unter Sankt Paul vor den Mauern verehrt.

Petrus und Paulus geraten nach Angaben der Heiligen Schrift mehrfach aneinander, sind in theologischen Fragen oft Gegner und erzeugen eine produktive Spannung, die die Kirche bis heute nicht nur nicht verloren, sondern dringend nötig hat: Aus dem impulsiven Angsthasen und Wackelkandidaten Simon macht Jesus den Fels Petrus, auf den er für bis jetzt schon zwei Jahrtausende seine Kirche bauen kann. Aus dem engstirnigen, gesetzesverliebten jüdischen Ideologen macht er den weltoffenen Missionar, dessen Gesetz nur noch die Liebe ist und durch den die kleine jüdische Sekte zur bis heute größten Weltreligion, zum Christentum wird.

Vielleicht lehrt uns dieses Doppel-Fest, die Gegensätze in der Kirche als komplementär, als notwendige Ergänzungen nicht nur zu ertragen, sondern sogar wertzuschätzen. Manches in dieser Kirche läuft nicht rund. Diese Kirche ist eine Ellipse mit zwei spannungsvollen Brennpunkten, dem petrinischen und dem paulinischen Brennpunkt. Keiner davon ist der Schwerpunkt, keiner der Mittelpunkt. Aber indem man die gerade Verbindung vom petrinischen zum paulinischen Brennpunkt sucht, erreicht man den Schwerpunkt, den Mittelpunkt, Christus. Und für den lassen sie sich aufs Kreuz legen, für den riskieren sie Kopf und Kragen.

Widerstehen und Wiedererstehen –
Widerstandskämpfer gegen Hitler (20.07.)

Der 20. Juli ist, ohne dem Gedenktag der heiligen Margareta zu kurz tun zu wollen, kein besonderer kirchlicher, wohl aber ein besonderer staatlicher Gedenktag. Der 20. Juli 1944, der Tag des Attentats auf Adolf Hitler, hat sich mehr und mehr in das historische Bewusstsein der Deutschen eingegraben. Als Claus Graf Schenk von Stauffenberg in der »Wolfsschanze«, in Hitlers Hauptquartier bei Rastenberg in Ostpreußen, die Bombe zündete, mit der Hitler umgebracht werden sollte, steckte in dem Sprengstoff nicht nur politisches und militärisches, sondern auch religiöses Widerstandspotenzial. Wäre das Attentat gelungen, es hätte Millionen Menschen das Leben gerettet, die so noch in einem sinnlosen Krieg an den Fronten, unter den Bomben daheim und in den Konzentrationslagern den Tod fanden.

Aber Hitler überlebt leicht verletzt und seine Administration reißt noch einmal die Macht wieder an sich. Noch in derselben Nacht werden Stauffenberg und seine Mitverschwörer Friedrich Olbricht, Albrecht Mertz von Quirnheim und Werner von Haeften im Hof des Bendlerblocks in Berlin erschossen. In blinder Wut schlägt das NS-Regime weiter um sich und greift alle nur irgend mit den Attentätern verbundenen oder als widerständig wahrgenommenen Bürger auf und tötet sie zu Tausenden. Am 20. Juli finden auch der in der Zeit nach Hitler für das Amt des Staatsoberhauptes vorgesehene Generalstabschef des Heeres Ludwig Beck und wenig später der für das Amt des Kanzlers vorgesehene Bürgermeister von Leipzig Carl Goerdeler den Tod. Dass man von den Theologen Dietrich Bonhoeffer, Alfred Delp, Bernhard Lichtenberg erwartet, dass sie den Trost für das Leben und Sterben in Gott suchen und finden, scheint nahezuliegen. Aber was ist mit den anderen im Widerstand umgebrachten? Ich habe mir einmal letzte Briefe von Nicht-Theologen aus den Todeszellen vorgenommen und will nur einige wenige Worte aus ihnen zitieren:

Der Sozialist und Regierungspräsident Ernst von Harnack († 3. März 1945) will mit einem christlichen Triumphlied »vexilla regis« im Ohr sterben und bittet einen Mithäftling, der eine Geige besitzt, das zu spielen. An seine Frau schreibt er: »Das Wunder der Gnade ist es, dem ich zustrebe. Ich habe schon einen Strahl von ihm verspürt […] und hoffe zu Gott, dass mich Seine Gnade über alles Bangen über mein äußeres Schicksal hinwegtragen wird.«

Ewald von Kleist, ein konservativer Jurist und Gutsherr († 9. April 1945): »Ich habe mich bedingungslos in Gottes Willen ergeben, nicht ein einziges Mal ist mir eine Zweifelsanfechtung gekommen, dass Gottes Wille auch in diesem Fall gerecht und gut ist.«

Helmut James Graf von Moltke, der Jurist, Kriegs- und Völkerrechtler († 23. Januar 1945) schreibt in einem 1942 aus Stockholm an seinen englischen Freund Lionel Curtis gerichteten Brief: »Vielleicht erinnern Sie sich, dass ich in Gesprächen vor dem Krieg der Meinung war, dass der Glaube an Gott nicht wesentlich sei [...] Heute weiß ich, dass ich unrecht hatte, ganz und gar unrecht. [...] der Grad der Gefährlichkeit und Opferbereitschaft, der [...] von uns verlangt werden wird, setzt mehr als gute ethische Prinzipien voraus.« Und in seinem letzten Brief schreibt er an seine Frau: »Ich beschäftige mich gar nicht mit dem lieben Gott oder meinem Tod. Er hat die unaussprechliche Gnade, zu mir zu kommen und sich mit mir zu beschäftigen.«

Auch Peter Graf York von Wartenburg, der Rechts- und Staatswissenschaftler († 8. August 1944) schreibt an seine Frau: »Als wir vom letzten Abendmahl hinweggingen, da fühlte ich eine fast unheimliche Erhabenheit, ich möchte es eigentlich Christusnähe nennen. Rückblickend scheint sie mir als ein Ruf.«

Der von den Nazis amtsenthobene sozialistische Pädagogikprofessor Adolf Reichwein († 20. Oktober 1944) schreibt an seine Frau und die vier Kinder: »Seit dem 5. Juli (Tag der Verhaftung) war mein tägliches Gebet das ›Vater Unser‹, dem sich die Fürbitte für Dich, die Kinder und die Eltern anschloss. Ich verdanke diesem Geist tägliche Stärkung.«

Der Legationsrat im Auswärtigen Amt Hans Bernd von Haeften († 15. August 1944) schreibt an seine Frau und die fünf Kinder: »Ich bin gewiss – sei Du es auch –, dass wir beide mit all unseren Lieben wieder vereinigt werden in Gottes unaussprechlichem Frieden (der vollkommenste Ruhe und zugleich seligste Bewegung in göttlichem Dienst ist), in der Anbetung und unmittelbaren Erfahrung göttlicher Liebe.«

Der Gewerkschaftssekretär und Redakteur der Westdeutschen Arbeiterzeitung und Kettelerwacht, Nikolaus Groß († 23. Januar 1945) schreibt an seine Frau und die gemeinsamen sieben Kinder: »Eine große Freude war mir das Sterbekreuz und der Rosenkranz, den Du, liebe Mutter mir in die Zelle schicktest. [...] Nun habe ich meine irdischen Angelegenheiten geordnet. Die Tage und Stunden, die mir bleiben, will ich ganz dem Gebet hingeben.«

Im Bendlerblock in Berlin befindet sich heute die Gedenkstätte Deutscher Widerstand, darin gibt es neben der militärischen, politischen und sozialen auch noch eine Abteilung »Widerstand aus dem Glauben«, wie wenn das eine seltene Spezialform wäre.

Jeder von uns muss etwas finden, wofür er leben kann, groß genug, um dafür auch zu sterben. Die meisten nennen das, was sie da finden, Gott. Wer den, und sei es erst in der Todeszelle, gefunden hat, der weiß, dass ihm nichts mehr genommen werden kann. Ob nicht unter all den politischen, militärischen, sozialen Gründen für den Widerstand noch eine entscheidende tiefste Quelle liegt, der Glaube an den Gott des Lebens allem Tod zum Trotz, der Glaube an den Gott der Wahrheit aller Lüge zum Trotz, der Glaube an den Gott, der die Liebe ist und uns in seiner Leben schaffenden Liebe bewahrt? Ich glaube, die letzten, tiefsten, reinsten und unerschöpflichen Quellen des Lebens, der Wahrheit und der Liebe entspringen in Gott. Mit ihm können wir widerstehen, weil wir wiedererstehen.

Lizenz zum Töten? – Widerstandskämpfer gegen Hitler (20.07.)

»Du sollst nicht töten«, so steht es im 5. Gebot. Gilt das ausnahmslos in jedem Fall? Oder müsste man übersetzen: »Du sollst nicht morden?« Morden, das wäre die mit Heimtücke geplante Tötung aus niederen Beweggründen. Aber könnte das Töten eines Anderen aus höheren Beweggründen zur Rettung vieler erlaubt sein?

Am 20. Juli 1944, also vor gut 70 Jahren, fand das Bombenattentat auf Hitler statt, ausgeführt von Oberst Claus Graf Schenk von Stauffenberg. Er ist selbst im Jahr zuvor schwer verwundet worden und hat dabei das linke Auge, die rechte Hand und zwei Finger an der linken Hand verloren. Mit einer Pistole hätte er daher Hitler kaum gezielt erschießen können. So bringt er in seiner Aktentasche einen mit Zeitzünder versehenen Sprengsatz zur Lagebesprechung in den Bunker des Oberkommandos der Wehrmacht mit und stellt ihn unter den Kartentisch, vor dem Hitler und seine Generäle versammelt sind. Einen zweiten bereits vorbereiteten Sprengsatz hat er, weil ein Major ihn beim Einpacken stört, nicht mehr in der Tasche platzieren können. Und damit nimmt das Verhängnis seinen Lauf.

Unter dem Vorwand, telefonieren zu müssen, verlässt Stauffenberg kurz nach seinem Eintreffen wieder die Lagebesprechung bei
Hitler. Er muss ja die Mitverschwörer über die Detonation informie-
ren und den zweiten Sprengsatz sichern.

Der Sprengsatz detoniert wie geplant, aber der, den es treffen
soll, kommt nur leicht verletzt mit dem Leben davon. Unter den
24 Teilnehmern der Lagebesprechung in der Wolfsschanze gibt es
4 Tote, 9 schwer und 11 leicht Verletzte. Kollateralschäden sagt
man heute zynisch dazu, wenn Israelis oder Amerikaner mit ihren
Drohnen Terrorverdächtige liquidieren wollen und ein halbes Dutzend unschuldiger Menschen mit in den Tod reißen. Man kann das
durchaus für ein Verbrechen von ansonsten befreundeten Nationen
halten und hat dies auch Stauffenberg und seinen Mitverschwörern
zur Last gelegt.

Noch in der Nacht zum 21. Juli 1944 finden in Berlin Ludwig Beck,
der Ex-Generalstabschef des Heeres, Friedrich Olbricht, der Chef des
Allgemeinen Heeresamtes, und Claus Graf Schenk von Stauffenberg
im Innenhof des Bendlerblocks den Tod durch Erschießen.

Wenig später werden auch Carl Friedrich Goerdeler, der ehemalige Bürgermeister von Leipzig, der Kanzler werden sollte, der Di-
plomat Ulrich von Hassell, der als Außenminister vorgesehen war,
und der Experte für Völkerrecht Helmut James Graf von Moltke
und der SPD-Reichtagsabgeordnete Julius Leber gefangen genommen und hingerichtet. Nach dem Attentat findet eine atemlos-rach-
süchtige Hatz auf alle Oppositionellen statt. Man schätzt, dass in
diesem Zuge wohl 2000 Menschen den Tod gefunden haben, unter
ihnen zahllose Kirchenvertreter wie Dietrich Bonhoeffer, ein Expo-
nent der Bekennenden Kirche, und Alfred Delp, der Jesuit im Kreis-
sauer Kreis.

»Du sollst nicht töten.« Gilt das nicht auch gegenüber Mördern
wie Hitler, schon um sich mit ihnen nicht gemein zu machen?
Aber was ist, wenn die Tötung des Diktators, wenn das, was Tyran-
nenmord genannt wird, die ultima ratio ist, der letzte verzweifelte
Versuch, anderes unschuldiges Leben zu retten? Man bedenke nur
einmal: Was wäre gewesen, wenn dies Attentat damals Erfolg gehabt hätte und die zunächst mit den Westmächten geplanten Waf-

fenstillstandsverhandlungen oder auch eine vorgezogene Kapitula-
tion im Juli 1944 und nicht erst im Mai 1945 erfolgt wären. Nach
heutigen Schätzungen wären dann ca. 5 Millionen Deutsche und
1,5 Millionen russische Soldaten, weit mehr als 100.000 amerikanische und britische Soldaten, Hunderttausende von KZ-Häftlingen
mit dem Leben davon gekommen. Man hätte die totale Zerstörung
Dutzender Städte und unschätzbar wertvoller Kunst- und Kultur-
schätze durch das Bombeninferno vermieden. Vielleicht wäre es
auch nicht zur mörderischen Vertreibung und zur lebensgefähr-
lichen Flucht von ca. 10 Millionen Menschen gekommen.

Vielleicht ist trotz des Misslingens des Attentats doch auch die
Tatsache wichtig, dass Menschen nach gründlicher Prüfung ihres
Gewissens, nach akribischer Planung dessen, wie das Attentat und
was nach dem Attentat geschehen sollte und nicht zuletzt unter Einsatz ihres Lebens, das die meisten von ihnen dann ja auch verloren
haben, dieses moralische Mahnmal vor der Welt, dieses Lebenszeichen für ein besseres Deutschland gesetzt haben.

Die Studenten aus der Achtundsechziger-Bewegung fanden die
Attentäter keineswegs vorbildlich, weil viele von diesen keine
linksdemokratische Gesinnung gehabt hätten, sondern teils monar-
chistisch gesinnte Adelige, teils ursprüngliche Sympathisanten oder
Mitläufer der Nationalsozialisten, teils Militärs, teils nationalkon-
servative Politiker und Diplomaten, teils mit einem falschen, weil
religiösen, Bewusstsein ausgestattete Menschen gewesen seien. Die
DDR-Regierungen verunglimpften die Widerständler des 20. Juli
jahrzehntelang als Parteigänger der US-Imperialisten, und auch in
der BRD waren sie lange als Vaterlandsverräter diskreditiert. Erst
langsam gewannen sie und ihre misslungene Tat eine politische
und moralische Wertschätzung in der deutschen Bevölkerung.

Bei der Taufe und in jeder Osternachtfeier werden uns Christen
seit bald 2000 Jahren noch vor dem Glaubensbekenntnis an den lebendigen und Leben schaffenden Gott die archaisch anmutenden
Fragen vorgelegt: »Widersagen Sie dem Bösen, um in der Freiheit
der Kinder Gottes leben zu können?« »Widersagen Sie den Ver-
lockungen des Bösen, damit es nicht Macht über Sie gewinnt?«
»Widersagen Sie dem Satan, dem Urheber des Bösen?« Kann es sein,

dass uns damit eine Widerstandskraft gegen das geradezu satanisch Böse zugemutet und zugetraut wird? Kann es in letzter Konsequenz, wenn also alle sonstigen Wege versperrt sind, und nach reiflicher Prüfung unseres Gewissens sein, dass zur Rettung anderer auch die Tötung des Mörders erlaubt ist? Vor dem Gott des Lebens ist das zu bedenken und zu verantworten.

Martha, Martha ... – Martha von Bethanien (29.07.)

Meine Mutter war eine tatkräftige, hilfsbereite und herzliche Frau. Wenn sie uns Kinder nicht zuletzt aus erzieherischen Gründen wie jede Mutter zu Hausarbeiten heranziehen wollte, dann konnten wir sie in scheinheiliger Frömmigkeit und mit biblischer Rückendeckung auf die Palme bringen. Wir brauchten nur Lk 10,42 zu zitieren: »Martha, Martha, du machst dir viele Sorgen und Mühen. Aber nur eines ist notwendig.«

Das verfing deshalb so gut bei ihr, weil sie den von ihr ungeliebten Namen Martha trug. Vielleicht aber auch deshalb, weil sie in ihrer Persönlichkeit der biblischen Namensgeberin so frappierend ähnlich war. Am 29. Juli feiert die Kirche das Fest der Martha.

Die drei Geschwister Lazarus, Maria und Martha waren eng mit Jesus befreundet, und er war oft bei ihnen zu Gast. Die ungleichen Schwestern Martha und Maria (Lk 10,38–42) sind in der Kirche schon früh typisierend einander gegenübergestellt worden. Martha stand dann für den extrovertierten, zupackenden, aktiven Menschentyp und Maria für den introvertierten, stillen, kontemplativen Menschentyp.

Und nun sagt Jesus: »Martha, Martha, du machst dir viele Sorgen und Mühen. Aber nur eines ist notwendig. Maria hat das Bessere gewählt, das soll ihr nicht genommen werden.«

Ist das eine Abwertung der alltäglichen Hausarbeit? Kann nicht das alltägliche Sorgen und Mühen auch ein Dienst am Nächsten und Ausdruck der Liebe und Zuneigung sein? Was ist am zupackenden, aktiven Menschentyp so verwerflich?

Ist nicht das Wort Jesu eine unangemessene Aufwertung des Nichtstuns, des bloß rezeptiven und introvertierten Lebens gegenüber dem extrovertierten und aktiven Leben? Kann nicht der Weg der Kontemplation auch ein Kreisen um den eigenen Bauchnabel, eine spezielle Form der Egopflege und eine bequeme Form des Sich-heraus-Haltens aus den Mühen dieser Welt sein? Was ist am stillen, kontemplativen Menschentyp so vorbildlich? Warum bevorzugt Jesus den kontemplativen Maria-Typ und warum benachteiligt er den aktiven Martha-Typ?

Zunächst einmal beschwert sich ja Martha über ihre Schwester Maria: »Herr, kümmert es dich nicht, dass meine Schwester die ganze Arbeit mir überlässt? Sag ihr doch, sie soll mir helfen!«

Man könnte das als einen üblichen Familienzwist abtun, als Stutenbissigkeit unter Schwestern. Aber Martha tritt nicht nur mit dem Vorwurf gegen ihre Schwester an Jesus heran. Sie fordert ihn auch noch mit vorwurfsvollem Unterton auf, er solle dafür sorgen, dass ihre Schwester Maria dasselbe tun solle wie sie, Martha, es tue. Ins Umgangssprachliche übersetzt heißt das wohl: »Dass meine Schwester Maria nicht weiß, was sich eigentlich gehört, nämlich mir, Martha, zur Hand zu gehen, ist ja für sich schon schlimm genug. Aber dass du, Jesus, ihr diese Faulheit noch durchgehen lässt, sie nicht einmal tadelst deswegen, das verstehe ich nicht.« Um den Konflikt geht es Jesus.

Ich glaube, fast niemand ist ausschließlich eine aktive Martha in Reinkultur. Fast niemand ist ausschließlich eine kontemplative Maria in Reinkultur. Fast alle Menschen haben in unterschiedlichen Mischungsverhältnissen etwas von beiden Menschentypen, vom aktiven und vom kontemplativen.

Aber die äußeren Zwänge wie Schule, Universität, Berufsausbildung, Arbeitengehen, Einkaufen, Haushalt führen, Termine wahrnehmen, Freizeit gestalten etc. sind derart dominant, dass sie alles Andere an den Rand drängen. Man läuft wie im Hamsterrad, immer länger, immer schneller, bis man tot darin liegen bleibt oder vom nächsten Hamster heraus geschubst wird – die traurige Karikatur des Martha-Typus.

Da gibt es dann keine Zeit mehr, sich auf das Wesentliche zu besinnen, nach dem letzten und entscheidend wichtigen Ziel des Lebens zu fragen und zu suchen. Nach diesem Modell muss alles unmittelbar nützlich, praxistauglich, gewinnträchtig und funktional sein.

Da müssen wir ein Stoppsignal setzen, zur Besinnung kommen. Wir dürfen nicht blindlings weiterstolpern und weiterhasten von Aktion zu Aktion, von einer Hektik zur nächsten. Und genau hier ist der Maria-Typus notwendig, damit wir nicht in die Falle eines blinden Aktionismus zu laufen.

Mit Aktion und Kontemplation ist es wie mit dem Ausschreiten und Innehalten bei einer Bergwanderung. Natürlich ersteigt man keinen nennenswerten Berg, wenn man nicht Tausende von Malen Fuß vor Fuß setzt, wenn man nicht beharrlich Schritt für Schritt wagt.

Aber man ersteigt auch keinen nennenswerten Berg, wenn man nur von Schritt zu Schritt schaut, wenn man nicht immer wieder einmal mit dem Voranschreiten innehält, und nach dem Ziel Ausschau hält. Nur wenn man immer wieder mal anhält, das Ziel neu anvisiert, sich selbst neu orientiert, den Weg neu einjustiert, nur dann führen die vielen tausend Schritte auch zum geplanten Ziel. Ansonsten landet man abseitig und verstiegen irgendwo im Nirgendwo. Das ist es, was Maria eher als Martha begriffen hat.

Aber dass Martha nicht bloß eine blindwütige Aktionsnudel war, das erzählt uns das Johannesevangelium (Joh 11,21). Sie ist es, die nach dem Tod ihres Bruders Jesus entgegengeht, dessen todüberwindende Macht sie ahnt und glaubt: »Herr wärest du hier gewesen, so wäre mein Bruder nicht gestorben. Aber auch jetzt weiß ich: Alles, worum du Gott bittest, wird er dir geben.« Sie verliert auch angesichts des Todes die Hoffnungsperspektive nicht aus dem Blick: »Ich weiß, dass er auferstehen wird bei der Auferstehung am letzten Tag.« Und Martha ist es, die in Jesus Christus den tiefsten Grund all ihrer Lebenshoffnung sieht: »Ja, Herr, ich glaube, dass du der Messias bist, der Sohn Gottes, der in die Welt kommen soll.«

Lassen wir uns von Martha und ihrer Geschichte mit Jesus inspirieren, das richtige Verhältnis von Aktion und Kontemplation für unser Leben zu finden, damit uns die Lebenshoffnung nicht verloren geht und damit wir selbst nicht in den Banalitäten des Alltags irgendwo im Nirgendwo auf der Strecke bleiben.

Gelehrte Zeugen – Johannes Maria Vianney (04.08.)

Am 4. August 2009 jährt sich zum 150. Mal der Todestag des Jean-Marie (Johannes Maria) Vianney, des nachmalig heilig gesprochenen Pfarrers von Ars. Im Jahre 1929 hat Papst Pius XI. ihn zum Schutzheiligen aller Pfarrer in der Welt ernannt. Und im Jahr 2009 ruft Papst Benedikt ein Jahr des Priesters aus und stellt uns just diesen Mann des vorvergangenen Jahrhunderts als Vorbild hin. Ein Dokument seiner Rückwärtsgewandtheit? Wer ist dieser heilige Pfarrer von Ars? Jean-Marie wird am 8. Mai 1786 in Dardilly in der Nähe von Lyon als 4. von 6 Kindern in eine Kleinbauernfamilie hineingeboren. Er kommt also gewissermaßen am Vorabend der Französischen Revolution zur Welt, die mit ihrer antireligiösen Politik und im Namen der Aufklärung auch vor Christenverfolgung nicht zurückschreckt. Wenn überhaupt, so huldigt man nur noch einer Göttin der Weisheit. Katholische Gottesdienste werden verboten und finden nur noch im Geheimen statt, z. B. in abgelegenen Scheunen. Nur unter strenger Geheimhaltung und in einem Nachbarort kann Jean-Marie als bereits 13-Jähriger seine Erstkommunion empfangen. Mit 17 Jahren, er hat nur geringe Lese- und Schreibfähigkeit und ist Knecht auf dem elterlichen Hof, äußert er den Wunsch, Priester zu werden, ein unmöglicher Wunsch. Den ersten Unterricht erteilt ihm gleichwohl Pfarrer Balley in Ecully. Als er 1809 zum napoleonischen Militärdienst eingezogen werden soll, entzieht er sich durch Flucht in die Pyrenäen. Jean-Marie tut sich schwer mit dem Studium und den Prüfungen und wird nach zweimaligem Versagen im Schlussexamen nur wegen seiner aufrichtigen Frömmigkeit 1815 zur Weihe zugelassen. Das Beichtehören erlaubt man ihm, dem späteren Beichtvater der Nation, wegen seiner intellektuellen und theologischen Dürftigkeit nicht. Zunächst wird er für drei Jahre bei seinem Förderer in Ecully Kaplan. Ars, wohin Jean-Marie Vianney im Jahre 1818 als Pfarrer geschickt wird, ist damals ein gottverlassenes Dorf mit nicht einmal 250 Einwohnern, aber vier Kneipen und einer völlig verwahrlosten Kirche. »Lasst eine Pfarrei zwanzig Jahre ohne Priester und man wird dort die Tiere anbeten.« Das könnte auch ein Wort gegen all jene ganz oben in der Kirche sein, die nur die

Gemeinden zusammenlegen, damit deren Anzahl zur schrumpfenden Priesterzahl passt und nicht die Priesterzahl erhöht, damit jede Gemeinde einen Priester hat. Und dem, der im Priesterberuf den persönlichen Aufstieg sieht, schreibt er ins Stammbuch: »Der Priester ist nicht Priester für sich selbst, er ist es für euch.« Und: »Man ist das, was man vor Gott ist, nicht mehr und nicht weniger.«

Das Pastoralprogramm des Pfarrers von Ars ist von bestechender Schlichtheit, und genau das empfiehlt uns Papst Benedikt zur Erneuerung und Reform des Priesterdienstes: die persönliche Heiligung und die Heiligung seiner Gemeinde durch Gebet, Buße und Eucharistie. Und langsam wacht ein Dorf aus seiner Agonie von Gottlosigkeit und Gleichgültigkeit auf, denn hier lebt einer kompromisslos, was er verkündigt. Vor Sonnenaufgang ist er schon in der Kirche, feiert in aller Frühe die heilige Messe und sitzt, als nach 1827 die großen Pilgerfahrten nach Ars einsetzen, bis zu 16 Stunden am Tag im Beichtstuhl. Immer neu findet er das ermahnende, aufrüttelnde und tröstende Wort. »Ich verrate euch mein Rezept: Ich gebe den Sündern eine kleine Buße auf, und den Rest tue ich an ihrer Stelle.« Es gibt Tage, da trägt man ihn ohnmächtig aus dem Beichtstuhl. Und obgleich er das ganze Elend, die ganz Erbärmlichkeit des Menschen Tag für Tag und Stunde um Stunde im Beichtstuhl zu hören bekommt, denkt er groß vom Menschen: »Und doch sind sie Gottes Kinder, für die ich verantwortlich bin.« Und: »Der Mensch ist so groß, dass nichts auf der Erde ihm genügen kann. Nur wenn er sich Gott zuwendet, ist er zufrieden.« Einer Frau, die Angst um das Seelenheil ihres Mannes hatte, der ein übler Familientyrann und Trinker war und der sich in Lyon zur Winterszeit selbstmörderisch von einer Brücke in die Rhône gestürzt hatte, sagt er, dass zwischen dem Rand der Brücke und dem Wasser noch ein unendlicher Raum für das Erbarmen Gottes sei.

Es gibt auch Tage, da will er in tiefer Depression in ein Kloster entfliehen, weil er sich den vielfältigen Anforderungen nicht mehr gewachsen fühlt und zweifelt am Sinn seines Tuns. Aber die Menschen holen ihn zurück. Über 400 Menschen kommen täglich nach Ars. Von den Spendengeldern, die die Leute mitbringen, gründet und unterhält Jean-Marie ab 1824 eine Mädchenschule und ein Waisenhaus, das Haus der Vorsehung. Er selbst lebt unter Bedingungen, gegen die selbst ein Sozialhilfeempfänger unserer Tage ein Krösus ist. »Mein Geheimnis ist einfach: Alles geben und nichts behalten.« Und am Ende seines Lebens kann er sagen: »Ich habe nichts mehr. Nun kann der liebe Gott mich rufen, wann er will.«

Hier legt einer mit seiner ganzen Existenz Zeugnis ab von dem, was er verkündet; hier identifiziert sich einer mit seiner Sendung. Aber zugleich ist er zutiefst davon überzeugt, weit hinter dem Anspruch des Evangeliums und des Priesterdienstes zurückzubleiben. Am 4. August 1859 stirbt Johannes Maria Vianney.

Hat Papst Benedikt recht, uns diesen Mann des 18. und 19. Jahrhunderts als Vorbild für den Priesterdienst im 21. Jahrhundert zu empfehlen? Ja, soweit es die absolute existenzielle Glaubwürdigkeit und spirituelle Überzeugungskraft dieses Mannes angeht. Nein, soweit der heilige Pfarrer von Ars ein höchst zeitbedingtes Priesterbild mitliefert. Und zur Neugestaltung dieses Priesterbildes bedarf es – im Geiste Christi! – größerer Kreativität und größeren Mutes als ihn die Kirchenleitung derzeit aufweist.

Papst Paul VI. hat einmal bemerkt: »Der heutige Mensch hört lieber auf Zeugen als auf Gelehrte, und wenn er auf Gelehrte hört, dann deshalb, weil sie Zeugen sind.« Versuchen wir also, jeder an seinem Ort, Zeugen, wenn möglich, sogar gelehrte Zeugen Jesu Christi zu werden.

Karl der Kleine – Karl Leisner (12.08.)

Über Karl den Großen weiß man einigermaßen Bescheid, auch darüber, dass er »für die Glaubensverbreitung schon mal über Leichen ging«. Über einen anderen Karl, über Karl Leisner, soll hier berichtet werden.

1915 wird er in Rees am Niederrhein als erstes von 5 Kindern geboren. Nach dem I. Weltkrieg zieht die Familie nach Kleve, wo Karl auch das Gymnasium besucht und stark geprägt wird von Walter Vinnenberg, einem Neupriester, der als Sport- und Religionslehrer dort tätig ist. Im Geist der Jugendbewegung und der Liturgischen Erneuerung entstehen unter Karls maßgeblicher Mitwirkung Jugendgruppen, die Fahrten und Zeltlager organisieren und ein intensives religiöses Leben pflegen. Exerzitien bei den Benediktinern in Gerleve und Wallfahrten nach Kevelaer lassen in ihm eine intensive Christusbeziehung wachsen. Manchem nationalsozialistischen Lehrer ist Karl ein Dorn im Auge, denn er verweigert Hitler und seiner Bewegung die Gefolgschaft. Den Sturz von Reichskanzler Brüning bezeichnet er als schwarzen Tag für Deutschland. 1933 schreibt der Achtzehnjährige über die Nazis in sein Tagebuch: »Der Drill, die Schnauzerei, die Lieblosigkeit gegen die Gegner, ihre fanatische, tamtamschlagende Nationalitätsbesessenheit kann ich nicht teilen. Ich bin aber trotzdem Deutscher und liebe mein Vaterland und meine Heimat. Aber ich bin auch und an erster Stelle Katholik.« Im Juli 1933 werden die Heime der katholischen Verbände geschlossen und teils vom Staat beschlagnahmt. Im März 1934 wird Karl Leiter der katholischen Jugend im Kreis Kleve, besteht im selben Jahr das Abitur und zieht ins Collegium Borromaeum in Münster, um Priester zu werden. Bischof Klemens August von Galen ernennt Karl zum Diözesanjungscharführer und vertraut ihm damit fast fünfzehntausend Jungen an. Rastlos besucht er die Gruppen und bestärkt sie in ihrem moralischen und religiösen Selbstverständnis. Nach dem Philosophicum in Münster studiert er in Freiburg, bestreitet die Miete mit Nachhilfeunterricht und verliebt sich in die Tochter seines Zimmerwirtes. Er zweifelt, ob der Weg als Priester sein Weg sein kann. 1937 wird er zum Reichsarbeitsdienst eingezogen und muss in Sachsen und im Emsland Moore trockenlegen. Im Oktober gewinnt er innere Klarheit, seinen Weg zum Priestertum weiterzuverfolgen. Wenige Tage darauf steht die Gestapo in seinem Elternhaus, bezichtigt Karl, einen »ausgeprägten Nachrichtendienst für die katholische Bewegung zu unterhalten«, verhört ihn und beschlagnahmt seine Tagebücher. Seine Post wird überwacht und 1938 entgeht er wegen einer Amnestie knapp der Verhaftung. In sein Tagebuch schreibt er: »Du musst Priester werden – Mann Gottes, Bote Jesu Christi für unsere Zeit in unserem Volk. Gott hat dich bei deinem Namen gerufen.« Auch Kirchenkritisches findet sich dort: »Der Geist der Freiheit, des Vertrauens, der Weite,

der Liebe und Größe ist durch diesen alten Klüngel und Krims-
krams gehemmt [...] manchmal in Fesseln geschlagen und in eine
lebens- und glaubenstötende Zwangsjacke gebannt. – Aber wir
wollen nicht nörgeln. Was siegt, ist die Kraft der größeren Liebe
[...] Und die größere Liebe wird auch die Kraft zur inneren Reform (Erneuerung) der heiligen Kirche finden.« Im März 1939
wird Karl Leisner zum Diakon geweiht. Kurz darauf diagnostiziert
man bei ihm eine Lungentuberkulose. Er muss ins Fürstabt-Ger-
bert-Haus, eine Lungenheilstätte in St. Blasien; seine Kurskollegen
werden derweil zu Priestern geweiht. Als am 8. November das Attentat auf Hitler im Bürgerbräukeller in München misslingt, kommentiert er dies mit dem Wort »Schade, dass er nicht dabeigewe-
sen ist.« Am selben Tag wird er verhaftet und ins Freiburger
Gefängnis überstellt. »Ich bin vollkommen ruhig, ja froh; denn
ich bin mir meines reinen Gewissens und sauberer Gesinnung bewusst. Und wenn ich vor Gottes klarem Richterspruch bestehen
kann, was können Menschen mir dann schon antun?« Bis März
1940 bleibt er im Gefängnis, Freilassungsgesuche von seiner Familie und von Freunden bleiben erfolglos. Er wird stattdessen ins KZ
Sachsenhausen gebracht und im Dezember ins KZ Dachau. Den
Kranken bringt er heimlich die Kommunion, ist stets ausgeglichen
und hilfsbereit und ermutigt mit Gesang und Gitarrenspiel seine
Mitgefangenen. Im März 1942 erleidet er einen Blutsturz und
muss in die Krankenbaracke. Sein Gesundheitszustand verschlech-
tert sich zusehends. Im September 1944 kommt Gabriel Piguet,
der Bischof von Clermont-Ferrand, ins KZ. Da entsteht der Gedanke, Karl noch im KZ zum Priester zu weihen. Auf abenteuerliche
Weise unter strengster Geheimhaltung besorgt eine auf der KZ-
Plantage arbeitende Ordensschwester als illegale Briefbotin die Er-
laubnis des Bischofs von Münster und des Kardinals Faulhaber von
München. Kunstfertige Hände stellen aus Stoffresten Paramente
her, ein Russe schmiedet einen Bischofsring, ein Benediktiner
schnitzt in der Tischlerei den Bischofsstab. Der Zustand Leisners
ist inzwischen höchst lebensbedrohlich. Am 17. Dezember 1944,
dem Sonntag Gaudete (Freuet euch), wird er, der sich vor Schwä-
che kaum auf den Beinen halten kann, zum Priester geweiht, ein

Deutscher von einem Franzosen im Kreis von Hunderten von Priestern aus 20 miteinander Krieg führenden Nationen. 30 evangelische Mitbrüder gratulieren dem Neupriester. Am 26. Dezember 1944, dem Fest des heiligen Stephanus, des ersten Märtyrers der Kirche, feiert Leisner seine erste und letzte heilige Messe, die Primizmesse im KZ. Als Ende April 1945 die Amerikaner Dachau befreien, kann er trotz Quarantäne ins Sanatorium Planegg am Starnberger See gebracht werden, wo er am 12. August 1945 stirbt. Sein letzter Tagebucheintrag lautet: »Segne auch, Höchster, meine Feinde!«

Ob die Rolle Karls des Großen auf der äußeren Bühne der Politik höher zu bewerten ist als die Karls des Kleinen, sprich Karl Leisners, auf der inneren Bühne der Seele, das wird erst- und letztinstanzlich vom Herrgott entschieden. Selig(gesprochen) ist er schon.

Kosmisch – Blaise Pascal (19.08.)

Während seines ganzen Lebens hat der große Philosoph und Mathematiker Blaise Pascal (* 1623 bis † 1662) seine Gedanken über Gott und die Welt in aphoristischer und essayistischer Weise aufgezeichnet. In einem zutiefst erschütternden nächtlichen Erlebnis am 23. November 1654 macht er seine alles in den Schatten stellende Gottes- und Christuserfahrung, die er dann – in seinem berühmten Memorial verschriftlicht – zeitlebens bei sich trägt.

Es ist das Jahrhundert von Galileo Galilei, Gottfried Wilhelm Leibniz, Niels Stensen, René Descartes und Isaac Newton. Man hat die ersten brauchbaren Teleskope und seit Antoni van Leeuwenhoek auch die ersten Mikroskope. Und so erfährt man etwas über die ungeahnten räumlichen Dimensionen dieser Welt, über den Makro- und Mikrokosmos. Pascal nimmt das alles hellwach wahr und lässt es einfließen in seine Gedanken (Pensées) über die Religion, über Gott und die Welt. Und so schreibt er:

Bedenke ich die kurze Dauer meines Lebens, aufgezehrt von der Ewigkeit vorher und nachher; bedenke ich das bisschen Raum, den ich einnehme, und selbst den, den ich sehe, verschlungen von der unendlichen Weite der

Räume, von denen ich nichts weiß und die von mir nichts wissen, dann erschaudere ich und staune, dass ich hier und nicht dort bin; keinen Grund gibt es, weshalb ich gerade hier und nicht dort bin, weshalb jetzt und nicht dann. Wer hat mich hier eingesetzt? Durch wessen Anordnung und Verfügung ist mir dieser Ort und diese Stunde bestimmt worden?

Das ewige Schweigen dieser unendlichen Räume macht mich schaudern.

Blaise Pascal

Pascal sieht den Menschen nicht nur zeitlich, sondern auch räumlich von Unendlichkeiten umstellt, und ihn erfasst ein existenzieller Schauder. Da ist – in zeitlichen Hinsicht – die Ewigkeit vor und die Ewigkeit nach dem Menschen. Der Mensch mit seinem lächerlichen Bisschen Zeit ist gewissermaßen namenlos eingebettet in die Ewigkeit.

Da ist – in räumlichen Hinsicht – die Unendlichkeit im Großen, die Unendlichkeit der Räume, die der Mensch nur erahnen, nicht einmal sehen, geschweige denn mit den Vorgaben seiner Anschaulichkeit betreten kann. Aber er muss sie annehmen, weil ihm die Fernrohre und die Hubble-Teleskope etc. diese Annahme nahelegen.

Und da ist die Unendlichkeit im Kleinen, die der Mensch gleichermaßen nur erahnen, nicht einmal sehen, geschweige denn mit den Vorgaben seiner Anschaulichkeit betreten kann. Aber auch die muss er annehmen, weil ihm die Mikroskope und Rasterelektronenmikroskope etc. diese Annahme nahelegen. Pascal ahnt all das und fragt nach dem Ort und der Zeit, nach dem Sinn und der Bestimmung des Menschen im All:

Denn was ist zum Schluss der Mensch in der Natur? Ein Nichts vor dem Unendlichen, ein All gegenüber dem Nichts, eine Mitte zwischen Nichts und All. Unendlich weit entfernt von dem Begreifen der äußersten Grenzen sind ihm das Ende aller Dinge und ihre Gründe undurchdringlich verborgen, unlösbares Geheimnis. Er ist gleich unfähig das Nichts zu fassen, aus dem er gehoben, wie das Unendliche, das ihn verschlingt. [...] Alle Dinge entwachsen dem Nichts und ragen bis in das Unendliche. Wer kann diesen erschreckenden Schritt mitgehen. Der Schöpfer dieser Wunder begreift sie; niemand anders vermag es.

Blaise Pascal

Aber mag auch der Schöpfer dieser Wunder all das begreifen, begreifen wir denn den Schöpfer und begreifen wir uns als seine Geschöpfe? Auch jeder von uns ist eine kleine Unendlichkeit in sich; denn mit ca. 10 hoch 12 Neuronen im Gehirn, deren jedes nochmals mit ca. 10 hoch 5 anderen Neuronen verbunden ist, sind wir, mit ca. 10 hoch 17 Kombinationsmöglichkeiten, schon in der numerischen Größenordnung der Galaxien. Die Frage, ob und wie wir Geschöpfe eine Ahnung vom Schöpfer erhalten können, stellt auch Pascal. Und er beantwortet sie so:

> Alles Wahrnehmbare zeigt weder völlige Abwesenheit noch eine offenbare Gegenwärtigkeit des Göttlichen, wohl aber die Gegenwart eines Gottes, der sich verbirgt. Alles trägt dieses Merkzeichen.
>
> *Blaise Pascal*

Dieses gleichzeitige Schon-und-noch-Nicht der Gotteserfahrung, dieses Dasein zwischen der Anwesenheit und der Abwesenheit Gottes, zwischen der Sichtbarkeit und der Verborgenheit Gottes ist uns im lebenslänglichen Advent unseres Lebens zugemutet. Aber wir sind auch dank unserer Komplexität kompetente Zeichendeuter. Wir können die scheinbaren Unendlichkeiten im Makro- und Mikrokosmos dieser Schöpfung und in uns selbst als Hinweis auf die Unendlichkeit des Schöpfers deuten.

Aber selbst an der weihnachtlichen Krippe, im Angesicht des Neugeborenen, wird dem Menschen der Zweifel an der Gotteserfahrung nicht erspart.

»Und das soll euch als Zeichen dienen: Ihr werdet ein Kind finden, das, in Windeln gewickelt, in einer Krippe liegt« (Lk 2). Ein zweifelhaftes Zeichen und doch ein verstehbares Zeichen, eines mit Hand und Fuß, mit Sinn und Verstand, ein menschlicher Wink des Himmels, ein Himmelszeichen von Menschlichkeit.

Es wird uns zugemutet, gegen allen Augenschein anzunehmen, dass sich der unendliche Gott in die erbärmliche menschliche Endlichkeit eines Wickelkindes hineinbegeben hat, dass sich Gott in die banalen Verhältnisse unseres Menschendaseins verwickeln lässt, und dass wir uns im Blick auf ihn in Sachen Menschlichkeit entwickeln können.

Und dann hat der in den Unendlichkeiten verlorene Mensch endlich seinen Ort in diesem Kosmos, nämlich an der Seite Gottes, weil der unendliche Gott den endlichen Menschen seiner Gegenwart würdigt, weil der unendliche Gott den endlichen Menschen unendlich wichtig nimmt, weil der unendliche Gott sich endlich menschlich erfahrbar macht. Da vollzieht sich in der Verendlichung des Unendlichen die Verunendlichung des Endlichen. Da kommen – in der Mitte von Mikro- und Makrokosmos – Gott und Mensch zusammen.

Unaufhaltsam?! – Andreas Kim Taegon (20.09.)

In zahlreichen Ländern der Erde, auch solchen, in denen man es nicht für möglich gehalten hätte, gibt es derzeit blutige Christenverfolgungen. In den mehrheitlich muslimischen Ländern gibt es teils erhebliche Behinderungen, den christlichen Glauben zu leben, Gebets- und Versammlungsräume zu bauen und christliche Literatur zu verbreiten. Mission und Konversion werden wie Verbrechen geahndet oder von einer nicht selten staatlich inszenierten Volkswut auf mörderische Weise verhindert. Ist damit die Botschaft am Ende, wenn die Boten am Ende sind?

Der aufmerksame Blick in die Geschichte anlässlich des Festes des heiligen Andreas Kim Taegon lehrt etwas anderes. Und heute, am 20. September, feiert die Kirche ihn und seine Gefährten. Sie haben eine sich gerade heute höchst dynamisch entwickelnde Kirche ins Leben gerufen, die katholische Kirche von Korea. Ihre Anfänge liegen im Jahr 1784 als in Peking koreanische Gelehrte, Mitglieder der koreanischen Gesandtschaft am chinesischen Kaiserhof, Christen wurden und sich taufen ließen. Überwiegend handelte es sich um Kenner der konfuzianischen Lehre, Kaufleute, höhere Militärs, Dolmetscher, Sekretäre, kurzum Intellektuelle, wie wir heute sagen würden, die den Konfuzianismus intellektuell und existenziell für unzureichend hielten. Sie waren es, die dann ganz ohne ausländische Missionare den christlichen Glauben im eigenen Land einführten, obschon der koreanische Beamtenapparat bereits ein Jahr später mit ersten Christenverfolgungen reagierte. Die so entstandene Kirche war vierzig Jahre lang eine reine Laienkirche. Man beichtete ab 1786 wechselseitig, delegierte 10 Christen mit dem Recht, die heilige Messe zu lesen, und beauftragte einen, andere zu firmen. Alles geschah ohne Theologiestudium, ohne Weihevollmachten, ohne Rom – ein Sakrileg nach dem anderen! 1790 nahm man schließlich Kontakt mit dem Bischof von Peking auf, der erstmals einen ordentlich geweihten Priester ins Land schmuggeln konnte. Mit Argwohn wurde der christliche Glaube in Korea auch deshalb betrachtet, weil er abendländisches Denken einführte. 1801 brach eine intensivere Verfolgungswelle über die Christen herein, der bis 1866 noch drei weitere folgen sollten.

In dieser Zeit nun beginnt die Geschichte des Andreas Kim Taegon. Er wird am 21. August 1821 in Solmoe (Chunchoeng) in eine vornehme Familie hineingeboren. Aber diese Familie gehört zu den ersten Christenfamilien Koreas und gerät wegen des vom konfuzianisch orientierten Staat streng verbotenen katholischen Glaubens ins politische Abseits und in bittere Armut.

Der Urgroßvater von Andreas Kim Taegon verbringt wegen seines Glaubens bereits lange Jahre im Gefängnis und sein Vater Kim Chaejun wird wegen seines Glaubens im Jahr 1839 hingerichtet. Kurz zuvor, im Jahre 1836, wird Andreas Kim Taegon von einem im Untergrund arbeitenden MEP-Missionar (Gesellschaft für auswärtige Mission von Paris) ausgewählt und nach Macao mitgenommen, wo er eine theologische Ausbildung erhält, um Priester zu werden. Er weiß, dass das ein lebensgefährliches Unternehmen wird.

Als erster Koreaner empfängt er 1845 die Priesterweihe in Schanghai und kehrt heimlich in seine Heimat zurück, um eine Untergrundkirche zusammen mit zwei anderen MEP-Missionaren aufzubauen, die er gleichfalls ins Land schmuggelt.

Ihm bleibt nur ein sehr kurzer, aber doch hingebungsvoller Seelsorgeinsatz, in dem seine Liebe zu den Menschen, seine Ergebung in Gottes Willen, sein Dienst an der Kirche als die Grundzüge seines Wirkens erkennbar sind. Beim Versuch, weitere Missionare ins Land zu bringen, wird er verhaftet, gefoltert und in der Nähe von Seoul am 16. September 1846 enthauptet. Sein Name steht nur stellvertretend für 102 andere Christen, die wie er in den Verfolgungswellen dieser Jahre wegen ihres Glaubens den Tod finden. Im Jahre 1925 erfolgt die Seligsprechung von Andreas Kim Taegon und 1984 seine Heiligsprechung durch Johannes Paul II.

Korea ist das Land, in das der christliche Glaube nicht von fremden Leuten gebracht, sondern in das er von eigenen Leuten geholt wurde. Die Botschaft erschien denen, die sie – per Zufall oder Fügung? – wahrnahmen, so faszinierend, dass sie sie nicht nur intellektuell zur Kenntnis nahmen, sondern existenziell für ihr Leben annahmen und als eigenen Lebensentwurf übernahmen.

Gewiss geht es nicht ohne Boten für die Botschaft. Aber wir sollten auch lernen, dass die Botschaft eine eigene innere Dynamik der Art hat, dass sie sich ihre Boten selbst holt. Um diese Wirkkraft der Botschaft Gottes wusste schon mehr als ein halbes Jahrtausend vor Christus der Prophet Jesaja: »Denn wie der Regen und der Schnee vom Himmel fällt und nicht dorthin zurückkehrt, sondern die Erde tränkt und sie zum Keimen und Sprossen bringt, wie er dem Sämann Samen gibt und Brot zum Essen, so ist es auch mit dem Wort, das meinen Mund verlässt: Es kehrt nicht leer zu mir zurück, sondern bewirkt, was ich will, und erreicht all das, wozu ich es ausgesandt habe« (Jes 55,10f.).

Wenn die Botschaft Gottes im Menschen ankommt, dann macht sie ihn zum Boten für Gott, damit seine Botschaft auch bei anderen überkommt, auch wenn er selbst dabei umkommt. Ich habe keinen Zweifel angesichts dieser überzeugenden Botschaft und ihrer zahllosen überzeugten Botschafter, dass Gott ganz unaufhaltsam beim Menschen ankommt, bis der Mensch im Heil Gottes und das Heil Gottes in ihm ankommt.

Im Zwielicht? – Padre Pio (23.09.)

Am 23. September begeht die Kirche das Fest eines Heiligen, dem unter Katholiken große Verehrung und großes Misstrauen zugleich entgegengebracht werden. Als achtes Kind eines Bauern wird er, Francesco Forgione, am 25. Mai 1887 in Pietrelcina (Italien, Provinz Benevent) geboren. Mit gut 15 Jahren tritt er 1903 in den Kapuzinerorden ein und bekommt den Namen Pio. Im darauf folgenden Jahr legt er die zeitlichen Gelübde ab und 1907 mit 20 Jahren die ewigen Gelübde. Im Jahr 1910 empfängt er die Priesterweihe und einen Monat später treten bei ihm die Stigmata, die Kreuzeswunden Jesu, auf. Gleichwohl arbeitet er trotz schlechter Gesundheit von 1915 bis 1918 als Sanitätssoldat im Ersten Weltkrieg. 1916 kommt er in das Kapuzinerkloster San Giovanni Rotondo, in dem er bis zu seinem Tod am 23. September 1968 lebt. Noch heute kann man sich im Internet Filme von seiner letzten Heiligen Messe und von den hunderttausend Menschen, die ihm das letzte Geleit gaben, ansehen. Von der offiziellen Kirche wird er beargwöhnt, denn man hat Zweifel an der Echtheit seiner Wundmale. Gleichwohl setzt ein gewaltiger Pilgerstrom nach San Giovanni Rotondo ein. Padre Pio, wie er allgemein genannt wird, wird Beichtvater für Tausende von Pilgern. Die offizielle Kirche verbietet ihm zeitweise, sich in der Öffentlichkeit zu zeigen, um hysterisch anmutenden Verehrungspraktiken den Riegel vorzuschieben. Papst Johannes XXIII. argwöhnt nach Auskunft des Biografen von Padre Pio, Luzatto, der Pater habe »intime und unanständige Beziehungen mit den Frauen, die seine Prätorianergarde bilden«, unterhalten. Luzatto behauptet auch, Pio habe zu Anfang offen mit den seit ca. 1920 aufkommenden Faschisten sympathisiert. Ist das alles nur üble Nachrede?

Der Biograf Luzatto sagt auch, die Wunden von Pater Pio seien auf den Einsatz von Karbolsäure (Phenol) zurückzuführen und ganz ohne übernatürliche Phänomene erklärbar. Er habe überdies, um die selbst zugefügten Schmerzen erträglich zu halten, stets größere Mengen des Nervengifts Veratrin in der Apotheke geordert. Ist das also alles eine große Lebenslüge von Padre Pio, mit der er sich interessant machen wollte? Die Kapuziner in San Giovanni Rotondo sagen, Pio sei im Konvent für die medizinischen Dienste zuständig gewesen und habe Phenol für Desinfektionszwecke benutzt. Auch der Einkauf von Veratrin erkläre sich über diese Tätigkeit.

Wird nicht beim Selig- und beim Heiligsprechungsprozess sogar ein »advocatus diaboli« eingesetzt, jemand, der akribisch die Schattenseiten eines Menschen ausleuchtet, der als verehrungswürdig anerkannt werden soll? Hat dieser »Teufelsadvokat« damals versagt? Ich bin nicht klüger als die Heiligsprechungskongregation und kann ihr keinen Fehler nachweisen. Ganz gewiss haben die Prozessbeteiligten Großartiges an diesem Menschen gesehen. Und doch irritiert mich, was der Biograf zutage gefördert hat.

Padre Pio hat aber auch das Geld, das die ihm zusteckten, die ihn verehrten, in den Bau eines großen, modernen Krankenhauses, in die Casa Sollievo della Sofferenza, gesteckt, das dann 1956 eröffnet werden konnte. Seit 1940 hat Padre Pio auch als Heiler und Weissager gewirkt. Dem jungen Mann, Karol Wojtyla, soll er geweissagt haben, dass er einmal Papst und als solcher einem Attentat zum Opfer fallen würde.

Als Padre Pio 1999 von eben diesem Karol Wojtyła, dem nachmaligen Papst Johannes Paul II., selig- und im Jahre 2002 sogar heiliggesprochen wird, fasst der Petersplatz die Menschenmassen nicht mehr, die Pio verehren. Der damals für San Giovanni Rotondo zuständige Bischof von Como, Alessandro Maggiolini, kritisierte gleichwohl an genau diesem Tag das florierende Geschäft mit diesem neuen Heiligen. Im Jahr 2004 wird eine gewaltige Kirche von Renzo Piano gebaut, die die Wallfahrermassen, die zum Grabe Padre Pios strömen, bewältigen soll. Hier ist er schließlich nach seiner Exhumierung im Jahr 2008 in einem Glassarg ausgestellt worden.

Im Blick auf diesen umstrittenen und verehrten Menschen scheint mir: Die Zwielichtigkeit unserer menschlichen Existenz ist nicht wegzudiskutieren, auch und gerade nicht von den Lichtgestalten. Auch die Heiligen sind und waren Sünder, die der Barmherzigkeit Gottes bedürfen.

Im Kölner Dom gibt es seit einiger Zeit ein großes modernes Kirchenfenster von Gerhard Richter. Der Kölner Kardinal Meißner, in dessen Amtszeit es eingebaut wurde, findet es schrecklich. In diesem Fenster bilden ca. 11.200 Scheiben ein gewaltiges spektrales Farbenmeer. In jeder Scheibe wird das reine weiße Licht der Sonne gebrochen, bis zuletzt Tausende Farbnuancen entstehen. Erst wenn man alle Farben wieder übereinander legt, entsteht wieder das reine weiße Licht. Mir sagt das: Wir alle brechen mit unserer Unzulänglichkeit das eine reine Licht, das von Gott kommt. Wir sollten wechselseitig um diese unsere Gebrochenheit wissen, sie in Demut bei uns selbst eingestehen und sie in Barmherzigkeit bei den Anderen ertragen. Erst Gott wird uns einmal ins rechte Licht rücken, in sein reines ungebrochenes Licht, in das schattenlose Licht, das keinen Abend mehr kennt.

Am Ende, so sagte mir einmal ein befreundeter Pfarrer, wird es ein dreifaches Verwundern geben im Himmel: 1. Das Verwundern darüber, wer alles da ist. 2. Das Verwundern darüber, wie da alles ist. Und 3. das Verwundern, dass ich – wenn's glückt – da bin. Halten wir also unsere Zwielichtigkeit aus, bis wir durch Gottes Güte und Barmherzigkeit Lichtgestalten sind.

Franko-phil – Franziskus (04.10.)

Es gibt Heilige, die sich durch heroischen Bekennermut vor Fürstenthronen oder durch ein brutales Martyrium oder durch stupende Gelehrsamkeit aus der Masse der Durchschnittschristen herausheben. Der Heilige, dessen Fest die Kirche am 4. Oktober feiert, hat all das nicht vorzuweisen. Er faszinierte allein durch sein außerordentlich lebendiges und menschliches Wesen.

1181 oder 1182 wird dem reichen Tuchhändler Pietro Bernadone in Assisi durch seine Frau Pica ein Sohn geboren, der auf den Namen Giovanni getauft, später aber allgemein Francesco, »Französchen«, genannt wird. Die Päpste und die Staufer-Kaiser kämpfen um die Vorherrschaft in seiner Heimatstadt, die zu Lebzeiten des Franziskus mindestens viermal ihre Herrschaft wechseln muss. Überdies bekämpfen sich in der Stadt das aufstrebende Bürgertum und der Adel. Franz kämpft als junger Mann ehrenvoll aufseiten der unterlegenen Partei mit, was ihm 1202/1203 mehr als ein Jahr Kerkerhaft in Perugia einbringt. 1205 zieht er mit dem Papst gegen die Staufer, beendet aber plötzlich seine militärischen Ambitionen und begibt sich 1206 auf eine Pilgerfahrt nach Rom. Hier tauscht der elegante Sohn aus reichem Hause seine edle Kleidung mit einem Bettler und macht in dessen Lumpenaufzug erstmals die Erfahrung des Ausgestoßenseins. Er behält zum Spott in seiner Heimatstadt und trotz des erbitterten Widerstandes seines Vaters diesen Habitus bei. Der Vater sperrt ihn ein, die Mutter lässt ihn wieder frei. »Der Herr selbst hat mich unter sie (die Bettler und Aussätzigen) geführt, und ich habe ihnen Barmherzigkeit erwiesen. Und da ich fortging von ihnen, wurde mir das, was mir bitter vorkam, in Süßigkeit der Seele und des Leibes verwandelt.« Seine bisherigen Maßstäbe sind damit außer Kraft gesetzt. Er beginnt, das baufällige Kirchlein S. Damiano südlich von Assisi mit erbetteltem Material zu restaurieren. Als sein Vater gegen ihn gewalttätig wird, verlässt er das Elternhaus und lebt in dem Kirchlein. In einem vom eigenen Vater gegen ihn angestrengten Prozess erklärt er ein »Diener Gottes« zu sein, für den die weltliche Gerichtsbarkeit nicht zuständig ist. So kommt es 1206/1207 zu einem Prozess vor Bischof Guido II. von Assisi, in dessen Verlauf Franz sich nackt auszieht, seine Kleidung vor dem Vater ablegt und sich vom Bischof einen Mantel umlegen lässt, Zeichen seiner radikalen Abkehr von der bürgerlichen und seiner Hinkehr zur geistlichen Welt. Nach der Restaurierung von S. Damiano wendet er sich der Kirche Portiuncula zu, die später zum Zentrum seines Ordens wird. Hier hört er erstmals bewusst die Geschichte von der Aussendung der Jünger im Evangelium und macht es ihnen nach. Ohne Vorratstasche, ohne Schuhe, ohne Geld zieht er umher und predigt in der Umgebung von Assisi. Hier schließen sich ihm Gefährten aus dem Stadtadel von Assisi an, hier lebt er die schrankenlose Armut und Friedfertigkeit, die zu Kennzeichen seiner Brüdergemeinschaft werden. Vom Bürgertum, Adel und Klerus werden sie beargwöhnt. Die erste Regel (Vita) für seine Gemeinschaft ist wenig mehr als die Aneinanderreihung von Schriftworten zur Nachfolge. Zusammen mit zehn Gefährten legt er sie dem mächtigen Papst Innozenz III. vor, und der approbiert sie mündlich und nur bis auf Weiteres. Ab 1211 tragen sie den Namen »fratres minores« (Minderbrüder) und leben in Portiuncula. Da die Gemeinschaft außerordentlich rasch wächst, sendet sie ab 1217 jedes Jahr auf dem Pfingstkapitel Missionare aus, nach Syrien, nach Frankreich und 1219 gleich 60 Brüder nach Deutschland. Sie sind es, die auch die heilige Elisabeth von Thüringen inspirieren.

In einer Nacht- und Nebelaktion stößt 1212 die sechzehnjährige Klara von Assisi zu den Minderbrüdern und zieht ihre Schwestern, ihre Mutter und andere Frauen aus Assisi mit. Sie gründen, ebenfalls bettelarm, ein erstes Kloster um St. Damiano, die Keimzelle des kontemplativen Ordens der Klarissen.

Als die Brüdergemeinschaft nach wenigen Jahren mit ca. 5000 Mitgliedern in vielen Ländern wirkt, lässt sich Leitung nicht mehr durch das Charisma des Gründers organisieren und Franziskus kommt deutlich an seine Grenzen. Während er in den Orient aufbricht, organisiert sich der Orden auf dem Kapitel 1220 neu. Man führt Obere als Leitungsgremium ein, eine Regelung die Franziskus, der auf der absoluten Gleichheit aller Brüder besteht, entschieden ablehnt. Er legt, obschon schwer augenleidend, 1222 / 1223 in der Einsiedelei Fonte Colombo bei Rieti noch einmal Hand an die Regel an. Die Einführung der Ämter Generalminister und Provinzialminister und die Verschärfung des Ordensgehorsams lässt sich nicht mehr verhindern, weil auch der römische Kardinal Ugolino seine Hand mit im Spiel hat. Auch die radikale Forderung nach totalem Besitzverzicht lässt sich nicht mehr so durchhalten, wie es Franziskus gewollt hatte. Als die Regel Ende 1223 vom Papst Honorius gebilligt wird, ist Franz schon fast entmachtet. Und doch lebt der Orden bis heute aus einer Kraft und Faszination, der sich weder der Papst noch der Sultan entziehen kann. Weihnachten 1223 baut Franz im Wald von Greccio die erste uns bekannte Weihnachtskrippe, 1224 empfängt er die Wundmale Jesu und verfasst bei S. Damiano fast völlig erblindet und sehr von Mäusen geplagt seinen Sonnengesang, das wichtigste Zeugnis seiner Frömmigkeit. Es reicht vom »Gelobt seist du, mein Gott, für unsre Schwester Sonne« bis hin zum »Gelobt seist du, mein Herr, für unsern Bruder Tod.« Als er sein Ende spürt, lässt er sich zur Portiuncula hinabtragen, nackt auf den Boden legen und geht am Abend des 3. Oktober 1226 so, wie er in dies

Leben hineingekommen ist, auch wieder hinaus, zurück in die Hand seines Schöpfers.

Man sieht, was aus einem Menschen werden kann, wenn er einige wenige Sätze des Evangeliums ernst nimmt und konsequent danach lebt. Nicht auszudenken, wenn wir damit begännen, das hier und heute auch zu tun.

Selig? – John Henry Newman (09.10.)

Papst Benedikt hat gerade John Henry Newman in England vor einer arrogant und süffisant kommentierenden englischen Öffentlichkeit seliggesprochen. Wer ist dieser Mann, dessen Leben und Werk dem Papst so am Herzen liegt? Newman wird 1801 als Sohn eines Bankiers in London geboren und bleibt trotz aller Bemühungen der Mutter religiös desinteressiert bis zum 15. Lebensjahr. 1817 beginnt er das Studium in Oxford, das er mit dem Bacchalaureat abschließt.

Nach dem Studienabschluss entscheidet er sich einundzwanzigjährig für den geistlichen Stand und wird auch Mitglied im Lehrkörper der Universität Oxford. Seit 1824 ist er Diakon, seit 1825 Priester der anglikanischen Kirche.

1828 wird ihm die Universitätspfarrei St. Mary übertragen und 1831 die ehrenvolle Aufgabe des Universitätspredigers. Newman ist ein Mann des geistvollen Wortes, ausgestattet auch noch mit einer wohlklingenden Stimme. Der Universitätsprediger wird zum Star. Wie die meisten Anglikaner seiner Zeit verachtet er das kleine intellektuell unterbelichtete Häuflein der Katholiken. Und als 1829 den Katholiken nach Jahrhunderten der Unterdrückung die gleichen Rechte wie allen Engländern zuerkannt werden sollen, da ist Newman entschieden dagegen. Aber auch seine anglikanische Kirche ist in keinem guten Zustand und so gründet er mit einigen anderen einflussreichen Geistern seiner Zeit die Oxfordbewegung. 1834 verfasst er gegen die allgemeine Lethargie, gegen die Geist- und Interesselosigkeit in der anglikanischen Kirche den ersten von später 90 tracts, Flugschriften theologischen Inhalts, die auf große Begeisterung und großen Widerstand stoßen. Die Oxfordbewegung wächst in diesem Reizklima aufs Beste.

Das Studium der Kirchenväter lässt in ihm eine Begeisterung für die Kirche der ersten Jahrhunderte entstehen und macht es ihm mehr und mehr unmöglich, seine gepflegte englische Ablehnung des Katholizismus durchzuhalten.

Mit dem 90. tract versucht Newman 1841, die staatskirchliche Verfassung der englischen Hochkirche katholisch zu interpretieren, und erntet einen Sturm der Entrüstung bei Freund und Feind. Seine eigene Universität und die anglikanischen Bischöfe verurteilen ihn. Aber viele seiner Anhänger konvertieren zur katholischen Kirche. 1843 verzichtet Newman auf seine Pfarrstelle St. Mary, und 1845 tritt auch er – ein schwerer, aber für ihn folgerichtiger Schritt – zur katholischen Kirche über. Eine Reise nach Rom 1846 mit einer Kurzaudienz beim Papst fällt eher ernüchternd aus; gleichwohl lässt sich Newman 1847 in Rom zum Priester weihen. Er gründet mit Freunden eine Kommunität, die nach den Regeln der Oratorianer des Philipp Neri lebt und lässt sich in einem Armenviertel in Birmingham nieder. Er erhält den Auftrag, in Dublin eine katholische Universität aufzubauen, aber kleinkarierte Geister mit Bischofswürden hintertreiben und behindern den Plan immer wieder. Gleichwohl wird die Universität im Jahr 1854 eröffnet, aber Newman steigt aus dem Unternehmen wegen mancher Intrigen 1858 wieder aus. 1859 wird ihm die Herausgabe der literarischen Zeitschrift *The Rambler* übertragen. Wegen eines Artikels, der sich für eine Aufwertung der Laien in der Kirche ausspricht, wird er vom Bischof von Birmingham aufgefordert, die Redaktion der Zeitschrift niederzulegen. Er tut das unverzüglich und bemerkt dazu in einem Brief: »Wer zur falschen Zeit etwas versucht, was in sich richtig ist, kann zum Häretiker und Schismatiker werden.« Er will die schlichten Gemüter um sich herum nicht überfordern. Seine Anfangsjahre als Katholik sind reichlich frustrierend, wie sein Tagebuch belegt: »O, mein Gott, es ist mir, als hätte ich meine Jahre vergeudet, seit ich Katholik geworden bin.« Er ist auch der Meinung, dass der Kirchenstaat, der wenig später bei der Nationwerdung Italiens ohnehin verloren geht, für die Amtsausübung des Papstes nicht erforderlich sei. Diese seine kirchenpolitische Position wird in denunziatorischer Absicht nach Rom gemeldet und verdirbt dort seine Reputation. Auch vor der

Verkündigung des Unfehlbarkeitsdogmas auf dem I. Vatikanum warnt er, nicht weil er Angst hat vor der wachsenden Macht des Papstes, sondern weil er Angst hat vor einer Kirchenspaltung. Aber beides kommt. In einem Brief von 1875 schreibt er: »Wenn ich gezwungen sein sollte, nach einem Festessen mit einem Trinkspruch etwas Religiöses zu verbinden, dann würde ich trinken – auf den Papst, wenn Sie wollen – doch zuerst auf das Gewissen und dann auf den Papst.«

Wichtige, ja bahnbrechende Werke entstammen der Feder Newmans: Die »Apologia pro vita sua« (1864) macht deutlich, dass die Brüche in seiner Biografie einer konsequenten Gewissensrechenschaft folgen. »Das Gewissen ist der originale Repräsentant Jesu Christi, ein Prophet in seinen Mahnungen, ein Monarch in seiner Bestimmtheit, ein Priester in seinen Segnungen und Bannflüchen.« In »A Grammar of Assent« (1870) schreibt er: »[…] beim religiösen Suchen kann jeder nur für sich selbst sprechen, und für sich selber zu sprechen hat er ein Recht.« Der subjektive, persönliche, praktische Glaubenszugang ist für ihn die »Philosophie Gottes«. Aber gegen die Beliebigkeitspropheten und religiösen Liberallalas setzt er seine Überzeugung von der Universalität und Einheit der Wahrheit. »Es gibt nur eine Wahrheit.«

Ein Jahrzehnt lang ist er fast abgeschrieben, doch am Lebensende erfährt er so überraschend wie verdient neue Ehrungen: Das Trinity College Oxford erhebt ihn, den aus Gewissensgründen Abtrünnigen, 1877 zum Ehrenmitglied. Und als im Jahr 1878 Papst Pius IX. stirbt und sein extrem konservatives Regiment damit an sein Ende kommt, genießt Newman in Rom wieder Ansehen und wird unter Papst Leo XIII. 1879 zum Kardinal ernannt. 1890 stirbt Newman. Es wäre schön, wenn Papst und Kirche sich auch dies Wort Newmans zu Herzen nähmen: »Hier (unten) heißt Leben, sich verändern, und vollkommen sein heißt, sich oft geändert haben.«

Aggiornamento – Johannes XXIII. (11.10.)

Am 28. Oktober 1958, also vor fast 60 Jahren, wurde ein neuer Papst gewählt, Johannes XXIII. Mit dieser Namenswahl löschte er das Andenken an den skrupellosen, unmoralischen Ehrgeizling gleichen Namens, der sich in zweifelhafter Weise des Papstamtes bemächtigt, von 1410–1415 regiert und den das Konzil von Konstanz abgesetzt hatte. Als am folgenden Tag das Bild dieses neuen Papstes auf der ersten Seite unserer Heimatzeitung erschien, war ich entsetzt. Meine respektlose Äußerung: »Bah, der ist ja widerlich fett.«, ließ meine fromme Mutter nicht gelten. Ihr zur Flegelei neigender Erstklässler sollte dem ersten Mann der Kirche nicht mit Respektlosigkeit begegnen. Und da die Leibesfülle verglichen mit der des aristokratisch-asketischen Vorgängers Pius XII. unbestreitbar war, dekretierte sie: »Das sind alles nur die Gewänder, die ihn so dick aussehen lassen.« Gottlob war dieser Mann weder körperlich noch geistig ein bloßer Kleiderständer, sondern hatte echte menschliche Substanz unter der päpstlichen Einkleidung.

Als Angelo Giuseppe Roncalli ist dieser Papst 1881 in eine bettelarme Kleinbauernfamilie aus Sotto il Monte (Bergamo) hineingeboren worden. 1904 wird er zum Priester geweiht und danach bis 1919 Sekretär seines Bischofs Tedeschi. 1919–1921 ist er Spiritual am Seminar von Bergamo und dann bis 1925 Leiter des Päpstlichen Werkes der Glaubensverbreitung für Italien. Nach dem Empfang der Bischofsweihe wird er Apostolischer Visitator und später Apostolischer Delegat in Rumänien. 1935–1944 ist er Delegat für Griechenland und die Türkei mit Sitz in Istanbul und ab 1937 in Athen. Die lebendige Begegnung mit der orthodoxen Kirche und mit dem Islam weckten in ihm eine tiefe ökumenische und interreligiöse Sehnsucht. In der Zeit der deutschen Besatzung rettet er durch die Ausstellung von Schein-Taufscheinen zahllose griechische Juden vor der Deportation. Ende 1944 wird er Nuntius in Paris und unterstützt in Chartres das »Priesterseminar hinter dem Stacheldraht«, in dem über 500 deutsche Kriegsgefangene von 1945 bis 47 ihre Priesterausbildung erhalten. In Frankreich erhält er tiefe Einblicke in den Prozess der Entchristlichung eines katholischen Landes angesichts einer konservativ erstarrten Kirche und sucht nach geistlicher Erneuerung.

1953 wird er Patriarch von Venedig und – er ist sich seiner guten Wahlchancen offenbar sehr bewusst – 1958 als 77-Jähriger Kompromiss- und Übergangskandidat zum Papst gewählt. Bei der Papstkrönung stellt er sich mit den Worten aus der Patriarchengeschichte (Gen 45,4) »Ich bin Josef, euer Bruder« einer erstaunten Weltöffentlichkeit vor. Seine Herkunft aus ärmsten kleinbäuerlichen Verhältnissen vergisst und verleugnet er nie. Das vor ihm übliche päpstliche Hofzeremoniell schafft er weitgehend ab. Als Papst besucht er die Gemeinden, Gefängnisse, Altersheime, Waisen- und Krankenhäuser Roms. Er will eine Kirche, »die den Menschen an sich dient, nicht nur insofern sie katholisch sind.« Und wie er spricht, so handelt er. Am 25. Januar 1959, nur drei Monate nach Beginn des Pontifikates, verkündet er die Einberufung des Zweiten Vatikanischen Konzils. Den Kardinälen, die ihm sagen, so etwas könne man nicht einmal bis 1963 organisieren, antwortet er: Dann fangen wir eben 1962 mit dem Konzil an. Und so geschieht es. In der Eröffnungsansprache zum Konzil wendet er sich insbesondere an die Kardinäle, die in den Verhältnissen von Staat und Gesellschaft nur Untergang, Unheil und Abgleiten zum Schlechteren erkennen zu können meinen. »Wir aber sind völlig anderer Meinung als diese Unglückspropheten, die immer das Unheil voraussehen, als ob die Welt vor dem Untergang stünde. In der gegenwärtigen Entwicklung der menschlichen Ereignisse, durch welche die Menschheit in eine neue Ordnung einzutreten scheint, muss man viel eher einen verborgenen Plan der göttlichen Vorsehung anerkennen. Dieser verfolgt mit dem Ablauf der Zeiten, durch die Werke der Menschen und meistens über ihre Erwartungen hinaus sein eigenes Ziel.« Das Aggiornamento, die strukturelle und spirituelle Verheutigung und Verlebendigung der Kirche, ist eines seiner zentralen Anliegen. Er empfängt als erster Papst orthodoxe Kirchenführer, Repräsentanten des Protestantismus und den anglikanischen Erzbischof in Rom.

Seine Enzyklika »Mater et Magistra« von 1961 mit der Forderung nach Mitbestimmung und Beteiligung der Arbeiter am Unternehmensbesitz sowie der transnationalen Solidarität mit den Entwicklungsländern bildet einen Meilenstein in der Entwicklung der Sozi-allehre der Kirche. Und in seiner letzten Enzyklika »Pacem in terris« von 1963 betont er die Unmöglichkeit, »im Atomzeitalter den Krieg als Mittel der Gerechtigkeit zu benutzen« und die Ablehnung jedwe-den »gerechten Krieges«. Er fordert ein Atomwaffenverbot sowie wechselseitig kontrollierte Abrüstungsprozesse und stellt fest, dass ein dauerhafter Friede nur aus einer gerechten Weltordnung er-wachsen kann. Mehr als ein halbes Jahrhundert nach ihm steht noch immer die politische Realisierung dessen, was er längst er-kannt hatte, weitgehend aus.

Am Pfingstmontag 1962 stirbt Johannes XXIII. kurz nach der ers-ten von vier Konzilssessionen an seinem Krebsleiden. Er hat in den viereinhalb Jahren seines Pontifikats mit seiner Menschlichkeit die Kirche mehr in Bewegung gebracht als das ganze Jahrhundert vor ihm. In seinen Tagebüchern steht des Öfteren: »Angelo (oder auch Giovanni), nimm dich nicht so wichtig.« Stattdessen nimmt er selbst in seiner frommen Menschlichkeit und seiner menschlichen Fröm-migkeit Gott und den Menschen wichtig, den Menschen um Gottes und Gott um des Menschen willen.

Christsein namenstäglich

Wenn man einen Erwachsenen in unserem Kulturkreis nach seinem Geburtstag fragt, kann er die Frage problemlos beantworten. Nur wenn er gern für jünger gehalten werden möchte, als er ist, dann lässt er (oder häufiger sie) das Geburtsjahr weg.

Aber wenn man denselben Menschen nach dem Namenstag fragt oder nach dem Tauftag, dann kann er das zumeist nicht aus dem Stand beantworten. Die Einen können das nicht, weil sie gar nicht wissen, was ein Namenstag ist, andere, weil sie das – als evangeli-sche Christen – für eine katholische Absonderlichkeit halten und ih-nen das zuviel Heiligenverehrung wäre.

Immer, wenn ich ein Kind zu taufen habe, frage ich, warum ge-rade dieser Name ausgewählt wurde. Weil er so schön klingt, so gut zum Nachnamen passt, einen so schönen Rhythmus hat, so lauten die klangästhetischen Argumente.

Weil wir die namensgebende Person, eine Schauspielerin oder einen Sportler, einen Freund oder Verwandten, so faszinierend fanden, so lauten die Fan-Argumente.

Weil wir keinen Allerweltsnamen für unser Kind wollten, so lauten die Alleinstellungsargumente. Oft stellt sich dann heraus, dass der anscheinend so seltene Name doch der gerade im Aufwind befindliche Modename ist. Spätestens bei der Einschulung sind dann zwei oder drei Kinder mit gleichem Vornamen in derselben Klasse. Damit ist natürlich das Kind noch kein Allerweltskind.

Manchmal höre ich auch: Unser Kind heißt so, weil der namensgebende Heilige und sein Leben uns so fasziniert hat. Da möchte man dem Kind in seinem Namen ein Vorbild vor Augen stellen, das ihm hilft, sich zum Guten zu entscheiden und sein Leben gut zu meistern. Ganz oft enthält auch der Name selbst schon ein Programm oder eine Deutung und wird deshalb gewählt: Christoph ist der Christusträger, Christina die Christin, Theodor und Dorothea bedeuten das Gottesgeschenk etc. Wie immer die Namenswahl erfolgt, sie soll die Einzigartigkeit, Persönlichkeit, Bedeutsamkeit dessen, der auf diesen Namen getauft ist, zum Ausdruck bringen.

Was feiern Sie, Geburtstag oder Namenstag oder beides? »Geburtstag hat jedes Schwein und jede Kuh,« pflegt ein Bekannter von mir zu sagen, »aber Namenstag haben nur ehrenwerte Christenmenschen.« Der Geburtstag ist nur ein Datum, das eine biologische Banalität widerspiegelt, und er klingt fast so wie Mindesthaltbarkeitsdatum oder Legedatum etc. Zu unseren Lebensdaten sollte mehr gehören als nur die Reminiszenz ans biologisch Vorgegebene. Unser enges Erdenleben wird himmelweit erst durch den Gottesbezug, und daran erinnert der Namenstag. Zumeist ist der Namenstag der Todestag des namensgebenden Heiligen, d. h. der Tag, an dem ihm nicht nur das Erdengrab, sondern das Himmelreich offen steht.

Auch Protestanten, die sich mit dem Namenstag nicht anfreunden können, sind nicht zwangsläufig allein auf den Geburtstag festgelegt. Sie könnten statt des ihnen zu katholisch erscheinenden Namenstags auch den Tauftag feierlich begehen, an dem ihnen der Name beigelegt wurde, sie Gott namentlich vorgestellt worden sind, namentlich vor Gott traten und die ganz persönliche Geschichte mit Gott ihren Ausgangspunkt nahm.

»Nomen est omen«, der Name ist zugleich eine Vorbedeutung, meinte der lateinische Schriftsteller Plautus. (Und sein eigener Name bedeutet übersetzt der Plattfüßige.)

Sich einen guten Namen zu machen, das versuchen derzeit einige tausend Menschen, die sich mithilfe von Promotionsagenturen über gefälschte Doktorarbeiten und bestochene Professoren einen Doktortitel erschleichen. Über 100 Professoren sollen an diesem peinlichen Treiben beteiligt sein. Sie haben bei diesen Machenschaften ganz offenbar nicht bedacht, was der Pfarrer und Schriftsteller Jeremias Gotthelf (1797–1854) schon wusste: »Ein guter Name geht in Augenblicken verloren; ein schlechter wird in Jahren nicht zu einem guten.«

Und selbst wenn sich diese Menschen einen mit Doktortitel verzierten Namen erschleichen könnten, ist es doch oft auch so, wie es der Schriftsteller Hans Arndt formuliert: »Titel sind tiefe Gräben um die Festung Mensch.« Und der Aphoristiker Sigmund Graff ergänzt: »Einen Namen hat man, wenn man keinen Wert mehr auf seine Titel legt.«

Dass wir Menschen einen guten Namen haben, gut beleumundet sein, geachtet, ja geliebt werden wollen, das ist nur allzu verständlich und keineswegs verwerflich. Aber, so sagt uns unser Glaube, das alles haben, sind und werden wir ja schon. Bei Gott haben wir diesen guten Namen, was auch immer Menschen zu Recht oder zu Unrecht über uns denken, sagen und urteilen mögen.

Schon das alttestamentliche Buch der Weisheit weiß um die Diskrepanz, die zwischen der Beurteilung eines Menschen durch Mitmenschen und durch Gott bestehen kann und gibt dem Urteil Gottes den Vorrang: »Ein Hauch ist der Mensch dem Leibe nach, doch der Name des Frommen wird nicht getilgt. Sei besorgt um deinen Namen; denn er begleitet dich treuer als tausend kostbare Schätze« (Weish 41,11f.).

Und im Namen des menschlichen und erbarmungsvollen Gottes sagt der Prophet Jesaja: »Fürchte dich nicht, denn ich habe dich ausgelöst, ich habe dich beim Namen gerufen, du gehörst mir« (Jes 43,1). Kann man die unwiderrufliche, namentliche, persönliche Zuwendung Gottes zum Menschen, der in der Namenlosigkeit von Raum und Zeit zu versinken droht, besser ausdrücken als so: »Ich habe dich bei deinem Namen gerufen, du gehörst mir.«?

Als Christen glauben und hoffen wir, dass unsere Namen ein für allemal verzeichnet sind im Buch des Lebens. Und dass der beste Titel, die beste Auszeichnung die ist, als ein Kind Gottes anerkannt zu sein von dem, dessen Urteil letztendlich maßgeblich ist.

Vielleicht sollten wir doch wieder mehr den Namenstag feiern oder den Tauftag, der uns unseren Namen bescherte; denn bei Gott haben wir einen guten Namen. Möge auch Gottes Name bei uns und durch uns lebendig bleiben.

3. Sakramente

3.1 Grundsakrament Kirche

Ein Herz und eine Seele?

Die Lesungen in den katholischen Gottesdiensten der Osterzeit entstammen der Apostelgeschichte und berichten über die Ausbreitung
der jungen christlichen Kirche. Wie haben die ersten Christen gelebt? Wie waren sie organisiert? Was waren die Ursachen für ihre
ungeheure Entwicklung und Verbreitung in der ganzen damaligen
Welt, wodurch kam ihre explosive missionarische Dynamik am Anfang zustande? Auch wenn die Apostelgeschichte nicht durchgehend
als exakter historischer Bericht anzusehen ist, hält sie auf diese Fragen doch eindrückliche Auskünfte bereit.

Sie waren »ein Herz und eine Seele« (Apg 4,32), so beschreibt die
Apostelgeschichte die Gemeinde der Gläubigen. »Ein Herz und eine
Seele«, so hieß vor Jahrzehnten auch eine Kultserie von Wolfgang
Menge im Fernsehen. Und deren unbestreitbarer Star war Heinz
Schubert als Alfred Tetzlaff, besser bekannt als das »Ekel Alfred«.
Wir wissen, dass auch am Anfang der Christenheit manches schief-
gelaufen, manches sehr menschlich und nicht übermenschlich zuge-
gangen ist. Aber als Ansammlung von ekligen Widerlingen wären
sie ganz gewiss nicht attraktiv und schon gar nicht »ein Herz und
eine Seele« gewesen. Genau so aber charakterisiert die Apostelgeschichte die ersten Gemeinden.

Und einige Zeilen davor heißt es: »Sie hielten an der Lehre der
Apostel fest und an der Gemeinschaft, am Brechen des Brotes und
an den Gebeten« (Apg 2,42). Damit sind kurz und präzis das Programm der frühen Christen und die Grundlage ihres Kirche-Seins
umrissen.

1. Die Lehre der Apostel:
Das ist keine nach Gutdünken selbst zusammengestellte Patchwork-Religion, das ist keine Wellness-Religion, keine geschmäcklerisch zusammengestellte spirituelle Kuschelecke. Diese Lehre ist nicht nur anregend, sondern auch aufregend. »Mit großer Kraft legten die Apostel Zeugnis ab von der Auferstehung Jesu, des Herrn, und reiche Gnade ruhte auf ihnen allen« (Apg 4,33).

Die Lehre der Apostel, das ist im Kern die Lehre vom Herrn und Schöpfer der Welt, die Lehre vom menschgewordenen, uns menschlich entgegenkommenden Gott. Und das ist die Lehre vom gekreuzigten und auferstandenen Christus, der uns durch den Tod ins Leben Gottes voranging. Das ist die Lehre vom Heiligen Geist, der uns befähigt zu tun, was wir nicht tun könnten, wenn wir es nicht mit ihm, mit Gottes Geist und im Geiste Gottes zu tun hätten. Diese Lehre ist nicht nur bestätigend, sondern auch widerständig und konfrontiert uns mit dem Willen Gottes.

2. Die Gemeinschaft:
Das meint tatkräftige Solidarität, nicht Ego-Trip. Das meint nicht die Verzweiflungsaktion der sogenannten »Ich-AG«, mit der Tausende in die Selbstständigkeit gelockt wurden und mit Schuldenbergen auf der Strecke blieben. Gemeinschaft, das meint Solidarität zwischen Alten und Jungen, also über die Generationsgrenzen hinweg, das meint Solidarität über die Grundstücks- und Nationalitätsgrenzen hinweg, über die Bildungs- und Standesgrenzen hinweg. Es scheint zumindest zeitweise ein geradezu idealtypischer Sozialismus oder besser Solidarismus geherrscht zu haben unter den frühen Christen: »Keiner nannte etwas von dem, was er hatte, sein Eigentum, sondern sie hatten alles gemeinsam. [...] Es gab auch keinen unter ihnen, der Not litt« (Apg 4,34). Wenn das auch nur annähernd zutreffend ist, was der Verfasser der Apostelgeschichte, der Evangelist Lukas, da schreibt, dann wundert mich die Attraktivität und die explosive missionarische Dynamik des Anfangs nicht mehr.

3. Das Brechen des Brotes:
Das meint die gemeinsame Eucharistiefeier, die nicht eine unwesentliche verzichtbare Nebensache, sondern Zentrum der Feier unseres Glaubens ist. Die Eucharistie, so sagt es uns das Zweite Vatikanische Konzil, sei »culmen et fons«, Quelle und Gipfel von Gemeinschaft. Aus der Eucharistie entspringt die Gemeinschaft; sie ist Quelle zum Beispiel bei den Kindern, die zur Erstkommunion gehen. Sie ist die Quelle von Gemeinschaft der Kinder untereinander, die Quelle von Gemeinschaft in und mit der Gemeinde und die Quelle der Gemeinschaft mit Gott.

Die Eucharistie ist aber auch der Gipfel der Gemeinschaft, Ausdruck der tiefsten, innigsten Gemeinschaft. Wer im Konzentrationslager oder von Hunger gequält in der Kriegsgefangenschaft sein letztes Brot mit einem anderen Hungerleider teilte, der dokumentierte damit eine letzte Hingabe, der verwies auf den Gipfel von Gemeinschaft.

Wenige Stunden vor seinem grauenvollen Sterben brach Christus seinen Jüngern das Brot, setzte er das Sakrament der Eucharistie ein. Sein Gedächtnis ist keine brotlose Kunst, es vollzieht sich im Teilen des eucharistischen und des täglichen Brotes. Wo eine Gemeinde diese Wertschätzung der Eucharistie durch Gleichgültigkeit und Passivität verloren gehen lässt, da leitet sie aktiv ihre eigene Sterbehilfe ein, da geht sie selbst verloren.

4. Das Gebet:
Das meint die persönliche Spiritualität in allen Lebenslagen und an allen Lebensorten, in Kirche und Küche, in Büro und Bistro, im Knast oder in der Kneipe. Im Gebet haben wir immer Chefkontakt, haben wir immer Privat- oder Gruppenaudienz beim Herrn aller Herren. Er hat ein offenes Ohr und ist immer zu sprechen für uns, ja sogar gut auf uns zu sprechen. Sein Anspruch und Zuspruch macht aus dem Redenden einen Schweigenden und einen Hörenden. Er macht sich allen menschlich verständlich; denn sein gutes Wort hat in Christus ein Gesicht bekommen, Herz und Hände, Sinn und Verstand.

Die Lehre der Apostel, die solidarische Gemeinschaft, die Eucharistie, die den Hungerleidern dieser Welt das eucharistische wie das tägliche Brot reicht, das Gebet, das war das Profil, das waren die Charakteristika der frühen Christengemeinden. Das bewirkte ihre ungeheure Attraktivität und ihre explosive missionarische Dynamik. Was davon gehört zu meinem, was gehört zu unserem christlichen Profil? Sind wir als Christen heute auch nur annähernd ähnlich profiliert? Und wenn nicht, wie können wir, wie kann ich es wieder werden?

Bleiben oder Gehen?

»Bleiben oder Gehen? – Die Krise der Kirche« so lautet das Thema einer Podiumsdiskussion, bei der ich den Part »Bleiben« zu übernehmen habe. Eine den kirchlichen Hierarchien kritisch gegenüberstehende Frau, vielfach engagiert bei Pax Christi und Donum Vitae, ist hin- und hergerissen zwischen Bleiben und Gehen. Der dritte Podiumsteilnehmer hat sich entschieden zu gehen und sich bereits den Altkatholiken zugewandt.

Es ist keine Frage, die Kirche ist gegenwärtig in einer tiefen Krise. Sie ist vom Missbrauchsskandal erschüttert, von einem an Schwindsucht erinnernden Mitglieder- und Gläubigenschwund ausgehöhlt, von nicht wenigen rückwärtsgewandten Bischöfen gezeichnet und vom Priestermangel tief getroffen.

Weit über zweihundert der an den Universitäten tätigen Theologen haben ihrer Kirche auf freundliche Weise ein paar wichtige Dinge ins Hausaufgabenheft geschrieben. Die ersten Reaktionen der Bischöfe deuten darauf hin, dass sie nichts gelernt haben. Sie reden von einem grundsätzlichen Dialog und sind, wie es scheint, unfähig dazu. Dialog ist bei vielen von ihnen ein Sedativum, mit dem ein ihnen allzu ungestüm erscheinender Änderungswille an der Basis still gestellt werden soll. Wir reden so lange, ohne dass sich etwas ändert, bis niemand mehr darüber redet, weil sich nichts ändert. Die Verantwortlichen dieser Kirche opfern, so scheint es, sehenden Auges die Eucharistie auf dem Altar des Zölibats. Sie sperren großen Gruppen des eigenen Kirchenvolkes und anderen Christen mit einem zutiefst katholischen Eucharistieverständnis den Zugang zum Tisch des einen Herrn. Und all das tun sie, obwohl das Zweite Vatikanische Konzil eben diese Eucharistie als »culmen et fons«, als Quelle und Gipfel der Gemeinschaft mit Gott und den Menschen definiert hat.

Die Verantwortlichen dieser Kirche erscheinen nicht nur mir mutlos in Sachen Kirchenreform, denkfaul in Sachen Theologie, kurzum von einer nur noch systemkonservierenden Geist- und Begeisterungslosigkeit. Aber was nur bleibt, wie es ist, bleibt nicht, wie es ist; es wird schlechter.

Andererseits muss ich mitten in den gegenwärtigen tiefen Krisen der Kirche feststellen: Nicht nur ich muss die Kirche aushalten, die Kirche muss auch mich aushalten. Und ich bin vermutlich keine Lichtgestalt in dieser für die Kirche finsteren Zeit. Ich fürchte: Ich habe die peinlich mittelmäßige Kirche verdient, deren kleiner peinlich mittelmäßiger Teil ich selbst bin. Aber das ändert nichts an den Forderungen gegenüber den Bischöfen, sondern stellt nur die Forderungen an mich selbst neben die Forderungen an die Bischöfe. Wir sind gemeinsam, und zwar jeder nach dem Maß seiner Einflussmöglichkeiten, verantwortlich vor der Geschichte und vor Gott. Und wir machen miteinander eine schlechte Figur!

Aber warum will ich bei dieser miesen Lage partout bleiben? Diese Kirche ist kein interessenorientierter Bienen- oder Kaninchenzuchtverein, sie ist kein geselligkeitsorientierter Kegel- oder Golfklub, kein technikfixierter Automobil- oder Computerklub. Sie ist keine Partei, die alle paar Jahre zum Erhalt der Wählergunst neue opportunistische Grundsatzprogramme verfasst. Sie ist die Institution, die die Ungeheuerlichkeit der Botschaft von der Menschwerdung Gottes und die Ungeheuerlichkeit einer den Tod überwindenden Auferstehung gegen alle Hoffnungslosigkeit zu verkünden hat. Sie ist die Institution, die sich auf Jesus Christus beruft und die von ihm ins Leben gerufen und berufen ist, damit sie seinen Dienst zum Heil und zur Heiligung der Menschen fortsetzt.

Die Frage nach dem Gehen oder Bleiben ist übrigens mindestens so alt wie die Kirche selbst. Als sich viele Jünger von Jesus und seiner Botschaft abwenden, stellt er seine Apostel selbst vor diese Frage: »Wollt nicht auch ihr gehen?« Und Petrus antwortet für die Apostel: »Herr, zu wem sollen wir gehen? Du hast Worte des ewigen Lebens« (Joh 6,68). Diese Worte mit der Hoffnungsperspektive »Leben in Fülle, ein für allemal und für immer« vermittelt mir keine wissenschaftliche, keine technische, keine wirtschaftliche, keine politische Heilslehre. Es ist die Kirche, die mir diese »Worte ewigen Lebens« in und trotz all ihrer Dürftigkeit und Armseligkeit vermittelt.

Ich werde bleiben, weil ich in der Kirche und durch die Kirche lebensprägende Erfahrungen gemacht, weil ich von der Kirche die lebensentscheidende, die Hoffnung und Sinn stiftende Botschaft gehört habe.

Ich werde bleiben, weil mich nur die »Worte ewigen Lebens« befähigen, all die hoffnungslose Antwortlosigkeit und die nichtssagende Geschwätzigkeit des alltäglichen endlichen Lebens zu ertragen und zu überwinden.

Ich werde bleiben, um die Kirche nicht kampflos den geistlos biblizistischen Fundamentalisten, nicht den ewig gestrigen Museumswärtern und auch nicht den existenziell konsequenzlosen Beliebigkeitspropheten zu überlassen, die auf je ihre Weise der Hoffnungs- und Lebensbotschaft Jesu und der Kirche Schaden zufügen.

Gehen oder bleiben? Ich entscheide mich fürs Bleiben, damit die Kirche zum Gehen gebracht wird, zum Eingehen auf die wirklichen Fragen der Menschen, zum Mitgehen mit den Leidenden und Verzweifelten, zum Zugehen auf eine wirkliche menschliche Welt, zum Entgegengehen in Richtung Gottes und seiner Verheißung. Ich entscheide mich fürs Bleiben, damit die, die jetzt gehen wollen, das Weggehen bleiben lassen und vielleicht auch durch mich leichter bleiben können. Ich werde auch und gerade jetzt in der Kirche bleiben, um in dieser heillosen Zeit das zeitlose Heil Gottes zu bezeugen.

Gott Raum geben

In meiner Kindheit gab es in meiner Heimatpfarrei, der Kreuzkirche in Dülmen, am Sonntagvormittag sechs Eucharistiefeiern. Es begann morgens um 6 Uhr und setze sich im Stundentakt fort bis zum Hochamt um 10 Uhr, dem dann, da ein Hochamt feierlicher war und darum etwas länger dauerte, um 11.15 Uhr die damals sogenannte Langschläfermesse folgte. Nachmittags gab es um 14 Uhr die Christenlehre für Grundschulkinder und um 17 Uhr die Andacht, häufig mit eucharistischem Segen. Ich weiß das deshalb sehr genau, weil ich als kleiner Messdiener für das ganze Spektrum dieser Dienste eingeteilt war. Heute gibt es dort zwei heilige Messen, eine am Samstagabend eine am späten Sonntagvormittag. Das reicht, obwohl heute 100 Sitzplätze weniger in der Kirche sind als zu meiner Kinder- und Jugendzeit. Es gab, trotz aller Kirchenaustritte, von denen heute oft die Rede ist, damals weniger Katholiken. Die geburtenstarken Jahrgänge waren erst noch im Anrollen. Die Gottesdienstbesucherzahlen lagen damals meistens über 50 %, heute nicht selten unter 15 %.

Gottesdienst ist so langweilig, maulen nicht wenige Zeitgenossen. Das war er früher auch, behaupte ich und mehr noch: Langeweile ist gut für uns! Wir brauchen keine weitere Kurzweil, sondern Langeweile. Wir brauchen neben den achtunddreißig Kabelkanälen keinen weiteren zum Zappen. Wir haben den Kanal schon lange zu voll. Wir brauchen kein weiteres Unterhaltungsprogramm, sondern ein Enthaltungsprogramm, kein noch schrilleres Entertainment, sondern ein Containment.

Wir brauchen kein weiteres Ablenkungsprogramm, sondern endlich ein Hinlenkungsprogramm zum Wesentlichen, keine weitere Zerstreuungs-, sondern endlich eine Sammlungsbewegung auf das Eine hin, das nottut. Wir brauchen keine weitere Beschleunigung, sondern endlich eine Entschleunigung, damit wir Mensch bleiben und uns die Menschlichkeit bleibt.

Mein Beruf nötigt mich wie viele andere Menschen, neben allem, was sonst noch zu tun ist, weit mehr als vierzig Stunden pro Woche vor dem Computer zu verbringen. Aber wenn ich den PC hochfahre, dann eröffnet mir der Bildschirmschoner zuerst einen Schonraum eigener Art. Das erste Bild, das mir auf- und einleuchtet, zeigt die gewaltige Rosette in der westlichen Rückwand meiner Heimatkirche, der Kreuzkirche, 1935 von Dominikus Böhm erbaut. Wohl tausendmal habe ich die Rosette in natura gesehen in über 50 Jahren, früher mehrmals wöchentlich, heute nur noch bei den wenigen Heimatbesuchen im Jahr. Wie Wellen, die von einem Stein ausgehen, den man in einem stillen See versenkt hat, so wirken die lichtdurchfluteten Farbenkränze, die nach außen laufen. Ganz außen beginnt es kühl in 40 großen, kreisförmig angeordneten Rundbogenfenstern mit hellen und dunklen Blau- und Türkistönen. Dann weiter nach innen folgt ein Wellenkranz mit 80 kleinen Fenstern, die alle ein rotes und goldnes Kreuz tragen. Es wirkt wie die Versammlung um eine geheime Mitte. Dann folgt ein Strahlenkranz von 20 spitz und mit glühendem Rot auf die Mitte zulaufenden Strahlen. Mitten im innersten Kreis, von dem alle Strahlen ausgehen, befindet sich ein glühend rotgoldenes Kreuz. Die ganze Rosette wirkt wie ein Blick in den inneren Glutkern unserer sich nach außen hin abkühlenden Erde.

Und da bei diesem Bild halte ich inne und sammle mich ein paar Minuten, bevor mich die Zentrifugalkraft der zahllosen Mails, Anfragen, Rechnungen, wissenschaftlichen Arbeiten, Verwaltungsakte, Rechenschaftsberichte in alle Richtungen zu entführen, zu zerstreuen oder gar zu zerreißen droht. Wenn ich zwischendrin einen Zwischenstopp einlege, mich und den PC runterfahre und wenn ich abends Schluss mache, immer dasselbe Spiel: Mich selbst aus dem Tohuwabohu des Tages wieder einsammeln, zentrieren und konzentrieren auf das eine Entscheidende, auf den einen, auf Gott.

Die Kirche, in der ich heute zumeist Dienst tue, ist – anders als meine Heimatkirche – uralt. Im Jahr 816, also vor 1200 Jahren, begannen die Benediktiner um Benedikt von Aniane mit ihrem Bau. Knapp 1000 Jahre später hat Napoleon die Benediktiner vertrieben, das Andachtsvolle ist diesem Raum geblieben. Und der Raum wartet seit 1200 Jahren auf Menschen, auf Sie und mich. Alle Jahrhunderte haben seither bedeutende architektonische und künstlerische Spuren hinterlassen. Es ist eigentlich ganz gleich, an welcher Stelle und in welche Richtung man den Raum und seine Botschaft zu lesen beginnt. Immer landet man bei dem Ersten und dem Letzten und dem Wichtigsten, bei Gott.

Wenn ich diese Kirche betrete, dann beeindruckt mich immer als erstes ihr tiefes, von mehr als einem Jahrtausend geprägtes Schweigen. Es ist, wie wenn die zahllosen und namenlosen Gebete hier in das Schweigen hinein verklungen wären, in dem uns Gott begegnet.

Die Fenster, die jüngsten Zutaten zu dieser Kirche, von prachtvoller Farbigkeit tauchen den ganzen Raum in ein numinoses, mystisches Licht. Hier muss man nur einen Augenblick lang stillstehen und schweigen. Und schon ist man bei sich und bei Gott. Welch ein Angebot, welch ein Geschenk!

Nicht erst durch Bagger und Abrissbirne zerstören wir unsere Kirchen, sondern lange vorher durch unterlassene Gebete und nicht besuchte Gottesdienste. Wenn wir die Orte zur Entschleunigung statt derer zur Beschleunigung, die Orte zur Enthaltung statt derer zur Unterhaltung, die zur wohltuenden Langeweile statt derer zur hektischen Kurzweil, die Orte zur Sammlung statt derer zur Zerstreuung, die Orte zur Einkehr ins Schweigen statt derer zur Auskehr ins Lärmen, die Orte zur Begegnung mit uns selbst und zur Begegnung mit Gott mehr nutzten, das wäre ein Labsal für uns Durstige, ein Ruheraum für uns Getriebene und Heimat für uns Vertriebene, ein wiedergefundenes oder vorgezogenes Paradies für uns armselige Erdlinge. Einem derartigen Himmelsgeschenk für die Erde sollten wir uns mit Herz, Hirn und Hand öffnen und es dankbar annehmen.

3.2 Sieben Zeichen des Heils

Sammelsurium? – Sieben auf einen Streich

Zu dem, was zwischen den großen christlichen Kirchen im ökumenischen Gespräch noch ungeklärt ist, gehören die Sakramente. In volksreligiöser Üppigkeit feiern die Katholiken sieben Sakramente und in preußischer Strenge die Protestanten nur zwei. Aber was sind überhaupt Sakramente? Braucht man die, und wenn ja, wofür? Ist das eine Form von Magie?

Sakramente sind, so könnte man in einer ersten Annäherung sagen, Gnadenzeichen und Heilsereignisse der Verbindung von Gott und Mensch. Wenn Sie so wollen: Ein Sakrament ist – in Wort und Zeichen – ein Geschenk, ein Wink des Himmels, letztlich vermittelt durch Christus. Darüber, ob Christus die sieben katholischen oder nur die zwei protestantischen Sakramente eingesetzt hat, mögen sich die Exegeten klug und hoffentlich freundschaftlich streiten.

Ich will zunächst einmal die biblischen Aussagen zurückstellen und nur die anthropologischen Voraussetzungen in den Blick nehmen. Stellen sie sich einmal eine Steinzeitgesellschaft, eine Gruppe von Neandertalern vor, die noch von keiner der gegenwärtigen Religionen irgendetwas wissen kann. Im Leben einer solchen Gesellschaft und ihrer Menschen gibt es markante Punkte, die das Leben einleiten, die das Leben gestalten und prägen, die das Leben beenden. Da wo einstmals die Neandertaler lebten, im ehemals idyllischen Düsseltal, da liegt heute das moderne, umtriebige, sich versuchsweise weltstädtisch gebende Düsseldorf. Und nun behaupte ich: In jedem Leben, ob beim vorzeitlichen Neandertaler oder beim neuzeitlichen Düsseldorfer, gibt es Knotenpunkte, in denen sich das menschliche Leben existenziell verdichtet.

Zunächst ist da die Geburt. Niemand sucht sich aus, ob er, wann er oder wo er geboren wird. Man ist da, findet sich hier und jetzt im Leben vor und muss damit klarkommen. Damit ist uns ein erstes unverrückbares Datum gesetzt.

Dann ist da die Geschlechtsreife oder umfassender das Erwachsenwerden. Der Mensch muss sich nach dem vielleicht spielerisch gestalteten Heranwachsen entscheiden und endlich Verantwortung für sein und für anderer Menschen Leben übernehmen.

Dann ist da – gleich, ob im damaligen Neandertal oder im heutigen Düsseldorf – die Erfahrung der wechselseitigen Solidarität. Wir alle sind sowohl der Hilfe bedürftig wie auch zur Hilfe fähig. Wir leben und überleben nur, wo und weil trotz aller Defizite Solidarität gelingt.

Dann ist da die Erfahrung der eigenen Schuld. Wir bleiben hinter unseren Möglichkeiten zurück, bleiben uns selbst und dem Anderen etwas schuldig. Und was wir getan haben, ist nicht mehr zu tilgen, ist unverrückbar gewordene Geschichte. Darum bedürfen wir alle der wechselseitigen Verzeihung.

Dann ist da beim Neandertaler wie bei uns heutigen Menschen die Gründung einer Lebens- und Fortpflanzungsgemeinschaft, durch die wir Leben schenken und gestalten, eine Familie, einen Clan, eine Gemeinschaft bilden.

Dann ist da die Erfahrung der Krise, der Begrenzung und Gefährdung unseres Daseins in Krankheit und Not, die Erfahrung des Todes. Das ergibt früher oder später einen Schlusspunkt unserer prekären Menschen-Existenz.

Und dann ist da noch von der Funktion dessen zu reden, der unser menschliches Woher, Wohin und Warum bedenkt, der das Ganze unseres Daseins heilend und heiligend deutet, der uns armseligen Erdenwürmern buchstäblich den Himmel offen hält. Bei den Neandertalern war das der Schamane. Heute tut das ein Seelsorger, ein Pastor, ein Priester.

An all diesen überzeitlichen Knotenpunkten menschlicher Existenz setzt die katholische Kirche ein Sakrament und glaubt, das in der Nachfolge Jesu tun zu dürfen. Denn er hat in das Leben der Menschen hineingewirkt, heilend, deutend, tröstend, sättigend, versöhnend, ermutigend, verbindend.

Die Geburt in dies Erdenleben hinein deutet die katholische Kirche in der Taufe als Geburt in die Gottesbeziehung hinein. Das Erwachsen- und Verantwortlich-Werden deutet sie in der Firmung als Verantwortlichkeit vor Gott und den Menschen. Die Bedürftigkeit einer wechselseitigen Solidarität deutet sie in der Eucharistie als das von Gott verfügte Teilen, Mitteilen und Austeilen des Brotes. Die Not der Schuld empfiehlt sie im Bußsakrament oder – genauer und schöner – im Sakrament der Versöhnung der Barmherzigkeit Gottes. Die Gründung einer Lebens- und Fortpflanzungsgemeinschaft stellt sie im Sakrament der Ehe in den Horizont der Lebensgemeinschaft von Gott und Mensch. Die Krisen unserer Existenz stellt sie mit der Krankensalbung in den trostvollen Kontext des verheißenen Heils Gottes. Die Deutung unserer Existenz vertraut sie im Weihesakrament denen an, die Christus in besonderer Weise nachfolgen wollen. Die Sakramente sind kein magisches Sammelsurium, kein kirchliches Kuriositätenkabinett. Durch die Sakramente wird an den Knotenpunkten menschlicher Existenz in die Horizontale unserer Weltbezüge die Vertikale unseres Gottesbezugs eingefügt, eingestiftet. Gott ist gegenwärtig zu allen Zeiten unseres Lebens, er ist gegenwärtig in allen Räumen unseres Lebens. Es gibt keinen wirklich gottverlassenen Raum und keine wirklich gottlose Zeit. Gott ist alle Raumzeiten und Zeiträume durchdringend und umgreifend allgegenwärtig. Nur wir müssen und dürfen uns das an zentralen Punkten unserer Existenz sagen und gesagt sein lassen. Diese anthropologische Theologie und diese theologische Anthropologie sind gemeint, wenn von den Sakramenten die Rede ist. Herzlich willkommen zu den Sakramenten, denn hier erfahren wir armseligen Erdenwürmer eine Verdichtung und Vertiefung unserer Existenz und zugleich eine Öffnung und Lichtung unseres Daseins – zugleich erdverbunden und himmelweit.

Introduktion – Taufe und Firmung

Ich wollte mit Ihnen ein wenig weiter über die Sakramente nachdenken. Das erste Sakrament, das wir empfangen, ist die Taufe, und ein Rückblick auf ihre Vergangenheit kann zugleich ein Ausblick auf ihre Zukunft werden. »Alles Leben kommt aus dem Wasser«, hatte schon der griechische Philosoph Aristoteles (384–322 v. Chr.) bemerkt. Und er hat biologisch und theologisch betrachtet Recht. Das Leben mit Gott beginnt mit dem Wasser der Taufe. Ursprünglich waren es Erwachsene, die zur theologischen Erkenntnis und zum existenziellen Bekenntnis des Glaubens fanden und sich dann taufen ließen. Erst später wurde die Kindertaufe üblich.

Wenn die Erwachsenentaufe stärker den Entscheidungscharakter der Taufe betont, so die Kindertaufe stärker den Geschenkcharakter. Beide Aspekte sind gut und wichtig. Wenn auch die Zahl der Kindertaufen in den letzten Jahren stark abgenommen hat, man kann schließlich nur die Kinder taufen, die auch geboren werden, so hat doch die Zahl der Erwachsenentaufen trotz aller Kirchen- und Glaubenskrisen erheblich zugenommen.

Einmal im Jahr wurde in der Alten Kirche getauft, an Ostern. Die Taufbewerber oder Katechumenen bereiteten sich vom Aschermittwoch an während der vierzigtägigen Fastenzeit auf dieses große Fest vor. In der Osternacht traten sie dann der Gemeinde gegenüber. Hier bekundeten sie ihre Abkehr vom alten, dem Bösen zugeneigten Leben. Hier bekannten sie im Glaubensbekenntnis ihren Glauben an Jesus Christus bzw. an den dreifaltigen Gott. Sie legten ihre alten Gewänder ab und stiegen nackt wie die Neugeborenen in das Baptisterium, ein in den Boden eingelassenes mit Wasser gefülltes Taufbecken, hinab. Hier tauchten sie ganz unter und dokumentierten damit den Untergang des alten Lebens. Zumeist wurde das dreimal vollzogen als Hinweis auf die drei Tage Jesu im Grab und als Bekenntnis zum dreifaltigen Gott. »Ich taufe dich im Namen des Vaters und des Sohnes und des Heiligen Geistes«, so lauteten damals wie heute die begleitenden Worte des Taufenden. Und dann entstiegen die Getauften gereinigt und erfrischt dem Wasser und brachten damit nach dem symbolischen Untergang des alten symbolisch auch den Aufgang des neuen Lebens in der Gemeinde zum Ausdruck. Tod und Auferstehung wurden so im Taufakt symbolisiert. Der Diakon oder die Diakonin (auch die gab es jahrhundertelang in der Kirche!) vollzog nun die Salbung des Getauften mit Chrisam. Da es sich um eine Ganzkörpersalbung handelte, wurde dieser Akt bei weiblichen Taufbewerbern von Diakoninnen vollzogen. Vielleicht kann ja dieser Rückblick in die Vergangenheit so etwas werden wie ein Ausblick in die Zukunft, sozusagen eine »Erinnerung an die Zukunft.« Die Begriffe Chrisam und Christus hängen zusammen mit dem griechischen Wort chrio, salben. Christus bedeutet der Gesalbte, und indem der Getaufte gesalbt wurde, wurde er in die Nachfolge Jesu Christi hineingenommen.

Dann legte die Gemeinde dem Neugetauften und Gesalbten das weiße Taufgewand an, als Ausdruck der Reinheit, des Festes, des neuen Lebens. Und dieses Gewand trug der Täufling eine Woche lang, bis zum Weißen Sonntag, der daher seinen Namen hat.

All das versteht ein neugeborenes Kind nicht. Warum also tauft die Kirche es mindestens seit dem Ende des zweiten Jahrhunderts dennoch? Die Eltern und Paten handeln anstelle des Kindes, sie sagen dem Bösen ab, sie bekennen den Glauben. Damit bringen sie ihre Verantwortlichkeit für den Glauben des Kindes zum Ausdruck. Zugleich aber dokumentieren sie damit das an keine menschlichen Vorleistungen gekoppelte Entgegenkommen und Zuvorkommen Gottes. Später, in der Firmung, kann der kleine Täufling dann als Jugendlicher oder Erwachsener sein ausdrückliches Ja oder Nein zu diesem Geschenk des uns menschlich zuvorkommenden und entgegenkommenden Gottes zum Ausdruck bringen. Er kann die Salbung mit Chrisam und die darin ausgedrückte Verbindung mit Christus, dem Gesalbten, bekräftigen oder verneinen. Wie man ein Sparbuch, das für jemanden als Kleinkind hinterlegt wurde, als Erwachsener entgegennehmen oder ablehnen kann, so kann man das, was die Eltern in der Taufe angebahnt haben, später in der Firmung bestätigen oder auch durch die Verweigerung dieses Sakraments ablehnen. Eine die menschliche Freiheit missachtende Vorfestlegung ist in der Kindertaufe nicht zu sehen. Es ist am Firmling, das in der Taufe Geschenkte begeistert mit Leben zu füllen oder entgeistert dahinsiechen zu lassen. Insofern schließt erst die selbstbestimmte und bejahte Firmung die Eingliederung eines Menschen in die Hoffnungs- und Glaubensgemeinschaft der Kirche ab.

Getaufte sind keine abgebrühten Typen, fischen nicht im Trüben, sind nicht mit allen Wassern gewaschen. Getaufte sind gesalbte, aber hoffentlich nicht zu salbungsvolle Menschen. Realisieren wir, was uns in der Taufe geschenkt ist? Es ist nicht weniger als dies: eine Vergebung der von uns bisher aufgehäuften Schuld. Ein Neubeginn, wie verfahren auch immer unser Leben erscheinen mag. Eine weltweite Gemeinschaft von Menschen guten Willens, nicht wenige darunter sind vorbildliche, manche begeisterte und begeisternde Menschen. Kurzum: Getaufte sind waschechte Menschen, sie sind nicht selten geistvolle Mit-Menschen, Menschen mit einer Hoffnung, die am Tod nicht scheitert, ja die den Tod überwindet. Sie sind trotz aller unbestreitbaren Defizite Mit-Menschen, nämlich Menschen mit Christus. Realisieren wir, was uns in der Taufe und Firmung geschenkt, d. h. von Christus her zugemutet und zugetraut wurde!

In Gottes Ohr – Bußsakrament

Wer zur Generation »Fünfzig-Plus« gehört, der kann sich an die in der vorösterlichen Zeit unter Umständen riesig langen Schlangen vor den Beichtstühlen in den Kirchen seiner Jugend erinnern. In früheren Jahrhunderten gab es nach schweren Verfehlungen oft lange und harte Bußzeiten für die Sünder bis zur Wiederzulassung zum kirchlichen Leben. Darin spiegelte sich der ganze existenzielle Ernst im Blick auf einen Gott, der vor allem als gerecht und weit weniger als barmherzig wahrgenommen wurde. Ein Gott, der aber nur Furcht einflößend gerecht ist, ist nicht der christliche Gott.

Und wie ist es heute? Der Ernst im Blick auf den gerechten Gott ist vielen Menschen so gründlich abhandengekommen, dass man schon von existenzieller Gleichgültigkeit und Fahrlässigkeit reden kann. Gesündigt wird nur noch gegen die Kalorientabelle und die Strafe folgt auf der Personenwaage und bei der Kleideranprobe.

»Der Herrjott is gar nit e so.« So heißt eine der zehn Kölner Lebensregeln. Vielleicht wird da der nur strafend gedachte Gott entschärft. Das wäre gut. Aber vielleicht wird da auch die Gerechtigkeit Gottes auf rheinische oder kölsche Weise verklüngelt. »Wir sind alle kleine Sünderlein, 's war immer so, 's war immer so. Der Herrgott wird uns bestimmt verzeihn, 's war immer immer so.« Hier wird im Karnevalsliedergeschunkel die Schuld irgendwie miniaturisiert und verniedlicht. Und der Herrgott drückt nur noch alle Augen zu, einschließlich der Hühneraugen, so er die hat. Aber ein Gott, der zum alles tolerierenden, schrulligen Grußaugust verkommen ist, ist auch nicht der christliche Gott. Festzuhalten bleibt: Wer nicht schuldig werden kann, dem ist auch nichts zu vergeben. Wer seine Schuldverstrickung und seine Vergebungsbedürftigkeit bestreitet, der arbeitet zielstrebig an seiner eigenen Selbstentmündigung. Einmal im Jahr, so lautet noch immer eine lebenskluge kirchliche Weisung, solle der Katholik zur Beichte gehen, also das Sakrament der Versöhnung empfangen.

Haben wir das in unserer aufgeklärten Zeit nötig? Ich glaube, wir haben das mindestens so nötig wie die angeblich unaufgeklärten Epochen vor uns. Unser Aufgeklärtsein hat uns hoffentlich auch darüber aufgeklärt, welche früher vielleicht ungeahnten Breiten- und Tiefendimensionen unsere Schuld hat. Sie betrifft den Menschen neben uns, der es mit uns aushalten muss. Sie betrifft die Menschen vor uns, Eltern und Großeltern, und die Menschen nach uns, Kinder und Kindeskinder. Sie wirkt in die Breite und die Tiefe der Zeit. Unsere Schuld betrifft auch unser Verhältnis zu uns selbst und unser Verhältnis zu Gott, weil wir nicht so geworden sind, wie wir es gewollt, gesollt und gekonnt hätten.

Und sich das einzugestehen, das auszusprechen und nicht in spätpubertärer Trotzreaktion oder in einem Anfall von Unschuldswahn zu bestreiten, diese unbeirrbare rechenschaftsbewusste Ehrlichkeit ist nicht selten die Bedingung für psychische Gesundheit und Stabilität.

Dabei ist der Priester, der das Schuldbekenntnis entgegennimmt und der die Vergebungsworte spricht, weder Ermittlungsrichter noch Staatsanwalt noch Strafverteidiger. Er startet keinen Lauschangriff auf die Intimsphäre von Menschen. Er ist eher eine Art Katalysator, der hilft, dass Prozesse der Selbsterkenntnis leichter vonstattengehen. Er ist eine Art Hebamme, die mithilft, dass aus jedem von uns der neue bessere Mensch geboren werden kann, der schon in uns steckt. Aber kann das nicht auch ein Psychologe? Das ist zumindest zu hoffen, wenn der sich zu sagen traut, was den besseren Menschen ausmacht, der ich sein soll und kann. Ansonsten hätte er sein Honorar für das Zuhören nicht verdient. Der Priester ist aber darüber hinaus das Werkzeug für die Barmherzigkeit Gottes. Er spricht nicht im eigenen Auftrag, sondern – so gut er kann – im Namen und Auftrag Gottes. Er reicht keine Petition mit ungewissem Ausgang an eine himmlische Behörde weiter, sondern macht kraft der Zusage Jesu Christi definitiv mit Gottes unhintergehbarer Gerechtigkeit und mit seiner unauslotbaren Barmherzigkeit vertraut. Er ist bevollmächtigt zu sagen, was kein Psychologe sagen kann:

> Gott, der barmherzige Vater, hat durch den Tod und die Auferstehung seines Sohnes die Welt mit sich versöhnt und den Heiligen Geist gesandt zur Vergebung der Sünden. Durch den Dienst der Kirche schenke er dir Verzeihung und Frieden. So spreche ich dich los von deinen Sünden im Namen des Vaters und des Sohnes und des Heiligen Geistes.

Karl Rahner, einer der bedeutenden Theologen des 20. Jahrhunderts, hat gesagt: »Weil dieses Vergebungswort [...] nicht bloß ein Reden über die Vergebung Gottes ist, sondern deren Ereignis, ist dieses Wort wirklich ein Sakrament.« Im Vergebungswort geschieht, was es besagt. Es ist der entscheidende Freispruch und Zuspruch durch Gott.

Nicht wir haben letztinstanzlich über unsere »Heiligsprechung« zu befinden, sondern wir müssen uns von anderer Seite letztinstanzlich das Heil zusprechen lassen. Nur so gelingt auch angesichts nicht wiedergutzumachender Schuld eine wirkliche Versöhnung in der Tiefe und in der Breite, eine Versöhnung mit anderen Menschen, mit uns selbst und mit Gott. Wer seine Schuld zu benennen wagt, der ist schon auf dem Weg, der neue und bessere Mensch zu werden, der in ihm steckt. Wer im Sakrament der Versöhnung seine Schuld zu benennen wagt, der spricht letztlich in Gottes Ohr. Und der hört durch den Priester, aber in Gottes Namen, das befreiende »Ich spreche dich los von deinen Sünden.« Der findet bei Gott Gehör, der findet durch Gott Vergebung, der kann in Gottes Namen neu anfangen. Gönnen Sie sich das. Ich garantiere Ihnen, lange Schlangen müssen Sie nicht mehr bewältigen, nur noch die Schlange (oder den Schweinehund) in Ihnen selbst.

Brot(be)ruf – Altarsakrament

Inzwischen liegt er hinter mir, der Tag, der mir früher absolut belanglos und in unausdenklichen Fernen zu liegen schien, der 50. Jahrestag der Erstkommunion meiner Volksschulklasse. Eigentlich war dieser Erstkommuniontag nicht mein wirklich erster Kommuniontag, weil ich schon als Kindergartenkind zur Frühkommunion gekommen war, ein Ereignis von tiefer Prägekraft für mich. Aber der schulische Erstkommuniontag bescherte uns Kindern ein Geschenk des Pfarrers, das wir damals alle irgendwie blöd fanden, ein Bild aus dem Goldenen Echternacher Evangeliar. Über dem stand mit lateinischen Lettern auf goldenem Grund zu lesen, worum es ging: »de quinque panibus et duobus piscibus saciavit Dominus quinqua milia hominum.« Und keiner konnte Latein. Es war die Bebilderung der Geschichte (Joh 6,1–15), wie der Herr mit fünf Broten und zwei Fischen fünftausend Menschen satt gemacht hat. Das Evangeliar, in dem sich dies Bild findet, hat Kaiser Heinrich III. um 1030 bei Mönchen in Echternach (Luxemburg) in Auftrag gegeben und später dem Dom zu Speyer geschenkt. Über Kaiser Karl V. ist es nach Spanien gekommen und hängt heute im Escorial und bei mir im Wohnzimmer.

Ist das mit der Brotvermehrung nicht eine Spinnerei, an die kein vernünftiger und nüchterner Mensch glauben kann? In sechs verschiedenen Varianten begegnet uns die wunderbare Brotvermehrung. Es scheint so, dass den frühen Christen da nicht versehentlich eine Kuriosität ins Neue Testament reingerutscht ist. So etwas unterläuft einem nicht sechs Mal. Ihnen war diese Geschichte eminent wichtig.

In der Geschichte steht Jesus in der Mitte, er ist die absolut überragende und souverän handelnde Gestalt, und das ist er auch auf dem fast 1000 Jahre alten Bild. »Brot für 200 Denare reicht nicht aus, wenn jeder von ihnen auch nur ein kleines Stück bekommen soll.« Das ist das menschliche Kalkül des Philippus, eines Jüngers Jesu. Ein kleiner Junge hat fünf Brote und zwei Fische dabei, bemerkt Andreas, der Bruder des Simon Petrus, noch und setzt gleich hinzu: »Doch, was ist das für so viele!« Wenn man allein auf das Tun und die Möglichkeit des Menschen setzt, dann ist das brotlose Kunst. Es reicht hinten und vorn nicht.

Aber da ist noch Jesus, den die scharf kalkulierenden Jünger nicht auf der Rechnung haben. Der nimmt die kindliche Lächerlichkeit von fünf Broten und zwei Fischen an, spricht das Dankgebet und teilt aus. Mein Kommunionbild aus dem Echternacher Evangeliar zeigt Jesu als übergroße Figur in der Bildmitte. Er schaut den Betrachter des Bildes an und reicht links und rechts je ein Brot an die Jünger weiter. Und diese, deutlich kleiner gemalt als Jesus, nehmen, ohne sich zu wundern, das Brot an und reichen es an die auf dem Boden sitzenden Leute weiter. Und auch von diesen reicht es einer an den anderen weiter. So bildet sich ein Kreislauf des Gebens und Nehmens und zwischen den Menschen stehen die vollen Körbe mit den Brotresten. Die Menschen sind die Empfangenden, die Jünger geben, was sie empfangen, sind die empfangend Gebenden, nur Jesus gibt, ohne zu empfangen, er gibt aus sich, er gibt von sich, er gibt sich.

Natürlich haben die Hungrigen damals an die Geschichte vom Manna gedacht, mit dem Gott durch Moses das Volk auf dem Zug durch die Wüste vor dem Hungertod gerettet hat. Und natürlich haben die frühen Christen an das Abendmahl gedacht, mit dem Gott sein Volk auf dem Pilgerweg durch die Zeit ernährt und erhält. Der Text enthält viele Bezüge in beide Richtungen. Und das ist das Provozierende an diesem Bild und an dieser Geschichte: Wir brauchen nur, wie der kleine Junge es tut, unsere defizitären Gaben, die je eigenen lächerlichen fünf Brote und zwei Fische einzubringen. Und weil wir das nicht tun, darum gibt es das Millionenheer der Hungerleider auf dieser Welt. Aber das Bild und diese Geschichte sagen: Weil keiner hortet, sondern jeder das weitergibt, was er übrig hat, darum erhalten alle etwas, darum werden alle satt. Christen erkennt man nicht am Brothorten und Einsacken, sondern am Brotbrechen und Weitergeben. Niemand hat bei dieser Verteilung Angst um die eigene Zuteilung.

Wir Christen haben einen Brot-be-ruf, d. h. zuerst einen einladenden Ruf, uns selbst mit dem Brot, das er gibt und das er ist, zu stärken für den Weg des Lebens. Der Gott des Lebens ist uns

Lebensmittel. Wir Christen haben einen Brot-be-ruf, d. h. zweitens den Beruf, das Brot uneigennützig weiterzugeben an die Hungerleider dieser Welt. So wird, wer dem Gott des Lebens dient, selber zum Lebensmittel für andere.

Unser Gott hängt nicht den Brotkorb höher, damit keiner herankommt, er teilt selber aus, und zwar so reichlich, dass aus dem Mangel Überfluss wird. Wir können nur aus dem Überfluss solange austeilen bis Mangel herrscht. Er kann aus dem Mangel solange austeilen, bis Überfluss herrscht. Wie, das ist Gottes Geheimnis. Aber erfahren können wir das täglich: Was immer wir haben, haben wir zuletzt und zuerst nicht aus uns selbst, es ist zuerst und zuletzt Geschenk. Das Leben, das wir haben, wird uns geschenkt; wir können es allenfalls zerstören. Die Liebe, die wir erfahren, wird uns geschenkt; wir können sie uns nicht nehmen, sondern allenfalls zurückweisen oder zerstören.

Aber der, der noch für die Toten und Sterbenden das Leben selbst, der noch für die Hassenden und die Gleichgültigen die Liebe selbst, der noch für die Lebensdurstigen und die Hungerleider das Brot des Lebens und das Wasser des Lebens ist, der kann unsere Erbärmlichkeit und unseren Mangel erbarmungsvoll in seinen Überfluss wandeln.

Ich weiß nicht, ob von den gut hundert Kommunionkindern meines Jahrgangs noch jemand dieses Bild aufbewahrt hat. Aber dass sie die Hoffnung auf den Gott nicht verloren haben, der sich selbst zum Lebensmittel macht und der das Leben schenkt, weil er das Leben ist, das wünsche ich ihnen von Herzen.

Parallelen, die sich im Unendlichen schneiden – Ehesakrament

Heute soll es um die Ehe gehen, auch sie ist nach katholischer Lesart ein Sakrament, ein Zeichen der Verbindung von Gott und Mensch. Martin Luther hatte gemeint, die Ehe sei ein »weltlich Ding« und sie sei, weil nicht von Jesus Christus eingesetzt, auch nicht unter die Sakramente zu rechnen. Sicher wird man sich im ökumenischen Gespräch darauf einigen können, dass Jesus sehr Grundsätzliches und höchst Bedenkenswertes zum Thema Ehe gesagt und ihr damit – auch mit Verweis auf das Alte Testament – eine auf Gott hinweisende Dimension zugesprochen hat. So gesehen ist die Ehe wohl auch ein primärer Ort der Gotteserfahrung und weit mehr als nur »ein weltlich Ding«.

In einem bösartig-scharfzüngigen Aphorismus las ich neulich: »Die Liebe zur Frau macht dem Mann die Ehe erträglich, und die Liebe zur Ehe macht der Frau den Mann erträglich.« Der ideale Ehemann sei bloß ein unbestätigtes Gerücht oder der ideale Ehemann bleibe ledig, las ich weiter. Behauptet wird nicht selten auch: »Die Ehe ist der Versuch, zu zweit die Probleme zu lösen, die man allein gar nicht erst hätte.« Und George Bernard Shaw (1856–1950), der scharfzüngige Spötter, hat gemeint: »Die Ehe ist deswegen so beliebt, weil sie das Maximum an Versuchung mit dem Maximum an Gelegenheit verbindet.« Nicht erwähnt hat er aber, dass das Maximum an Versuchung und Gelegenheit auch ein Maximum an Nähe und damit ein Maximum an Verletzlichkeit mit sich bringen kann. Nirgends sonst können Menschen einander so tief verletzen wie da, wo sie eine tiefe intime Kenntnis voneinander haben. Und was sie einander im Schutz der Liebe anvertraut haben, das kann – in eine voyeuristische Öffentlichkeit gezerrt – als Waffe gegen den anderen und zur verletzenden Bloßstellung missbraucht werden. Ist die Ehe ein zum Scheitern verurteiltes Projekt der Selbstüberforderung?

Es gibt nicht wenige Ehepartner, die einander in tiefer Liebe zugetan sind und dennoch sagen, dass ihnen der andere im Letzten fremd bleibe. Mich wundert das schon im Blick auf die eigene Selbsterkenntnis nicht. Sind wir nicht alle sogar auch uns selbst fremd? Sind wir nicht alle, all unserer raffinierten Selbstreflexion zum Trotz, auch auf das Urteil der anderen angewiesen, um nur einigermaßen zu begreifen, wer wir sind. Mir scheint: Nichts und niemand ist selbstverständlich, außer dass man sich selbst nicht verständlich ist. Der russische Schriftsteller Anton Tschechow (1860–1904) hat wohl wegen dieser bleibenden Fremdheit formuliert: »Wer die Einsamkeit fürchtet, sollte nicht heiraten.« Und einem chinesischen Sprichwort zufolge schlafen Eheleute wohl auf demselben Kissen, haben aber unterschiedliche Träume. Wenn sie auch, gottlob, nicht dasselbe träumen, so könnten sie doch wenigstens dann und wann voneinander träumen. Das wäre doch schon bereichernd, ja sogar spannend, wenn man es sich erzählte.

Wichtig zum Gelingen der Ehe scheint mir auch die richtige Nähe und Distanz. Ich vergleiche das gern mit dem Bild eines Schienenstrangs. Nur solche Schienen eines Gleises, die in immer gleichem Abstand die gemeinsamen Schwellen überschreiten, sind zielführend. Zu viel Nähe oder zu viel Distanz der Schienen sind das Ende der Gleise und das Ende der Reise. So ist es wohl auch bei der Ehe, Nähe und Distanz müssen gewahrt sein. Nur so sind trotz aller bleibenden Unterschiedenheit das Beieinander und das Miteinander gewährleistet. Und im gemeinsamen Überschreiten der Schwellen des je neuen Tages vollzieht sich das gemeinsame Fortschreiten zum endgültigen Ziel unserer Existenz. Die Mathematik sagt uns: Parallelen schneiden sich im Unendlichen. Der uns letztlich einende Peilpunkt unserer Existenz als Menschen und Eheleute liegt im Unendlichen, in Gott. Ihn in den Bereich unserer diesseitigen Erreichbarkeit und Machbarkeit verlegen zu wollen, hieße wohl, alle Transzendenz zur Immanenz einzuebnen. Als Menschen können wir einander nur sehr begrenzt Himmel sein; aber wir können einander den weiten Himmel Gottes offenhalten.

Wir Christen glauben nun aber über alle Erfahrungen der Fremdheit und des Scheiterns hinaus: Es gibt eine Intimität, die weiter reicht als alle menschliche Intimität. Es gibt eine Nähe im Schutz einer Liebe, die nicht aufgekündigt und nicht ins Gegenteil verkehrt wird. Es gibt eine Nähe, die nicht mehr durch eine bleibende unüberwindliche Fremdheit getrübt ist, eine Nähe, in der sich endgültiges Verstehen und Angenommensein findet. Und diese liebende Nähe ist Gottes Nähe, auch sie ist unendlich. Gott ist uns näher, als der nächste Mensch uns sein kann. Er ist uns näher als wir uns selbst sind. Gottes unwiderrufliches Ja zum Menschen ermutigt uns Menschen zum unwiderruflichen Ja zueinander – vor Gottes Angesicht. Gottes unwiderrufliches Ja zu uns ermutigt uns Menschen zum unwiderruflichen Ja zu Gott – im Angesicht der Menschen. Und da wird die Ehe zum Sakrament, zum lebendigen Zeichen der Verbindung von Gott und Mensch. Und dann können die Ehepartner tun, was sie nicht tun könnten, wenn sie es nicht mit Gott zu tun hätten.

Die Ehe ist dann nicht mehr der Versuch, zu zweit die Probleme zu lösen, die man allein gar nicht erst hätte. Sie ist der Versuch, zu dritt, nämlich mit Gott, die Probleme zu lösen, an denen man zu zweit vielleicht scheitern würde.

Am Ende? – Krankensalbung und Weihesakrament

Am Rande eines Seminars über die Sakramente ging es bei zwei der nach katholischer Lesart sieben Sakramente hoch her: Bei der Krankensalbung und der Priesterweihe. Freundlich-provokant meinte ein Kollege von der Uni: Die beiden Sakramente liefen doch auf dasselbe hinaus. Man müsse schon ziemlich krank sein, um heute noch Priester zu werden. Und umgekehrt, angesichts der Arbeitsüberforderung garantiere die Priesterweihe über kurz oder lang ohnehin das Krankwerden. Und schließlich werde zu beiden Anlässen eine Salbung mit Chrisam vorgenommen. Kurzum, Krankensalbung und Priesterweihe solle man zusammen verabreichen. Nach über dreißig Dienstjahren als Priester habe ich schon oft die Krankensalbung gespendet, aber noch nie empfangen. Wozu soll die Krankensalbung gut sein? Leistet die etwas, was die Medizin nicht leistet, ist sie eine Art spirituelle Medikation? Das waren einige der gestellten Fragen, aber auch:

Hat Jesus überhaupt Krankensalbungen vorgenommen? Davon berichtet uns die Heilige Schrift nichts. Aber er hat Kranke auch von den entsetzlichsten Krankheiten geheilt und mit dem Gott des Lebens vertraut gemacht. Sein Weg war ein Weg der Heilung und der Heiligung zugleich. Und so greift die Kirche einen Hinweis des Neuen Testaments aus dem Jakobusbrief (Jak 5,13–15) auf, der uns die Krankensalbung schon in der Urkirche bezeugt. Bei dieser Salbung wird um Stärkung, Schuldvergebung und Aufrichtung des Kranken gebetet. Bewirkt das etwas? Gib es Heilungen oder gar Heilungswunder auch heute? Ein in jahrzehntelangem medizinischen Dienst ehrenvoll ergrauter Arzt meinte dazu auf meine Nachfrage: Wer in seiner Praxis noch nie ein Wunder gesehen hat, ist entweder ideologisch verblendet oder noch nicht lange im Dienst. Und dazu, was die Krankensalbung aus seelsorgerlicher Perspektive bewirkt, könnte ich nach über dreißig Dienstjahren mehr als ein Dutzend eindringliche Beispiele beisteuern. Angesichts der vielfältigen leiblichen und seelischen Nöte bringt die Kirche in der Krankensalbung die Verbundenheit mit Christus, dem Gesalbten, zum Ausdruck. So vergegenwärtigt sie seinen Dienst der Heilung und Heiligung. Noch und gerade im Angesicht des Todes macht sie vertraut mit dem Gott des Lebens.

Hat Jesus Priesterweihen vorgenommen? Auch davon berichtet uns die Heilige Schrift nichts. Aber er hat Menschen, Frauen und Männer, in seine besondere Nachfolge gerufen. Und unter diesen Jüngerinnen und Jüngern spielen die Apostel eine besondere Rolle. Nachfolge Jesu ist aber auch Kreuzesnachfolge und somit – flapsig gesagt – nichts für Warmduscher und Weicheier. Nicht alle Apostel sind diesem Anspruch gleich von Anfang an gerecht geworden. Unter dem Kreuz Jesu steht mit Johannes nur mehr einer von zwölf Aposteln, die anderen »apostolischen Säulen« der Kirche sind eingeknickt. Aber es steht da neben Maria, seiner Mutter, zumindest noch eine weitere Jüngerin, Maria von Magdala. Sie ist auch bei seinem Begräbnis anwesend und ist die Erste, die den Auferstandenen gesehen hat (Joh 20,11–18). Apostola apostolorum, die Apostelin der Apostel wird sie darum in der frühen Kirche genannt. Man hätte sich angesichts dieser Vorgeschichte ganz gewiss auch eine andere Entwicklung des Amtes in der Kirche denken und wünschen können.

Wie die Apostel versieht der Priester einen Dienst im Auftrag Jesu. Er ist nicht für alles und jedes zuständig, wohl aber fürs Ganze und dafür, dass das Ganze seine Ausrichtung auf Gott behält. Er ist verantwortlich dafür, dass diese Kirche nicht zu einem gott- und geistlosen Vereinsklüngel verkommt, sondern dass Christus die Mitte und das Ziel unserer Christenexistenz bleibt. Der Priester muss also ganz wesentlich ein Geistlicher sein, einer, der versucht, trotz der und in den Begrenzungen der eigenen Fähigkeiten Gottes Geist zum Ausdruck zu bringen, einer, der versucht, Gottes Geist zu Wort kommen und zur Tat schreiten zu lassen. Und darin ist er nicht einzigartig, sondern nur Beispiel für das, was allen Christen – Männern wie Frauen – von Christus zugemutet und zugetraut ist. Der Priester ist zuständig für die Taufe am Beginn des Christenlebens, für das Sakrament der Versöhnung angesichts menschlicher Schuld, für das Teilen und Mitteilen des Lebensnotwendigen im Sakrament des Altares und in der Caritas. Er ist zuständig für das Mensch und Gott sowie das Mensch und Mensch Verbindende im Ehesakrament. Und letztlich ist er zuständig für Weggeleit und Wegzehrung derer, die am Ende sind, damit sie voller Lebenshoffnung zur Vollendung finden in und mit Gott. Wenn es gut geht, führt der Priester also ein »Doppelleben«, so wie es die Dichterin Marie Luise Kaschnitz (1901–1974) formuliert hat:

Ihr sollt in mir sehen
einen von zweien
und hinter meinen Worten
unruhig horchen
auf die andere Stimme.

Marie Luise Kaschnitz

Ein »Doppelleben«, wie es auch bei Paulus im Buch der Bücher, in der Bibel, steht: »Nicht mehr ich lebe, sondern Christus lebt in mir« (Gal 2,20). Oder auch: »Christus will ich erkennen und die Macht seiner Auferstehung und die Gemeinschaft mit seinem Leiden; sein Tod soll mich prägen. So hoffe ich, auch zur Auferstehung von den Toten zu gelangen« (Phil 3,10f.). Wer das als Priester, wer das als Jüngerin oder Jünger Jesu glaubt und lebt, der ermutigt damit auch noch die Kranken und Sterbenden zu einer Lebenshoffnung selbst über den Tod hinaus.

Diese katholische Kirche ist keineswegs schuldlos daran, dass der eingangs erwähnte Spötter Anlass zur Empfehlung sah, Krankensalbung und Priesterweihe zusammen zu verabreichen. Es fehlen in geradezu dramatischem Ausmaß Menschen, die sich in Gottes Dienst nehmen lassen, damit der Menschendienst Gottes und der Gottesdienst des Menschen vergegenwärtigt und vollzogen werden können.

4. Schritte zum Glauben – Schritte im Glauben

4.1 Anfang und Ende

Ausgang und Eingang

Wer mit offenen Augen über den Innenstadtcampus der RWTH-Aachen geht, stößt auf ein großes hochherrschaftliches Tor, das da völlig frei und irgendwie funktionslos in der Landschaft am Kármán-Forum herumsteht. Es liegt nur wenige hundert Meter entfernt vom Standort des Theologischen Instituts und bei den Hörsälen und Seminarräumen, also an meinem täglichen Weg. Unter Studierenden geht der weitverbreitete Aberglaube um, man dürfe nicht hindurchgehen. Wer das tue, werde sein Examen nicht bestehen. Und so machen, ob sie es glauben oder nicht, nicht wenige Studenten einen Bogen um dieses Tor herum. Fünf Meter hoch und gut drei Meter breit ist dieses Tor, aus behauenen Natursteinen errichtet, mit Klinkern rückseitig abgestützt und mit einem Rundbogen nach oben hin abgeschlossen. Der Rundbogen ist mit einem kunstvollen schmiedeeisernen Rankenwerk ausgestaltet.

Im Jahre 1786 wurde dieses zum Rokoko oder noch zum Spätbarock zu rechnende Prachtstück errichtet und war der Torbau für das Stadthaus der Abtei Rolduc aus Holländisch-Limburg, wenige Kilometer von Aachen kurz hinter der deutsch-niederländischen Grenze gelegen. Rolduc war und ist die gewaltigste Klosteranlage der Niederlande. Hier wohnten, beteten, lebten mehr oder weniger heiligmäßig die Augustiner-Chorherren. Ein Kloster, das sich ein Stadthaus mit einem derartigen Torbau sozusagen als Außenstelle leisten konnte, hat gewiss nicht am Hungertuch genagt. Diese Betbrüder haben zu Beginn des 18. Jahrhunderts mit den ersten Kohlegruben der Niederlande »richtig Kohle« gemacht.

Das Tor war oder sollte sein der Durchgang zu einem Leben für und mit Gott. Hier vollzog sich der Rückzug aus der vielleicht auch für Chorherren allzu weltlich gewordenen Welt in die Welt Gottes. Hier konnte man der Welt den Rücken kehren, um von Angesicht zu Angesicht Gott zu finden.

Im 19. Jahrhundert war dieses Chorherren-Stadthaus der Familiensitz des Stecknadelfabrikanten Johann Heinrich Schervier (1784–1845). Dieses Tor markierte den Zugang zum Fabrikgebäude und zum Privathaus der Familie Schervier. Das Tor war oder sollte sein der Durchgang zur Welt der familiären Geborgenheit. Und das Tor war oder sollte sein der Durchgang zur Welt der technischen Produktions- und Wirtschaftsinteressen.

Die Tochter Franziska Schervier, eines von sieben Kindern, ist hier in diesem Haus am 3. Januar 1819 geboren worden. Ihr Taufpate war kein geringerer als Kaiser Franz I. von Österreich. Selbst noch halbwüchsig musste sie nach dem frühen Tod ihrer Mutter den großen Haushalt organisieren. Am 14. Dezember 1876 ist Franziska knapp 58-jährig ebenfalls in ihrer Heimatstadt Aachen gestorben. Sie hat besonders den heiligen Franziskus als Vorbild verehrt und daher 1845 den Orden der Armen-Schwestern vom heiligen Franziskus gegründet. Sie hat – selber aus reichem Hause stammend – die Armen nicht aus den Augen und aus dem Herzen verloren. Sie hat sich nicht an ihrem Namensgeber, dem steinreichen Kaiser Franz aus dem 19., sondern am bettelarmen heiligen Franz aus dem 13. Jahrhundert orientiert. Vor allem hat sie sich um die Krankenpflege gekümmert; Tuberkulose, Pocken und Cholera waren die Geißel nicht nur der Armen. Sie hat sich eingesetzt für Familien ohne Ernährung, für Kinder ohne Schulausbildung und für Frauen, die in die Prostitution geraten waren. 1974 ist Franziska Schervier, die Mutter der Armen, seliggesprochen worden.

Durch dieses Tor konnte man offenbar auch hinaustreten aus der mehr oder weniger heilen Welt der familiären Geborgenheit in die heillose Welt des industriellen Proletariats. Man konnte durch dieses Tor hinaustreten, um den bedürftigen Nächsten zu finden und in ihm den Gott, der sagt: »Was ihr dem Geringsten meiner Brüder und Schwestern getan habt, das habt ihr mir getan.«

Dieses Tor, so frei auf dem Campus am Kármán-Forum stehend, ist wie jedes Tor janusköpfig; es hat zwei Gesichter, eines nach innen und eines nach außen gewendet. Es geht hinaus aus der heillosen Welt in die Stille, um Gott zu finden, wie es die Augustiner-Chorherren taten. Und es geht hinein in die heillose Welt, um den Nächsten und Gott zu finden, wie es Franziska Schervier und ihre armen Franziskusschwestern taten.

Wenn ich durch das Tor hindurchgehe, habe ich keine Sorge um mein wissenschaftliches Examen. Das ist gottlob erledigt. Aber ein anderes existenziell weitaus wichtigeres Examen steht noch aus, das vor Gott. Und so ist zu fragen, ob der Weg durch dieses Tor hinein zur Welt der Wissenschaft auch ein Weg der Gottesbegegnung und Gottesvermittlung ist. Und es ist zu fragen, ob der Weg durch dieses Tor aus der Welt der Wissenschaft hinaus zu den Menschen auch ein Weg der Gottesbegegnung und Gottesvermittlung ist. In beiden Richtungen wäre Gott zu suchen und, wie ich glaube, auch zu finden. Es ist zu fragen, ob wir all unser Aus- und Eingehen von den und zu den verschiedenen Lebens- und Tätigkeitsbereichen unter den Segen und die Heilszusage Gottes stellen. Es ist zu fragen, ob uns hinreichend bewusst ist, dass unser letztes Ausgehen aus dieser Welt ein Eingehen in die Welt Gottes sein oder doch werden soll. Wie ein Kanon aus dem Gotteslob so schön sagt: »Ausgang und Eingang, Anfang und Ende, liegen bei dir, Herr, füll Hirn, Herz und Hände« (Gl 85).

Befriedigender Anfang?

Sofern Sie selbst schulpflichtige Kinder sind oder haben oder – schlimmer noch – selbst ein schulpflichtiger Lehrer sind, bekommen Sie es in halbjährlichen Abständen immer neu und unmittelbar zu spüren: Die Zeit der Zeugnisse bricht über uns herein.

Können Sie sich noch an ihr allererstes Zeugnis erinnern? Es war vermutlich auch nur ein Halbjahreszeugnis und hat doch ohne Versetzungsrelevanz großen Eindruck auf uns gemacht. Wissen Sie noch, was auf diesem Zeugnis gestanden hat? Die jüngeren Jahrgänge haben natürlich ein ausführlich formuliertes Berichtszeugnis im verquasten Pädagogendeutsch erhalten. Wie soll man sich so etwas merken? Aber die älteren Jahrgänge bekamen eine Note, eine einzige Gesamtnote wohlgemerkt. Auf meinem ersten Zeugnis stand: »Ulrich hat einen befriedigenden Anfang gemacht.« Das war doch schon mal eine klare Ansage! Dass das nicht gut war, von einem damals praktisch nicht vergebenen sehr gut ganz zu schweigen, das war mir auch schon als Schulanfänger klar. Aber unzufrieden war ich, soweit es mir erinnerlich ist, auch nicht.

Vier Jahre später, als es um die weiterführende Schule ging, teilte der Volksschullehrer mir und meinen Eltern mit, dass ich nur bedingt eine Befähigung für das Gymnasium hätte. Dennoch oder gerade deswegen bestand ich aber – aus purem Trotz – die damals übliche Aufnahmeprüfung für das Gymnasium. In meinem ersten Jahr auf dem Gymnasium, in der Sexta, wie das damals hieß, gab es noch keine Schon- und Eingewöhnungszeiten mit Versetzungsgarantie. Es ging gleich stramm zur Sache. Damals konnte man nicht erst mit zwei und mehr, sondern schon mit einer Fünf sitzenbleiben, wenn man sie nicht wenigstens durch eine Drei in einem Hauptfach ausgleichen konnte. Und so kam es, dass ich mir zwar redlich eine Fünf erarbeitet hatte, die rettende Drei im anderen Hauptfach allerdings nicht. Nicht versetzt laut Konferenzbeschluss vom soundsovielten März 1963. Das ist nun mehr als ein halbes Jahrhundert her. Wie sehr habe ich damals einer Drei, die mir das erste Zeugnis beschert hatte, nachgetrauert. Aber man lernt daraus: Die Drei ist die Eins des kleinen Mannes, und er trägt sie mit Stolz. Immerhin war es eine Lehre fürs Leben. Das heißt nun nicht, dass ich mir lebenslänglich nie mehr eine Fünf gestattet hätte. Ich habe die ganze Notenskala voll ausgeschöpft. Dass die besseren Noten insgesamt etwas überwogen haben, hat mich bis hierher und heutzutage gerettet.

Nun gibt es an jeder Uni, die etwas auf sich hält oder sich gar wie die RWTH Aachen, an der ich tätig bin, Exzellenz-Universität nennt, Lehrevaluationen. Mit denen können die Studenten anonym ihre Professoren und Dozenten beurteilen und benoten. Man bekommt also in jedem Semester für jede Veranstaltung ein Zeugnis von seinen Hörern. Man wechselt also nie von der Seite der Beurteilten endgültig auf die Seite der Beurteiler. In einer fünfteiligen Skala können die Studenten dann per Kreuzchen ca. zwan-

zig Noten vergeben. Dass meine Zeugnisnoten auf den Evaluationsbögen heute besser sind als auf dem ersten Zeugnis damals,
das rechne ich der Gutwilligkeit und den Seniorenschutz-Be-
strebungen der heutigen so pflegeleichten Studentengeneration
zu. Auf den Evaluationsbögen ist auch eine Rubrik, in der die Studenten handschriftlich und persönlich eintragen können, was ihnen gut oder weniger gut gefallen hat. Als ich die natürlich anonym erhobenen Ergebnisse meiner letzten Lehrevaluation vom
Rechenzentrum unserer Uni erhielt, fand sich in dieser persönlichen Rubrik mit großen Lettern geschrieben: I love Uli! Verziert
war das Ganze mit vielen Herzen. Natürlich habe ich die mutmaßlich 180 Studenten gefragt, ob einer von ihnen Uli heiße. Dabei
war ich mir ziemlich sicher, dass das nicht der Fall ist, weil ich in
fünfunddreißig Jahren Täufertätigkeit noch nie einen kleinen Jungen mit diesem schönen Namen beglücken durfte. Und in der Tat
meldete sich auch niemand. Unzweifelhaft war also ich gemeint!

Nun steht für uns alle noch mindestens eine, nämlich die letzte
Beurteilung aus: das Lebenszeugnis des Glaubens für das Glau-
benszeugnis des Lebens. Diese letzte Beurteilung wird nicht von
fehlbaren Studenten, Eltern, Lehrern oder Professoren ausgesprochen, sondern vom unfehlbaren, vom menschlich unverständlichen
und unverständlich menschlichen Gott. Seine Gerechtigkeit ist seine Barmherzigkeit und seine Barmherzigkeit ist seine Gerechtigkeit. Und der malt dann auch bei seiner Beurteilung in die ihnen
ganz persönlich zugeeignete Rubrik ihren unverwechselbaren Namen und sein Herz, an das er sie drückt. Es wäre doch schön,
wenn auf meinem letzten Zeugnis, wenn auf meinem Totenzettel,
wahrheitsgemäß stehen könnte, was auf meinem ersten Zeugnis
stand: »Ulrich hat einen befriedigenden Anfang gemacht.« Es
muss nicht gut oder gar sehr gut gewesen sein, wenn es nur be-
friedigend und befriedend ist, im Blick auf das, was im Tod dann
dies Leben gewesen ist. Aber es sollte auch der ganze erste Satz
von meinem ersten Zeugnis auf dem Totenzettel stehen können,
das Wort vom befriedigenden Anfang: Dieses dann beendete Leben ist als Anfang zu verstehen, sogar als befriedigender Anfang
für das Leben, das noch kommt. Wir hoffen doch, dass das, was

dann im Tod dies Leben gewesen ist, nur der erste blasse Anfang von dem war, was Leben heißt, was an Leben noch aussteht, das vollendete Leben ohne Leid und Tod. Dass wir mit dem Verenden im Tod nur den Anfang setzen zum Vollenden von Leben, das ist ein weit mehr als nur befriedigender Anfang.

Abgang? – Aufgang!

Neulich stieß ich auf ein merkwürdiges Gedicht der deutsch-jüdischen Dichterin Hilde Domin (1909–2006). Sie war mit knapper Not den Nationalsozialisten in Deutschland und den Faschisten in Italien entkommen, in die Dominikanische Republik geflüchtet und zwei Jahrzehnte später dann nach Deutschland zurückgekehrt. Das Gedicht lautet so:

Notrufer

In mir ist immer
Abschied:
Wie ein Ertrinkender
dessen Kleider
von Meerwasser schwer sind
seine letzte Liebe
einer kleinen Wolke schenkt.

In mir ist immer
Glaube,
als sei das goldene Seil
wer es auch auswirft
dem Notrufer
heilig
geschuldet.

Hilde Domin

Beim Lesen dieses Gedichtes kam mir ganz lebendig wieder eine Geschichte ins Bewusstsein, die mir ein Cousin 2003 in Dar es Salaam erzählt hatte. Er war Missionsbenediktiner und dort als Prokurator tätig. Von europäischen Freunden eingeladen, hatte er einige Zeit zuvor an einem Segelturn im Indischen Ozean teilgenommen. Weit draußen vor der Küste Tansanias auf hoher See war es ihm im Boot zu langweilig oder zu heiß geworden, und er war zur Abkühlung ins Meer gesprungen. Das Boot fuhr ganz in der Nähe des Schwimmenden ein paar kleine Schleifen, alles auf Sichtkontakt. Aber dann ganz plötzlich verloren Schwimmer und Bootsinsassen den Sichtkontakt zu einander. Erst fand man das nicht beunruhigend, denn mein Cousin war ein guter Schwimmer. Aber je länger es dauerte, desto mehr brach Panik bei den Freunden im Boot aus.

Mein Cousin erzählte mir, dass er seinerseits keinerlei Ängste gehabt habe. Um bei dem letztendlich stundenlangen Schwimmen seine Kräfte zu sparen, hatte er sich flach aufs Wasser gelegt und durch geschickte Atmung immer wieder für den notwendigen Auftrieb gesorgt. Irgendwann sei ihm aber klar geworden, dass dies seine letzte Stunde sein könnte. Und dann erzählte er, dass er sich plötzlich zurückversetzt fühlte in die Kirche seiner Kindheit in Attendorn im Sauerland. Er sah sich bei einer feierlichen eucharistischen Andacht inmitten einer großen Schar von Gläubigen. Und immer, wenn er untertauchte, neigten die Beter ihre Häupter wie beim Lobpreis des dreifaltigen Gottes am Ende jedes Gebets. Und bei seinem Auftauchen begannen sie von Neuem mit einem weiteren Gebet. Und immer war ihm ganz zentral die Monstranz vor Augen. Ich wusste, sagte er, dass ich, wenn ich hier im Meer ertrinke, in Gott untergehe und in ihm wieder aufgehe. Es war mitten in der Lebensgefahr ein unbezwingliches Gefühl der tiefsten Geborgenheit. Irgendwann nach Stunden haben ihn die Bootsinsassen dann wiederentdeckt und den schon ziemlich Entkräfteten ins rettende Boot gezogen.

> In mir ist immer
> Abschied:
> Wie ein Ertrinkender
> dessen Kleider
> vom Meerwasser schwer sind
> seine letzte Liebe
> einer kleinen Wolke schenkt.

Hilde Domin, die vor der Verfolgung Flüchtende, sieht sich abschied-lich wie eine Ertrinkende. Auch wir, jeder von uns, lebt mit einem geplanten oder ungeplanten, mit einem erahnten oder ungeahnten Abschied, den wir einmal nehmen oder geben müssen. Unsere ganze Existenz zielt hin auf einen endgültigen Abschied. Und unsere letzte Liebe gilt mit einem Blick zum Himmel vielleicht etwas so winzig oder wolkig Erscheinendem, wie der Hoffnung auf einen Leben ret-tenden und Leben bewahrenden Gott. Aber Hilde Domin denkt nicht nur und immer nur abschiedlich. Sie lebt auch zugleich immer mit einem festen Glauben, dass Rettung möglich ist.

> In mir ist immer
> Glaube,
> als sei das goldene Seil
> wer es auch auswirft
> dem Notrufer
> heilig
> geschuldet.

Warum überschreibt sie ihr Gedicht mit Notrufer? Vielleicht ruft sie ihre eigene Not aus, schreit sie ihre persönliche Not zum Himmel. Oder vielleicht ruft sie in der Not der Menschen ihren ungebroche-nen Glauben aus, den Glauben an ein goldenes, ein in der Not gold-richtiges, rettendes Seil. Sie sagt nicht, wer es auswirft, wohl aber, dass dem, der es auswirft, der in Not Geratene heilig ist. Mit Höl-derlin (1770–1843) könnte man es vielleicht wohl auch so ausdrü-cken: »Nah ist und schwer zu fassen der Gott. Wo aber Gefahr ist, wächst das Rettende auch.«

Am 12. Januar 2012 kam mein Cousin zusammen mit einem anderen Pater, dem Sekretär des Vatikanischen Botschafters in Tansania, beim Schwimmen im selben Indischen Ozean ums Leben, dem er Jahre zuvor entronnen war.

In mir ist immer
Abschied:
Wie ein Ertrinkender
dessen Kleider
vom Meerwasser schwer sind
seine letzte Liebe
einer kleinen Wolke schenkt.

In mir ist immer
Glaube,
als sei das goldene Seil
wer es auch auswirft
dem Notrufer
heilig
geschuldet.

Ich wünsche uns, dass wir als Notrufer schon mitten im Leben immer wieder und erst recht dann am Ende unseres Lebens diese Erfahrung machen können: »Nah ist und schwer zu fassen der Gott. Wo aber Gefahr ist, wächst das Rettende auch.« Und der letzte Grund für den Glauben an das goldrichtige Rettungsseil, der Inbegriff alles Rettenden selbst, ist für uns Christen Gott, der Gott, der lebt, das Leben hält und Leben schafft.

4.2 Entscheiden

Gelehrter Prüfling – geprüfter Lehrling?

Nicht alle Jahre wieder, sondern alle Semester wieder habe ich
mündliche Prüfungen abzuhalten, ganztägig von neun bis neunzehn
Uhr und im Halbstundentakt, manchmal mehrere Tage lang hinter-
einander. Der gemeine Prüfling meint ja gemeinhin, der Prüfer sei
der gemeinste Mensch der Welt. Und er, der Prüfling, sei der Leid-
tragende und übler Prüferwillkür ausgesetzt und natürlich weit unter Wert benotet worden. Nun macht jeder Prüfling nur eine Prüfung, nämlich seine Prüfung, aber ich als Prüfer mache sie alle.
Ergo ist eigentlich der Prüfer der Geprüfte, der schlimmstenfalls
Leidgeprüfte! Bevor man allerdings nolens volens Prüfer ist, war
man zuvor selber auch staatlich, kirchlich oder sonst wie Geprüfter,
gegebenenfalls Leidgeprüfter, und das vom Seepferdchen über den
Führerschein bis zum Rigorosum. Und immer war man getrieben
von der Prüflingshoffnung, die Löcher im Käse des eigenen Wissens
derart kaschieren zu können, dass der Prüfer sie nicht finden möge.
Eugen Roth (1895–1976), der sogar bis zum Dr. phil. Hinauf- und
Durchgeprüfte, hat seine Prüfungserfahrung staunend in ein Gedicht gebracht:

Unfassbar

Ein Mensch, zum Greis herangereift,
rückschauend leidlich noch begreift,
wie er durch die zwei Kriege kam
und selbst die Hitler-Hürde nahm.
Doch ewig bleibt ihm rätselhaft,
wie einst er das Pennal geschafft.

Eugen Roth

Nun weiß jeder Prüfer, dass der Käse des Wissens Löcher hat, beim
Prüfer so gut wie beim Prüfling. Und er weiß, dass er jeden Prüfer-
Kollegen und dass jeder Prüfer-Kollege ihn, den Prüfer, bloßstellen

und aufs Kreuz legen könnte. Und vielleicht ist es manchmal die auch menschlich größere und allein dem Prüfer auferlegte Aufgabe, zwischen all den Löchern des Nichtwissens noch den Käse des Wissens aufzuspüren.

Der alt gewordene Goethe spricht mir, der sich allerdings die Juristerei und Medizin zugunsten der Biologie gespart hat, aus dem Herzen, wenn er seinen alt gewordenen Dr. Faust sagen lässt:

Habe nun, ach! Philosophie,
Juristerei und Medizin,
Und leider auch Theologie
Durchaus studiert, mit heißem Bemühn.
Da steh ich nun, ich armer Tor!
Und bin so klug als wie zuvor;
Heiße Magister, heiße Doktor gar
Und ziehe schon an die zehen Jahr
Herauf, herab und quer und krumm
Meine Schüler an der Nase herum –
Und sehe, daß wir nichts wissen können!
Das will mir schier das Herz verbrennen.

Johann Wolfgang Goethe

Warum aber soll man dann prüfen und was soll man dann prüfen, wenn ich doch weiß, dass wir letztlich nichts wissen können? Vielleicht soll man sich und andere prüfen, damit die gewaltigen tiefen Schlagschatten des Nichtwissens nicht durch die zahllosen Blendlichter des bloßen Scheinwissens, durch die Blendlichter des bloßen Wissensscheins ausgeblendet und überblendet werden. Natürlich sind wir alle von der Faustischen Sucht befallen: »Dass ich erkenne, was die Welt im Innersten zusammenhält.«

Und sich genau da der Geheimnishaftigkeit des Weltganzen und unserer selbst bewusst zu werden, wo uns die Prüfung – trotz all unserer Bemühungen! – als überfragt entlarvt, da vollzieht sich ein wertvoller Schritt zu wirklicher menschlicher Weisheit und Reife.

Nikolaus von Kues (1401–1464), der große Philosoph, Reformtheologe, Jurist und Kardinal, den man auch den Pförtner der Neuzeit genannt hat, war sich des bleibend Stümperhaften all unserer noch so ausgefeilten Bemühungen zutiefst bewusst, wenn er lapidar schrieb: »Weil alles, was gewusst wird, besser und vollkommener gewusst werden kann, wird nichts so gewusst, wie es wissbar ist.« Die Schule, auf die Nikolaus von Kues uns hinweist, ist die Schule der Anfänger, der bleibenden Anfänger, der fortgeschrittenen Anfänger. Für diese Schule schrieb er seine »Docta ignorantia« (Belehrte Unwissenheit) und seine »Idiota de sapientia« (Der Laie über die Weisheit). Ein deutsches Sprichwort hat die Schulordnung dieser Anfängerschule kurz und knapp so auf den Punkt gebracht: »Höre nie auf anzufangen, fange nie an aufzuhören.«

Wenn ich eher täglich als nur wöchentlich die Mängel meiner Schulbildung sehe, tröste ich mich und die vielen, denen es ähnlich ergeht, mit Valerius Martial (38/41–102/103 n. Chr.): »Homo bonus semper tiro. Ein guter Mensch bleibt immer ein Anfänger.« Und dass ich als Anfänger auf dem Weg zum guten Menschen bin, das erhoffe ich wenigstens. Wenn ich für die Hochschulbildung als lehrender Lerner oder lernender Lehrer ins ganz und gar Ungelernte hinaus muss, dann darf ich – nur ausnahmsweise – auch einmal Seneca bemühen: »Docendo discimus. Durch Lehren lernen wir.« Ich verkneife mir, ihnen das aufzuzählen, was alles für mich selber erst hier an der Hochschule beim Lehrenmüssen an Lernenmüssen anfiel, sie bekämen sonst einen schlechten Eindruck von mir oder – schlimmer noch – von der Hochschule. Nur so viel: Joseph Joubert (1754–1824) hat gesagt: »Lehren heißt: Die Dinge zweimal lernen.«

Viele von uns stehen zwischen dem schulischen Abitur, dieser nur vorläufigen Reifeprüfung am Schulende, und dem letzten Abitur, der endgültigen Reifeprüfung am Lebensende, die uns allen herzzerreißend oder kopfzerbrechend noch ins Haus steht. Wir alle sind Studenten, – das heißt wörtlich übersetzt – Menschen, die sich bemühen. Und wir alle sind Abiturienten, – das heißt wörtlich übersetzt – Menschen, die im Begriff sind zu gehen. Wir sind Abiturienten von der Schule in den Beruf, von einer Stelle in die andere Stelle, vom Beruf in den Ruhestand, von einer Lebensphase in die andere, vom Leben in den Tod.

Ich wünsche uns allen, uns diversen Studenten und Abiturienten, dass wir die Schulbildung des Petrus, die Reifeprüfung des Petrus bestehen und auf die letzte Examensfrage »Quo vadis? Wohin gehst du?« antworten können, was wir schon als kleine vorkonziliare Messdiener gelernt haben: »Ad Deum, qui laetificat iuventutem meam. Zu Gott, der mich erfreut von Jugend auf.«

Glaubensleben – Lebensglaube

An der RWTH Aachen kann man auch Gesellschaftswissenschaften studieren mit Angeboten aus den Fächern Soziologie, Politik, Geschichte und Theologie. Auch wenn in unserer Gesellschaft die Christen nach wie vor die mit weitem Abstand größte Gruppe stellen, stellt sich doch für viele dieser Studenten die Frage: Wozu ist der Glaube gut? Und dann gehe ich mit ihnen den Weg vom Denken zum Glauben und zum Glauben-Bedenken. Und zweihundert mehr oder weniger aufmerksame Studenten aus fast allen Ecken und Religionen der Welt hören zu. Kürzlich habe ich für die Eingangsvorlesung ein Gedicht von Günter Grass genutzt:

Im Ei

Wir leben im Ei.
Die Innenseite der Schale
haben wir mit unanständigen Zeichnungen
und den Vornamen unserer Feinde bekritzelt.
Wir werden gebrütet.

Wer uns auch brütet,
unseren Bleistift brütet er mit.
Ausgeschlüpft eines Tages,
werden wir uns sofort
ein Bildnis des Brütenden machen.

Wir nehmen an, dass wir gebrütet werden.
Wir stellen uns ein gutmütiges Geflügel vor

und schreiben Schulaufsätze
über Farbe und Rasse
der uns brütenden Henne.

Wann schlüpfen wir aus?
Unsere Propheten im Ei
streiten sich für mittelmäßige Bezahlung
über die Dauer der Brutzeit.
Sie nehmen einen Tag X an. [...]

Und wenn wir nun nicht gebrütet werden?
Wenn diese Schale niemals ein Loch bekommt?
Wenn unser Horizont nur der Horizont
unser Kritzeleien ist und auch bleiben wird?
Wir hoffen, dass wir gebrütet werden.

Wenn wir auch nur noch vom Brüten reden,
bleibt doch zu befürchten, dass jemand,
außerhalb unserer Schale, Hunger verspürt,
uns in die Pfanne haut und mit Salz bestreut.-

Was machen wir dann, ihr Brüder im Ei?

Günter Grass

Nach diesem Bild sind all unsere kulturellen Denkbemühungen wie Kritzeleien auf der Innenseite der Eierschale unserer Diesseitigkeit. Sie sind belanglos, wenn wir gebrütet werden, die Schale sprengen und wie Küken in ein neues Leben entlassen werden sollten. Sie sind belanglos, wenn dieses Ei unserer Diesseitigkeit faul ist und nie einen Bruterfolg zeitigt, sondern allenfalls mit üblem Gestank platzt. Sie sind belanglos, wenn ein bösartiger Gott sein Geschöpf Mensch in einer apokalyptischen Anwandlung vernichtend in die Pfanne haut. Darum und dennoch geben wir uns nicht mit der Innenseite der Eierschale unserer Diesseitigkeit zufrieden, sondern sinnieren permanent über die Rand- und Rahmenbedingungen unseres Daseins und Soseins. Und dabei entwerfen wir katastrophal verdunkelte oder soterio-

logisch aufgehellte Szenarien. Indem der sich selbst für ungläubig er-
klärende Zeitgenosse sein Denken in einen umfassend desaströsen
Denkhorizont implementiert, glaubt er nicht weniger, sondern nur
anderes als der für gläubig gehaltene Zeitgenosse. Man glaubt nicht,
wie viel man glauben muss, um ungläubig zu sein.

Der Mensch ist mit dem ersten und bleibt bis zum letzten Atemzug ein Glaubender. Ja das Glaubenkönnen, die transzendenzoffene
gläubige Selbst- und Weltdeutung, kann man evolutionär betrachtet
als das unterscheidende Kennzeichen des Übergangs zwischen
Noch-Tier und Schon-Mensch ansehen.

Das ist eine Theologie, die bei der Anthropologie ansetzt, nicht
aber eine Theologie, die man durch Anthropologie ersetzt, wie das
seit Ludwig Feuerbach oft versucht worden ist. Es ist mir ein Leich-
tes zu zeigen, wo und wie erklärtermaßen Ungläubige Kronzeugen
für einen Glauben und Glaubenszeugen wider Willen werden.

Das Denken und das Glauben sind auch keine einander ausschlie-
ßenden Gegensätze, wie manche Rationalisten und Empiristen glauben oder glauben machen möchten. Stattdessen behaupte ich, wer
denkt, der glaubt. Der Mensch ist nur als Glaubender ein Denkender, ist als Denkender je schon ein Glaubender. Das zeigt sich unab-
weislich durch das Nachdenken über das Denken bzw. das Dem-
Denken-Nachdenken, das im Glauben landet.

Wir stehen vor der Alternative: Glaube ich daran, dass das Ganze
dieser Welt, dass die Menschheit, dass mein eigenes Leben in einen
Horizont der Hoffnung gestellt ist, dass es einen umfassenden Sinn
hat? Oder glaube ich, dass alles ein bedeutungsloser Irrtum, ein katastrophaler Unsinn oder ein grandios unwahrscheinlicher Zufall ist?
Dass aber ist nicht minder auch ein Glaube, wenn auch kein besonders verheißungsvoller. Ich habe nur die Wahl zwischen einem
Glauben, der mir zum Leben und im Idealfall sogar noch im Sterben
hilft, und einem apathischen oder gar destruktiven Glauben, der mir
schon das Leben mit seinem permanenten Belanglosigkeits- oder
Sinnlosigkeitsverdacht erschwert. Ein den Glauben ausschließendes
und daher überflüssig machendes Wissen haben wir allesamt nicht.

Nach einer dieser Vorlesungen kam eine mir unbekannte ver-
schleierte muslimische Studentin aus dem arabischen Raum zu mir

und bat mich, den Christen, für ihren kranken Vater zu beten. Ich
war verblüfft, aber sagte ihr gern mein Gebet zu. Einige Wochen
später erhielt ich von ihr in noch nicht ganz überzeugendem
Deutsch aber mit überzeugender Menschlichkeit diese Zeilen:

> Sehr geehrter Prof. Lüke,
> ich wollte mich bei Ihnen ganz herzlichst bedanken, dass sie an mein
> Vater gedenkt haben. Denn Ihr Glaube hat mir wieder neue Hoffnung ge-
> schenkt. Denn ich hatte mich schon längst von der Uni verabschiedet
> und der Welt, aber Sie haben mir gezeigt, dass der Glaube einen bestärkt
> und bei dem Kranken die Moral steigert. Da mein Vater Mediziner ist,
> glaubt er nicht zu sehr an die Tranzendez, aber durch sie glaube ich da-
> ran und er wird sein Lungenkarzinom besiegen! Ich danke Ihnen aus
> tiefstem Herzen.

> MfG *(und dann der Name)*

Manchmal beglaubigt das Leben unseren Glauben, und manchmal
belebt der Glaube unser Leben. Das ist dann ein Glaube, der zum
Leben führt und ein Leben, das zum Glauben führt. So will ich
gern weiter für den mir unbekannten Vater der mir kaum bekannten Muslima beten. Der Gott, an den wir Christen glauben, sagt
schließlich von sich: Ich bin der Weg, die Wahrheit und das Leben.

Lebens-Entscheidung

Sie alle kennen die Umfragen der Meinungs- oder der Markfor-
schungsinstitute; manche von uns werden mit den Umfragen sogar
regelrecht belästigt. Manche (Schein-)Umfragen dienen nur dazu,
die Daten potenzieller Kunden auszuforschen, weiterzuverkaufen
oder die eigene Firma ins Gespräch zu bringen. Umfragen machen
Konzerne, die an die Börse wollen, machen Politiker, die ein gutes
Wahlergebnis erzielen wollen, machen Marketingstrategen, die ein
bestimmtes Produkt an den Mann oder die Frau bringen wollen.

   Wie sieht mich diese oder jene Bevölkerungsgruppierung? Trau-
en mir die Akademiker, die Arbeiter, die Beamten, die Wirtschafts-

bosse wirtschaftspolitische, außenpolitische, kulturpolitische Kompetenz zu? Wie muss ich mich präsentieren, um gut anzukommen, um im rechten Licht zu stehen, um in der Presse vorzukommen. Es gibt Politiker, die entblöden sich nicht, auf den Wagen der Love-Parade oder im Big-Brother-Container herumzuturnen, um nur ja wahrgenommen zu werden und wollen dennoch ernstgenommen werden. Jedes zufällige Bäuerchen in der Volksmeinung wird heute medial zum politischen Erdbeben hochstilisiert. Auf jeden Furz der Volksmeinung wird mit einem neuen Geschäftsklimaindex, einer zusätzlichen Weltwirtschafts- oder Weltklimakonferenz reagiert. Und wer sich eine neue Frisur zulegen will unter den Prominenten, der spricht erst mit seinem Personality-Coach und seinem Promotion-Designer.

Nun gibt es Stellen im Neuen Testament (z. B. Mt 16,13), da scheint Jesus dieses Affentheater selbst auch mitzumachen, indem er seine Jünger fragt: »Für wen halten die Leute den Menschensohn?« Menschensohn ist ein merkwürdiger Titel aus dem Alten Testament, mit dem Jesus sich selbst bezeichnet hat. Und die Jünger antworten artig: »Die einen für Johannes den Täufer, andere für Elija, wieder andere für Jeremia oder sonst einen Propheten.« Damit könnte er ja zufrieden sein, er spielt in der Champions League der Propheten mit; er hat einen anerkannten Prophetenstatus. Nun benötigt er nur noch eine die Stellung erhaltende Statuspflege. Ist dieser Jesus so abhängig von der Volksmeinung? Aber er fragt weiter, er rückt den Jüngern auf den Pelz (Mt 16,15): »Ihr aber, für wen haltet ihr mich?« Und da geht es dann plötzlich nicht mehr um eine unverbindliche Meinungsumfrage, sondern um eine ganz persönliche Stellungnahme, um eine existenzielle Erkenntnis und ein existenzielles Bekenntnis.

Ich stelle mir vor, dass nicht wenige seiner Jünger betroffen zu Boden geschaut haben. Was soll denn das jetzt, diese persönliche Gesinnungsabfrage? Und da kommt es über Simon wie eine Offenbarung, und er sagt: »Du bist der Messias, der Sohn des lebendigen Gottes.« Jesus bestätigt diese Antwort geradezu überschwänglich (Mt 16,17): »[...] nicht Fleisch und Blut haben dir das offenbart, sondern mein Vater im Himmel.« In Jesus den Sohn Gottes zu sehen, das folgt nicht der Alltagslogik dieser Welt, sondern ist eine höhere Einsicht, ist ein Geschenk des Himmels.

Und Jesus nennt den Simon Fels: »Du bist Petrus und auf diesen Felsen werde ich meine Kirche bauen und die Mächte der Unterwelt werden sie nicht überwältigen.« Da hat einer mal einen lichten Moment, und dann wird er sofort zum Fels der Kirche hochstilisiert. Dann wird er zum Papst ernannt und mit der Binde- und Lösegewalt für diese Erde betraut. Hat Jesus keine Ahnung, dass er da gerade einen Wackelpudding zum Fels ernannt hat? Doch, das hatte er. Ein paar Verse weiter, als Jesus seine erste Leidensankündigung macht, versucht Petrus, ihm den Leidensweg auszureden. Und Jesus reagiert äußerst harsch: »Weg mit dir, Satan. Geh mir aus den Augen.«

Ich glaube, dieser Jesus wollte keine Imagepflege und keine Claqueure. Er wollte eine Entscheidung. Auch an anderer Stelle (Joh 6,67), als es kriselt unter seinen Jüngern und sich viele von ihm abwenden, fragt er die Apostel: »Wollt nicht auch ihr gehen?« Er riskiert den totalen Bruch; denn er will die totale Entscheidung. Nicht Mitläufer braucht er, sondern Nachfolger.

Und die Frage: »Ihr aber, für wen haltet ihr mich?«, die gilt auch uns. Ist er für mich nur ein großer Pazifist und Weltveränderer, wie Mahatma Gandhi? Ist er ein großer Lebensphilosoph und Moralist, wie Sokrates? Ist er ein charismatischer Populist und Volkstribun, wie Kurt Schumacher? Ist er Religionsstifter wie Mohammed oder Joseph Smith? Die Gutmenschen, die Philosophen, die Politmessiasse, die Religionsstifter und auch die Päpste sind nicht die Retter der Welt. Von denen kann uns keiner mehr retten, wenn wir nur mit denen zu tun hätten, dann könnten wir uns einsargen und uns begraben lassen.

Rettend ist nur der lebendige Gott, der Gott des Lebens. Rettend ist nur das Bekenntnis zum menschgewordenen Gott, zum »Sohn des lebendigen Gottes«. Wer ihn erkannt, wer sich zu ihm bekannt hat, der hat alles, was er braucht. Denn, wie sagt Teresa von Avila: »Nichts soll dich ängstigen, nichts dich erschrecken. Alles geht vorüber. Gott allein bleibt derselbe. Alles erreicht der Geduldige, und wer Gott hat, der hat alles. Gott allein genügt.«

Und wenn Sie an sich zweifeln und meinen, Sie hätten Gott doch gar nicht, dann dürfen Sie wissen: Aber Gott hat Sie, wenn Sie es nur wollen. Und die Frage: »Ihr aber, für wen haltet ihr mich?«, die gilt auch uns, die Frage steht auch hier und heute im Raum unseres Lebens. Die Frage sollten und müssten wir beantworten, am besten ähnlich wie Petrus, und ganz auf den Gott des Lebens, auf Jesus Christus setzen, und zwar nicht zu seinem Wohl, sondern zu unserem Heil. Das ist die Entscheidung des Lebens, die Entscheidung zum Leben, kurzum die Lebens-Entscheidung.

Gretchenfrage

Kennen Sie die Gretchenfrage, hat Ihnen die schon mal jemand gestellt? Sie steht in Goethes Faust und wird von Margarete, eben dem Gretchen, an Dr. Heinrich Faust gerichtet:

> Margarete: Nun sag, wie hast du's mit der Religion?
> Du bist ein herzlich guter Mann,
> Allein ich glaub, du hältst nicht viel davon.
> Faust: Laß das, mein Kind! Du fühlst, ich bin dir gut;
> Für meine Lieben ließ' ich Leib und Blut,
> Will niemand sein Gefühl und seine Kirche rauben.
> Margarete: Das ist nicht recht, man muß dran glauben.
> *Johann Wolfgang Goethe*

Und dann schwadroniert der Akademiker Faust theologisch herum, sodass ihm das Gretchen nicht mehr folgen kann. Er quatscht sie buchstäblich schwindelig.

> Wer darf ihn nennen?
> Und wer bekennen:
> »Ich glaub ihn!«?
> Wer empfinden,
> Und sich unterwinden
> Zu sagen: »Ich glaub ihn nicht!«?

Der Allumfasser,
Der Allerhalter,
Faßt und erhält er nicht
Dich, mich, sich selbst?
Wölbt sich der Himmel nicht da droben?
Liegt die Erde nicht hier unten fest?
Und steigen freundlich blickend
Ewige Sterne nicht herauf?
Schau ich nicht Aug in Auge dir,
Und drängt nicht alles
Nach Haupt und Herzen dir,
Und webt in ewigem Geheimnis
Unsichtbar sichtbar neben dir?
Erfüll davon dein Herz, so groß es ist,
Und wenn du ganz in dem Gefühle selig bist,
Nenn es dann, wie du willst,
Nenn's Glück! Herz! Liebe! Gott!
Ich habe keinen Namen
Dafür! Gefühl ist alles;
Name ist Schall und Rauch,
Umnebelnd Himmelsglut.

Johann Wolfgang Goethe

Und Margarete, das Gretchen, merkt, der will nicht Farbe bekennen, der drückt sich vor einem klaren Bekenntnis. Und sie merkt auch, dass der Kumpan von Faust, der Mephisto, einen unheilvollen Einfluss auf ihren geliebten Faust ausübt. Heinrichs Glaubens- und Gottlosigkeit tut Gretchen ebenso nicht gut. Am Ende hat Faust das naive gutgläubige Mädchen geschwängert und zugrunde gerichtet. Und Gretchen sagt nur noch: »Heinrich, mir graut's vor dir.«

Immer wieder gehe ich auf Anfrage von Lehrern in Oberstufenkurse. Ich habe schon weit mehr als ein Dutzend Gymnasien besucht, um – durchaus mit Erfolg – Schüler für das Studium der Theologie zu interessieren. Und da wird sie mir regelmäßig gestellt, die Gretchenfrage. Wie hältst du es mit der Religion? Glaubst du das, was du in der Uni lehrst und auf der Kanzel verkündigst? Was hat der Glaube für Konsequenzen in deinem und in unserm Leben, wenn man glaubt, was du sagst? Und dann könnte ich auch theologisch herumschwadronieren, wie der Faust vor dem Gretchen und über die Köpfe der Schüler hinweg. Aber die Schüler würden es genauso merken, wie das Gretchen in Goethes Faust.

Was wir glauben, das kann nicht spurlos bleiben in unserem Leben. Es braucht einen sinnenfälligen Ausdruck in unserem Leben. Wenn ich wirklich an den lebendigen Gott glaube, dann kann das nicht ein beliebiges konsequenzloses Meinen sein, dann muss sich das konkret irgendwo niederschlagen im Entwurf und in der Durchführung meines Lebens. Es muss nicht perfekt sein, aber es muss erkennbar sein in drei Bereichen: 1. in Gebet, Gottesdienst und Stille, 2. in menschlicher Zuwendung und Solidarität mit den Zukurzgekommenen und 3. im lebendigen Diskurs.

Gebet:
Wer von uns hält eine feste tägliche Gebetszeit ein? Wo beten Eheleute noch miteinander und füreinander? Mit den Kleinkindern wird schon noch gebetet, sie schlafen dann schließlich besser. Aber wo beten Familien zusammen mit ihren heranwachsenden Kindern? Wo beten Jugendliche, junge Erwachsene miteinander? Gibt's noch das Tischgebet als Erinnerung an den, von dem wir und mit dem wir alles haben? Und wie steht's um die gottesdienstliche Verbundenheit mit der Gemeinde? Wo das alles ins jeweils launenabhängige Belieben gestellt wird, wird der Glaube bald selbst beliebig.

Solidarität:
Glaube ist nicht ein konsequenzlos zu beschwatzendes akademisches Für-wahr- oder Für-möglich-Halten. Glaube ist konkret bis ins Portemonnaie hinein, bis in den Umgang mit Hungerleidern, Flüchtlingen, Entrechteten und Zukurzgekommenen aller Art. Wo diesbezüglich gar nichts Konkretes erkennbar ist, ist der Glaube in seiner Substanz unkenntlich und hinsichtlich seiner Existenz höchst zweifelhaft. Das merkt Gretchen, das merken die Oberstufenschüler. Wo der Glaube keine Spuren bei mir und anderen hinterlässt, da ist

er offenbar dabei, spurlos zu verschwinden oder schon spurlos verschwunden.

Diskurs:
Wo wird noch ein ernsthafter Diskurs über den Glauben geführt? In den Familien, in der Schule, am Arbeitsplatz, am Stammtisch, in der Clique? Diktieren nicht schon längst die Jugendlichen durch dickfälliges Ignorieren von Fragen und die Eltern durch peinliche Unsicherheiten in der Antwort die Sprachlosigkeit in Glaubensdingen, die Sprachlosigkeit über Gott? Und wo die Mühe des Begriffs gescheut wird, da wird am Ende ein gedankenarmer Gefühlssalat aufgetischt wie bei Faust:

> Und wenn du ganz in dem Gefühle selig bist,
> Nenn es dann, wie du willst,
> Nenn's Glück! Herz! Liebe! Gott!
> Ich habe keinen Namen
> Dafür! Gefühl ist alles;
> Name ist Schall und Rauch,
> Umnebelnd Himmelsglut.
>
> *Johann Wolfgang Goethe*

Wenn wir in Glaubensdingen nicht weiter zur Vernebelung, Umnebelung und Benebelung unserer selbst und der Gesellschaft beitragen wollen, dann sollten wir einander die Gretchenfrage stellen und uns der Gretchenfrage stellen. Dann sollten wir den Glauben, unsern Glauben, endlich wieder im Gebet, in der Solidarität und im Diskurs konkret und erkennbar werden lassen.

4.3 Leid und Angst

Gott (ver-)leidet

Ein Tsunami, eine Monsterwelle ausgelöst durch ein Seebeben, spülte in Indonesien und auf den Philippinen vor wenigen Jahren mehr als 200.000 Menschenleben hinweg. Ein Erdbeben in Haiti zertrümmerte eine nicht minder große Zahl von Menschenleben, als es in wenigen Augenblicken die Gebäude über ihnen abbrach. Dass eine satte, nicht selten bis zum Überdruss und Übergewicht überfütterte Weltgesellschaft sich pro Jahr ca. 20 Millionen Hungertote und eine in die Millionen gehende Anzahl von Kriegs- und Bürgerkriegstoten »leistet«, ist auf den unübersehbaren Berg des Elends noch oben drauf zu packen. Kann man da noch an einen allgütigen, allmächtigen, allwissenden Gott glauben? Vielleicht weiß er von all dem nichts; dann mag er allmächtig und allgütig sein, allwissend ist er dann nicht. Vielleicht ist er allgütig und allwissend, will gerne helfen, kann aber nicht. Dann ist er eben nicht allmächtig. Oder er ist allwissend und allmächtig, dann ist er offenbar nicht allgütig, sondern bösartig und menschenverachtend. Theologen und Philosophen sprechen hier von Theodizee. Der Begriff stammt von Leibniz (1710) und vereinigt die griechischen Worte Theos (Gott) und Dikê (Gerechtigkeit). Es geht dabei um die Rechtfertigung des absolut guten, wissenden und mächtigen Gottes angesichts des unbestreitbaren Leids und Übels in der Welt.

Das Alte Testament kennt angesichts des scheinbar ungerechtfertigten Leids von Menschen zwei Rechtfertigungsstrategien für Gott. Entweder gibt es verborgene Sünden, um die nur Gott weiß. Oder es müssen die Sünden der vorigen Generation gesühnt werden. Dagegen opponiert Hiob im Alten Testament, der unbeirrt daran festhält, dass menschliches Leiden auch beim Fehlen von Schuld auftritt und Gottes unergründlichem Ratschluss zuzuschreiben ist. Das Neue Testament bestreitet mit der Autorität Jesu diesen alttestamentlichen Tun-Ergehens-Zusammenhang und verneint mit der Autorität des Paulus (Röm 9,20f.) eine Berechtigung des Menschen, mit Gott zu rechten.

In Verlauf der Theologiegeschichte wurde die Theodizee auf verschiedene Weise angegangen: Irenäus von Lyon (135–202) versucht die Spannung zwischen Gottes absoluter Güte und Allmacht einerseits und dem Leid und Unheil der Welt andererseits durch den Gedanken einer sich am endlichen Wesen Mensch vollziehenden göttlichen Pädagogik zu mildern. Augustinus (354–430) legt die Lehre von der doppelten Prädestination zum Heil und zum Unheil vor, die vom Calvinismus übernommen wurde, allerdings die Ungeheuerlichkeit des Problems nicht mindert. Auch die Marginalisierung des Bösen als eines Mangels an Gutem oder die Reduzierung der Zuständigkeit Gottes auf bloße Zulassung des Bösen und des Übels hilft nicht weiter. Leibniz (1646–1716) diskutierte, ob diese Welt angesichts des Allwissens, der Allmacht und Allgüte Gottes sowie angesichts der Gottes Güte konterkarierenden endlichen Freiheit und der begrenzten Einsicht und Güte des Menschen nicht doch die Beste aller möglichen Welten sein könnte.

Lehramtlich-dogmatisch vorgegeben in Stellungnahmen vom 4. bis ins 21. Jahrhundert sind die Allmacht Gottes (vgl. Glaubensbekenntnisse), seine Allwissenheit und seine Allgüte, mithin also die Entstehungsgrundlagen des Problems. Eine Lösung durch Auslassung einer dieser Eigenschaften Gottes ist demnach mit der Lehre der Kirche nicht vereinbar.

Die Versuche von Hans Jonas, Dorothee Sölle und anderen, die Güte Gottes durch die Aufgabe seiner Allmacht zu retten, führt zu Konsequenzen, die mit dem Glauben nicht vereinbar sind. Man kann nun mit dem großen evangelischen Theologen Karl Barth die Theodizee grundsätzlich ablehnen als unstatthafte theologische Anmaßung einer Aufgabe, die nur Gott lösen kann, oder als zynische Einordnung der Leiden anderer in ein System zur Rettung der Vernünftigkeit des allmächtigen, allgütigen und allwissenden Gottes. Man kann sich aber auch in Anschluss an Kant (1724–1804) zur bleibenden menschlichen Unfähigkeit bekennen, je einen solchen quasigöttlichen Durch- und Überblick zu gewinnen. Man kann wie Nietzsche die atheistische Variante wählen, der zufolge es das Beste für Gott ist, gar nicht zu existieren. Dann muss man aber die verschärfte Anthropodizeefrage in Kauf nehmen; denn dann ist der Letztverantwortliche für das Böse und das Übel in der Welt der Mensch, weil keiner sonst infrage kommt. Einen Sinn und eine umfassende abschließende Gerechtigkeit gibt es dann nicht; der Mörder triumphiert endgültig über sein Opfer, dessen Leiden ungesühnt bleiben.

Es gehört zur Güte der Schöpfung, dass sie kein totes Fertigprodukt ist, sondern eine Welt im Werden. Und an deren Gestaltung kann und soll der Mensch mitwirken. Und bei deren Gestaltung wird der Mensch der, der er sein soll und kann. Dazu aber muss der Mensch frei sein. Und wenn er frei ist, dann ist er auch zum Missbrauch der Freiheit gegen Gott und seinen Mitmenschen befähigt.

Die entscheidende Antwort auf die Theodizee gibt uns das Neue Testament mit dem Verweis auf die Kreuzigung Jesu Christi, durch die Gott selbst den Missbrauch der Freiheit, das Leid und die Schuld der Welt auf sich nimmt. Gott selbst trägt und erträgt in Jesus Christus das Äußerste an menschlichem Leiden mit uns und für uns. In dieser totalen Selbstentäußerung und Solidarität dokumentiert Gott zugleich seine absolute Güte und Macht und respektiert alles Werden in Freiheit.

Wer angesichts der Theodizee auf Gott setzt, der maßt sich nicht an, dem Leidenden sein Leiden plausibilisieren zu können oder auch nur erklären zu wollen, sondern hält beim Leidenden und mit ihm aus. Er tut es aber im Blick auf die Selbstentäußerung und die Passion Gottes in Jesus Christus. Wer ganz auf Gott setzt, hält fest an der Wesensbestimmung »Gott ist Liebe« (1 Joh 4,16) und hofft auf deren Erweis am Ende der Zeit, wenn die Liebe Gottes die Sinnlosigkeit des Todes überwindet.

Hin- oder Aufrichtung?

»Lebendig ist das Wort Gottes, kraftvoll und schärfer als jedes zweischneidige Schwert.« Das war vor einiger Zeit das Motto eines Evangelischen Kirchentags. Nicht wenige Menschen glauben eher, dass das Wort Gottes alles andere als kraftvoll und scharf ist. Es kommt ihnen eher vor wie Zuckerwatte, süßlich-aufgeblasen und langweilig-fad.

Lebendig ist das Wort Gottes, kraftvoll und schärfer als jedes zweischneidige Schwert; es dringt durch bis zur Scheidung von Seele und Geist [...] es richtet über die Regungen und Gedanken des Herzens; vor ihm bleibt kein Geschöpf verborgen, sondern alles liegt nackt und bloß vor den Augen dessen, dem wir Rechenschaft schulden (Hebr 4,12f.).

Was soll man von einem solchen Text halten? Ist er bedrohlich? Immerhin geht es um das Gericht, dem wir uns alle zu stellen haben. Vor nicht allzu vielen Jahren gab es im katholischen Gesangbuch noch ein Lied mit diesem Text:

Strenger Richter aller Sünder,
der du uns so schrecklich drohst,
doch als Vater deiner Kinder
unser einz'ger Schutz und Trost:
Gib uns Gnade, recht zu büßen,
dass wir nicht einst hören müssen:
Geht von mir, ich kenn euch nicht.
Herr, wend ab dies Strafgericht.

Christoph Bernhard Verspoell, 1810

Man hat dies Lied in einer nachkonziliaren Selbstbefreiungsaktion ins Abseits gestellt. Das Lied und der darin besungene Gott scheinen dem modernen emanzipierten Menschen nicht mehr zumutbar. Ist der liebe Gott damit viel zu lieb geworden? Hat er abgewirtschaftet, die peinliche Kariere von einem strengen Richter zu einem konsequenzlosen Grußaugust durchlaufen?

Aber was wäre die Alternative zu einem richtenden Gott? Friedrich Schiller behauptet in seinem Wilhelm Tell: »Die Weltgeschichte ist das Weltgericht.« Schrecklich, wenn es so wäre, die Weltgeschichte als Weltgericht. Das wäre der Freispruch für alle davongekommenen Mörder und Verbrecher und zugleich der Schuldspruch für die Opfer und die Leichen am Weg der Geschichte. Ein solches letztinstanzliches Gericht spricht aller Gerechtigkeit Hohn. Das Weltgericht sollte doch gerade die kritische Sichtung und die Korrektur der Weltgeschichte sein, nicht deren blinde Bestätigung.

Eine andere Alternative bietet der existenzialistische Literatur-nobelpreisträger Albert Camus (1913–1960) an: »Warte nicht auf das Jüngste Gericht. Du stehst jeden Tag vor deinem Richter.« Aber wer ist dieser Richter? Ist es das Urteil der Anderen, das Urteil der Geschichte, das Urteil meines Gewissens? Das Urteil der Anderen kann falsch sein. Der Gerichtshof der Geschichte wird unser Leben wegen Belanglosigkeit als nicht verhandlungswürdig zu den Akten nehmen. Und vor dem Urteil des eigenen Gewissens können wir möglicherweise nicht bestehen. Und worüber richtet dieses Gericht? Über meine gelungenen und misslungenen Taten, meine guten oder schlechten Absichten? In einem bekannten Volkslied singen wir:

Die Gedanken sind frei, wer kann sie erjagen?
Sie ziehen vorbei wie nächtliche Schatten.
Kein Mensch kann sie wissen,
Kein Jäger erschießen
Mit Pulver und Blei:
Die Gedanken sind frei.

Die Gedanken sind in unserer Welt nicht justiziabel. Nicht einmal die übelsten ernstesten Meuchelmörderabsichten sind justiziabel, wenn sie Gedanken bleiben, wenn sie nicht ausgesprochen bzw. gedruckt und von jemandem als Bedrohung empfunden werden.

Aber der obige Abschnitt aus dem Hebräerbrief sagt ganz im Gegensatz dazu: Doch, deine Gedanken sind justiziabel. Vor dem Gericht Gottes liegen sie offen da. Das Wort Gottes »richtet über die Regungen und Gedanken des Herzens«. Nicht erst unsere Taten, sondern schon unsere diesen Taten voraufgehenden Absichten sind für den göttlichen Richter justiziabel. In unserer inner-weltlichen Gerechtigkeit ist der noch immer ein Ehrenmann, der zwar fest gewillt war, einen Anderen umzubringen, es aber mangels passender Gelegenheit nicht geschafft hat. Von Gott ist er durchschaut, vor Gott ist er entlarvt. In diesem Sinne sagt der Hebräerbrief: »Vor ihm (Gott) bleibt kein Geschöpf verborgen, sondern alles liegt nackt und bloß vor den Augen dessen, dem wir Rechenschaft schulden.«

In seiner Enzyklika über die Hoffnung (Spe salvi, 2007, Nr. 43f.) setzt sich Papst Benedikt auch mit der Frage nach dem Gericht auseinander und meint:

> Es gibt Gerechtigkeit. Es gibt den ›Widerruf‹ des vergangenen Leidens, die Gutmachung, die das Recht herstellt. Daher ist der Glaube an das letzte Gericht zuallererst und zuallermeist Hoffnung [...] Ich bin überzeugt, dass die Frage der Gerechtigkeit das eigentliche, jedenfalls das stärkste Argument für den Glauben an das ewige Leben ist. Das bloß individuelle Bedürfnis nach einer Erfüllung, die uns in diesem Leben versagt ist, nach der Unsterblichkeit der Liebe, auf die wir warten, ist gewiss ein wichtiger Grund zu glauben, dass der Mensch auf Ewigkeit hin angelegt ist, aber nur im Verein mit der Unmöglichkeit, dass das Unrecht der Geschichte das letzte Wort sei, wird die Notwendigkeit des wiederkehrenden Christus und des neuen Lebens vollends einsichtig. [...] Nur Gott kann Gerechtigkeit schaffen. Und der Glaube gibt uns die Gewissheit: Er tut es. [...] Das ist unser Trost und unsere Hoffnung. Aber in seiner Gerechtigkeit ist zugleich Gnade.
>
> *Papst Benedikt XVI.*

Der Gedanke, dass ich von Gott nicht nur in all meinen Worten und Taten, sondern bis in meine letzte Seelenregung durchschaut bin, jagt mir schon einen existenziellen Schauder ein. Aber der Gedanke, dass ich von Gott in all meinen Worten und Taten, ja bis in meine letzte Seelenregung zugleich liebevoll angeschaut bin, das schenkt mir auch eine existenzielle Zuversicht. Im Blick auf das Gericht Gottes lehrt mich der Glaube zweierlei: Gottes alles umfassende und alles durchschauende Gerechtigkeit und Gottes alles umfassende und liebevoll anschauende Barmherzigkeit sind die zwei Seiten desselben mich und die ganze Weltgeschichte betreffenden Heils. Dieser Gott richtet als Retter und rettet als Richter, er richtet nicht hin, er richtet auf.

4.4 Verkündigen

Danken, wofür?

Sie kennen alle die Erziehungsbemühungen an Ihnen selbst oder an den eigenen Kindern und Enkeln. Das Kind hat ein Geschenk bekommen und macht sich ganz fasziniert sogleich daran, es auszupacken und auszuprobieren. Es hat für nichts Anderes mehr Augen und Ohren und nimmt die Gabe unreflektiert als Selbstverständlichkeit. Und dann sagen die um Erziehung bemühten Eltern: »Was sagt man, wenn man etwas geschenkt bekommt? Wie heißt das?« Und hören wollen sie natürlich zumindest: »Danke«, besser noch möglichst mit Blickkontakt zum Wohltäter: »Danke, lieber Opa!«

Auch die Bibel kennt das Missverhältnis vom vielfachen Bitten um etwas und vom seltenen Danken für etwas. Im Evangelium (Lk 17,11–19) geht es auch ums Bitten-um- und ums Danken-für-Etwas, aber nicht um Matchboxautos oder um Barbiepuppen, sondern um nicht weniger als die Erhaltung des elenden Lebens.

Es sind zehn Aussätzige, Menschen, die bei lebendigem Leibe verfaulen und sterben. Sie haben kein Recht bei den Gesunden zu leben. Sie dürfen nicht ohne Vorwarnung in den Lebensbereich der Gesunden eindringen. Sie müssen mit Rasseln oder Klappern die anderen vor sich warnen und darauf aufmerksam machen, dass sie eine lebensbedrohliche Gesundheitsgefährdung sind. So bleiben die Aussätzigen in der Ferne stehen und rufen: »Jesus, Meister, hab Erbarmen mit uns.« Und Jesus sagt nur: »Geht, zeigt euch den Priestern.« Die Priester waren damals so etwas wie das Gesundheitsamt. Sie mussten untersuchen und amtlich bestätigen, dass jemand geheilt war und wieder in das normale Leben, in den Lebensbereich der Gesunden zurück durfte. Sie mussten auch verfügen, dass jemand, bei dem sie Aussatz festgestellt hatten, aus der Gemeinschaft ausscheiden und zu den lebenden Leichen, den langsam und elend Dahinsterbenden gehen musste. Das war schon vor dem medizinischen der soziale Tod. Bis weit ins vergangene Jahrhundert hinein hat man so die Kranken von den Gesunden separiert, um Ansteckung zu vermeiden und die Gesunden gesund zu erhalten. Die

Kranken hat man mangels Heilungsmöglichkeiten gleich abgeschoben und abgeschrieben.

Die zu Hawaii gehörende Insel Molokai war so ein nach außen abgeriegelter Ort für die Aussätzigen, eine Insel der Todgeweihten. Hierhin ging als gesunder junger Mann der belgische Missionar Damian de Veuster, von hier aus rüttelte er mit seinen Briefen eine den Rücken zum Elend kehrende Öffentlichkeit auf. Hier wirkte er hingebungsvoll als Handwerker und Seelsorger bis er selbst erkrankte und 1889 an der Lepra starb. Ein Christ kann leben, wie er nicht leben könnte, wenn er es nicht mit Gott zu erleben und zu durchleben wüsste. Im Jahr 2009 wurde er dafür heiliggesprochen.

Der Norweger Gerhard Armauer Hansen erbrachte 1873 den Nachweis für den Erreger Mycobacterium leprae. Auch auf Molokai hat der deutsche Dermatologe Eduard Arning 1884 einen Polynesier namens Keanu mit dem Leprabakterium infiziert, um auch am Menschen – wie es ihm zuvor schon an Tieren gelungen war – die Übertragung der Krankheit zu studieren. Der Polynesier starb vier Jahre später im Alter von 52 Jahren, ein Menschenversuch mit tödlichem Ausgang für die Reputation eines Wissenschaftlers.

Auch in Aachen, wo ich heute lebe und arbeite, gab es an der Königsstraße nach Maastricht ein Leprosorium, das aus dem achten Jahrhundert stammt. In meiner Studienstadt Münster gab es eine Leprosensiedlung, die den Urkern des heutigen Ortsteils Kinderhaus bildete. Und in meiner Heimatstadt gab es eine kleine Kapelle vor den Toren der Stadt, in der Bauernschaft, die für die leprösen Menschen war. In einem nur von außen zugänglichen nach innen abgetrennten Raum, der heute die Sakristei ist, standen die Aussätzigen und erhielten die Kommunion durch ein Gitter gereicht. Sie waren sozial, medizinisch und auch religiös ausgesetzt.

Zurück zum Evangelium: Als die zehn Aussätzigen unterwegs merken, dass sie geheilt sind, gehen neun von ihnen weiter auf dem Dienstweg. Sie wollen erst amtlich bestätigt haben, was sie sehen, dass sie nämlich gesund sind. Und vielleicht gingen sie anschließend in die Kneipe, um mit den Kumpels einen zu heben oder mit der Familie zu feiern: Hauptsache gesund! Nur einer kehrt zurück und gibt Gott die Ehre, dem Gott, von dem alles Leben und die Gesundheit des Leibes und der Seele stammen. Und dieser eine ist noch dazu ein Fremdling, einer mit dem »falschen Glauben«, ein Samariter.

Immer wieder provoziert das Evangelium, indem es den Glauben der Heiden als vorbildlich heraushebt. So werden uns der heidnische Hauptmann oder der römische Hauptmann unter dem Kreuz, die syro-phönizische Frau, der barmherzige Samariter oder in diesem Fall der aussätzige Samariter als Vorbild vor Augen gestellt. Mit den Worten »Dein Glaube hat dir geholfen« macht Jesus klar, dass dieser Glaube des angeblich Falschgläubigen oder Ungläubigen, der aber alles von Gott erwartet und erhofft, der beispielhafte, der wahre Glaube ist. Mit seiner Haltung blamiert der Samariter die »Rechtgläubigen«.

Für ihn ist der Dienstweg und die Gesundheitsbescheinigung offenbar nicht so wichtig wie der Dank an Gott, die Verbundenheit mit Gott. Er hat seine Heilung als Gotteserfahrung und Gottesgeschenk wahrgenommen. Für ihn gilt nicht Hauptsache gesund, sondern Hauptsache Gott! Dem ist zuerst und zuvorderst zu danken. Hauptsache Gott! Und mit dem im Bunde kann man leben, wie man nicht leben könnte, wenn man es nicht mit ihm zu leben hätte. Und mit ihm, dem Gott des Lebens, im Bunde kann man sogar noch hoffnungsvoll sterben, und zwar mit einer Lebenserwartung über allen Tod hinaus. – Wer sind heute die Aussätzigen? Lassen wir sie teilhaben am Leben? Und schließlich: Wie und wofür danke ich Gott?

NaCl oder Salz der Erde?

»Ohne Gold kann man leben, ohne Salz nicht.« Das sagt eine deutsche Spruchweisheit. Ähnliches findet sich in nahezu allen Völkern bis hin zum römischen Senator Cassiodor in der Antike. Salz war immer unentbehrlich und oft teuer. Salz, das weiße Gold, wurde auf langen Wegen mit Fuhrwerken quer durch Europa transportiert. Viele Verkehrswege wurden nach dem Salz benannt, griechisch *hals,* so in Dortmund der Hellweg oder in Münster die Salzstraße. Auch manche Städtenamen erinnern an Salz, das oberbayerische Bad Reichenhall, das westfälische Salzkotten, das österreichische Salzburg. Zur Zeit Jesu und bis weit über das Mittelalter hinaus war Salz eine Kostbarkeit. Und mit dem Salz vergleicht Jesus seine Jünger: »Ihr seid das Salz der Erde.« Was soll uns das sagen? Wozu braucht man Salz?

1. Salz würzt.
Eine Suppe ohne Salz ist eine geschmacklose Suppe ist. Wenn wir uns an Jesu Botschaft orientieren, dann bringen wir einen guten Geschmack, eine gute Würze in diese Welt hinein. Eine Welt ohne Christus lässt oft den Geschmack der Menschlichkeit vermissen. Einigen kommt die Kirche selbst abgeschmackt, fad oder langweilig vor:

Sie ist es dort, wo es ihr nicht mehr im Kern um Christus und seine Reich-Gottes-Botschaft geht. Da verliert sie in der Tat ihre Würze, ihre Innovations- und Begeisterungsfähigkeit. Wo wir Christen selbst diese Botschaft gefühlsmäßig nicht mehr hinreißend oder intellektuell nicht mehr hinreichend finden, da werden wir sie nicht vermitteln können. Wir können und sollen der Reich-Gottes-Botschaft Jesu in Wort und Tat Ausdruck verleihen und so dem Leben Würze und der Menschheit Geschmack am Leben geben.

2. Salz ist lebensnotwendig, ist ein Lebensmittel.
Die Schriftstellerin Ricarda Huch meinte: »Der Mensch kann ohne Salz nicht leben, aber ein Gericht aus purem Salz wäre uns tödlich« (1864–1947). Übermäßiger Salzkonsum führt zu Bluthochdruck und Nierenversagen. Salz ist wohldosiert ein Lebensmittel.

Auch das stimmt: Wer sich sportlich anstrengt oder schwer arbeitet, der schwitzt und verliert Körpersalze, also wichtige Mineralstoffe. Wenn dem Körper Mineralsalze fehlen, kommt es z. B. zu Muskelkrämpfen. Salz ist lebensnotwendig, damit ein Organismus funktionieren kann. Es kommt auf euch an, meint Jesus also, wenn er uns das *Salz der Erde* nennt. Der Organismus unserer Gesellschaft, ja der Organismus Menschheit braucht uns Christen, damit er lebensfähig bleibt.

3. Salz bringt Eis zum Schmelzen.
Eine ganz andere Funktion hat das Salz im Winter. Streufahrzeuge bringen Streusalz aus. Salz lässt das Eis schmelzen und beseitigt die Rutschgefahr. Dies ist gar kein schlechtes Bild für uns Christen: Wie das Salz Eis zum Schmelzen bringt, so sollen wir Christen das Eis der Unmenschlichkeit schmelzen lassen, und zwar auch und gerade da, wo das Tauwetter der Menschlichkeit noch nicht angebrochen ist. Jede Gemeinde kann und soll dazu beitragen, die unmenschliche Frostigkeit zu beseitigen.

4. Salz konserviert auch Lebensmittel.
Früher wie heute macht man Fleisch haltbar durch Pökelsalz und verhindert so, dass Fleisch und Wurstwaren verderben. Auch der Hering konnte nur als Salzhering den Winter und damit als Nahrungsmittel überdauern. Christen sollen das Wahre und Gute auch in einer renditeorientierten Gesellschaft bewahren, das gilt z. B. für den Schutz des ungeborenen Lebens, für ein Sterben in Würde, für den Schutz des kranken und behinderten Lebens. Der tschechische Schriftsteller Karel Čapek (1890–1938) hat einmal gesagt: »Humor ist das Salz der Erde, und wer gut durchsalzen ist, bleibt lange frisch.« Als Christen haben wir allen Grund zu diesem erfrischend menschlichen und die Menschlichkeit frisch haltenden Humor.

5. Salz reinigt.
Johann Wolfgang Goethe hat die reinigende Wirkung der Ironie in Romanen und Erzählungen mit dem Salz verglichen: »Ironie ist das Körnchen Salz, das das Aufgetischte überhaupt erst genießbar macht.« Salz kann auch Wunden reinigen. In früheren Zeiten desinfizierte man mit frisch gelassenem Urin, der durch seinen hohen Salzgehalt dazu geeignet war. Wenn wir in Christi Nachfolge Salz der Erde sind, dann auch mit dem Auftrag zu konservieren, zu bewahren und zu reinigen. Eine ins Profan-Politische gewendete Variante des Jesuswortes »Ihr seid das Salz der Erde« fand ich in einem Wort des ehemaligen Verfassungsrichters Ernst-Wolfgang Böckenförde:

Der freiheitliche, säkularisierte Staat lebt von Voraussetzungen, die er selbst nicht garantieren kann. Das ist das große Wagnis, das er, um der Freiheit willen, eingegangen ist. Als freiheitlicher Staat kann er einerseits nur bestehen, wenn sich die Freiheit, die er seinen Bürgern gewährt, von innen her, aus der moralischen Substanz des einzelnen und der Homogenität der Gesellschaft, reguliert. Anderseits kann er diese inneren Regulierungskräfte nicht von sich aus, das heißt, mit den Mitteln des Rechtszwanges und autoritativen Gebots zu garantieren versuchen, ohne seine Freiheitlichkeit aufzugeben und – auf säkularisierter Ebene – in jenen Totalitätsanspruch zurückzufallen, aus dem er in den konfessionellen Bürgerkriegen herausgeführt hat.

Ernst-Wolfgang Böckenförde

»Ihr seid das Salz der Erde« – das heißt als Auftrag Jesu Christi quer durch alle Zeiten auch für heute: Wir sollen wie Salz die menschenverachtende Frostigkeit der Gesellschaft auftauen, wie Salz dem Organismus der Gesellschaft die lebensnotwendigen Mineralsalze vermitteln, wie Salz das Gute konservieren helfen und gegen alle Fäulnis unserer Gesellschaft reinigend und desinfizierend wirken, wie Salz dem faden Leben Geschmack und Würze vermitteln. »Ihr seid, Sie sind, wir sind das Salz der Erde.« Das sollte man spüren, riechen, schmecken können. »Wo kein Gott ist, da ist kein Salz und kein Halt«, meinte Gottfried Keller.

Dem (un)bekannten Gott

Vor Jahr und Tag wurde der Altarraum der Pfarrkirche, an der ich damals tätig war, neu gestaltet. Weil es eine Heilig-Geist-Kirche war, war man sich schnell darüber im Klaren, dass die marmorne Altarfront ein Reliefbild des Pfingstereignisses zieren sollte. Aber die Gestaltung des Ambos bereitete Kopfzerbrechen. Ich schlug vor, für diesen Ort der Wortverkündigung eine typische Situation des Verkündigers zu nehmen, wie sie die Apostelgeschichte schildert (Apg 17,19–33): Paulus auf dem Areopag in Athen. Damit wäre neben der atemberaubenden Aufbruchsdynamik von Pfingsten auf dem Altarbild auch die bleierne Stagnation und die ermüdende Kleinschrittigkeit der Mission auf dem Ambo ins Bild gesetzt worden, neben der hochkochenden Emotionalität in Jerusalem auch die unterkühlte Rationalität in Athen.

Der Areopag war nicht nur das Zentrum der Politik in Griechenland, sondern auch das Zentrum der Intellektuellen der Antike. Das war also ein Auswärtsspiel für den gläubigen Verkündiger und ein Heimspiel für die intellektuellen Akademiker, die hier schon ein halbes Jahrtausend lang ihre Kämpfe ausfochten. Wahrscheinlich waren einige der abgebrühten Aufgeklärten nur hergekommen, um sich einen intellektuellen Gedankenkitzel zu verschaffen, um zu hören, ob sich auf dem Markt der intellektuellen Eitelkeiten ein neuer Anbieter tummelt.

Paulus setzt da an, wo sich die Klugen und Aufgeklärten, die die ganze Welt im Döschen haben, noch ein existenzielles Fragezeichen gestatteten, bei einem Altar mit der sonderbaren Aufschrift: »Einem unbekannten Gott«. Und dann führt er aus, dieser unbekannte Gott sei Schöpfer von allem, er sei der Herr des Himmels und der Erde, er sei der Lebensspender schlechthin, er sei der, von dem alles seinen Ausgang nimmt und in dem alles sein Ende, bzw. seine Vollendung findet. Und dann kommen die tiefgründig-schönen Worte: »Keinem von uns ist er fern; denn in ihm leben wir, bewegen wir uns und sind wir. [...] Wir sind von seiner Art.« Paulus weiß um die Gottunmittelbarkeit eines jeden Menschen. Er verkündet den Gott, der uns umfängt, den Gott in Augenhöhe des Menschen, den Gott, der uns unter die Haut geht, den menschlichen und menschenfreundlichen Gott.

Das alles mögen die Intellektuellen wohl schon hier und da gehört oder auch selbst gedacht haben; das lassen sie sich offenbar nicht einmal ungern von Paulus sagen. Aber dann kommt die Zumutung für ihr Denken: Auferweckung, Auferstehung von den Toten. Und dieser Punkt ist trotz seiner intellektuellen Anstößigkeit nicht verhandelbar. Christentum ist nur mit dem Auferstehungsglauben zu haben, und der ist rational und emotional zu erschließen. Die Intellektuellen damals halten sich für zu aufgeweckt, um an Auferweckung glauben zu können. Sie halten das, was sie vom Leben überblicken, für das Ganze des Lebens. Ein Gott, der nicht in ihr Denken passt, der passt ihnen nicht. Ein Gott, dessen sie sich gedanklich nicht bemächtigen können, ist ihnen zu mächtig. Was sie sich nicht denken können, gibt ihnen nicht zu denken. Im Blick auf das menschliche Sterben begnügen sie sich mit der sicheren Hinterbliebenenperspektive. Dass den Toten die Augen aufgegangen sind, die wir ihnen nur zugedrückt haben, das können sie sich nicht vorstellen.

Ist das das Waterloo für den Verkündiger unter den Intellektuellen? Die Unhöflichen bespötteln ihn. Die Höflicheren sagen: »Darüber wollen wir dich ein andermal hören.« Sie vertagen seine Überlegungen auf den Sankt-Nimmerleins-Tag und geben ihm damit zu verstehen, dass sie den Gedanken einer Überwindung des Todes für absurd halten. Während und obschon sie leben, ist ihnen nur der Tod todsicher.

Aber ist es nicht absurd, wenn die letzte Vergewisserung für das Leben der Tod sein soll? Die letzte Vergewisserung des Lebens ist der Gott des Lebens. Und dieser Gott des Lebens ist der Ursprung allen Lebens, und ist der Herr auch über den Tod. Dass etwas ist und dass Leben ist, ist nicht im tödlichen Nichts und im nichtigen Tod zu begründen. Der Arzt, Priester und Dichter Angelus Silesius (1624–1677) sagt das in seinem »Cherubinischen Wandersmann« so:

Gott ist in dir das Leben
Nicht du bist, der da lebt; denn das Geschöpf ist tot.
Das Leben, das in dir dich leben macht, ist Gott.

Angelus Silesius

Was die Apostelgeschichte hier erzählt, ist nicht das Waterloo des Verkündigers, es ist die Normalsituation. Und zu der gehört auch, womit die in der Apostelgeschichte erzählte Szene endet: »Einige aber schlossen sich ihm an und wurden gläubig [...] und noch andere mit ihnen.« Der kleinschrittige mühselige Weg durch die missionarische Etappe ist keine Zumutung der sogenannten Postmoderne, er ist kennzeichnend für alle Zeiten und Orte eines immer neuen Christseins und Christwerdens.

Ein Gott, der ganz und gar, der rückstandsfrei in mein oder unser Denken passt, ist es nicht wert, dass man über ihn nachdenkt. Er

wäre kleiner als wir und also zu klein für uns. Ein Gott, der am Tod
scheitert, ist so hilflos wie wir. Und der Glaube an ihn wäre von derselben tödlichen Hoffnungslosigkeit oder von derselben hoffnungs-
losen Tödlichkeit wie alle unsere selbst gemachten haltlosen Erlö-
sungs- und Heilsversprechen.

Gewiss bleibt auch uns Christen der schöpferische Gott, der
menschgewordene, der in den Tod gegangene, der aus dem Tod er-
standene Gott letztlich ein unbekannter Gott. Aber das leuchtet uns
vom Schöpfungsmorgen und vom Ostermorgen her ein, dass er ein
Gott des Lebens ist und nicht von derselben tödlichen Hilflosigkeit
wie wir. Unser Gott ist ein Gott des Lebens, ist die Lebensquelle und
die Lebenshilfe, der Lebenspartner und das Lebensziel, ja das Leben
schlechthin.

»Keinem von uns ist er fern; denn in ihm leben wir, bewegen wir
uns und sind wir. […] Wir sind von seiner Art.« Den unbekannt-be-
kannten Gott sollen wir mit heißem Herzen und mit kühlem Verstand suchen und bekennen. Das ist unsere hoffnungsvolle Le-
bens(auf)gabe und unsere lebensvolle Hoffnungsgabe.

4.5 Beten

Wie und wozu beten?

Neulich rief ein Journalist von der Deutschen Welle bei mir an und meinte: »Ich würde mich freuen, wenn Sie rund zehn Minuten Zeit für mich hätten – am liebsten natürlich (wie immer bei Journalisten) so schnell wie möglich. Es geht ums Beten, wegen der bevorstehenden weltweiten Gebetswoche. Und es sollte kompetent und verständlich sein.« Also los: Aber, was sagt man auf die Schnelle, in der Kürze und mit Würze? Ein spontanes Examen vor vielen Zuhörern im Rundfunk, das gibt schon einen Adrenalinstoß. Er legte direkt los:

1. Was ist das Gebet der Christen?
Ich glaube, es ist im Letzten eine Lebenshaltung. Es ist die Überantwortung des eigenen Denkens, Redens und Tuns an den unfasslichen Gott, die Überantwortung an den, der mir näher ist als ich mir selbst. Und unter dieser Voraussetzung kann es überschwänglicher Jubel über das Geschenk des Lebens sein, kann es das stille und tiefe »Atemholen der Seele« (John Henry Newman) sein, kann es aber auch Klage und Anklage vor Gott sein. Der tief verzweifelte Beter hat dann wenigstens noch eine Adresse für seine Verzweiflung, die dem, der nicht glauben kann oder will, fehlt. Der Philosoph und Essayist Ralph Waldo Emerson (1803–1882) hat es so definiert: Das Gebet ist die Lebensbetrachtung vom höchsten Standpunkt aus.

2. Warum wartet Gott darauf, dass wir den Kontakt zu ihm suchen?
Ich glaube, er wartet sehnsuchtsvoll wie ein Liebender auf seine Geliebte. Er wartet, um uns Herz und Hirn und Hand zu öffnen, um uns aus unserer Enge heraus- und über uns selbst hinauszuführen. Er wartet, um mir, um uns eine Hoffnung zu schenken, die selbst am Tod nicht scheitert. Er wartet auf unsere innere Wandlung, die sich im Gebet vollziehen kann. Und wer sich dann als besserer Mensch vom Gebet erhebt, dessen Gebet ist erhört.

3. Wie sollen Menschen beten?
Ich glaube, es ist die erste Voraussetzung des Gebets, selber still zu werden, sich auf sich selbst und auf den wartenden Gott zu besinnen. Als Beter müssen wir vor allem Hörende sein. Wir sollten hinhören auf die Fragen, die in uns aufsteigen, hinhören auf die Antworten, die uns dann und wann geschenkt werden. Das Gebet kann vom Anfang bis zum Ende auch ganz ohne Worte auskommen. Aber wenn man betend zum Wort greift, dann muss es wohl ganz von innen kommen, authentisch und existenziell sein. Gewiss kann man vorformulierte Gebete nehmen, um sich ins Beten hineinzufinden. Aber sie sollten nicht das freie Gebet ersatzlos ablösen. Ich glaube, die vorformulierten Gebete bedürfen der freien Gebete und umgekehrt. Und das gemeinschaftliche öffentliche Gebet braucht ebenso das private individuelle Gebet wie umgekehrt.

4. Welchen Sinn haben vorformulierte Gebete wie z. B. das Vaterunser?
Vorformulierte Gebete wie das Vaterunser oder die Psalmen sind zur Sprache gewordene Gotteserfahrungen von Jahrhunderten oder Jahrtausenden. Sie bieten dem im Meer der Sinnsuche Treibenden einen Ankerplatz oder einen Hafen. Sie bewahren die lebensrettende Hoffnung auf den lebensspendenden Gott im Wort. Gott steht beim Menschen und der Mensch steht bei Gott im Wort. Andere vorformulierte Gebete, wie z. B. der so oft als spiritueller Leistungssport verkannte Rosenkranz, sind nur wie eine Leinwand, auf der die vorbeiziehenden Bilder des Heils mir aufleuchten und einleuchten können. Vielleicht sind die gottlob nicht kurzweiligen und kurzatmigen, sondern die im besten Sinne lang-weiligen und lang-atmigen Psalm- oder Rosenkranzgebete wie Sandberge, die man umschaufeln muss, um die Goldkörnchen einer existenziellen Gottesbegegnung auszuwaschen.

5. Wenn Beten eine Form von Kommunikation ist, wie passiert dann das Hören des Gläubigen, wie das Reden Gottes?
Ich glaube, Gott kann auf vielfältige Weise reden und wir Menschen können auf vielfältige Weise hören. Er spricht z. B. durch die Stimme unseres Gewissens, wie das Zweite Vatikanische Konzil sagt.

Gott spricht in den Ereignissen unseres Lebens, die wir natürlich deuten müssen, weil das nicht einfach platte und eindeutige, sondern deutungsoffene und deutungsbedürftige Tatsachen sind. Er spricht zu uns in der Begegnung mit anderen Menschen, und zwar mahnend, tröstend und ermutigend. Gott spricht, wie uns die Bibel am Beispiel des Josef mitteilt, manchmal auch verschlüsselt in unseren Träumen.

6. *Lässt der unfehlbare Gott sich überhaupt von den Gebeten einfacher Menschen beeinflussen?*
Warum sollte sich der allwissende Gott von den Bitten unwissender Menschen beeinflussen lassen? Eine alte jüdische Weisheit sagt: Der Mensch wird des Weges geführt, den er gewählt hat. Gott respektiert sogar unsere oft in die Irre gehende Freiheit, er lässt sich auf unsere Umwege und Irrwege ein. Aber er bleibt uns als Beistand und Wegweiser an der Seite, sogar wenn unsere Wege weit abseits von den seinen liegen; ja er wird, um uns nahe zu sein, sogar Mensch. Er lässt uns unsere ins Elend führenden Erfahrungen selbst machen, aber auch im selbst gewählten Elend die Erfahrung seiner Nähe.

7. *Was ist, wenn der allmächtige Gott anders plant als der betende Mensch?*
Irgendwo las ich: Entweder Gott erhört unsere Bitten, oder er weiß etwas Besseres für uns. Und meine eigene Erfahrung zeigt mir, dass mir nicht selten dort, wo meine eigenen Pläne durchkreuzt wurden, ein spezielles Lernprogramm zuteil und etwas vom Plan Gottes erahnbar wurde. Dass die, die sich alle Wünsche erfüllen können, glücklichere Menschen sind, bezweifle ich nachdrücklich. Vielleicht muss man sogar sagen: Wen Gott strafen will, dem erfüllt er alle Bitten. Matthias Claudius (1740–1815) hat das Miteinander von göttlichem Plan und menschlichem Gebet so formuliert:

> Herr lass mich zu dir finden im Gebet,
> dass ich mein Leben in der Tiefe schaue
> und meinen Teil zu deinem Tempel baue,
> der unvergänglich steht.
>
> *Matthias Claudius*

Manchmal Gebet ...

Ob Advents- oder Fastenzeit, beides sind Zeiten, in denen wir den leicht zur Üppigkeit tendierenden Leib etwas zurücknehmen und die leicht zur Kümmerlichkeit tendierende Seele etwas aufwerten sollten. Vor Kurzem stieß ich auf ein Gebet von Paul Roth, das mir nicht nur nachbetenswert erschien. Es war vielmehr ein Gebet, das, indem es gebetet wird, zugleich das Beten erklärt. Es spielt nicht den Leib gegen die Seele aus, sondern verbindet dabei auf ganz eingängige Weise einfache Grunderfahrungen unseres Leibes und unserer Seele im Gebet. Ich möchte es Ihnen vorstellen und kurz deuten:

Gebet

Manchmal ist mein Gebet
so wie ein Arm,
den ich nach oben recke, um dir zu zeigen,
wo ich bin,
inmitten von Milliarden Menschen.

Paul Roth

Das wäre eine erste Form von Gebet, das Gefühl der Verlorenheit und Bedeutungslosigkeit inmitten von Milliarden Menschen, die jetzt mit mir leben, die einmal vor mir lebten, die demnächst nach mir leben werden, vor Gott im Gebet zur Sprache zu bringen. Wir können uns trösten lassen von dem Gott, der einen jeden von uns bis ins Innerste kennt und anerkennt, liebevoll wahrnimmt, annimmt, aufnimmt.

Manchmal ist mein Gebet
so wie ein Ohr,
das auf ein Echo wartet,
auf ein leises Wort,
auf einen Ruf
aus deinem Mund.

Paul Roth

Gebet kann auch darin bestehen, in der geduldig ausgehaltenen Stille hinzuhören, hinzulauschen auf die Stimme Gottes im eigenen Innern. »Das Gewissen ist der verborgenste Kern und das Heiligtum des Menschen, in dem er allein ist mit Gott, dessen Stimme in seinem Inneren widerhallt« (Gaudium et spes Nr. 16). Das sagt das Zweite Vatikanische Konzil. Wenn ich im Gebet ganz Ohr bin, habe ich die Chance, Gottes Auftrag für mich heute und lebenslänglich herauszuhören.

Manchmal ist mein Gebet
wie eine Lunge,
die sich dehnt,
um frischen Wind
in mich hineinzuholen –
deinen Hauch.

Paul Roth

Im Gebet kann Gott unsere dumpfen, miefigen Denkgewohnheiten aufmischen und auffrischen. Wir brauchen Gott, wie die Luft zum Atmen, und Beten ist dabei das Atemholen der Seele. Wir können Gottes Nähe nicht nur einatmen und ausatmen. Wir können vom ersten und sogar noch beim letzten Atemzug aufatmen in seiner Nähe.

Manchmal ist mein Gebet
wie eine Hand,
die ich vor meine Augen lege,
um alles abzuschirmen,
was mir den Blick zu dir verstellt.

Paul Roth

Manchmal können wir nur beten, wenn wir alle äußeren Ablenkungs- und Störfaktoren durch Medien und Menschen abstellen. Manchmal sehen wir nur richtig, wenn wir die Augen des Leibes schließen, um die der Seele zu öffnen. Wenn wir einen Augenblick lang dem inneren Blick trauen, ihm etwas zutrauen, dann haben wir Blickkontakt mit Gott.

Manchmal ist mein Gebet
wie ein Fuß,
der fremden Boden prüft,
ob er noch trägt,
und einen Weg sucht,
den ich gehen kann.

Paul Roth

Unser Gebet ist dann und wann wie ein Experiment auf unsicherem Weg und mit unsicherem Ziel. Aber erst wenn wir uns auf diese Vertrauensübung mit Gott einlassen, erst wenn wir uns auf den Weg begeben, werden wir die Erfahrung von Getragenwerden auf dem Weg, die Erfahrung von Richtungsfindung und Weggeleit machen.

Manchmal ist mein Gebet
so wie ein Herz,
das schlägt,
weil ohne seinen Schlag
das Leben nicht mehr weitergeht.

Paul Roth

Gebet ist nicht nur eine Sprech- und Denkveranstaltung; es hat auch mit dem Gefühl zu tun; es ist eine Herzensangelegenheit. Traurigkeit, Freude, Angst, Hoffnung etc. alles hat darin seinen Platz. Das Gebet soll von Herzen kommen und auch zu Herzen gehen. Gott hat ein Herz für uns Menschen. Das kann auch uns zur Herzlichkeit befähigen.

Manchmal ist mein Gebet
wie ein gebeugter Kopf
vor dir –
zum Zeichen meiner Not
und meines Dankes
an dich.

Paul Roth

In der Not und in der Angst, im Dank und in der Freude ist das Gebet Ausdruck unserer absoluten Verwiesenheit auf den Gott des Lebens. Den Kopf senken heißt, allem Stolz, allem Größenwahn, allem Bedeutsamkeitsgetue und aller Selbstherrlichkeit entsagen. Und doch: Nie ist ein Mensch größer, als wenn er zum Gebet vor Gott den Kopf und die Knie beugt.

> Einmal wird mein Gebet
> so wie ein Auge sein,
> das dich erblickt,
> wie eine Hand,
> die du ergreifst –
> das Ende aller Worte.
> *Paul Roth*

Wenn uns im Tod die Augen zugedrückt werden, sind uns, so hoffen wir Christen, die Augen längst auf- und übergegangen in der Anschauung Gottes. Die großen Theologen der Kirchengeschichte wie Augustinus, Thomas von Aquin, Nikolaus von Kues und andere haben den Himmel beschrieben als »visio beatifica« als beseligende Anschauung Gottes.

Und wenn uns niemand und nichts mehr hält und halten kann auf dieser Welt, dann ist es Gott, der unsere Hand ergreift, der uns in sein Leben führt, ein Leben, das zu seiner Beschreibung keine angemessenen Worte findet in unserer Raum-Zeit.

Lassen wir uns also durch das Gebet auf dem Lebensweg leiten. Lassen wir uns schon jetzt dann und wann und an unserem Ende endgültig die Augen öffnen für die beseligende Anschauung Gottes. Und lassen wir uns nicht nur sonn- und festtäglich, sondern alltäglich im Gebet bei der Hand nehmen und mehr und mehr hineinführen in die ungeahnte namenlose Wirklichkeit Gottes. So hat unser Beten wirklich Hand und Fuß, so hat es Herz und Hand, so hat es Sinn und Verstand. Gehen Sie das Gebet von Paul Roth noch einmal Strophe für Strophe ganz leibhaftig und auf die Sie beseelende und beseligende Weise durch.

Anbetung

Im Jahre 1933, am Beginn der NS-Zeit, konsekrierte der Münsteraner Bischof Clemens August von Galen als seine erste bischöfliche Amtshandlung die über 700 Jahre alte Kirche St. Servatius nach einer Renovierung neu. Er gab sie aber nicht etwa der ursprünglichen Pfarrei zurück, sondern machte aus ihr eine Kirche der ewigen Anbetung. Seitdem ist dort an jedem Morgen eine Eucharistiefeier und anschließend die Aussetzung des Allerheiligsten. Jeden Abend wird mit einer Schlussandacht und dem sakramentalen Segen die alltäglich wie sonntäglich ganztägige Anbetung beschlossen. Das ist eine Kirche nur für das Gebet, nur für die eucharistische Anbetung, und das seit über 80 Jahren. Es ist eine Kirche ohne Gemeinde, genauer ohne eine ihr kirchenrechtlich zugeordnete Gemeinde. Ist es damit nicht eine überflüssige Kirche? Genau genommen ist diese Kirche keinesfalls ohne Gemeinde. Immer finden sich Beter darin, den ganzen Tag über. Hier hat jeder, der will und wann immer er will und in welchen Anliegen auch immer – Sprechstunde bei dem, der wichtiger ist als Kaiser, Papst, Dalai Lama, Präsident und Kanzler, Sprechstunde beim Allerhöchsten.

Ist das nicht doch ein nutzloser Raum? Hätte man daraus nicht besser und sinnvoller eine Suppenküche, einen Eine-Welt-Laden, eine Bibliothek, einen Ausstellungsraum oder einen Konzertsaal machen sollen? Diese Kirche stand und steht quer zum Zeit(un)geist. Diese Kirche für die ewige Anbetung stand schon damals als Kirche gegen die Selbstvergötzung des totalitären Systems der Nationalsozialisten.

Diese Kirche, in der ich, als Kindergartenkind auf der letzten Bank stehend, staunend am geheimnisvoll hin und her wogenden Gebet der Nonnen aus der nahegelegenen Raphaelsklinik teilgenommen habe, war und ist wie aus der Zeit gefallen. Aber genau damit ist sie zum Einfallstor für Gottes Ewigkeit geworden. Wer sich da zum Gebet versammelt, tut nichts Produktives, jedenfalls nicht im Sinne von »Jetzt wird wieder in die Hände gespuckt, wir steigern das Bruttosozialprodukt«. Aber von jedem blöden Akkuschraubendreher weiß man: Wenn der nicht immer wieder an die

Steckdose geht, dann geht mit dem in Kürze nichts mehr. So ähnlich ist es auch mit der Anbetung. Wer vor Gott, dem Allmächtigen, die Knie beugt, der geht vor den Mächtig- und Wichtigtuern nicht so leicht in die Knie. Wer vor Gott, dem Allmächtigen, die Knie beugt, der kann vor den Mächtig- und Wichtigtuern seinen Mann respektive seine Frau stehen und den aufrechten Gang üben.

Was tun die Beter da seit über 80 Jahren? Sie starren auf eine goldene Monstranz. Aber diese Monstranz ist nicht das Wichtige. Sie ist nichts als ein Demonstrationsgerät. Sie selbst, so kunstvoll und wertvoll sie auch sonst sein mag, ist innerlich leer. Sie ist nur ein Leerraum, der mit Brot gefüllt wird. Ohne das Brot würden wir auch bei der wertvollsten Monstranz nichts demonstriert bekommen, sondern nur in die Röhre schauen. Aber in dem kleinen Scheibchen Brot in ihrer Mitte fokussiert sie das Geheimnis der Welt.

Wenn wir in der Stille des Kirchenraums den Leerraum der Monstranz mit dem Stückchen Brot füllen, dann wird der stille Raum eine Art Still-Raum, in dem unsere Hoffnung genährt und unsere Sehnsucht gestillt wird. Der Priester ist dann ein hoffentlich zu wirklicher Andacht einladender Vorbeter, ein hoffentlich andächtiger Mitbeter, auf jeden Fall aber ein des Gebets bedürftiger Mitmensch.

Wenn wir die Monstranz mit dem Brot aufstellen, nennen wir das Aussetzung des Allerheiligsten. So ist es: Das Allerheiligste, der Allerheiligste, nämlich Gott, setzt sich uns unheilen, unheilvollen und unheiligen Menschen aus. Und wir sollten uns selbst aus aller Veräußerlichung einsammeln und uns ihm aussetzen, um ihn zu verinnerlichen. Wir sind bedürftig nach dem Lebensmittel Gott.

Nur wenn wir uns mit Leib und Seele Gott aussetzen, können wir uns mit Leib und Seele für eine wirklich menschliche Kirche und Welt einsetzen. Diese Kirche wird nicht gerettet durch »Kienbaum und Partner« und nicht durch »Berger Consulting«, auch nicht, wenn manchmal selbst Bischöfe einen solchen Quatsch glauben. Diese Kirche und die Menschlichkeit dieser Welt werden nicht gerettet durch eine nach außen gerichtete Hektik, sondern durch eine nach innen gerichtete Sammlung. Sie werden nur gerettet durch das Gebet. Auf die mittlere und lange Sicht gilt: Wo kein Be-ter, da kein Täter. Wer kein Beter, der kein Täter.

Nur wer die Hände zum Gebet in den Schoß legt oder zu Gott erhebt, der wird auch im Unheil der Welt auf Dauer Hand anlegen können zum Heil der Welt. Nur wenn wir uns dem aussetzen, der sich uns aussetzt, haben wir auf Dauer die Kraft, uns auch einzuset-zen für ihn und für den, der uns braucht. Ich möchte Ihnen sehr ans Herz legen: Knien Sie sich wieder rein ins Gebet vor dem Gott des Lebens, und zwar täglich. Knien Sie sich wieder neu hinein in die Beziehung zu Gott. Sie werden dabei erleben, dass er das Lebens-mittel und der Lebensmittelpunkt schlechthin ist und dass nur er einem jeden von uns und der Kirche als ganzer zum Leben und Überleben hilft.

4.6 Lieben

Wert-Schätzung

Neulich flatterte mir von einem Freund aus Studientagen weiterge-
leitet per Mail eine merkwürdige kleine Geschichte zu. Ich vermag
nicht zu sagen, ob, wo und wann sich das darin Berichtete zugetra-
gen hat, vielleicht niemals und dennoch ist es eine wahre Geschichte, weil sie eine tiefe Wahrheit über uns Menschen enthält.

Eine Lehrerin trug ihren Schülern auf, die Namen aller Klassenkameraden auf ein Blatt zu schreiben und daneben etwas Platz zu
lassen. Denn neben dem Namen sollten sie das Netteste, was sie
über ihren Mitschüler bzw. ihre Mitschülerin sagen konnten, auf-
schreiben. Eine ganze Schulstunde arbeiteten die Schüler an dieser
Aufgabe. Am Ende gaben sie das Blatt an die Lehrerin weiter. Und
die erstellte am Wochenende eine Liste aller Schüler und trug hinter
jedem alle netten und liebevollen Bemerkungen ein, die die Klassenkameraden gefunden hatten. Am Montag gab sie jedem Schüler das
über ihn erstellte Blatt wieder. Ein Strahlen ging durch die Klasse.
So vom Wohlwollen der Anderen getragen zu sein, das tat einem
jeden gut und der Klasse als ganzer.

Viele Jahre später trafen sich die Schüler aus traurigem Anlass.
Einer aus der Klasse war verunglückt und man trug ihn zu Grabe.
Außer der Familie hatten sich viele ehemalige Klassenkameraden
und Freunde zum Gottesdienst und zur Beisetzung eingefunden.
Beim anschließenden Kaffeetrinken und Beisammensein holten die
Eltern des Verstorbenen ein stark abgenutztes, vielfach gefaltetes
und geklebtes Papier hervor und zeigten es der Lehrerin. Es war eines der Blätter, das vor Jahr und Tag über den verstorbenen Schüler
von seinen Mitschülerinnen und -schülern angefertigt worden war
und das all seine wohltuenden Eigenschaften auch für ihn so wohltuend auflistete. Dieses Blatt, meinten die Eltern, sei ihrem verstorbenen Sohn so wichtig gewesen, dass er es immer bei sich getragen
habe. Und dann erzählten auch die anderen Schülerinnen und Schüler, was ihnen dieses Blatt damals und bis heute bedeutet habe. Eine
Schülerin hatte es sogar bei sich, ein Schüler hatte das Blatt in sein

Hochzeitsalbum einkleben lassen. Wahrscheinlich, so meinten die versammelten Klassenkameraden, hätten wohl alle dieses Blatt irgendwo und irgendwie aufbewahrt, und es sei als Bestätigung und Ermutigung mit ihnen durch all die seither verflossenen Jahre gegangen.

Ist das nicht aber doch nur eine Art selektiver, verzerrter Wahrnehmung? In gewisser Weise ja; denn man hat ja nur das Gute gespiegelt bekommen, was die Anderen so feststellen zu können meinen. Andererseits ist es keine selektive und verzerrte Wahrnehmung; denn das Gute wurde von vielen ganz unterschiedlichen Menschen wahrgenommen.

Manche Menschen wissen nicht, wie wohltuend ihr Humor und ihr Lachen für andere und für das Klima der ganzen Arbeitsgruppe sind. Manche wissen nicht, wie wichtig ihre nüchterne Sachkunde, ihr unaufgeregtes abgewogenes Urteil für die Entscheidungen des Betriebsvorstandes ist. Manche wissen nicht, wie wichtig ihre schlichte Treue und ihre Verlässlichkeit im Alltag für Familie und Nachbarschaft sind. Manche wissen es nicht, dass sie auf eine vielleicht ungewöhnliche Weise schön sind. Manche wissen es nicht, dass ihre Musikalität und ihr Kunstverständnis der Wohnung und dem Miteinander ein ganz besonderes Gepräge geben. Manche wissen es nicht, bis einer oder eine es ihnen sagt.

Und man sollte es ihnen sagen oder ihnen schreiben, damit sie ihre guten Anlage, ihre Gaben und Begabungen erkennen und weiter entfalten. Vielleicht schreiben Sie Ihrem Partner, Ihrer Partnerin, Ihren Kindern oder Eltern in einer ruhigen Stunde einen solchen »einseitigen« Brief. Zu oft setzen wir auf Kritik oder Herabsetzung und bewirken nicht selten Entmutigung. Setzen wir doch zuerst und vor aller Kritik auf Wertschätzung; denn die bewirkt Ermutigung.

Ich entsinne mich einer Philosophiestunde in den Oberstufenjahren meiner Schulzeit, also irgendwann in der Frühen Neuzeit. Es handelte sich um die Lehrprobe eines Referendars, den ich sehr schätzte. Neben dem Fachlehrer waren auch der Philosophiefachleiter und der Hauptseminarleiter anwesend und wiegten angesichts des Stundenverlaufs bedenkenträgerisch ihre weisen Häupter. Und weil die halbe Klasse den Text, um den es ging, nicht gelesen oder nicht verstanden hatte, legte ich mich ungeheuer ins Zeug, um die Karre aus dem Deck zu ziehen, in dem sie steckenzubleiben drohte. Und das gelang. Am Ende der Stunde kam der Philosophiefachleiter würdevoll gemessenen Schrittes auf mich zu und sagte vor allen Mitschülern zu mir: »Sie sind der geborene Philosoph, der geborene Aristoteliker!« Den Rest des Vormittags bin ich über das Schulgelände geschwebt. Und noch Jahre später habe ich mir, wenn ich mit einem schwierigen philosophisch-theologischen Text gehörig zu kämpfen hatte, mit einem leichten Grinsen selbst gesagt: »Du bist doch der geborene ... Also bitte!« (Die übrige Durchschnittlichkeit meines Abiturzeugnisses führe ich darauf zurück, dass solche Belobigung in den meisten anderen Fächern nicht erfolgte.)

Geben Sie einander solche Bestätigung, Ermutigung oder Wertschätzung, besser noch, schreiben Sie ein paar Zeilen der Bestätigung, Ermutigung und Wertschätzung. Denn eine solche Wertschätzung bewirkt, was sie feststellt und stellt fest, was sie bewirkt. (Wenn es dann zum »Liebesbrief ausartet«, umso besser!) Und man sollte mit dem Vorhaben nicht zu lange warten, 1. damit man die Wertschätzung nicht vergisst, 2. damit die Wertschätzung ihren unschätzbaren Wert möglichst lange und intensiv entfalten kann und 3. damit sie den Adressaten zu Lebzeiten betrifft, bewegt, beflügelt und nicht nur posthum den Nachruf. Denn die Lebenszeit ist uns nur auf Widerruf gestundet. Im Himmel ist die unschätzbare Wertschätzung eines jeden üblich, und hier auf Erden schafft sie ein wenig Himmel.

Haupt-Sache Liebe

613 als heilig geltende Vorschriften kannte das jüdische Gesetz, und zwar 365 Verbote, sozusagen für jeden Tag eines, und 248 Gebote. Hatten da nun regelungswütige Rabbiner zugeschlagen oder irgendwelche Zwangsneurotiker aus dem Davidischen Königshaus? Auf wessen Autorität beruhten die 613 Vorschriften? Wer sollte da noch den Überblick behalten? Wo sollte man Prioritäten setzen? Diese Not haben wohl auch schon die Autoren des Deuteronomiums

empfunden. Und so fokussieren sie auf das Entscheidende, wenn sie dem Volk Israel ins Gewissen reden:

> Höre Israel! Jahwe, unser Gott, ist einzig. Darum sollst du den Herrn, deinen Gott, lieben mit ganzem Herzen, mit ganzer Seele, mit ganzer Kraft. Diese Worte, auf die ich dich heute verpflichte, sollen auf deinem Herzen geschrieben stehen. (Dtn 6,4f.)

Damit ist klar: Die letzte verpflichtende Autorität ist Jahwe, der alleinige Gott, sonst niemand. Und ihn gilt es zu lieben mit ganzem Herzen, ganzer Seele, ganzer Kraft. Das heißt: Alle emotionalen, spirituellen und physischen Kräfte sollen auf Gott ausgerichtet sein. Dieses »Höre Israel!« heftete man zur ständigen Erinnerung an die Türpfosten des Hauses (Mesusa) und trug man beim Gebet in einer Kapsel am Bizeps und vor seiner Stirn (Tefillin).

Das Neue Testament berichtet uns oft von Fragen, nicht selten von Fangfragen, die die Schriftgelehrten, die Pharisäer oder die Sadduzäer an Jesus richten. Als ein Schriftgelehrter Jesus fragt »Welches ist das erste Gebot?«, da müsste Jesus ja eigentlich nur das allseits bekannte »Höre Israel!« zitieren. Aber er ergänzt es interessanterweise um einige nicht ganz unwesentliche Aspekte:

> Höre, Israel, der Herr, unser Gott, ist der einzige Herr. Darum sollst du den Herrn, deinen Gott, lieben mit ganzem Herzen und ganzer Seele, mit all deinen Gedanken und all deiner Kraft. Als Zweites kommt hinzu: Du sollst deinen Nächsten lieben wie dich selbst. Kein anderes Gebot ist größer als diese beiden. (Mk 12,29–31)

Jesus fügt also den Dimensionen der Gottesliebe, als da sind das Herz für die emotionale Dimension, die Seele für die spirituelle Dimension und die Kraft für die physische Dimension, noch eine vierte hinzu »mit all deinen Gedanken«. Er zielt ganz offenbar auch noch auf die kognitive Dimension. Man soll Gott lieben mit Herz und Seele, Hirn und Hand. Und den Nächsten soll man lieben wie sich selbst. Der Schriftgelehrte wiederholt offenbar sehr angetan davon diese Modifikation und Erweiterung des Hauptgebotes. Und Jesus bestätigt ihn: »Du bist nicht fern vom Reich Gottes.«

Gott mit Herz und Seele zu lieben, also ihn zur Herzensangelegenheit zu machen, ist schon viel. Aber nur das Herz sprechen zu lassen, das führt einen vielleicht doch in die private Wohlfühl- oder eine religiöse Kuschelecke. Gott mit all meiner Kraft zu lieben, also in seinem Namen zur Tat zu schreiten, ist auch schon viel. Aber nur die Kraft sprechen zu lassen, das führt vielleicht auch zu einer religiösen »Gschaftlhuberei« oder zu blindem Aktionismus.

Gott ohne den Verstand zu lieben, das führt zu einer kognitiven Verkürzung. Der Gedanke an Gott ist und bleibt ganz gewiss von überfordernder Größe. Aber wenn wir von einem Andersgläubigen, einem Agnostiker oder gar einem kämpferischen Atheisten gedanklich herausgefordert werden, dann sollten wir auch Rede und Antwort für den Glauben stehen können. Dann genügt nicht nur ein seelenvoller Wohlfühl-Lieber-Gott in meinem Herzenskämmerlein, dann genügt auch kein Aktionismus als Nachweis für die Richtigkeit unseres Glaubens. Auch ein Taliban schreitet aus vermeintlicher Liebe zu seinem Gott zur militanten, vielleicht sogar mörderischen Tat. Aber der hat dann nicht nur die Nächstenliebe abgekoppelt vom Hauptgebot der Gottesliebe, sondern bei seiner vermeintlichen Gottesliebe auch noch das Herz und das Hirn bei dieser Haupt-Sache Gottesliebe ausgeschaltet.

Gottesliebe soll also nicht nur eine Tat-Sache sein, insofern sie mich zur Tat ermutigt und befähigt. Gottesliebe soll auch nicht nur eine Herzens-Sache sein, insofern sie mich emotional bewegt, insofern sie von Herzen kommt und zu Herzen geht, oder eine Haut-Sache, insofern sie mir unter die Haut geht und all mein Empfinden berührt.

Gottesliebe soll auch eine Haupt-Sache sein, eine Sache, die mein Haupt, genauer mein Hirn angeht. Wenn unser Glaube von Andersgläubigen, von Agnostikern oder Atheisten kritisch herausgefordert wird, dann ist zum Erweis unserer Gottesliebe unser Hirnschmalz gefragt, dann ist Argumentation, dann ist Gedankenarbeit erforderlich, dann muss gezeigt werden, warum und inwiefern Gott all unser Denken herausfordert und überfordert.

Die Nächstenliebe ist die alltägliche und konkrete Nagelprobe auf die Ernsthaftigkeit unserer Gottesliebe. Wo die Nächstenliebe, und zwar ebenfalls – wie beim barmherzigen Samariter – mit Herz, Hirn und Hand, nicht erkennbar ist, darf mit Fug und Recht auch an der Gottesliebe gezweifelt werden. Die Gottesliebe holt unsere Nächstenliebe aus der Regionalität und Provinzialität heraus und gibt unserer Nächstenliebe Universalität. Am Ende können wir dem Gott, der Liebe ist und den wir mit Herz, Hirn und Hand lieben sollen, doch nur die Bruchstücke oder den Torso unseres Liebes-Lebens übergeben. Aber am Ende können und dürfen wir ihm auch all unsere vergebene Liebes-Müh anvertrauen und ihn bitten:

Herr, du Gott, der du die Liebe selbst bist und zur Liebe ermutigst, füge du aus den Splittern und Bruchstücken meiner Lebensmomente und meines Liebes-Lebens das bestmögliche Mosaik zusammen als Zeugnis deiner und meiner Liebe.

Der Nächste! Bitte?

Wie kann unser Leben als Ganzes gelingen? Das sei, so höre ich, eine typische postmoderne Sozialpädagogenfrage. Danach fragt – etwas anders formuliert – in der Bibel sogar ein Gesetzeslehrer: »Meister, was muss ich tun, um das ewige Leben zu gewinnen?« Aber ein Gesetzeslehrer lehrt doch andere die Gesetze und muss sich nicht von anderen darüber belehren lassen. Jesus konfrontiert den Gesetzeslehrer just mit dem von ihm gelehrten Gesetz: »Was steht im Gesetz?« Und prompt kommt die Antwort: »Du sollst den Herrn, deinen Gott, lieben mit ganzem Herzen und ganzer Seele, mit all deiner Kraft und all deinen Gedanken, und: Deinen Nächsten sollst du lieben wie dich selbst« (Lk 10,25–37). Alle Dimensionen sollen auf Gott ausgerichtet sein, die Praxis, die Rationalität, die Emotionalität, die Identität. Und den Nächsten soll man lieben wie sich selbst. So also kann das Leben als Ganzes gelingen? Wenn der Gesetzeslehrer auf eine derart grundlegende Frage keine Antwort wüsste, sollte man ihm das Gehalt pfänden. Jesus bestätigt die Antwort: »Du hast richtig geantwortet. Handle danach und du wirst leben.« Das heißt aber im Klartext: Nun tu doch endlich das, wovon du seit langem weißt, dass es richtig ist. Leg endlich den Transmissionsriemen auf, der aus deiner richtigen Theorie eine richtige Praxis macht! Aber der Gesetzeslehrer legt nach und fragt gründlicher: »Und wer ist mein Nächster?« Und dann kommt die unsterbliche Geschichte Jesu von dem barmherzigen Samariter und dem Mann, der zwischen Jerusalem und Jericho unter die Räuber fiel.

Vor Jahr und Tag bin ich mit drei Freunden in mondheller Nacht die 38 Kilometer von Jerusalem nach Jericho gelaufen, von 800 Meter über dem Meeresspiegel in Jerusalem nach fast 300 Meter unter demselben in Jericho, der ältesten Stadt der Welt. Man wandert durch ein Trockental, durch das Wadi Kelt. Steile Hänge rechts und links des trockenen Flussbettes bieten Wegelagerern beste Verstecke und den überfallenen Opfern kein Entrinnen. Dass man hier von Räubern überfallen werden kann, ist absolut evident. Erschöpft kamen wir in der ersten Morgenfrühe an einer Palästinensersiedlung an und wurden von wildfremden Menschen fürstlich bewirtet. Jesu Geschichte geht etwas anders: Halbtot und völlig ausgeraubt liegt da einer am Wege, so erzählt er. Das wird bei den im Wadi Kelt üblichen Temperaturen tödlich enden. Und nun provoziert Jesus seine Glaubensbrüder, indem er zunächst einen Priester einführt: »Er sah ihn und ging weiter.« Dann lässt Jesus einen Leviten aufmarschieren. Auch er versagt in Sachen Menschlichkeit auf ganzer Linie: »Er sah ihn und ging weiter«. Diese beiden Exemplare der sich besser dünkenden frommen Gesellschaft mögen gedacht haben: Da kann ich doch nichts machen. Da könnten ja die Räuber nochmals kommen und mich fertigmachen. Oder: Da würde ich mich kultisch unrein machen. Und dann kommt der Samariter, einer, der als nicht rechtgläubig gilt. »Als er ihn sah, hatte er Mitleid, ging zu ihm hin, goss Öl und Wein in seine Wunden und verband sie.« Das ist kein weinerliches tatenloses Mitleid. Hier packt einer zu und leistet Erste Hilfe: Alkohol zur Wunddesinfektion, Öl zur Wundheilung.

Und natürlich kann er nicht alles allein, er braucht die Mithilfe der Anderen; denn hier ist nicht nur medizinische, sondern auch soziale Hilfe gefragt: »Dann hob er ihn auf sein Reittier, brachte ihn zu einer Herberge und sorgte für ihn.« Den Mann nach der Erstversorgung am Weg liegen zu lassen, das wäre keine wirkliche Hilfe gewesen.

»Am anderen Morgen holte er zwei Denare hervor, gab sie dem Wirt und sagte: Sorge für ihn, und wenn du mehr für ihn brauchst, werde ich es dir bezahlen, wenn ich wiederkomme.« Der Samariter hilft also auch mittelfristig. Dass man langfristig auch die Straßen zwischen Jerusalem und Jericho sicherer machen muss, versteht sich von selbst.

Und dann kommt die merkwürdig verkehrte Antwort Jesu auf die Frage des Gesetzeslehrers: »Und wer ist mein Nächster?« »Was meinst du, wer von diesen Dreien hat sich als Nächster dessen erwiesen, der von Räubern überfallen wurde?«

Nicht ich definiere von mir aus, wer denn mein Nächster ist, vielleicht gar noch mit differenziert ausgewiesenen Zuständigkeiten. Wer mein Nächster ist, das wird von der konkreten Not definiert, die mir begegnet. Und dann kann der Weg von Jerusalem nach Jericho zwischen Duisburg und Hamm, zwischen Kathmandu und Dhaka, zwischen Khartum und Addis Abeba, zwischen La Paz und Salvador liegen. Vielleicht ist es ein Weg, den ich nur im abendlichen Fernsehprogramm zurücklege. Der Gesetzeslehrer hat die Lektion zum Thema Menschenrechte und rechte Menschen verstanden und weiß: Der Nächste ist auf jeden Fall der, der barmherzig am Notleidenden gehandelt hat. Nur der und erst der erweist sich als Nächster. Und Jesus beendet dieses zeit- und raumübergreifende Lehrstück mit dem durch alle Jahrtausende und alle Länder dieser Erde hindurch gültigen und also auch für uns verbindlichen Hinweis: »Dann geh und handle genauso!«

Die Theologiegeschichte hat schon früh in Jesus Christus den beispielhaften barmherzigen Samariter gesehen, der den unter die Räuber des Egoismus, des Hedonismus, des Merkantilismus, des Rassismus, des Nationalismus, des Terrorismus gefallenen Menschen auf den Straßen dieser Welt aufliest, rettet und heilt. Und für uns alle, für Sie und mich gilt im Blick auf diesen Samariter nach wie vor und durch alle Jahrtausende hindurch dies Wort Jesu: »Geh und handle genauso.« Seien wir also nach dem Beispiel dieses Samariters um Gottes und des Menschen willen der oder die Nächste! – Bitte!

Vergebene Liebesmüh?

Angelus Silesius (1624–1677), der Arzt, Priester und mystische Dichter aus der Zeit des Dreißigjährigen Krieges, kann uns mit den tiefsinnigen Versen aus seinem »Cherubinischen Wandersmann« eine Art Reiseleiter auf den Wegen unseres Lebens sein.

Neben den vielen unterschiedlichen Fragen des je konkreten Lebens gibt es doch mindestens eine wichtige Frage in jedem Leben, gleich wann und wo es gelebt wird: Nach welchen Grundsätzen soll man leben und nach welchen Zielen soll man streben? Angelus Silesius gibt darauf folgende Antwort:

Die Liebe ist ewig

Die Hoffnung höret auf, der Glaube kommt zum Schauen,
Die Sprachen redt man nicht und alles, was wir bauen,
Vergehet mit der Zeit: die Liebe bleibt allein.
So lasst uns doch schon jetzt auf sie beflissen sein.

Angelus Silesius

Die Hoffnung erfüllt sich oder scheitert, damit endet sie. Der Glaube wird überboten durch die Erkenntnis und Anschauung Gottes, und damit endet er. Unsere intellektuellen Leistungen, die in Sprache ihren Niederschlag finden, und unsere technischen Leistungen, die sich in der Baukunst ausdrücken, sind endlich und begrenzt. Nur der Liebe spricht Angelus Silesius einen bleibenden, ja einen Ewigkeitswert zu. Darum sollte die Liebe schon jetzt inmitten unserer endlichen und flüchtigen Zeit höchste Priorität haben. Auch Paulus bezeichnet die Liebe als die höchste der Kardinaltugenden (1 Kor 13,1–14). »Die Liebe erträgt alles, glaubt alles, hofft alles, hält allem stand. Die Liebe hört nie auf. […] Für jetzt bleiben Glaube, Hoffnung und Liebe, diese drei; doch am größten unter ihnen ist die Liebe.«

Was wir in Wort und Tat in der verfallenden Währung unserer Zeit auf dem Konto der Menschlichkeit und Liebe einzahlen, das wird unmittelbar konvertiert in ein ewiges Guthaben bei Gott. Die

Liebe ist keinem Kursverfall und keinen Kursschwankungen unterworfen bei Gott – sie zählt! Nun stellt sich die Liebe nicht wie das Muskelwachstum im Mucki-Schuppen allein durch das mühsame Hanteltraining der Tugendsamkeit ein. Die menschliche Liebe hat Antwortcharakter; sie wird durch das Wort Gottes zur Antwort ermutigt und ermächtigt:

Was die Seele erweitert

Was macht des Menschen Herz und seine Seele weit?
Die Liebe Gottes gibt ihm die Beschaffenheit.

Angelus Silesius

Nicht unsere Leistung, sondern Gottes Vorleistung befähigt uns, zu handeln wie er und in seinem Geist und Auftrag. Weil wir Liebe erfahren haben, können wir Liebe erfahrbar machen – trotz und in all unserer Begrenztheit. Wir alle wissen zu berichten von »vergeblicher Liebesmüh« in unserem Liebes-Leben. Lieben meint nicht gefühlsduseliges Einssein; lieben ist ein Tatwort und die Tat der Liebe ist manchmal müh-selig, das heißt voll Mühe und macht doch selig. So sagt Angelus Silesius:

Man muss das Wesen sein

Lieb' üben hat viel Müh', wir sollen nicht allein
Nur lieben, sondern selbst, wie Gott, die Liebe sein.

Angelus Silesius

Die Tat der Liebe hat nicht nur für den, der sie erfährt, sondern auch für den, der sie erfahrbar macht, eine wesensverwandelnde Kraft. Aber wenn die Liebe bleibenden Wert hat, dann kann es wohl vergebene, aber eigentlich keine vergebliche Liebesmüh geben.

»Die Liebe gewinnt immer.« Das hatte der Dreißig-Tage-Papst Johannes Paul I. gesagt. Die Liebe gewinnt nicht gegen den Anderen, gewinnt nicht zum Schaden des Anderen; sie gewinnt den Anderen.

Die Doppelfrage, nach welchen Grundsätzen soll man leben und nach welchen Zielen soll man streben, beantwortet sich mit dem einen lebensentscheidenden Begriff: Liebe. Der Begriff Liebe sagt uns zweierlei, 1. wie wir leben sollen alltäglich und sonntäglich, werktäglich und feiertäglich, nämlich mit der Haltung und Tat der Liebe. Und 2. sagt uns der Begriff Liebe, auf welches Ziel hin wir leben sollen, nämlich auf Gott hin, den der Johannesbrief (1 Joh 4,8) so definiert: »Gott ist Liebe.« Angst, selbst Todesangst wird durch die Liebe überwunden. Denn »Furcht gibt es nicht in der Liebe« (1 Joh 4,18). Wer liebt, kann tun, was er nicht tun könnte, wenn er es nicht mit Gott zu tun hätte.

In einem Gebet, das mir zum Tode meiner Mutter einfiel, habe ich es so gefasst:

> Herr, die dich in ihrer Nähe wissen,
> haben die tiefste Angst überwunden.
> Sie sehen in jeder Nacht die Stelle,
> wo es Tag wird, – und sind getrost.
> Herr, wir kommen aus deiner Hand,
> wir gehen an deiner Hand,
> wir fallen in deine Hand.
> Wo du bist, ist das Leben.
> Du verewigst uns in dir;
> denn wir – sind geliebt.

Wir dürfen uns sagen lassen und um Gottes willen glauben: Ich wurde an meinem Anfang zum Leben geliebt durch zwei Menschen und durch Gott, – damit ich an meinem Ende zum Lieben gelebt hätte für die Menschen und für Gott – und mich zum Leben geliebt wüsste von Anfang an, endlos durch Gott. Wer liebt, kann tun, was er nicht tun könnte, wenn er es nicht mit Gott zu tun hätte.

5. Brennpunkte kirchlicher Praxis

5.1 Männer, Frauen, Sünder

Gleichheit oder Gleichmacherei?

In seinem Brief an die Galater schreibt Paulus: »Ihr alle seid durch den Glauben Söhne Gottes in Christus Jesus. Denn ihr alle, die ihr auf Christus getauft seid, habt Christus als Gewand angelegt. Es gibt nicht mehr Juden und Griechen, nicht Sklaven und Freie, nicht Mann und Frau; denn ihr alle seid einer in Christus Jesus. Wenn ihr aber zu Christus gehört, dann seid ihr Abrahams Nachkommen, Erben kraft der Verheißung« (Gal 3,26–29).

Hier fordert einer die Gleichheit. Genauer noch: Hier konstatiert einer die Gleichheit. Und ihn interessieren nicht die von Menschen herbeikonstruierten Ungleichheiten zwischen den Angehörigen des erwählten Volkes der Juden und den angeblich religiös indifferenten Griechen. Ihn interessieren nicht die angeblich aus Staatserhaltungsgründen notwendigen Ungleichheiten zwischen Sklaven und Freien, ja nicht einmal mehr die biologisch vorgegebenen Ungleichheiten zwischen Männer- und Frauenrollen. Durch dieselbe Taufe auf Jesus, den Christus, haben alle dieselbe Würde durch Christus und Teil an derselben Verheißung Gottes.

In diesem Brief zumindest ist Paulus ein echter Revolutionär. Dazu fällt mir wieder ein, dass die Würzburger Synode – sie wurde von der Deutschen Bischofskonferenz einberufen und tagte von 1971 bis 1975 – vor über 40 Jahren einen Beschluss und ein Votum zur Wiedereinführung des Diakonats der Frau gefasst und an Rom weitergereicht hat. Da die Wege über die Alpen sehr beschwerlich und langwierig zu sein scheinen, hat man bis heute noch keine Antwort aus Rom erhalten. Wahrscheinlich findet man in tausend Jahren einen Gletschermann wie den Ötzi, der die ablehnende römische Antwort mit ins ewige Eis genommen hat, in dem er verschollen ist.

Gestützt auf das biblische Zeugnis und auf die kirchliche Praxis der Diakoninnenweihe in den ersten Jahrhunderten im Osten wie im Westen haben die Synodalen damals die Wiedereinführung des Diakoninnenamtes gefordert. Und unter Hinweis auf die faktisch in allen Gemeinden ausgeübten diakonalen Tätigkeiten von Frauen erschien den Synodalen die Trennung von Funktion und Amt weder theologisch noch pastoral rechtfertigungsfähig. Man forderte keineswegs das Priesteramt für die Frau, sondern ausschließlich auch unter dem Gedanken der gesellschaftlichen und kirchlichen Gleichheit von Mann und Frau die Wiedereinführung der Diakoninnenweihe.

Nun hat der emeritierte Kurienkardinal Walter Kasper auf einem Studientag der Frühjahrsvollversammlung der Deutschen Bischofskonferenz 2013 ein neues diakonales Amt für die Frau vorgeschlagen. Er nannte es Gemeindediakonin. Diese Gemeindediakonin sollte pastorale, karitative, katechetische und bestimmte liturgische Dienste wahrnehmen. Nur durch Segnung, nicht aber durch Weihe wie bei den Männern, sollten geeignete Frauen zu diesem Amt bestellt werden. Denn das sei kein diakonales Weiheamt. »Ich denke, wenn es ein solches Amt ist, das nicht einfach am klassischen Diakonamt ansetzt, hätte man viel mehr Beweglichkeit«, sagte der emeritierte Kurienkardinal auf diesem Studientag in Trier. Die Angst ist geradezu mit Händen zu greifen und die Angst ist höchst selten oder nie ein guter Ratgeber. Die Bischöfe erklärten sich bereit, den Anteil der Frauen in solchen Leitungsfunktionen, die keine Weihe voraussetzen, von derzeit 13 % in den oberen und von derzeit 19 % in den mittleren Leitungsfunktionen deutlich zu erhöhen. Diese Absichtserklärung soll dann in fünf Jahren überprüft werden. Kardinal Kasper hatte völlig zu Recht gemeint: »Jede deutsche Pfarrei würde zusammenbrechen, wenn die Frauen nicht so mitarbeiten würden.«

Aber nun kommt es, wie es kommen muss, die Bewegung »Wir sind Kirche« trampelt das winzige Angstpflänzchen am Rande der Bischofskonferenz gleich wieder kaputt und fordert unnachgiebig das Priesteramt für Frauen. »Die entscheidenden Positionen in der Kirche gibt es nur über das Amt«, sagte Referentin Annegret Laakmann. »Wir wollen Priesterinnen, Bischöfinnen und Päpstinnen werden.« Nach Ansicht der Bewegung brauche über mehr Positionen für Frauen im Verwaltungsapparat der Kirche gar nicht gesprochen zu werden. Es sei doch eine Selbstverständlichkeit, dass Frauen mit entsprechender Qualifikation diese Positionen bekämen, sagte Frau Laakmann. Die Vorschläge der Bischöfe seien nichts als »eine Beruhigungspille«.

Damit bestätigt »Wir sind Kirche« mit schrillen Maximalforderungen die leider zahlreichen Angsthasen unter den Mitra-Trägern in ihrer Panik. Und die ummauern dann, solange sie es noch können, mit allen Tricks und Machenschaften, die sie in Jahrhunderten gelernt haben, die Festung des Status quo. Und beide tun das Ihre zum gemeinsam arrangierten Schaden der Kirche. Ich glaube keiner Seite mehr, dass sie das, was sie tut, nach bestem Wissen und Gewissen tut. Beide schaden der Kirche auf ihre je unbelehrbare, bornierte Weise.

Der Jude, der Freie und der Mann Paulus konnte mühelos auf die drei Vorzüge verzichten und den Griechen, den Sklaven und den Frauen schreiben: »Denn ihr alle, die ihr auf Christus getauft seid, habt Christus als Gewand angelegt. Es gibt nicht mehr Juden und Griechen, nicht Sklaven und Freie, nicht Mann und Frau; denn ihr alle seid einer in Christus Jesus. Wenn ihr aber zu Christus gehört, dann seid ihr Abrahams Nachkommen, Erben kraft der Verheißung.«

Den mächtigen Minimalisten, sprich den Angsthasen unter den Mitra-Trägern, und den ohnmächtigen Maximalisten, sprich den teils großsprecherischen Geschichtsignoranten, sollte man als Strafe einen gemeinsamen Kurs zur Bibellektüre und zur Konsensfindung in der Kirche verordnen. Und der sollte so lange dauern, bis auch bei diesem Konklave endlich der weiße Rauch einer gemeinsam errungenen Einsicht aufsteigt.

Geschieden und wiederverheiratet?

Viele der Leser dieser Kolumne kennen das seit Jahren kontrovers debattierte Problem des Ausschlusses von der Kommunion für die Menschen, die geschieden und wiederverheiratet sind. Auch der von den Bischöfen initiierte Dialogprozess hat sich mit diesem Thema beschäftigt und die Professoren der katholischen Theologie in Deutschland haben dazu ein Votum an die Bischöfe verfasst. Da ich maßgeblich daran mitwirken durfte, darf ich, ohne mich dabei mit fremden Federn zu schmücken, den interessierten und / oder betroffenen Lesern die Schlussempfehlungen vorstellen.

»Wir möchten den Bischöfen die folgenden Gesichtspunkte nahelegen, um zu einer menschlich und christlich besser verantwortbaren sowie theologisch gut vertretbaren Lösung in den Diözesen anzuregen, für die sie letztlich Verantwortung tragen:

◆ Für diejenigen, die nach einer unwiederbringlich zerbrochenen Ehe erneut zivil geheiratet haben, eignet sich die Kommunion, die nach Ansicht des Zweiten Vatikanischen Konzils sowohl Quelle als auch Gipfel von Gemeinschaft ist, nicht als Disziplinierungsinstrument. Dass sie nicht nur Gipfel bestehender, sondern auch Quelle erneuerter Gemeinschaft mit Christus und seiner Kirche ist, muss auch angesichts gescheiterter Ehen theologisch stärker ins Bewusstsein gerückt werden.

◆ Das vor jedem Kommunionempfang gesprochene »Herr, ich bin nicht würdig, dass du eingehst unter mein Dach« gilt in jeder, auch der kirchenrechtlich beanstandungsfreien und äußerlich als heil eingestuften Lebenssituation, in gelingenden und gescheiterten ehelichen Beziehungen. Ihm wäre theologisch ein »Herr, ich bin bedürftig, dass du eingehst unter mein Dach« hinzuzufügen. Dieser Bedürftigkeit gilt es nach eingehender pastoraler Beratung und nach Prüfung des Gewissens auch bei wiederverheirateten Geschiedenen durch die mögliche Zulassung zum Sakrament des Altares Rechnung zu tragen.

◆ Das Scheitern von Menschen in der Ehe ist nur eine Form menschlichen Scheiterns, die verglichen mit anderen ebenso schwerwiegenden Formen des Scheiterns und angesichts der Permanenz menschlichen Scheiterns nicht unverhältnismäßig sanktioniert werden sollte.

◆ Dem Wort Jesu entsprechend, dass »nicht die Gesunden, sondern die Kranken den Arzt brauchen«, ist primär nach einem lebens- und glaubensfördernden Umgehen mit dem Scheitern zu suchen, und nicht primär nach rechtlich scharf formulierter, aber gerade dadurch die Entfremdung fördernder Abgrenzung und Ausgrenzung.

◆ Eine unterschiedslose generelle Wiederzulassung wiederverheirateter Geschiedener zur Eucharistie kann nicht das Ziel verantwortlicher Pastoral sein, aber ebenso wenig die derzeit offiziell geltende unterschiedslose Nichtzulassung, denn diese berücksichtigt nicht die konkreten ethisch durchaus entscheidungsrelevanten Lebensumstände, die zum Scheitern der ersten und zur Begründung der zweiten Ehe geführt haben.

◆ Die Ehenichtigkeitsverfahren sind Rechtsinstrumente und nicht als Ausdruck einer über das Recht hinausgehenden Oikonomia zu werten, und zwar auch, um sie nicht dem vielfach gehörten Verdacht auszusetzen, nur ein unlauterer juristischer Umgehungsversuch des Unauflöslichkeitsgebots zu sein.

◆ Ehenichtigkeitsverfahren können insofern eine Hilfe sein, als sie prüfen, ob zum Eheschließungszeitpunkt für das Zustandekommen einer Ehe die Gültigkeitsvoraussetzungen gegeben waren. Es gibt aber viele Fälle von gescheiterten Ehen, in denen eine Nichtigerklärung nicht möglich ist. Der bloße Verweis auf die Möglichkeit der Nichtigerklärung reicht daher als Antwort nicht aus.

◆ Ein Verlassen der zweiten Ehe, um die erste wieder aufleben zu lassen, entspricht nur selten der Lebensrealität und kann nicht generell gefordert werden, denn dabei würden menschliche Verpflichtungen, die sich nicht selten aus der zweiten Ehe ergeben haben (Kinder, Pflegebedürftigkeit, Versorgung usw.) einem Rigorismus geopfert, der in seiner Konsequenz mit doppelter Trennung das Unheil verdoppelt. Auch die im Katechismus der Katholischen Kirche erwähnte Möglichkeit des Zusammenlebens wie Bruder und Schwester kommt realistischerweise in vielen Fällen nicht als Lösung infrage.

◆ Es gibt keine metatheologische Norm, die angesichts des Scheiterns von Ehen unter den möglichen theologischen Beurteilungsaspekten eine Letzt-Zuständigkeit oder auch nur eine Priorisierung der Rechtsperspektive rechtfertigt. Das soll nicht heißen, dass kirchenrechtliche Normen verletzt oder ignoriert werden sollten, sondern dass versucht werden muss, eine mögliche Weiterentwicklung der offiziellen kirchlichen Positionen auch auf der Ebene der kirchlichen Normen auszugestalten. Eine Lösung des angesprochenen Problems muss deshalb nicht ohne oder gar gegen das Kirchenrecht, sondern mit einem – in diesem Punkt dann aber weiterzuentwickelnden – Kirchenrecht in Angriff genommen werden.

◆ Es gibt im Kirchenrecht den übergeordneten gewichtigen Rechtsgrundsatz: »Salus animarum suprema lex.« (Das Heil der Seelen ist das höchste Gesetz.) Dieser Grundsatz verpflichtet das Kirchenrecht nicht zuletzt auch in Bezug auf die wiederverheirateten Geschiedenen, auch andere als juristische, z. B. auch pastoral-, moral- und sakramententheologische Gesichtspunkte stärker zur Geltung zu bringen.

◆ Angesichts des nur scheinbar unüberbrückbaren Konflikts zwischen Gerechtigkeit und Barmherzigkeit gilt es, sich auch im pastoralen Tun an dem Gott zu orientieren, dessen in Jesus Christus Mensch gewordene Gerechtigkeit seine Barmherzigkeit ist und dessen Barmherzigkeit seine Gerechtigkeit.

[…]

Aus unserer Sicht scheint es überdies geboten, dass die Bischöfe in ihren Ortskirchen nach bestem theologischen Wissen und Gewissen schon jetzt solche pastoralen Entscheidungen treffen, die im Geiste Jesu mehr Menschlichkeit ermöglichen. An diese ihre Kompetenz und Verantwortung […] möchten wir die Bischöfe […] nachdrücklich erinnern.«

Der (kleine?) Unterschied

Hartherzig, rigoristisch, zurückgeblieben, antimodern das waren noch die harmlosesten Attribute, die sich die Kirche in der veröffentlichten Meinung eingehandelt hat mit ihrer Haltung zur »Pille danach«.

Einige dieser »Pillen danach« wirken auf der Basis von Mifepriston und sind damit Abtreibungspillen, d. h. sie töten den frühen Embryo durch die Verhinderung der Nidation, also der Einnistung in die Uterusschleimhaut, indem sie die Öffnung des Muttermundes und die Ablösung der Gebärmutterschleimhaut bewirken. Andere »Pillen danach« (Levonorgestrel und Ulipristal) scheinen nur den Zervixschleim zu verdicken, was die Spermien beim Vordringen behindert, und die Ovulation (Eisprung) zu verhindern. Und damit töten sie nicht das neu entstandene Leben, sondern verhindern seine Entstehung. Sie sind also Kontrazeptiva und keine Abtreibungspillen. Und dieser Unterschied, der der Öffentlichkeit so gut wie gar nicht und den Verantwortlichen in der Kirche leider erst sehr spät klar geworden ist, der ist moralisch erheblich und keine ethische Petitesse. Es ist den Bischöfen nicht vorzuwerfen, dass sie keine Biologen mit Spezialwissen sind, wohl aber, dass sie nicht rechtzeitig solche Fachleute zurate gezogen haben.

Dass die Kirche bei der frühen Abtreibung z. B. durch Mifegyne nicht mitmachen will, ist dabei keine kauzige Sondermoral, sondern eine Konsequenz daraus, dass mehrere höchstrichterliche Urteile die Abtreibung unter bestimmten Bedingungen nach § 218 zwar straffrei stellen, aber ganz ausdrücklich moralisch missbilligen und als verwerflich einstufen. Darüber hinaus gehört der Schutz des menschlichen Lebens von seinem frühesten Anfang bis zu seinem letzten Ende für Christen zum unaufgebbaren Kernbestand ethischer Verpflichtung.

Das menschliche Leben, da bin ich mir mit meinen Kollegen aus der Biologie, auch solchen, die mit Kirche nichts am Hut haben, völlig einig, beginnt mit der Karyogamie, also der Kernverschmelzung von Spermazellkern und Eizellkern. Danach ist zweifelsfrei ein Lebewesen gegeben, das über den für uns Menschen in allen Körperzellen üblichen doppelten Chromosomensatz und über Totipotenz verfügt, also die Fähigkeit, alle Gewebetypen auszubilden, die zum menschlichen Leben erforderlich sind. Ein Bundesverfassungsrichter mit etwas unterdimensionierten Biologiekenntnissen hatte vor vielen Jahren gesagt, der frühe Embryo sei doch nur ein maulbeerfeigenartiges Gebilde, um das man nicht so viel Aufhebens machen müsse. Das war schon damals Unsinn und ist nach allem, was wir inzwischen über die Embryonal- und Fötalentwicklung hinzugelernt haben, nicht zutreffender geworden. Fünf einander ergänzende und inhaltlich überlappende Gründe sprechen ausdrücklich dafür, dieses frühe Leben als menschliches und damit als von Anfang an schützenswertes Leben anzusehen.

Die Artspezifität: Aus diesem kleinen Zellhaufen wird kein Kanarienvogel, kein Goldhamster und kein Dackel. Der frühe Embryo durchläuft auch keine weniger schützenswerten weil irgendwie tierischen Vorstadien, wie Ernst Haeckel bis in die Biologiebücher meiner Kindheit hinein fälschlich behauptet hatte. Jede Zelle des Embryos ist von allem Anfang an und eindeutig der Art Mensch (Homo sapiens sapiens) zuzuordnen.

Die Kontinuität: Von allem Anfang an und kontinuierlich entwickelt sich dieses Leben. Es durchläuft keine Stadien des Noch-nicht-Menschlichen, um dann irgendwann in seiner Ontogenese erst noch zum Menschen zu werden. Wenn wir den Embryo nicht daran hindern, wird er zu dem, was wir sind, einem adulten Lebewesen. Genauer noch: Der frühe Embryo entwickelt sich nicht zum Menschen, sondern als Mensch.

Die Identität: Mit einem Genscanning kann man heute ziemlich mühelos für alle Lebensphasen nachweisen, dass die Zelle, die man dem Embryo, die man dem Säugling, die man dem Kind, die Zelle die man dem Erwachsenen und schließlich dem Greis entnommen hat, genetisch identisch sind. Die Identität zwischen der Blastula, dem ballartig aussehenden Embryo mit hundert und mehr Zellen vor der Nidation, und allen Zwischenstadien bis hin zum Greis auf dem Sterbebett ist somit nicht zu bestreiten.

Die Individualität: Das bezeichnet nicht die Unteilbarkeit, sondern die ungeteilte Ganzheit, die ein Embryo auch dann ist, wenn er sich noch in zwei eineiige Zwillinge aufteilt. Diese Individualität geht dem Menschen ja auch dann nicht verloren, wenn man zu einem späteren Zeitpunkt von seinen Zellen einen Klon bilden würde, um einen Zwilling mit demselben Geninventar zu produzieren. Bei einer Abtreibung vor der noch möglichen Keimteilung, etwa mit der Pille Mifegyne/RU-486, ist also nicht fraglich, dass frühes menschliches Leben getötet wird, sondern ob es nur eines ist oder ob es mehrere Lebewesen sind.

Die Potenzialität: Sie besagt, dass unmittelbar nach der Karyogamie mit dem doppelten Chromosomensatz (Diploidie) in der Zygote (befruchteten Eizelle) genetisch alle Potenzen vorhanden sind (Totipotenz), die zur Ontogenese, also zur vollen menschlichen Entwicklung, notwendig sind. Was immer sich entfalten wird, es ist potenziell bereits angelegt.

Weiterhin anzunehmen, man töte mit einer Abtreibungspille keinen Menschen, ist nach allem, was wir wissen, durch nichts mehr gerechtfertigt. Darauf hinzuweisen, dass hier ein menschliches Lebewesen gegeben ist, von dem das Grundgesetz in Artikel 1 sagt »Die Würde des Menschen ist unantastbar«, ist eine wichtige Aufgabe der Kirchen in der Gesellschaft, erst recht dann, wenn diese Erinnerung manchen Menschen nicht in den liberalistischen Kram passt. Vielleicht hat der zurückgetretene Papst Benedikt XVI. nicht so ganz unrecht gehabt, wenn er einem bestimmten Zeitgeist das »Dogma der Beliebigkeit« als oberste Lehrmeinung zuordnete. Gegen bestimmte Formen des Zeitgeistes zu intervenieren, kann manchmal eben auch Ausdruck der Geistes-Gegenwart Gottes sein.

Sündenbock?

Monate- wenn nicht jahrelang hatte das Thema sexueller Kindesmissbrauch in kirchlichen Einrichtungen bei der Presse Konjunktur. Die Schwere der Delikte, ihre erschreckende Vielzahl und die Dringlichkeit ihrer Aufarbeitung geben dieser Priorisierung alles Recht. Es ist ein vermutlich für alle Bistümer belegbares Faktum, dass es, wenn man einmal die letzten fünfzig Jahre in den Blick nimmt, immer wieder Personaldezernenten gegeben hat, die das Problem Pädophilie durch Versetzungen glaubten, in den Griff bekommen zu können. Damit ist aus Naivität, Fahrlässigkeit und Heimlichtuerei ein folgenschwerer Irrtum für die jugendlichen Opfer entstanden, den es gutzumachen gilt. Das kann nicht durch die reflexartig automatisierte Wiederholung von »Ich-entschuldige-mich-Formulierungen« abgeglichen werden, die derzeit landauf, landab bei Politikern, Kirchenvertretern, Wissenschaftlern und Wirtschaftlern grassieren.

Aber es wird medial nicht selten der Eindruck erweckt, die Vertreter der Kirche würden, weil sie zum Zölibat verpflichtet seien und sich darum in einem permanenten sexuellen Notstand befänden, sozusagen zwangsläufig zu pädophilen Triebtätern, und die Kirchenleitung auf Weltkirchen- wie auch auf Bistumsebene habe kein wirkliches Aufklärungsinteresse und versuche alles nur zu vertuschen.

Immer neu wird medial die Behauptung aufgetischt, der Papst schweige zu all dem. Diese Behauptung, die ich ein Dutzendmal gelesen und im Rundfunk gehört habe, wird durch die Wiederholung nicht wahrer. An Deutlichkeit ließ schon Papst Benedikt XVI. keine Wünsche offen, wenn er sich in seinem Hirtenbrief an die Priester und Ordensleute in Irland wendet, die Kinder missbraucht haben:

> Ihr habt das Vertrauen, das von unschuldigen jungen Menschen und ihren Familien in Euch gesetzt wurde, verraten und Ihr müsst Euch vor dem allmächtigen Gott und vor den zuständigen Gerichten dafür verantworten. Ihr habt die Achtung der Menschen Irlands verspielt und Schande und Unehre auf Eure Mitbrüder gebracht. [...] Gleichzeitig ruft uns Gottes Gerechtigkeit dazu auf, Rechenschaft über unsere Taten abzulegen und nichts zu verheimlichen. Erkennt Eure Schuld öffentlich an, unterwerft Euch der Rechtsprechung, aber verzweifelt nicht an Gottes Gnade.

Und an seine Mitbrüder im Bischofsamt schreibt er:

> Es kann nicht geleugnet werden, dass einige von Euch und von Euren Vorgängern bei der Anwendung der seit Langem bestehenden Vorschriften des Kirchenrechts zu sexuellem Missbrauch von Kindern versagt haben. Schwere Fehler sind bei der Behandlung von Vorwürfen gemacht worden. [...] Abgesehen von der vollständigen Umsetzung der Normen des Kirchenrechts [...] kooperiert weiter mit den staatlichen Behörden in ihrem Bereich.

Einige Rundfunkkommentatoren bemäkeln, da sei zuviel frommes Gerede drin. Was bitte erwarten die von einem Hirtenbrief? Darf der nicht fromm sein? Dann könnte man auch einer Oper vorwerfen, es würde darin zu viel gesungen. Gleichwohl, durch dieses Purgatorium, durch dieses Ätzbad der Kritik muss die Kirche durch! Sie hat es – angesichts ihres moralischen Anspruchs – nicht anders verdient.

Aber es seien mit Blick aus dem Kircheninnern ein paar Fragen nach außen gerichtet:

♦ Warum ist der grüne Europaabgeordnete Daniel Cohn-Bendit noch nicht von seiner Partei angezeigt und vor Gericht gestellt worden? Er hatte sich doch in seiner Schrift »Little Big Man« gerühmt, als Kindergärtner zwischen 1972 und 1974 sexuelle Spielchen mit Kindern getätigt zu haben. Ist das keine institutionelle Vertuschung?

♦ Warum ist der sicher verdienstvolle Bildungsforscher Prof. Hartmut von Hentig, auf dessen Initiative die Konzepte der Laborschule Bielefeld, der Odenwaldschule und Schloss Salems zurückgehen, nicht angeklagt worden, obschon er von den dortigen Übergriffen wusste? Warum ist sein homosexueller Lebensgefährte Gerold Becker nicht angeklagt worden, der sechzehn Jahre lang als Lehrer und Leiter der Odenwaldschule Kinder missbraucht hat? Dieser Tatbestand ist seit über einem Jahrzehnt bekannt.

♦ Warum haben die Grünen 1985 – kurzzeitig – die Straffreiheit für gewaltfreien Sex mit Kindern im Programm gehabt? Warum wollte die SPD/FDP-Koalition 1980 den Paragraphen 176, der sexuellen Missbrauch von Kindern unter Strafe stellte, ersatzlos streichen? Warum hielt der Professor für Sozialpädagogik, Helmut Kentler, Mitglied in der Deutschen Gesellschaft für Sexualforschung, Sex mit Kindern für unproblematisch, praktizierte ihn und war ein vielgefragter Gutachter vor Gericht? Warum sind all diese Verfechter einer nicht selten übergriffigen Gesellschafts- und Sexualaufklärung trotz Kenntnis nicht angeklagt worden in all den Jahrzehnten?

Neulich las ich zwischen all den Skandalisierungs-Artikeln dies:

> Nein, der sexuelle Missbrauch von Kindern ist keine Erfindung katholischer Patres. Und er hat auch nichts mit dem Zölibat zu tun. Allein in Deutschland werden nach Schätzung des Kriminologischen Instituts Hannover Jahr für Jahr etwa eine Million Kinder missbraucht, in neun von zehn Fällen sind es Mädchen. Und drei der vier Täter sind keine bösen Fremden oder Lehrer, sondern es sind der eigene Vater, Onkel, Nachbar.

Die Autorin ist ganz gewiss unverdächtig, eine Fürsprecherin der Kirche zu sein. Es handelt sich um die Feministin, Verlegerin und Chefredakteurin von Emma, um Alice Schwarzer. Damit wir uns recht verstehen, diese Ausführungen sind keine Verteidigung der Kirche. Auch wenn die Täter schon tot sind, um der Opfer willen ist oft eine Aufarbeitung notwendig. Die erschreckende Vielzahl der kirchlich zu verantwortenden Missbrauchsfälle macht zwar nur den Bruchteil eines Promilles in der Flut der Fälle aus, aber jeder Fall ist einer zuviel. Die mediale Aufgeregtheit, die vor allem der Kirche als erwähltem Sündenbock alles aufhalst und anlastet, verdient es aber, als das gekennzeichnet zu werden, was sie ist: Heuchelei. Vielleicht sollte man auch hier die Kirche im Dorf lassen. Sie hält Gott in der Geistes-Gegenwart des Menschen und den Menschen in der Geistes-Gegenwart Gottes.

Pharisäer?

Pharisäer ist, wenn wir nicht gerade ein gut getarntes alkoholisches Getränk darunter verstehen, sondern einen Menschen damit meinen, eine schwerwiegende Abqualifizierung. Anderen Wasser predigen und selbst Wein saufen, das ist pharisäisch.

Mit dem Begriff Pharisäer wurde eine religiöse Gruppierung zum Inbegriff für Heuchelei, Aufgeblasenheit und Selbstgefälligkeit. Aber was ist eigentlich so mies an diesem Menschen? Was berechtigt uns, so auf einen Pharisäer herabzuschauen? Sehen wir uns doch erst einmal die auch von Jesus offenbar nicht bestrittene

Leistung eines Pharisäers an. Er geht täglich zur Gebetszeit in den Tempel. Er hält zweimal wöchentlich ein Fasten. Und das ist keine wohlschmeckende Brigitte-Diät. Sondern bei orientalischen Temperaturen isst und trinkt er nichts! Er gibt ein Zehntel seiner Einkünfte für den Tempel. Ist das alles nichts? Zählt das vor Gott nicht? Wer von uns hier könnte einen ähnlichen religiös-asketischen Standard nachweisen? Das sind nicht die Meisten. Ich bin sicher, dass die »Leistungsbilanz« des Pharisäers die des Zöllners weit in den Schatten stellt.

Es gibt in jeder Gemeinde Gläubige, die die »Leistungsbilanz« anderer Gemeindemitglieder, einschließlich der Pfarrer, deutlich in den Schatten stellen. Vielleicht finden sie sich unter den Jugendleitern, vielleicht in den Pfarreiräten oder in den Kirchenvorständen, vielleicht unter den Katecheten der Buß-, Kommunion- oder Firmvorbereitung, vielleicht bei den Aktiven der kirchlichen Verbandsarbeit, bei den Engagierten in Sachen Kirchenmusik oder bei den Wortgottesdienstleitern. Für sie alle möchte ich eine Lanze brechen; denn sie werden an Theken, beim Einkaufsschwätzchen, beim Kaffeeklatsch oft munter der Pharisäer-Fraktion zugeteilt. Schon deshalb trauen sich manche nicht mehr zur Mitarbeit in der Kirchengemeinde. Aber es ist keineswegs die Mehrleistung, die den Pharisäer ausmacht.

Ist es nicht eine neidzernagte, miese Form von Mittelmäßigkeit, diejenigen, die wegen ihres Einsatzes schon mal im Mittelpunkt stehen, als Pharisäer abzustempeln? Und dann kann man die eigene Inaktivität, die eigene unschlüssige Turmsteherei mit der Demut des Zöllners vergolden. Zur Zeit Jesu war man offenbar vorn in der Kirche Pharisäer und hinten Zöllner; heute kann man auch im Turm Pharisäer und in den ersten Bänken ein Zöllner sein. Kann man, möchte ich betonen, nicht muss man! Und damit wir uns nicht missverstehen: Die Priester und die Bischöfe schließe ich ganz bewusst in den zum Pharisäismus neigenden Personenkreis mit ein; sie sind nicht immun dagegen, wie man alle Tage sieht.

Heute könnte das Gebet des Pharisäers vielleicht so lauten: Mein Gott, ich danke dir, dass ich nicht so bin wie die Betbrüder und Betschwestern, die vorn in der Kirche stehen und auch nicht besser sind als all die Anderen, dass ich nicht so bin wie die Geschiedenen, die wieder geheiratet haben und sich trotzdem zur Kommunion trauen, dass ich nicht so bin wie die, die nicht einmal die Hauptschule geschafft haben, dass ich nicht so bin wie die Typen, die sich von unserer Sozialhilfe durchfüttern lassen, weil sie zur Arbeit zu faul sind, dass ich nicht so bin wie die Homosexuellen und Lesben, vor denen wir unsere Kinder schützen müssen, dass ich nicht so bin wie die Alkoholiker, die ein Vermögen versaufen und die Familie ruinieren, dass ich nicht so bin wie die heutigen Jugendlichen, die nur eine Spaßgesellschaft ohne Moral wollen, dass ich nicht so bin wie die Penner, die nur bettelnd herumlungern und uns bloß auf der Tasche liegen, dass ich nicht so bin etc. Wir können das beliebig fortsetzen.

Der Berufswechsel vom Zöllner zum Pharisäer bedarf keiner langwierigen Umschulungsmaßnahmen. Eh man sich versieht, ist man genau das, was man anderen gern angehängt hätte: Ein Pharisäer. Eugen Roth bedichtete dieses Thema so:

Der Salto

Ein Mensch betrachtete einst näher
die Fabel von dem Pharisäer,
der Gott gedankt voll Heuchelei
dafür, dass er kein Zöllner sei.
Gottlob! rief er in eitlem Sinn,
dass ich kein Pharisäer bin!

Eugen Roth

Nicht, dass der Pharisäer unbezweifelbar mehr geleistet hat an guten Werken als der Zöllner, missfällt Jesus, sondern zwei andere Dinge: das asketische Showgeschäft oder das religiöse Imponiergehabe mit diesen Werken und das den Anderen herabsetzende Vergleichen der eigenen religiösen Kür mit der vielleicht mehr schlecht als recht absolvierten Pflicht der Anderen.

Haben wir nicht alle allen Grund zu sagen: Herrgott, nach menschlichem Ermessen ist es ganz schön dreist, dass ich mich vor dir blicken lasse, aber sei mir Sünder gnädig!? Wenn sich jemand, der drei Töne heil herausbringt, mit einem Taubstummen im Singen vergleicht, dann mag er sich vorkommen wie ein Enrico Caruso oder Luciano Pavarotti, dem der liebe Gott noch Beifall schuldet. Oder anders: Weiß ich denn, ob ich nicht im allgemeinen Tausendmeterlauf des Lebens mit 100 Metern Vorsprung durch ein gutes Elternhaus gestartet bin? Und da bilde ich mir noch etwas darauf ein, 10 Meter Vorsprung vor den anderen ins Ziel gerettet zu haben?

Ich glaube, das Evangelium will uns sagen: Niemand kann durch den für ihn günstigen, schmeichelhaften Vergleich mit den Anderen bei Gott Eindruck schinden. In dem Sinne meinte auch schon vor fast 200 Jahren der Heilige Pfarrer von Ars, Johannes Maria Vianney, der eine Menge von Gott und den Menschen verstand: »Man ist das, was man vor Gott ist, nicht mehr und nicht weniger.« Und vor Gott sind wir allesamt erbarmungswürdige Sünder und zugleich geliebte Kinder.

Zöllner

Nachdem wir zuvor schon über Pharisäer nachgedacht haben, ist es schon um des Proporzes willen nur recht, auch die Zöllner mal in den Blick zu nehmen. Das Evangelium erzählt uns eine merkwürdige, eine denkwürdige Begegnung zwischen Jesus und dem obersten Zollpächter von Jericho, zwischen dem reichen Zachäus und dem mittellosen Wanderprediger Jesus. Weil Zachäus klein von Gestalt war, hat man ihn in vielen Kinderbibeln zum Kindergottesdienstkasper verniedlicht. Und um die Kindereien noch weiterzuführen, können sie heute noch in Jericho den Maulbeerfeigenbaum bewundern, auf dem Zachäus gesessen haben soll, als Jesus vorbeikam. Nun bezweifle ich nicht, dass diese Geschichte auch Kindern etwas zu sagen hat. Aber sicher scheint mir, dass zuerst wir Erwachsenen uns etwas von ihr sagen lassen müssen.

Die Römer zur Zeit Jesu wollten wie alle Besatzer vor und nach ihnen aus den eroberten Provinzen Kapital abschöpfen; schließlich kostete die Besatzung erhebliche Geld- und Sachmittel. Und über die Kostendeckung hinaus wollte auch der Kaiser einen Gewinn für sich und den römischen Staat herausschlagen. Dazu brauchten sie einheimische Zollpächter, die genauere Gewinnerwartungen hatten, weil sie sich mit Sprache und Gewohnheiten der Bevölkerung auskannten. Zollpächter waren nach Ansicht der meisten Juden zur Zeit Jesu üble Kollaborateure mit den Besatzern, Handlanger der Römer beim Auspressen und Erpressen der jüdischen Bevölkerung; denn sie stellten oft überhöhte Forderungen oder unterschlugen Geldbeträge zu ihren eigenen Gunsten. Dabei wurden sie reich. Ein Oberzollpächter galt geradezu als Oberhalunke. Und Zachäus, so sagt das Evangelium, war nicht nur reich, sondern sogar sehr reich. Zöllner wurden von der Bevölkerung und zumal von den Pharisäern gemieden, da sie die Weisungen der Tora bezüglich Raub und Beihilfe zum Raub übertraten und sich am Volk Gottes vergingen. Dass Zöllner im sozialen Abseits landeten, verwundert daher nicht.

Aber es scheint so, dass sich dieser Oberzollpächter mit seinem finanziellen Erfolgsmodell nicht zugleich die Lebenszufriedenheit erkauft hatte. Ganz offensichtlich ist er ein unruhiger Sucher geblieben und will wissen, was es mit Jesus auf sich hat. Er überschaut den Wanderweg Jesu, läuft planend schon mal voraus. Und dann steigt er, er ist offenbar nicht nur in Finanzdingen, sondern auch körperlich behände, auf den besagten Maulbeerfeigenbaum. Von da aus sieht er mehr als die Anderen. Er sieht gewissermaßen alles von höherer Warte und muss auch nicht so sehr auf Tuchfühlung gehen mit dem sich durch die Straßen schiebenden Pöbel. Der kleine Mann ist finanziell und physisch ganz oben auf. Er sieht auch auf Jesus gewissermaßen von höherer Warte herab, wie aus einer Loge.

Es scheint so, dass Jesus einen Blick für alle Menschen hat, auch für die ganz unten oder die ganz oben. Er hat keine rituell begründeten Berührungs- oder Selbstverunreinigungsängste wie die religiös-jüdischen Eliten.

Auffällig ist, dass Jesus Zachäus beim Namen ruft. Vielleicht hat es ihm jemand gesteckt, wie der heißt und wer das da oben ist. »Zachäus, komm schnell herunter; denn ich muss heute in deinem Hause zu Gast sein.« Jesus holt ihn zurück auf den Boden der gesellschaftlichen Tatsachen, auf das Niveau der Normalsterblichen und der kleinen Leute. Ich bin sicher, es hätte noch ein Dutzend anderer Gastgeber gegeben, die es sich zur Ehre angerechnet hätten, Jesus zu Gast zu haben. Aber bei dem zugleich wirtschaftlich Arrivierten wie sozial Isolierten will er einkehren. Ihm bietet er Gemeinschaft an. Und zugleich setzt Jesus sich der Empörung der sich besser Dünkenden aus; denn er macht sich ja gemein mit einem Kollaborateur, mit einem, dem man aus guten Gründen die Gemeinschaft verweigern zu müssen glaubt.

Dieses wie ein Geschenk des Himmels empfundene Angebot von Gemeinschaft krempelt den kleinen Geldsack völlig um. »Herr, die Hälfte meines Vermögens will ich den Armen geben, und wenn ich von jemand zu viel gefordert habe, gebe ich ihm das Vierfache zurück.« Mit einem Schlag ist der, der bisher egomanisch das Geld an sich gerafft hat, zum hochherzigen Wohltäter geworden. Die Hälfte seines Vermögens ist ihm das wert und überdies die Zusicherung alles widerrechtlich Erworbene vierfach zurückzuerstatten. Wenn er immer und nur ein übler Bursche gewesen wäre, dann wäre er mit dieser Zusicherung wohl wirtschaftlich endgültig ruiniert.

Jesus nagelt den Zachäus nicht auf seine Defizite fest, sondern er sieht und fördert seine Chancen, indem er ihn vor aller Augen wertschätzt und ihm Gemeinschaft anbietet. Das wäre ein guter Verhaltensvorschlag auch für uns. Man stelle sich vor, die Vermögenden unserer Tage würden eine derartige Konversion durchlaufen. Man stelle sich vor, wir, Sie und ich, würden eine solche Konversion durchlaufen.

Was dem Zachäus damals gesagt ist, ist auch uns heute gesagt: Komm von deiner Palme herunter, komm aus deiner Beobachterloge herunter, komm von deinem hohen Ross, komm von deiner Vorstandsetage, komm von deiner Kanzel, komm von deinem Katheder herunter, genau hierhin auf den Boden der anderen kleinen Leute. Da findest du mich, und ich möchte hier und jetzt gerade mit dir Gemeinschaft. Dieser Abstieg aus der Vorstandsetage, der besser Verdienenden, der sich klüger Dünkenden, der raffinierter Kalkulierenden, dieser Abstieg wäre ein Aufstieg auf das Niveau der Menschlichkeit Jesu, eine Wohltat für die Welt.

Und auch uns ist gesagt: »Heute ist diesem Haus das Heil geschenkt worden [...] Denn der Menschensohn ist gekommen, um
zu suchen und zu retten, was verloren ist.« Wenn das so ist, dann
könnten und sollten wir ihn auch zu uns einladen, uns auf ihn einlassen.

5.2 Päpstlicher als der Papst

Liturgiereform?

Im Jahr 1962, also vor mehr als fünfzig Jahren, wurde das Zweite Vatikanische Konzil eröffnet. Eine seiner Neuerungen war die heftig umstrittene Liturgiereform.

Auf dem Bamberger Katholikentag 1966 (nachzulesen in »Das neue Volk Gottes«, Düsseldorf 1968, S. 300ff.), also ein Jahr nach Konzilsschluss, verteidigt der noch nicht vierzigjährige Professor Joseph Ratzinger die neue Liturgie nachdrücklich. Zwei Argumente für die alte lateinische tridentinische Liturgie greift er auf und an:

> Gegen die Wendung zur Volkssprache wird gesagt, dass dem Mysterium die Verborgenheit in der ihm eigenen Sprache angemessen sei, wie alle Religionen sie kennten, in denen sich immer wieder das Heilige auf solche Art unter dem Schleier des Geheimnisses verberge – überdies sei diese Sprache als die einige Sprache der ganzen Kirche das Band, das die Kontinente verbinde und das uns nicht nur quer über den Erdkreis hin sichtbar als Glieder der katholischen Einheit bezeuge und diese Einheit zum sprachlichen Erlebnis werden lasse, sondern auch der Faden, der uns nach rückwärts verknüpfe mit dem christlichen Beten aller Zeiten [...]. Der zweite Einwand richtet sich gegen die Wendung zur Gemeinschaft, er beschwört das heilige Schweigen, das wiederum dem Geheimnis angemessener sei als das laute Wort, er beschwört die Stille, in der Gott vernehmlicher rede und die dem einzelnen erlaube, wirklich in die Begegnung mit seinem Herrn einzutreten, zu der ihm das ununterbrochene Reglement einer Messfeier in Gemeinschaft mit Singen und Beten, Aufstehen, Sitzen und Knien keine Zeit mehr gewähre.

Der von mir, seinem späteren Studenten, als freundlich zurückhaltend erlebte Joseph Ratzinger geht durchaus nicht ohne Polemik gegen diese Argumente vor:

> Zunächst ist es nicht schwer, zu zeigen, dass das Argument vom Mysterium nicht zählt, ja, dass es ebenso wie der Rückzug in die Stille indivi-

dueller Frömmigkeit, die von der Gemeinschaft nicht gestört werden will, auf einer grundlegenden Verkennung dessen beruht, was christlicher Gottesdienst vom Wesen her ist. [...] Christlicher Gottesdienst ist seinem Wesen nach Verkündigung der frohen Botschaft Gottes an die anwesende Gemeinde, antwortendes Aufnehmen dieser Verkündigung durch die Gemeinde, gemeinsame Rede der Kirche zu Gott, [...] Bekenntnis des Glaubens und der Hoffnung [...] In einer so gestalteten Liturgie hat die Sprache nicht den Sinn des Verbergens, sondern den Sinn des Offenbarens, nicht den Sinn des Verschweigens [...], sondern des Zueinanderführens ins einige Wir der Kinder Gottes, die zusammen sagen: Vater unser. Es war deshalb ein Schritt von entscheidender Bedeutung, dass die Liturgiereform das Wort wieder entritualisiert [...] hat.

In seinem Schreiben »Summorum Pontificum« von 2007 aber legt der inzwischen Achtzigjährige alle diese Argumente des Vierzigjährigen beiseite und setzt die alte tridentische Liturgie in ihrer Gestalt von 1962 als nahezu gleichberechtigte Liturgieform wieder neben die des Zweiten Vatikanischen Konzils. Die Ausführungsbestimmungen machen deutlich, dass es sich nicht um eine Ermöglichung, der der jeweilige Bischof nach eigenem pastoralen Einschätzungen entsprechen kann, sondern um eine Verpflichtung handelt, der er entsprechen muss. Wo in einer Pfarrei eine der alten Liturgieform anhängende Gruppe dauerhaft existiert, ist der Bischof verpflichtet, die alte Liturgie als regelmäßige Einrichtung zu gewährleisten. Diese Gruppe kann sich auch direkt an Rom wenden zur Durchsetzung ihrer Forderungen. Priesteramtskandidaten können von ihrem Bischof verlangen, auch in der vorkonziliaren Liturgieform ausgebildet zu werden. Die Trappisten in der Eifel erhalten problemlos das Recht, nur noch die alte Liturgie zu feiern.

Der Theologe Josef Ratzinger wendet sich 1966 gegen die Forderung auch prominenter deutscher Katholiken, »die lateinische Liturgie müsse erhalten bleiben und der Katholik müsse überall, und sei es einmal auf dem Mars oder dem Mond, sie vorfinden können [...], so heißt das, die Liturgie ins Museum der Vergangenheit [...] abdrängen«. Er spricht 1966 im Blick auf Elemente der alten Liturgie von einer »Sinnentleerung« und bemerkt, man habe schließlich auch im 4. Jahrhundert die unverständlich gewordene griechische Liturgie ins Lateinische übertragen.

Führt der über achtzigjährige Benedikt XVI. jetzt das Missverständnis von Liturgie wieder ein, das er als Vierzigjähriger diagnostiziert hatte, oder korrigiert Papst Benedikt nur den vielleicht zu vorlauten Theologen Joseph Ratzinger von einst? Oder spielt nur die Vergangenheitsverklärung der Kindheitsverhältnisse dem alten Mann einen Streich, sodass er das in der Mitte seiner Jahre Gedachte und Gesagte am Ende nicht mehr zu schätzen weiß? Oder ist all das ein an die Adresse der traditionalistischen Priesterbruderschaft Pius X. gerichtetes Entgegenkommen? Die Grundfrage jeglicher Liturgiereform, folgt man dem Theologen Joseph Ratzinger, kann nicht lauten: Wie war es damals? Sie muss lauten: Wie ist es heute richtig und angemessen? Soll man nunmehr dem Papst Benedikt oder dem Theologen Joseph Ratzinger folgen?

Ich kann mich aus meiner noch vorkonziliaren Ministrantenzeit sehr genau entsinnen, dass auch Gottesdienste im tridentinischen Ritus keine »eingebaute Frömmigkeitsgarantie« hatten, sondern manchmal »liturgisch hingeflegelt« wurden. Ich weiß, dass auch heutige Gottesdienste oft nicht das Gütesiegel der Vermittlung einer existenziellen Begegnung mit Gott verdienen. Aber genau daran müssten sich die alte und die neue Liturgie messen lassen: Ob sie die lebendige Verkündigung und Feier von Tod und Auferstehung Jesu ist, ob sie uns in existenziellen Nöten und Sorgen durch Wort und Sakrament tröstet und ermutigt, ob sie in uns auch in Todesnot eine Lebens- und Auferstehungshoffnung aufrichtet und bewahrt. Wo sie das nicht schafft, ist sie – ob alt oder neu – dringend reformbedürftig.

Turbulenzen?

Was ist bloß mit der Kirche, was ist bloß mit dem Papst los?

Das Zweite Vatikanische Konzil (1962–1965) führt eine Liturgiereform durch, die nach zehnjähriger Übergangzeit die Liturgie des Konzils von Trient (1545–1563) ablösen soll. Einige wenige Bischöfe verweigern sich dem, unter ihnen Marcel Lefebvre. Als er trotz Suspendierung vom Amt vier Bischöfe weiht, wird er zusammen mit den von ihm Geweihten 1988 durch Papst Johannes Paul II. exkommuniziert. Aber dann ermöglicht Papst Benedikt XVI. im Jahr 2008 die Wiedereinführung der tridentinischen Liturgie als Sonderform neben der seit dem Zweiten Vatikanischen Konzil gültigen Liturgieform. Den Mönchen der Abtei Mariawald in der Eifel, dem einzigen Trappistenkloster auf deutschem Boden, erlaubt er, die Sonderform zur Normalform zu erheben. Und dann nimmt Papst Benedikt die von seinem Vorgänger verhängte Exkommunikation gegen die vier Bischöfe der Priesterbruderschaft Pius X. zurück, darunter auch die des Bischofs Williamson, der den Holocaust leugnet. Er eröffnet ihnen also den Weg zurück in die Kirche. Ein Aufschrei des Entsetzens geht durchs Land.

Die Reformkatholiken sagen, der will hinter das Konzil zurück. Einflussreiche jüdische Kreise und der notorisch hypersensibilisierte Zentralrat der Juden sagen, er sei ein verkappter Antisemit, und fordern die interreligiösen Gespräche abzubrechen. Die Kanzlerin Merkel glaubt, im Interesse Israels und der Juden in Deutschland den Papst zur Ordnung rufen zu müssen. »Tapfere evangelische Pastorentochter bietet dem Papst die Stirn.« Eine solche Schlagzeile sollte doch ein paar tausend Wählerstimmen einbringen. Ich gestehe, ich halte alle drei Entscheidungen des Papstes für falsch. Und dennoch mag ich bei diesem Kesseltreiben gegen ihn nicht mitspielen.

Die weltweit gültige päpstliche Wiederzulassung der alten Liturgie war unnötig; denn in Deutschland hatten ohnehin alle Bischöfe für die traditionsorientierten Katholiken solche Gottesdienste erlaubt und ermöglicht. Den tridentinischen Ritus für das Kloster der Trappisten zuzulassen, mag angehen. Ob es den Niedergang dieses Klosters aufhält, wird sich zeigen.

Die Aufhebung der Exkommunikation, insbesondere die von Bischof Williamson, ist ein zu großes Entgegenkommen und daher ein großer Fehler. Zwei Jahre habe ich in Regensburg beim damaligen Prof. Joseph Ratzinger studiert. Nie habe ich auch nur die leiseste Andeutung einer Herabsetzung der Juden oder Moslems zu hören bekommen. Ihn nun mit brauner Soße zu begießen (»Hitlerjunge und Flakhelfer Ratzinger«) oder für verwarnungsbedürftig zu halten, ist nichts als üble Nachrede.

Die Aufhebung der Exkommunikation, durch die er Brücken bauen will zu den Traditionalisten, ist ein Gnadenakt des Papstes. Er hat ihn denen gewährt, die ihn als Modernisten und als Zerstörer der Kirche beschimpfen und die sich gerade dadurch als dieses Aktes nicht würdig erweisen. Einen Gnadenakt wegen des sich nun zeigenden »gesunden Volksempfindens« zurückzunehmen, ist weder staatliche noch kirchliche Praxis. Der Papst hat den Traditionalisten die Brücke gebaut, nur ist er leider selbst, und zwar in die falsche Richtung, darüber gegangen.

Das Vatikanische Staatssekretariat betont mit Recht, dass die Aufhebung der Exkommunikation den vier Bischöfen keine Amtsvollmachten in der Kirche zuteilt. Sie bleiben so lange, wie sie nicht unzweideutig die Dokumente des Zweiten Vatikanischen Konzils unterschreiben und das Lehramt der von ihnen befehdeten Päpste Johannes XXIII., Paul VI., Johannes Paul I., Johannes Paul II. und Benedikt XVI. akzeptieren, vom Amt suspendiert. Diese Hürde werden sie wohl nicht nehmen. Wenn nun umgekehrt eine halbe Million Traditionalisten durch ihre Bischöfe fordern, eine Milliarde Katholiken müssten sich zu ihnen bekehren, dann versucht wohl der Schwanz, mit der Kuh zu wackeln. Die Schoah-Leugnung durch Bischof Williamsons nennt das Schreiben des Vatikanischen Staatsekretariats absolut inakzeptabel und zitiert dabei den Papst, der das – und zwar Tage vor der gouvernantenhaften Ermahnung der Kanzlerin – bereits nachdrücklich selbst getan hatte.

Was also ist falsch gelaufen in der Kirche und beim Papst? Z. B. dass der an »Weltregierung wenig interessierte« Studierstubentyp Benedikt eine grottenschlechte Vorarbeit geliefert bekommen hat. Papst Benedikt, da bin ich sicher, hat nichts von der Leugnung der Schoah durch Bischof Williamson gewusst. Aber er hätte es wissen können und müssen, wenn seine Mitarbeiter ihn nur sachgerecht informiert hätten. Den eigenen Chef zum Schaden der Kirche durch schlampige Vorarbeit so ins Messer laufen zu lassen, ist nicht verzeihlich.

Mit dem Papst glaube ich, dass manches in der nachkonziliaren Liturgie und im Volk Gottes nicht zum Besten bestellt ist. Aber ich teile seine Ansicht nicht, wenn er meinen sollte, die vorkonziliare

Liturgie sei per se frömmer und mystischer und tauge als Heilmittel für das nachkonziliare Volk Gottes. Ich war schon ein engagierter Messdiener zur Zeit der vorkonziliaren Liturgie und kann sagen: Auch die Trienter Liturgie hatte keine eingebaute Frömmigkeitsgarantie.

Man sollte das Heil der Kirche heute nicht von der Renovierung und Restituierung dessen erwarten, was früher (vielleicht) einmal gut war. Man sollte heute in Kenntnis und unter Nutzung des guten Alten zugleich das gute Neue wahrnehmen und wahr machen im Vertrauen auf Gottes Geist. Gottes Geistesgegenwart wirkte nicht nur in der Vergangenheit, sie wirkt auch und gerade in der Gegenwart und ermutigt zum Vertrauen in Gottes Zukunft. Manchmal ist das, was wir für gefährliche Turbulenzen halten, nur die Thermik, mit der uns Gottes Geist in höhere Gefilde und in eine größere Nähe zu ihm emporhebt. Das wird auch der Papst gewiss nicht bestreiten.

Papst a. D.?

Erst kamen die dienstpflichtschuldigen Würdigungen des zurücktretenden Papstes Benedikt XVI. aus Politik und Gesellschaft. Es waren teils schwer erträgliche Lobhudeleien darunter, und zwar auch von solchen Personen, die ihn ansonsten als die PäpstInnen der political correctness nur gemaßregelt haben.

Dann kamen die Features im Rundfunk, die Diskussionsrunden im Fernsehen, die Talkshows, manche davon so schmierig, dass man sie lieber Talg-Schau nennen sollte. Da wurde Benedikt auf Kondom, Pille, Zölibat und Missbrauch zurechtgestutzt, auf Themen, die man in Rom gewiss mit mehr Klugheit hätte behandeln können und sollen. Zwei Parteien im Deutschen Bundestag haben vor Jahren für die Entkriminalisierung von Pädophilie, für die Freigabe von gewaltfreiem Sex mit Kindern votiert. Heute wollen beide Parteien davon gar nichts mehr wissen (lassen). Zur Ablenkung von eigenen Skandalen klagen sie mit Emphase die Kirche an. Die Anklage ist gerechtfertigt! Aber sie sollte ohne Heuchelei, also nicht ohne Selbstanklage vorgebracht werden. Man kann nach der veröffentlichten Meinung fast den Eindruck haben, als habe es Missbrauch überhaupt nur in der Kirche gegeben.

Die Kanzlerin hatte seinerzeit wie eine Oberlehrerin vom Papst verlangt, er müsse sich deutlicher gegen den Antisemitismus absetzen und ihm bei der unseligen Wiederaufnahme der vier traditionalistischen Bischöfe implizit eine Art latenten Antisemitismus unterstellt. Ein Holocaust-Leugner habe kein Recht in der Kirche zu sein, hieß es damals in Kreisen, die durch ihre politische Korrektheit schon so glänzten wie Ölsardinen in ihrer Dose. Diese Kirche ist eine Kirche der Sünder, in der auch solche Menschen sein können, die menschlich, historisch und politisch schwer erträglichen Unsinn reden. Eine Kirche der Reinen und Unangefochtenen haben wir nicht, nicht einmal unter den Kardinälen. Das »O Herr, ich bin nicht würdig« beten wir Katholiken in jeder heiligen Messe. Und damit bringen wir zum Ausdruck, dass wir des Erbarmens Gottes bedürftig sind, und zwar alle, einschließlich des Papstes. Bei all dem habe ich das Entgegenkommen des Papstes gegenüber den Traditionalisten einschließlich der fast gleichberechtigten Wiedereinführung der vorkonziliaren Liturgie persönlich für falsch gehalten und das auch gesagt.

In der Ökumene habe er gar nichts oder allenfalls etwas für die Orthodoxen geleistet, wehklagen manche Christen. Dass dieser Papst (schon fast zu) goldene Brücken gebaut hat für Hunderttausende von Anglikanern, die ihre Kirche verlassen wollten, und dass er sie in der katholischen Kirche rechtlich und liturgisch weitgehend eigenständig in einer eigenen Personalprälatur beheimatet hat, wurde in kaum einer Stellungnahme auch nur erwähnt.

Auch für die katholische Kirche im kommunistischen Kuba und in China, und dort sowohl für die Kirche im Untergrund, als auch für die staatlich kontrollierte offizielle Kirche, hat er eine Bresche geschlagen, sodass der Glaube dort überleben kann.

Gewiss war auch die Einfügung des Mohammed kritisierenden Zitats vom Konstantinopolitanischen Kaiser Manuel II. Palaiologos in der Regenburger Rede Benedikts diplomatisch nicht geschickt. Aber der Aufstand, der dann in der Presse und in politisch einschlägig interessierten Kreisen der islamischen Welt veranstaltet wurde bis hin zum Abfackeln christlicher Kirchen, zur Ermordung von Nonnen und zu Morddrohungen gegen den Papst, der stand in groteskem Missverhältnis zu diesem Zitat. Dass Benedikt XVI. unmittelbar danach in die Türkei fuhr, aus der er heftig angegiftet worden war, habe ich ihm – es war nicht ohne Lebensgefahr – hoch angerechnet. Übrigens hat dieser Dissens einen durchaus substanziellen Dialog zwischen Moslems und Christen erst eröffnet.

Bei seiner Rede im Deutschen Bundestag wussten einige der Abgeordneten schon vorher, dass sie nicht zum Aushalten sein würde und sind gleich weggeblieben. Darin hat er dann zum Thema Naturrecht einen intellektuellen Steilpass geschlagen, den sich ohnehin nur eine Minderheit der Abgeordneten kognitiv erlaufen konnte.

Menschlich und sachlich souverän hat sich Benedikt bei seiner Englandreise gegen seine üble Verunglimpfung durch die britische Presse behauptet, die ihn in einem Stil niederzumachen versuchte, der sogar das Bildzeitungsniveau noch deutlich zu unterschreiten in der Lage war.

Die Widerlichkeiten der Skribenten aus der Titanic, die per Fotomontage den Papst in einer hinten mit Kot und vorne mit Urin verdreckten weißen Soutane zum Thema Vati-Leaks zeigten, die haben wir hinnehmen müssen. Selbst wenn er inkontinent wäre, so wäre eine derartige Verunglimpfung geschmacklich wie menschlich absolut unter Niveau. Man versuche sich einmal das eruptive Ausmaß der Reaktionen vorzustellen, die es gegeben hätte, wenn man das mit den höchsten Repräsentanten des Judentums und des Islams gemacht hätte. Vati-Leaks zeigt mir, dass dieser buchgelehrte 85-jährige Papst seine eigene Verwaltung nicht im Griff hat. Darum ist sein Rücktritt, bei dem er niemandem die Schuld zugeschoben, sondern nur die eigene Gebrechlichkeit angeführt hat, eine noble kirchengeschichtlich bedeutsame Geste der Einsichtsfähigkeit, die ich bei den meisten Politikern vermisse.

Als Student in Regensburg (1973–1975) habe ich ihn als zurückhaltenden, freundlichen und höchst anregenden Professor ohne alle Staralüren erlebt. Ich habe ihm als »aufmüpfiger« Student damals in vielen Punkten widersprochen und tue es in manchen, teils anderen Punkten bis heute. Er konnte damals gut mit dem Dissens umgehen. Heute lese ich in den Jesus-Büchern, die er als Papst geschrieben hat, dass er nicht beabsichtige, verpflichtende Lehraussagen zu machen, sondern nur einladen möchte zur existenziellen Suche nach Christus. Er bittet nur um den Vertrauensvorschuss, den man für jeden ehrlichen Dialog braucht. Den meinen hat er auch als Papst a. D., außer Dienst und anno Domini 2013 verdient.

Servus, Papst!

Einer der mächtigsten Päpste des Mittelalters, vielleicht gar der ganzen Kirchengeschichte, war Innozenz III. (1198–1216). Das IV. Laterankonzil von 1215 war Ausdruck dieser gewaltigen Macht und gleichzeitigen Fragilität der Kirche. Und genau dieser Papst approbierte den Bettelorden der Franziskaner; denn er hatte in einem Traum gesehen, dass seine mächtige Kirche ins Wanken geriet und ein Bettelmönch sie stützte und wieder aufrichtete. Und nun 800 Jahre später wählt erstmals ein Papst den Namen Franziskus und signalisiert damit, dass er sich diesem Programm des Franziskus in besonderer Weise verpflichtet weiß. Und dazu gehören die Liebe zu den Armen und zur Armut, die Geschwisterlichkeit im Miteinander, die Liebe zum Schöpfer und zur Schöpfung. Papst Franziskus ist selbst auch ein Ordensmann, aber ein Jesuit, ein Mitglied des Ordens also, der Wissenschaft, Lehre und Spiritualität in den Mittelpunkt seiner langen Ausbildung stellt. Und ein Jesuit, der bei den Franziskanern in die Lehre geht, das könnte ungeahnte Synergieeffekte freisetzen.

Manche Bischöfe werfen ja bei jedem Auftritt mit Segenshändchen um sich wie Stars mit Kusshändchen. Wie dieser Papst aber am Abend seiner Wahl ohne alles Stargehabe auf die Loggia des Petersdomes trat, zuerst für seinen Vorgänger betete, sich dann tief verneigte und im Bewusstsein eigener Grenzen zuerst selber um das Gebet und den Segen der Gläubigen bat und erst danach den päpstlichen Segen spendete, das war ein neuer verheißungsvoller Stil. Aber, so fragen viele und keineswegs nur böswillige Zeitgenossen, wozu brauchen wir in der modernen Welt ein solch antiquiertes Amt wie das des Papstes? Gewiss kann man überlegen, und

Papst Johannes Paul II. wie auch Papst Benedikt XVI. haben das selbst getan, ob der Jurisdiktionsprimat und das Infallibilitätsdogma, wie sie das I. Vatikanum (1869/1870) hervorgebracht hat, notwendig zum Papstamt hinzugehören, und ob es nicht wie 1800 Jahre lang auch ohne eine solche autoritative Aufrüstung ins 20. und 21. Jahrhundert hätte weitergehen können.

Der Papst wird mit einem Ehrentitel als »Servus servorum Dei«, als Diener der Diener Gottes bezeichnet. Ein anderer Ehrentitel ist »Pontifex maximus«, zu Deutsch der größte Brückenbauer. Es ist keine Frage, dass manche Päpste der Kirchengeschichte eher wie gottähnliche Fürsten denn wie Diener der Diener Gottes und andere eher wie Spaltpilze denn wie Brückenbauer gewirkt haben. Auch unter den bisher 266 Päpsten gab es Mörder, Kriegstreiber, Despoten, Hedonisten, Opportunisten, Intriganten, Feiglinge, Dummköpfe etc. Und was immer es an Auswüchsen menschlicher bis unmenschlicher Egoismen gibt, sie finden sich auch hier. Zählt man die Gegenpäpste mit, dann landet man bei 307 Päpsten. Davon werden 79 Päpste und ein Gegenpapst (!) als Heilige, 12 Päpste als Selige verehrt. Die ausgewiesenen Halunken sind weit, weit in der Unterzahl.

Auch unter den Päpsten, die nicht zur Ehre der Altäre erhoben wurden, waren die weitaus meisten bei allem Menschlich-Allzumenschlichen doch gebildete und fromme Männer, manche ehrliche und aufrechte Arbeiter im Weinberg des Herrn, manche sprachgewaltige und prophetische Visionäre einer besseren Welt, manche schlichte gute Hirten, manche kluge und ehrliche Vermittler im Streit der Mächtigen, manche Wissenschaftler, Literaten und Künstler von Rang.

Dass man solche Männer zu allen Zeiten brauchte und braucht, ist keine Frage! Aber braucht man ein solches Amt wie das des Papstes? Als das sich Zeitung nennende Blatt mit den großgeschriebenen Buchstaben und den kleingeschriebenen Inhalten bei der Wahl von Papst Benedikt XVI. im Jahr 2005 titelte »Wir sind Papst!«, da titelte ein profiliert-protestantischer Publizist in reformatorischer Emphase seinerseits: »Wir sind nicht Papst und wir brauchen auch keinen.« Und doch sehe ich in den Kirchen der Reformation, die sich in weit über 200 Denominationen aufgespalten haben und mit der Gründung der Freikirchen noch immer weiter aufspalten, dass es diesseits und jenseits des reformatorischen Grabens eine tiefe Sehnsucht nach Einheit gibt. Sie artikuliert sich nicht zuletzt im Ökumenischen Rat der Kirchen. Und auch befreundete evangelische Pfarrer geben unumwunden zu, dass ihre Kirchen das brauchten, was der Papst sein könnte und müsste, wenn er das ist, was Petrus nach Jesu Willen sein sollte, der Fels der Einheit. Dass das, wenn es gelingen soll, nicht nur die voneinander getrennten Kirchen, sondern auch das Petrusamt grundlegend verändert, liegt dabei auf der Hand.

Dass der Papst »vom anderen Ende der Welt«, wie Franziskus sich selbst bezeichnete, die voneinander getrennten Enden der Welt wieder zueinander führt, die erste und dritte Welt zur einen menschenwürdigen Welt, die orthodoxe, die katholische und die protestantische Welt zur einen christlichen Welt, die verschiedenen Religionen der Welt zum friedlichen Miteinander auf der Welt, das wäre unserer inständigen ökumenischen Fürbitte wohl wert. Da wird er die feinfühlige Menschlichkeit eines Franziskus und die weitsichtige Weltklugheit eines Ignatius, des Begründers der Jesuiten, wohl dringend brauchen. Geben wir Franziskus den Vertrauensvorschuss, den er braucht, um sichtbar, hörbar und spürbar zu machen, was »Servus servorum Dei« (Diener der Diener Gottes) und »Pontifex Maximus« (Größter Brückenbauer) in der Not und in den Konflikten unserer heutigen Zeit und Welt bedeuten könnte und sollte.

5.3 Gott und Geld

Stinkreich?

»Pecunia non olet« – Geld stinkt nicht, so haben schon die alten Römer gemeint. Der »stinkt vor Geld«, so behaupten wir umgangs-
sprachlich und meinen scheinbar das genaue Gegenteil. Mit heller
und wie mir scheint berechtigter Empörung reagieren wir, wenn
wir erfahren, dass da wieder einmal ein Manager, der einen Konzern
grandios vor die Wand gesetzt hat, noch mit zweistelligen Millio-
nensummen »abgefunden« wird, also für miserable Arbeit mit einem Schlag mehr Geld verdient, als jeder seiner nun »freigesetzten«
Angestellten in seinem ganzen Berufsleben. Oder ein Bankmanager
schwatzt seinen natürlicherweise fachlich nicht so versierten Kunden miese Finanzprodukte auf und kassiert noch die Boni dafür,
dass er sie sehenden Auges voll hat ins Messer laufen lassen. Oder
ein Finanzinvestor kauft eine Firma, filetiert sie anschließend, verkauft die besten Filets für sündhaft teures Geld mit Konkursfolge
für die Restfirma und macht sich dann vom abgefressenen Acker,
um auf einen neuen Acker zu landen, alles nach übelst-erprobter
Heuschreckenmanier.

Jesus erzählt uns ein Schurkenstück ganz ähnlicher Art in Sachen
Geld. Ein verschwenderischer und korrupter leitender Angestellter
im Dienste eines schwerreichen Herren ist aufgefallen mit seinem
Tun und verliert seinen einträglichen Job. Für ihn geht es nun um
alles oder nichts oder ums blanke Überleben. Und dann treibt er
die Betrügereien auf die Spitze. Er erlässt den Schuldnern seines
Herrn zu dessen Schaden beträchtliche Summen, fälscht – raffinier-
terweise mit den Schuldnern zusammen! – die Schuldscheine und
sichert sich so ein Auskommen über den Tag seiner Amtsenthebung
hinaus. Und diesen durchtriebenen Finanzhai, den erhebt Jesus noch
zum Vorbild für die, die ihm nachfolgen:

> Und der Herr lobte die Klugheit des unehrlichen Verwalters und sagte:
> Die Kinder dieser Welt sind im Umgang mit ihresgleichen klüger als die
> Kinder des Lichtes. Ich sage euch: Macht euch Freunde mit Hilfe des un-

gerechten Mammons, damit ihr in die ewigen Wohnungen aufgenommen werdet, wenn es mit euch zu Ende geht (Lk 16,8f.).

Jesus scheint zu meinen, dass es mit dem Geld niemals wirklich gerecht zugehen könnte in dieser Welt; denn er tituliert den Mammon
direkt als »ungerechten Mammon«.

Als ich mein erstes Gehalt bekam, hatte ich gleich im ersten Monat mehr verdient als meine beiden sparsamen und arbeitsamen Eltern gemeinsam, trotz ihrer schon damals mehr als dreißigjährigen
Berufstätigkeit. Da stank ich zwar noch nicht vor Geld, aber die Un-
gerechtigkeit in der Bewertung meiner und ihrer Arbeit, die stank
mir. Und sie stank, wie ich meinte, zum Himmel. Nun kann man
sagen, es ging alles mit »rechten Dingen« zu. Der längere Ausbil-
dungsweg und der höhere Bildungsabschluss, das sei eine besondere
Investition und führe zudem zu einem erst später einsetzenden Einkommen. Also: Alles in Ordnung? Nein, auch auf den unteren und
mittleren Einkommensebenen und nicht nur bei den Spitzenverdie-
nern ist der Mammon, den man einnimmt oder ausgibt, ein »ungerechter Mammon«. Schon deshalb ist und bleibt er ein ungerechter
Mammon, weil er nahelegt, das Wichtigste in dieser Welt sei das
Geld oder ließe sich in Geld ummünzen und mit Geld regeln. Dass
der Markt alles zum Guten oder Besseren regelt, ist wohl eher das
Dogma derer, die an dieser haltlosen Lehre selber gut verdienen.

Aber man kann, indem man das Geld von den Reichen zu den
wirklich Bedürftigen, also nicht zu den Lauscheppern (= Schnor-
rern) und Trittbrettfahrern, umverteilt, den ungerechten Mammon
in Richtung auf ein Mehr an Gerechtigkeit umdirigieren. Der trick-
reiche Schurke des Evangeliums tut das, um auch dann noch, wenn
er aus dem vermutlich gut dotierten Job herausfliegt, weiter einen
guten Schnitt zu machen. Er setzt mit dem ungerechten Mammon
im Blick bei seiner Zukunftssicherung alles auf eine, und in seinem
Fall die betrügerische Karte. Sein Horizont ist ein rein diesseitiger,
aber er reicht immerhin über den Tag seiner Entmachtung und
Amtsenthebung hinaus. Und für diesen drohend bevorstehenden
Tag trifft er Vorsorge mit dem effektiven Einsatz aller Mittel, über
die er und solange er über diese verfügt. Er handelt vorausschauend,

um sein Überleben und seinen Lebensstandard zu sichern, auch wenn er dabei hochgradig korrupt und egozentrisch verfährt.

Vorausschauend sollen auch wir handeln, allerdings mit einer Vorausschau, die über dies Leben hinausschaut. Denn auch wir sind gekündigt und der Todestag ist definitiv der Tag unserer Entmachtung und Amtsenthebung. Und für diesen unwiderruflich bevorstehenden Tag sollen auch wir Vorsorge treffen mit dem effektiven Einsatz aller Mittel, über die wir verfügen. Nur bei uns geht es nicht darum, dem endlichen Leben noch ein kommod gestaltetes Dämmerstündchen am Lebensabend hinzuzufügen, sondern die nicht endende Dimension von Leben, nämlich ewiges Leben zu erschließen. Und da greift nun das Wort Jesu, das die »Kinder dieser Welt« mit ihren Finanzschurken und die »Kinder des Lichtes« klar gegeneinander abgrenzt: »Ihr könnt nicht beiden dienen, Gott und dem Mammon« (Lk 16,13). Man kann offenbar nur einem dienen. Entweder man dient Gott und instrumentalisiert dafür den Mammon oder – und das ist besonders perfide – man dient dem Mammon und instrumentalisiert dafür Gott. Und es kann sein, dass dabei auch hoch angesehene Prälaten der Vatikanbank Gott für den Mammon instrumentalisieren, anstatt den Mammon für Gott.

Und vor dieser entscheidenden Weichenstellung für unser Leben stehen nicht nur die, die vor Geld schon stinken, sondern auch die, die das (nur noch?) nicht tun, Menschen wie Sie und ich. Unsere Aufregung über die übel-egozentrischen Finanzhaie ist nur dann glaubwürdig, wenn wir als kleine Fische nicht im kleinen Maßstab dasselbe machen, wie sie im großen. Die Alternative ist im Großen wie im Kleinen klar: Gott oder Mammon! Geld stinkt nicht, das ist richtig; aber wir stinken je nach unserem Umgang mit ihm.

Gott oder Geld?

In seinem Werk »Untergang des Abendlandes« sagt der Kulturphilosoph Oswald Spengler (1880–1936): »Der Geist denkt, das Geld lenkt.« Schlimm wird es nur, wenn der Geist nur noch dahin denkt, wohin ihn das Geld lenkt. Es sei das Erkennungszeichen einer qualifizierten und innovativen Forschung, dass sie und wie viel Forschungsgelder, sogenannte Drittmittel, sie einwerbe, sagte vor Kurzem der Rektor einer großen als exzellent ausgezeichneten technischen Universität. Mit Geringschätzung muss er daher auf die Geisteswissenschaften seiner Universität schauen, denn die bringen fast nichts ein. Die leistet man sich noch als kleinen Luxus, weil sie verglichen mit den technischen und naturwissenschaftlichen Fächern sehr wenig kosten.

Gewiss, nur der Himmel ist umsonst. Forschung kostet Geld, aber wenn nur noch dahin geforscht wird, wohin die Geldströme fließen, dann wird Wissenschaft zum bloßen Erfüllungsgehilfen der Finanzmärkte. Wir haben schon heute vielfältige Formen von Drittmittelprostitution: Sagt, wofür ihr Geld gebt, wir werden es, notfalls auch ohne ethische Rücksichten, erforschen. »Pecunia non olet« – Geld stinkt nicht, hatte der römische Kaiser Vespasian seinen Sohn Titus wissen lassen.

Der Philosoph Schopenhauer (1788–1860) verstieg sich in Bezug auf das Geld gar zu der Formulierung: »Jedoch ist es natürlich, wohl gar unvermeidlich, das zu lieben, was […] jeden Augenblick bereit ist, sich in den jedesmaligen Gegenstand unserer so wandelbaren Wünsche und mannigfaltigen Bedürfnisse zu verwandeln. […] Geld allein ist das absolute Gute: Weil es nicht bloß einem Bedürfnis in concreto begegnet, sondern dem Bedürfnis überhaupt in abstracto.«

In Italien sagt man dazu: »Wer alles bloß des Geldes wegen tut, wird bald des Geldes wegen alles tun.« – Und ein japanisches Sprichwort meint: »Wer Geld hat, kann sich vom Teufel bedienen lassen.« Man möchte hinzusetzen: Und wenn er dann bedient ist, kann er zum Teufel gehen. Aber das Geld wird nicht nur in der Forschung zur Gottheit hochstilisiert.

Beim Katholikentag in Osnabrück 2008 haben Patres aus dem Franziskanerorden aus Protest gegen eine in vielen Ländern der Erde zur Verelendung führende Globalisierung eine ätzende Anti-Fronleichnamsprozession gehalten. In die Monstranz haben sie anstelle der Hostie, dem Zeichen für Gottes Gegenwart, ein Geldstück eingesetzt. Nicht Gott, sondern Geld regiert die Welt. Geld ist der verehrte (un)heimliche Herrgott. Hinter ihm zieht alles her, ihm singt alles Loblieder, vor ihm beugt alles die Knie, von ihm erhoffte alles den Segen. Gespenstisch!

Der Kulturhistoriker und Schriftsteller Egon Friedell (1878–1938) hat diese Hypostasierung von Geld zu Gott so formuliert: »Der wahrhaft Geldgläubige verehrt das Geld nicht, weil man sich damit alles kaufen kann, sondern weil es seine höchste Instanz, sein Polarstern, der Sinngeber seines Daseins ist.«

Das lateinische Wort für Geld, *pecunia*, kommt von *pecus*, deutsch (Rind)Vieh, und erinnert an die Zeit, als man noch mit Naturalien, z. B. mit Rindviechern oder Schafen, zahlte. Ein Rindvieh, ein selbst gemachtes goldenes Kalb nämlich, war es auch, um das die Israeliten in den Niederungen ihrer Wüste herumtanzten, als Mose auf dem Berg der Gottesbegegnung die Gesetzestafeln mit den Zehn Geboten erhielt (Ex 32). Der Stier, das Kalb ist ein altorientalisches Göttersymbol, vielleicht für einen kraftstrotzenden Fruchtbarkeitsgott. Was immer die Israeliten damit verehren wollten, seitdem sollte man wissen: Der Tanz ums goldene Kalb ist mit der Einhaltung der Gebote des einen und einzigen Gottes nicht zu vereinbaren. Die Verehrung des Mammons schließt die Gottesverehrung aus.

Es ist Sonntagmorgen in Borchen bei Paderborn, im letzten Jahr der Deutschen Mark. Ich halte Gottesdienst. Nach der Kommunionausteilung fülle ich auf dem Altar die Hostienschale des heutigen Gottesdienstes mit den konsekrierten Hostien der Vorwoche aus dem Tabernakel auf. Dabei rutscht aus dem Kelch, der aus dem Tabernakel stammt, ein Zehn-Pfennig-Stück in die Hostienschale. Wie kommt denn das da herein? Geld im Tabernakel, am Ort der besonderen Gegenwart Gottes, Geld im Kelch, dem Aufbewahrungsort für das Brot des Lebens, Geld im Zentrum der Verehrung, ich bin einigermaßen fassungslos. Natürlich habe ich den Groschen heraus- und mitgenommen. Auf meinem Schreibtisch liegt ein kleines Tischkreuz, leicht angehoben von einem kleinen Ständer, damit es in der Papierflut nicht untergeht. Ich habe den Groschen unter den Ständer festgeklebt. Er ist mir mahnende Erinnerung an die falsche Alternative von Gott und Mammon, die die Verehrung in Verheerung verkehrt.

Der englische Schriftsteller Henry Fielding (1707–1754) hatte sehr hellsichtig erkannt: »Mache das Geld zu deinem Gott, und es wird dich quälen wie der Teufel.« Geld stinkt nicht? Doch, wo es zum obersten Wert gemacht wird, da stinkt es sogar bis zum Himmel und die Welt geht daran zum Teufel.

Mammon

Gerade in diesen Tagen, in denen es um astronomische Summen für den Euro-Rettungsschirm geht, spielt uns die Leseordnung der neutestamentlichen Bibeltexte das Jesuswort zu: »Gebt dem Kaiser, was des Kaisers ist, und gebt Gott, was Gottes ist.« Ist das der Vorläufer einer dieser nichtssagenden diplomatischen Politiker-Phrasen? Hilft uns dies Wort in den gegenwärtigen finanzpolitischen Turbulenzen? Vielleicht ja, denn es geht um ein brisantes Thema, um das Verhältnis von Religion sowie Politik und Finanzen. Und dieses brisante Thema wird auch noch in einer brisanten Situation präsentiert.

Es gibt die Pharisäer, also strenge gesetzestreue Juden, die entschiedene Gegner der römischen Besatzungsmacht sind und eigentlich so etwas wie einen Gottesstaat wollen. Und es gibt die Herodianer, die Anhänger des von den Römern geduldeten, aber völlig machtlosen Königs Herodes. Das sind Monarchisten, die es mit dem hinsichtlich seiner Gesetzestreue wenig vorbildlichen König Herodes halten.

Die Pharisäer nun veranlassen ihre Jünger, zusammen mit den Anhängern des Herodes bei Jesus mit einer wichtigen Frage vorstellig zu werden. Erst schmieren sie Jesus Honig um den Bart: »Meister, wir wissen, dass du immer die Wahrheit sagst und wirklich den Weg Gottes lehrst, ohne auf jemanden Rücksicht zu nehmen; denn du siehst nicht auf die Person« (Mt 22,16). Damit, mit dieser Captatio benevolentiae, soll er aus der Habachtstellung ins unvorsichtige Plaudern gelockt werden. In ihrer Falschheit sagen die hinterhältigen Fragesteller aber eben doch das Richtige: »Meister, wir wissen, dass du immer die Wahrheit sagst und wirklich den Weg Gottes lehrst, ohne auf jemanden Rücksicht zu nehmen; denn du siehst nicht auf die Person.« So ist es ja in der Tat, würden die Christen sagen.

Aber dann kommt die giftige hinterlistige Frage: »Ist es nach deiner Meinung erlaubt, dem Kaiser Steuern zu zahlen, oder nicht?« Dahinter steckt die Alternative, die die politischen Widerstandskämpfer gegen Rom, die Zeloten, propagieren: »Gott oder Kaiser?!« Die Zeloten sagen natürlich Gott und haben im Verlauf der Geschichte mörderische Aufstände gegen die römischen Besatzer angezettelt. Und diese haben am Ende Jerusalem dem Erdboden gleichgemacht.

Ganz gleich also, wie die Antwort ausfällt, man kann Jesus daraus einen Strick drehen: Sagt er, es ist nicht erlaubt, dem Kaiser Steuern zu zahlen, kann man ihn bei den Römern denunzieren. Der wiegelt das Volk zur Steuerverweigerung auf. Und die Römer hätten gewiss zugegriffen und sich den Widerständler vorgeknöpft. Sagt er, es ist erlaubt, man soll oder man muss dem Kaiser Steuern zahlen, dann kann man ihn beim jüdischen Volk denunzieren. Der paktiert mit den Römern; der heißt es gut, dass man uns das Geld aus der Tasche und das Fell über die Ohren zieht etc.

Jesus erkennt die Situation sofort: »Ihr Heuchler, warum stellt ihr mir eine Falle?« Und dann stellt umgekehrt er seinen Widersachern eine Falle: »Zeigt mir die Münze, mit der *ihr eure* Steuern bezahlt! Da hielten sie ihm einen Denar hin« (Mt 22,19). Die Steuermünze gehört nicht Jesus, sondern den heuchlerischen Pharisäern und den Herodianern. Die, die ihn da befragen, haben in Wirklichkeit für sich selbst diese Frage schon entschieden. Sie zahlen dem heidnischen römischen Kaiser nämlich Steuern. Die Besitzer solcher Münzen beweisen nachdrücklich, dass sie im Herrschaftsbereich des Kaisers stehen.

Aber es kommt noch dicker; denn Jesus fragt: »Wessen Bild und Aufschrift ist das?« Er tut so, als wisse er nicht, wer darauf abgebildet ist. »Sie antworteten: Des Kaisers (Bild und Aufschrift)« (Mt 22,20f.). Welch ein Desaster das für die Fallensteller und Strickedreher ist, wird dann deutlich, wenn man klärt, was denn da auf der Münze stand. Die Steuermünze, ein Silberdenar, zeigte zur Zeit Jesu den Kopf des Kaisers Tiberius mit der Aufschrift: »Ti(berius) Caesar Divi Aug(usti) F(ilius) Augustus.« Tiberius, Caesar Augustus, Sohn des göttlichen Augustus«. Das war eine aufs Kaiserbild gemünzte

Gotteslästerung. Und dieser Tiberius, mochte er auch persönlich dem Vergöttlichungskult fernstehen, hatte mit dem Bau eines Tempels für den göttlichen Augustus, seinen Vorgänger als Kaiser, begonnen. Nicht nur der Umgang mit diesen Silberdenaren, sondern erst recht die darauf angemaßte Göttlichkeit des verhassten römischen Kaisers war für fromme Juden eine Zumutung ersten Ranges.

Jesu berühmte Weisung »Gebt dem Kaiser, was des Kaisers ist, und Gott, was Gottes ist.« (»Gebt dem Kaiser, was dem Kaiser gehört, und Gott, was Gott gehört.«) – das ist keine schiedlich-friedliche Kompromisslösung, wie viele Menschen annehmen. Was gehört denn dem Kaiser? Na eben die Münze, auf der sein Bild aufgeprägt ist.

Und was gehört Gott? Der Mensch selbst, der Mensch als Ganzer; denn er ist das Abbild des lebendigen menschenfreundlichen Gottes. Der Mensch soll als Bild Gottes den abwesend erscheinenden Schöpfer und Herrn der Erde vertreten durch seine hingebungsvolle Menschlichkeit, durch seine existenzielle Orientierung an Gott. Der Mensch selbst ist das Eigentum Gottes, seinem Machtbereich zugeordnet und ihm wieder zu übereignen. Wer aber sein Herz ans Geld hängt, ist ein Sklave der Cäsaren, die sich Göttlichkeit anmaßen. Andererseits kann der, der mit Herz und Sinn bei Gott aufgehoben ist, sich mit Herz und Hand dem Auftrag Gottes widmet, die Lächerlichkeit der Steuer zahlen. Gott allein steht in seiner Werteskala unangefochten oben, Geld und Kaiser stehen weit dahinter, unter »ferner liefen«.

Was immer in den gegenwärtigen Turbulenzen an den Devisenmärkten, bei den milliardenschweren Bankenpleiten, Firmenzusammenbrüchen und exorbitanten Staatsverschuldungen auf dem Spiel steht, soviel es auch ist, es ist zweitrangig. Wem das aber das Höchste geworden ist, der dient bereits dem toten Mammon und nicht mehr dem lebendigen Gott.

Gott schulden wir am Ende keine müde Mark, keinen zinslosen Cent. Gott will von uns am Ende nicht dies und das, sondern nur uns selbst, aber nicht zu seinem, sondern zu unserem Glück und Heil.

5.4 Politisch und kirchenpolitisch

Als Präambel: Gott!

»Europa, das ist die Aufklärung!« so hat vor Jahren ein Kanzler in der für ihn typischen Basta-Mentalität dekretiert. Das war für ihn die ablehnende Antwort auf die Frage, ob ein Gottesbezug in die Präambel der Europäischen Grundlagenverträge aufgenommen werden sollte oder nicht. Er setzte damit das Jahrhundert der Aufklärung gegen die zwei Jahrtausende des abendländischen Christentums.

Offensichtlich war diesem Kanzler nicht bewusst, dass die Vertreter des Rationalismus wie Descartes, Spinoza, Leibniz und Wolff und Vertreter der Aufklärung, z. B. Lessing und Kant und die ihnen folgenden Idealisten Hegel, Schelling etc. Christen waren und zumeist auch blieben. Manche ihrer Ideen mussten sie gegen die Überzeugungen weltlicher und kirchlicher Potentaten durchsetzen, die sich, obschon rückwärtsgewandt, zu Verteidigern des Christentums aufwarfen.

Nicht bewusst war diesem Kanzler offenbar auch, dass es eine dunkle Seite der Aufklärung gab, die bis in die Morde der Französischen Revolution und die mörderischen Kriege eines »aufgeklärten« Friedrich II. und eines »aufgeklärten« Napoleon ihre Blutspuren zogen. Die simple Welt einer guten strahlenden Aufklärungs- und einer bösen dumpfen Christentumsgeschichte hat es so nicht gegeben. Der Satz: »Europa, das ist die Aufklärung«, ist genauso wahr und so falsch wie »Europa, das ist der Faschismus.«

Die ersten Anfänge des Völkerrechts und der Menschenrechte liegen nicht in der Aufklärung, nicht in der Französischen Revolution von 1789 oder in der Amerikanischen Unabhängigkeitserklärung von 1776 oder gar erst in der Erklärung der Menschenrechte durch die Vereinten Nationen von 1948. Die Anfänge des Völkerrechts und der Menschenrechte liegen bereits im 16. Jahrhundert in Spanien. Beginnend in den dreißiger Jahren des 16. Jahrhunderts haben an der Universität Salamanca christliche Theologen wie Pedro und Domingo de Soto, Francisco de Vitoria und Bartholomé de Las Casas diese grundlegenden Rechte aus dem christlichen Glauben und aus der Heiligen Schrift hergeleitet und verbindlich zu formulieren versucht.

Und in unserem 20./21. Jahrhundert? Ein sich antireligiös gebärdender und ausdrücklich aufgeklärt nennender Kommunismus hat die militärische Unterdrückung 1951 in Polen, 1953 in der DDR, 1956 in Ungarn, 1968 in der Tschechoslowakei, hat den Mauerbau von 1961 in der DDR und den Eisernen Vorhang quer durch Europa zu verantworten. Das liegt, gottlob, hinter uns.

Wir haben am 3. Oktober den Tag der Deutschen Einheit gefeiert, haben den Tag der Konstituierung des Grundgesetzes vom 23. Mai 1949 begangen, haben uns die friedliche und gerade deshalb so wirksame Revolution vom 9. November 1989 in Erinnerung gerufen und sie mit Recht gefeiert. Und in all diesen Ereignissen vermag ich mühelos, den christlichen Kern herauszuschälen, den christlichen Geist herauszulesen, durch den sie möglich wurden.

Im Grundgesetz weht ein unübersehbar christlicher Geist. Und die Schöpfer, die Väter und Mütter des Grundgesetzes, haben ganz unzweifelhaft, ganz unverhohlen und ganz unverschämt aus der christlichen Quelle geschöpft, als sie das Grundgesetz schufen. Das beginnt in der Präambel, wo es heißt:

> Im Bewusstsein seiner Verantwortung vor Gott und den Menschen, von dem Willen beseelt, als gleichberechtigtes Glied in einem vereinten Europa dem Frieden der Welt zu dienen, hat sich das Deutsche Volk kraft seiner verfassungsgebenden Gewalt dieses Grundgesetz gegeben.

Das geht weiter über Artikel 1, in dem es heißt: »Die Würde des Menschen ist unantastbar. Sie zu achten und zu schützen ist Verpflichtung aller staatlichen Gewalt.« Hier wirkt der Geist fort, der am Beginn der Heiligen Schrift (Gen 1,26f.) dem Menschen die Würde zuspricht, Abbild Gottes zu sein. Hier weht der christliche Geist weiter, der daraus im Spanien des 16. Jahrhunderts und nicht zuletzt in der Aufklärung des 18. und 19. Jahrhunderts die Gleichheit aller Menschen forderte. Die christlichen Quellen sprudeln auch in Artikel 4, der da lautet: »Die Freiheit des Glaubens, des Gewissens und die Freiheit des religiösen und weltanschaulichen Bekenntnisses sind unverletzlich.« Etc.

Der christliche Glaube kann so etwas wie ein Kristallisationspunkt der Einheit sein. Er kann Menschen verbinden über nationale, militärische und ökonomische Grenzen hinweg. Um den christlichen Glaubenskern herum formierten sich, wo immer es nötig war, Widerstandskreise, ob im Hitler-Deutschland, ob im kommunistischen Polen zur Zeit der Solidarność, ob bei den Montagsgebeten in der DDR.

Dankbar bin ich am Tag der Deutschen Einheit für diesen christlichen Nukleus der Menschlichkeit, um den herum sich an Menschenrechten orientierte Staaten bilden können. Dankbar bin ich für diese christliche Quelle der Menschlichkeit, aus der alle Menschen guten Willens, seien sie nun Christen oder nicht, schöpfen können.

Und wenn auch die christlichen Kirchen als Ganze und die Christen als Einzelne – weiß Gott – nicht immer vorbildlich und beispielhaft sind, so ist es doch die christliche Botschaft, die sie zu vertreten haben und an der sie selbst gemessen werden. Es wäre nicht das schlechteste, sondern das beste Zeugnis seines Geschichtsbewusstseins, wenn sich ein wirklich vereintes Europa dieses Kerns seiner Einswerdung, dieser Quelle seiner Menschlichkeit bewusst würde und in seine dann neu auszufertigende Gründungsurkunde Gott als Präambel einfügen würde.

Kirche im Dorf – offen?

Auf dienstlichen Reisen und im Urlaub besuche ich, wo immer ich kann, die Kirchen, um Besinnung zu finden und um mich mit der regionalen Kulturgeschichte vertrauter zu machen. Aber ich ärgere mich in unschöner Regelmäßigkeit an der »schleichenden Protestantisierung« unserer katholischen Kirchen: Sie sind abgeschlossen! Die Kirchen der Reformation, das ist mir schon sehr bewusst, haben aber auch eine andere Vorstellung von der Funktion eines Kirchenraumes als wir Katholiken. Für Katholiken aber sei gefragt: Deuten abgeschlossene Kirchengebäude nicht auf fehlende Aufgeschlossenheit der Kirchengemeinde hin? Wirken abgesperrte Kirchen nicht, wie wenn die drinnen eingesperrt und die draußen ausgesperrt werden sollten? Ist das unzugängliche Kirchengebäude Symbol für die Unzugänglichkeit der Kirchengemeinde?

»Mein Haus wird ein Haus des Gebets für alle Völker genannt werden.« Das sagt der Prophet Jesaja (Jes 56,7) im 6. Jahrhundert vor Christus. Und Papst Johannes Paul II. sagt im 20. Jahrhundert nach Christus:»In der Kirche ist keiner fremd und die Kirche ist keinem fremd.« Wie soll das aber gehen, wie soll Vertrautheit wachsen, wenn die Kirche abgeschlossen, unzugänglich und abgesperrt ist?

Wir nennen unsere Kirchen oft Gotteshäuser, als ob Gott für sich ein Haus brauchte. Er braucht gewiss keines; aber wir brauchen eines, um zur äußeren Sammlung der Gemeinde zu finden und um zur inneren Sammlung von Seele und Geist zu finden. Ohne einen Ort der Begegnung mit Gott bleiben wir unbehaust und unbeheimatet in dieser Welt.

Und doch ist die Kirche, vom Sonntag einmal abgesehen, der größte, ungenutzte umbaute Raum im Ortsteil. Wir sollten ihn mehr nutzen, um vor Gott und mit Gott erstens zu Gott, zweitens zu uns selbst und drittens zueinander zu finden. Im Übrigen ist die Kirche, in der sich Beter einfinden, gegen den Unfug von Idioten und Ignoranten am besten geschützt. Ansonsten tut sich gerade um das Gotteshaus im wahrsten Sinne ein Teufelskreis auf: Wenn keiner reingeht, können wir es schließen. Wenn wir es schließen, kann keiner reingehen. Dabei ist der Umgang mit dem äußeren Bau nur ein Hinweis auf die dahinterstehende innere Haltung.

Ein Schwimmbad, das von kaum jemandem oder von niemandem mehr besucht wird, wird über kurz oder lang geschlossen. Man kann es nicht erhalten, wenn keine ambitionierten Schwimmer da sind. Man wird es allenfalls und nur mit Mühe dann erhalten, wenn es, z. B. wegen seines wilhelminischen Bau- und Ausstattungsstils, museale Qualität aufweist. Aber eine Bevölkerung, die nicht mehr schwimmen geht, erweist sich selbst gesundheitlich einen Bärendienst. Die Schließung der Schwimmbäder ist nur das äußere architektonisch fassbare Indiz für einen inneren gesundheitlichen Missstand.

So ähnlich ist es auch mit der gegenwärtig hundertfältigen Schließung der Kirchen. Wir tun so, als wenn die Kirchenschließungen wie ein unabänderliches Naturgesetz über uns hereinbrächen. Aber das stimmt ganz und gar nicht. Es mag Kirchen geben, um deren Schließung es aus ästhetischen und architektonischen Gründen nicht schade ist. Aber das sind die Ausnahmen. Im Allgemeinen aber gilt: Nicht weil die Kirchen zu teuer geworden sind, sondern weil unser Glaube zu billig geworden ist, darum werden Kirchen geschlossen, erst nur stundenweise und dann endgültig.

Wir sollten die geschlossenen Kirchen endlich wieder öffnen. Denn in den offenen Kirchen können wir gegen all unsere Not die offenen Arme des gekreuzigten Gottes suchen, gegen all unsere Sprach- und Ratlosigkeit die offenen Ohren und das offene Wort Gottes suchen. Und wenn eine resignative Kirchenleitung auf die Kosten verweist, um die Kirchenschließung plausibel zu machen, dann muss eben eine initiative Kirchenbasis sagen: Aber unser Glaube trägt uns, und er trägt auch die Unterhaltskosten für diesen Raum der Begegnung mit Gott. Die gemeinsame und die individuelle Gottesbegegnung ist es uns wert, einen Raum für diese Begegnung vorzuhalten.

Nicht wegen finanzieller Armut, sondern wegen spiritueller Armut erscheinen uns die Bauunterhaltungskosten zu hoch. Eine Kirche hält man letztlich nur mit Gebet offen. Wir machen einen großen Fehler, wenn wir unsere Kirchen nur noch zu den wenigen Gottesdienstzeiten öffnen. Denn es gibt Menschen, die bei keiner Zählung der Sonntagsgottesdienstbesucher dabei und dennoch regelmäßige Kirchgänger sind. Das sind Menschen, die den Rückzugsraum, die die Stille und in ihr die Begegnung mit dem eigenen Inneren und die Begegnung mit Gott suchen. Es ereignet sich schließlich auch etwas zwischen Gott und Mensch, wenn der Pastor nicht dabei ist.

Die Muslime haben derzeit in Deutschland ca. 150 Moscheen im Bau; bei uns Katholiken werden derzeit Hunderte von Kirchen aufgegeben, umgewidmet und abgerissen. Am Geld kann das nicht liegen. Denn Hunderte von Kirchen sind in der Nachkriegszeit von den Christen gebaut worden, als diese selbst noch in erbärmlichen

Wohnungen hausten. Sie haben selbst mit angepackt, ihre beruflichen und technischen Fertigkeiten und ihr armselig-knappes Geld mit eingebracht; denn die Kirche war ihr Ding, und zwar um Gottes willen. Wenn wir nicht bald ganz existenziell mit Gott wieder anfangen, dann wissen wir bald mit Gott nichts mehr anzufangen. Und dann wird aus der Kirche ein Museum, eine Aldi-Filiale oder eine Disco. Und wir werden unbehaust und heimatlos und können unsere Seele im Schließfach oder am Reklamationsschalter des Shoppingcenters abgeben.

Lassen wir die Kirche im Dorf und halten wir sie mit Gebet offen. Seien wir aufgeschlossene Kirche, zugängliche Kirche um Gottes und um der Gottesbegegnung des Menschen willen.

Stimme auf- oder abgeben?

Meistens sind die Wahltage in Deutschland Sonntage. Die Zeitungen machen seit Wochen Werbung für Wahlen, und das scheint notwendig zu sein, weil sonst die absolute Mehrheit bei der Fraktion der Nichtwähler landet. Als politisch denkender Mensch schaut man verwundert bis fassungslos auf diese Nichtwählerfraktion, fassungslos angesichts einer derartigen Selbstverunmündigung und selbst verschuldeten Sprach- und Einflusslosigkeit. Die Bischöfe beider Kirchen fordern die Christen nachdrücklich auf, wählen zu gehen. Sie sagen ihren Mitgliedern seit Jahrzehnten nicht mehr, welche Partei sie wählen sollen. Das tun nur noch (dann und wann) die Gewerkschaften, damit ihre Mitglieder sich nicht »irren«. Politik und Religion, passt das überhaupt zusammen? Sollte man das nicht streng getrennt halten?

Wo eine voraufgeklärte Religion alles dominiert und sich an die Stelle der Politik setzt, da entstehen auch heute noch sogenannte »Gottesstaaten«, wie wir sie in nicht wenigen Regionen dieser Erde sehen mit unfassbaren Beeinträchtigungen der persönlichen, religiösen und politischen Freiheitsrechte.

Wo die Politik alles dominiert und Religion unterdrückt und verfolgt, da entstanden die gottlob großenteils untergegangenen atheistisch doktrinären und freiheitsfeindlichen Staatsgebilde, wie sie z. B.

der kommunistische Ostblock vereinte. Religion war Relikt eines unaufgeklärten Geisteszustands und nach Marx »Opium des Volkes«. Wenn die Politik schon nicht berauschend war, dann wenigstens die Religion. Sind in Politik und Religion nur Idioten am Werke? Manche Menschen scheinen das zu meinen und verzichten auf ihr Wahlrecht.

»Als Beruf ist Politiker für Herzlose und Unverantwortliche, Religion für Arme im Geiste und Heuchler wie geschaffen.« So giftete einst Arthur Schnitzler (1862–1931), der österreichische Dramatiker und Erzähler, und legte noch nach: »Politik ist das gegebene Thema für Ungebildete und Schwätzer, Religion das gegebene Thema für Gedankenlose und Schwächlinge.« Und in einer noch von Monarchen und Potentaten gebeutelten Zeit merkte der Philosoph Johann Gottlieb Fichte (1762–1814) kritisch an: »Die höheren Zweige der Vernunftkultur, Religion, Wissenschaft, Tugend, können nie Zwecke des Staates werden.«

Wenn der Staat auch nicht für Religion, Wissenschaft und Ethik garantieren kann, so kann er doch Rahmenbedingungen schaffen, in denen sich die ganze Bandbreite wissenschaftlich-technischer, künstlerisch-kultureller und religiös-sozialethischer Initiativen entfalten kann zum Wohl des Ganzen. Und genau das hat unser Staatswesen zuerst mühsam, aber in den vergangenen Jahrzehnten der Bundesrepublik höchst erfolgreich gelernt und praktiziert.

Und sind nicht gerade in Deutschland die Kirchen und zahllosen kirchlichen Verbände traditionell wichtige Stützen des sozialen und kulturellen Lebens, und zwar schon seit Mitte des 19. Jahrhunderts? Zahllose Krankenhäuser, Sozialstationen, Altenheime, Kinderheime, Behinderteneinrichtungen, Akademien, Kindergärten, Schulen, sogar Universitäten in kirchlicher Trägerschaft tragen bei allem, was auch da manchmal nicht gut läuft, doch ganz unbestreitbar zum Wohl unserer Gesellschaft, unseres Staates bei. Wer das Gegenteil behauptet, ist nicht ganz bei Trost.

»Der freiheitlich säkulare Staat lebt von Voraussetzungen, die er selbst nicht garantieren kann. Das ist das große Wagnis, das er um der Freiheit willen eingegangen ist.« Dies tausendfach zitierte Wort aus dem Jahre 1964 stammt von Ernst-Wolfgang Böckenförde, dem ehemaligen Vorsitzenden des Bundesverfassungsgerichts. Und diese moralischen, kreativen, solidarischen Voraussetzungen für das Wohl unseres säkularen Staates garantieren eben auch, ja in besonderem Maße die Christen.

Wer zu dumm und uneinsichtig ist, sein Wahlrecht auszuüben, dem sollte man eine Wahlpflicht verordnen, damit er der Legitimation des Staates nicht auch noch durch politisches Nichtstun schadet. Für die anderen genügt das aktive und passive Wahlrecht, das wir haben.

Als Christen können, dürfen und müssen wir, – mit welcher politischen Farbe, das entscheide bitte jeder selbst! – den christlichen Sinnhorizont in unsere Gesetzgebungsvorhaben und Sozialstrukturen eintragen, die immer wieder mit Füßen getretene Würde des Menschen verteidigen gegen eine gut verdienende Abtreibungs- und gegen eine Embryonen verbrauchende Forschungslobby. Als Christen können, dürfen und müssen wir die (Wahl-)Stimme erheben gegen die durch Wirtschaftshasardeure und Finanzjongleure neu konstruierten Ausbeutungs- und Staatsverschuldungsmechanismen, gegen die Zerstörung der Naturressourcen und gegen das allzu selbstverständlich hingenommene Hineingleiten in Kriege. Bringen wir durch die Wahl der sachkundigen und integeren Person in der Wirtschaft, in der Gesetzgebung, in der Ausbildung, in der Politik, in der Wissenschaft, Gott und unseren Gottesglauben ins Spiel. Wenn und wo Gott, genauer wenn und wo der menschgewordene Gott mit im Spiel ist, immer dann und genau da gehen der Mensch und die Menschlichkeit nicht unter. Wenn wir diese unsere Verantwortung nicht aufgeben, müssen wir unsere Stimme abgeben.

Je mehr Bequeme und Uneinsichtige in drei Teufels Namen zu Hause bleiben, umso mehr gilt: Gehen wir um Gottes willen, gehen wir zu unserm und zum Wohl unserer Mitbürger, gehen wir mit Gott, in Gottes Namen und in seinem Geiste zur Wahl.

Dia-log?

Als Delegierter der »Arbeitsgemeinschaft Katholischer Dogmatiker und Fundamentaltheologen im deutschen Sprachraum« war ich in Mannheim beim Dialogprozess, den eine Minderheit von Bischöfen initiiert hatte.

Skeptisch war ich, als ich die Einladung »Im Heute glauben – Wort der Deutschen Bischöfe an die Gemeinden« las. Damit sollte ein Dialogprozess eröffnet werden, der dann in dem Papier plötzlich »zu einer gemeinsamen Besinnung« mutierte, der mit hohem Verdünnungsfaktor auf vier Jahre von 2011 bis 2015 gestreckt wurde und der von Anfang an, weil »auf der Grundlage der Offenbarung und der Lehre der Kirche [...] und in der Gemeinschaft der Weltkirche« zu führen, »uns im Blick auf verbindliche Beschlüsse Grenzen« setzt. Weil man dem Heiligen Geist irgendwie doch nicht so recht über den Weg traute, wurden Themen von einer artigen Allgemeinheit festgelegt, die jeden Elan und Esprit unter der Käseglocke behäbig-durchschnittlicher Kirchlichkeit zu ersticken drohte:

2011: Auftakt »Im Heute glauben: Wo stehen wir?«

2012: Diakonia der Kirche: »Unsere Verantwortung in der freien Gesellschaft«.

2013: Liturgia der Kirche: »Die Verehrung Gottes heute«.

2014: Martyria der Kirche: »Den Glauben bezeugen in der Welt von heute.«

2015: Abschluss und Feier des Konzilsjubiläums.

Alle kritischen Themen, z. B. verheiratete Priester, Diakoninnen, Homosexuelle, wiederverheiratete Geschiedene, Frauen im Priesteramt sollten damit außen vor gehalten werden.

Bei Betreten des Kongresssaals, in dem alle 300 Delegierten den Dialog praktizieren sollten, zog jeder eine Nummer, die ihn einem etwa achtköpfigen Gesprächskreis zuordnete, in dem dann z. B. ein Bischof, ein Professor, ein Vorsitzender im Diözesanpastoralrat, eine Diözesanvorsitzende der Frauengemeinschaft, ein Caritasdirektor, eine Ordensoberin, ein Pfarrer, ein Diözesanvorsitzender von Kolping oder KAB etc. saßen. Eine Schulterschluss- oder Wagenburgmentalität einzelner Gruppen konnte so gar nicht erst aufkommen.

Die erste Frage an die Gruppen war: Was hoffen wir, was befürchten wir von diesem Dialogprozess? Zunächst kam mir das Ganze vor wie eine spirituell verbrämte Arbeitsbeschaffungs- und Konfliktvermeidungsstrategie. Antwort-Stichworte waren hier gleichwohl: Folgenlosigkeit des Dialogs, Angstlähmung und wechselseitige Blockade, Beschäftigungstherapie, Verbalsedativum etc. aber auch neues Interesse wecken, die Würzburger Synodenforderungen realisieren, Auflegen eines Transmissionsriemens zu einer neuen kirchlichen Praxis etc. Dann kam die Frage: Woraus leben wir? Und auch hier gab es ganz unterschiedliche authentische Glaubenszeugnisse in wirklich herrschaftsfreier Kommunikation. Dann ging es in die Berufsgruppen mit der Doppelfrage nach unseren Stärken und unseren Schwächen. Uns schien, dass die Theologen innerkirchlich und gesamtgesellschaftlich eine ernst zu nehmende, aber nicht immer ernst genommene kritisch-theologische Expertise liefern, auch wenn die mediale Präsenz unserer Theologie hinter der von kurzatmigen Memoranden zurückbleibt.

Eine Nettigkeit am Rande: Eine Pastoralreferentin, die während der Berufsgruppenphase zu spät zum Dialogprozess hinzukam, wurde von den Moderatorinnen versehentlich einer Priestergruppe zugewiesen. Die wählte sie prompt zur Sprecherin der Gruppe, eine Aufgabe, die sie geradezu elegant meisterte mit Hinweis darauf, dass nicht auszuschließen sei, dass es sich bei dem Fauxpas unter Umständen doch um das Ergebnis eines Wirkens des Heiligen Geistes handeln könnte.

Bei der Vorstellung dessen, was die Berufsgruppen mit Stolz und was sie mit Bedauern in den eigenen Reihen zur Kenntnis nehmen, gab es – auch bei den Bischöfen – eine Form von Authentizität, die mir überzeugend vorkam.

Der Tag endete in einem mit Chorgesang untermalten, stimmungsvollen Abendgottesdienst mit Lichterfeier in der Heilig-Geist-Kirche. Der zweite Tag begann wie der erste geendet hatte, mit einem geistlichen Impuls bzw. Morgenlob.

Eine zentrale Frage war sodann im Modus einer »Erinnerung an die Zukunft«: »Es ist 2015 – das Jubiläumsjahr des Abschlusses des Zweiten Vatikanischen Konzils. Unsere Kirche hat große Ausstrahlungskraft. Was zeichnet sie jetzt aus?« Antwort-Stichworte waren hier u. a.: Weg von der Palliativpastoral, hin zu einer Initiativ- und Offensiv-Kirche; menschlicherer Umgang mit geschiedenen wieder-verheirateten Gemeindemitgliedern; verheiratete Priester; Dia-koninnenweihe; Kirche als gesellschaftliche Vor- und nicht Nachhut; politisches Selbstbewusstsein der Katholiken; qualifiziertere Denk- und Sprachfähigkeit im Glauben. Hier wurde nichts hinwegspiritua-lisiert, auch wenn manch einer der Bischöfe das als bevorzugte Strategie in seinem Bistum praktiziert. Und wenn die hier versam-melten Delegierten – wie von zumeist nicht anwesenden Bischöfen behauptet – der Heterodoxie oder des Dissidententums bezichtigt werden sollten, dann besteht offenbar der Kern der Katholischen Kirche Deutschlands aus Häretikern und Dissidenten. Den Bischö-fen, die das glauben, empfehle ich Brecht: Die Regierung entlässt ihr Volk und wählt sich ein neues.

Kardinal Marx schrieb allen Anwesenden drei Punkte ins kirchli-che Hausaufgabenheft: 1. Transfer der Mannheimer Überlegungen in die Deutsche Bischofskonferenz hinein, 2. Transfer in die Bistümer hinein und 3. Transfer in die Öffentlichkeit hinein. Und Erzbischof Zollitsch formulierte sein Fazit so: 1. Der hier begonnene Weg geht weiter. Das war sein Versprechen. – 2. Den hier versammelten Dele-gierten ist die Kirche ein Herzensanliegen. Es sind Menschen, die die Kirche lieben. Das war seine Vertrauensbekundung. – 3. Wir müssen und können als Kirche der Gesellschaft dienen. Das war sein Pro-gramm. Aber das liest man schon in den Konzilstexten von vor 50 Jahren. Der erste Akt des Stückes »Dialogprozess« ist verheißungsvoll aufgeführt; aber wenn es nicht geistvoll weitergeht, dann taugt es nicht einmal zum Trauer-, geschweige denn zum Lustspiel.

Angstnarkose?

Die Lesungen und Evangelien des Neuen Testaments kreisen immer wieder um ein Thema: Berufung in die Nachfolge. Fischer werden berufen, Leute vom Zoll, wenige Theologen wie etwa Paulus.

Passend dazu hat gerade das Bistum Münster seine Statistik über die Priesterzahlen veröffentlicht. Danach gibt es derzeit in diesem

Bistum von 2,1 Millionen Katholiken 917 Priester. Vor Jahren lag deren Altersdurchschnitt bei 58 Jahren. Selbst »bekränzt mit dem silbernen Priesterjubiläum« gehörte ich noch immer zur Jugendabteilung. Inzwischen, so dachte ich, müsste ich den Altersschnitt erreicht haben. Welch ein Irrtum!

Von den 917 Priestern sind 377, also 41 %, über 70 Jahre alt, 170 sind zwischen 60 und 69 Jahre alt, 127 sind zwischen 50 und 59 Jahre alt, 175 sind zwischen 40 und 49 Jahre alt. Und ganze 68, also 7,4 %, sind unter 40 Jahre alt. (Es handelt sich hier nicht um ein schwächelndes, sondern um ein »gesundes« Bistum.) Der Altersdurchschnitt der Priester im Bistum Münster beträgt derzeit 62 Jahre.

Das hat für mich eine außerordentlich erfreuliche Konsequenz: Bezogen auf den Altersdurchschnitt der Priester werde ich jünger. Nur eines ist auch klar, irgendwann sehe ich, so jung ich auch relativ zum Altersschnitt sein mag, sehr sehr alt aus! Auch sehr wohlmeinende Mitmenschen behaupten, bei mir nach 30 Jahren Priestertum schon deutliche Anzeichen dafür sehen zu können.

Jesus ruft im Evangelium (Lk 9,57–60//Mt 8,18–22) einen jungen Mann in seine Nachfolge, der scheint nicht abgeneigt zu sein, sagt aber: »Lass mich zuerst heimgehen und meinen Vater begraben.« Jesu schroffe Antwort darauf: »Lass die Toten ihre Toten begraben; du aber geh und verkünde das Reich Gottes!« Ein anderer ist auch auf dem Weg Jesu. »Ich will dir nachfolgen, Herr. Zuvor aber lass mich von meiner Familie Abschied nehmen.« Jesu schroffe Antwort darauf: »Keiner, der die Hand an den Pflug gelegt hat und nochmals zurückschaut, taugt für das Reich Gottes.«

Die kirchliche Verkündigung ist geneigt, diese Worte an junge Männer zu richten, die mit dem Gedanken spielen, eventuell Priester zu werden oder in einen Orden einzutreten. Und dann tun sie es mit manchmal fadenscheinigen Ausreden eben doch nicht. Maulhelden hat es zu allen Zeiten gegeben. Sind die jungen Leute von heute Weicheier in Sachen Nachfolge, Feiglinge, wenn es ums Ganze geht? Aus Angst vor der lebenslänglichen Festlegung entstehen dann manchmal kuriose Patchwork-Biografien, sowohl aus Angst vor dem verbindlichen Ja zum Partner für immer als auch aus Angst vor dem Ja zum geistlichen Beruf.

Diese schroffen Worte Jesu denen zu sagen, die noch unentschlossen sind, in den Dienst Jesu Christi zu treten, ist sicher nicht falsch. Auch Jesus hat sie den jungen Männern gesagt. Aber das Evangelium gilt allen, nicht nur den jungen Männern und den jungen Frauen von damals und heute. Es gilt vor allem den Amtsträgern – also auch mir –, denen es ganz offenbar nicht gelingt, für die Sache Jesu so zu begeistern, dass junge Menschen sie zu ihrem Lebensanliegen und zu ihrem Beruf machen.

»Lass die Toten ihre Toten begraben; du aber geh und verkünde das Reich Gottes!« – »Keiner, der die Hand an den Pflug gelegt hat und nochmals zurückschaut, taugt für das Reich Gottes.« Diese Worte gelten auch für unsere Gemeinden, die vielleicht insgesamt noch zu sehr rückwärtsgewandt sind und den alten Zeiten nachtrauern.

»Lass die Toten ihre Toten begraben; du aber geh und verkünde das Reich Gottes!« – »Keiner, der die Hand an den Pflug gelegt hat und nochmals zurückschaut, taugt für das Reich Gottes.« Diese harschen Worte Jesu möchte ich aber vor allem auch in der Kirchenhierarchie nach oben weiterleiten, an die Bischöfe, die Kardinäle und etliche der letzten Päpste, Johannes XXIII. und Franziskus vielleicht ausgenommen. Auch oder vielleicht gerade die wichtigen Entscheidungsträger sind in der Gefahr, aus Angst vergangenheitsfixierte Totengräber ihrer Kirche statt zukunftsweisende Verkündiger des Reiches Gottes zu werden.

Sie haben oft schon vor Jahrzehnten die Hand an den Pflug gelegt und blicken doch nur zurück. Dass man die Zukunft mit Behutsamkeit und Vorsicht plant, das ist verständlich. Aber dieses permanente Zurückblicken, diese ideenlose und tatenlose dauernde »Rücksicht« angesichts dramatischer Einbrüche in der Gegenwart und angesichts katastrophaler Prognosen für die Zukunft ist meines Erachtens unverantwortlich. Diagnose: Feigheit vor dem Freund (in Rom)? Oder eine Hierarchie in Angstnarkose? Es besteht die ernste Gefahr, dass mit dieser Kirchenpolitik von oben die »Toten ihre Toten begraben«.

Warum wird angesichts dieser katastrophalen Zahlen in der Deutschen Bischofskonferenz nicht ernsthaft über verheiratete

Priester nachgedacht? Warum wird nicht endlich wieder das Diakonat der Frauen zurückgefordert, das es jahrhundertelang in der
Kirche gegeben hat? Warum gibt es keine kirchenöffentlichen Dis-
kussionen der Amtsträger und keine nachdrücklichen Eingaben der
Deutschen Bischofskonferenz beim Papst und bei der Kleruskongre-
gation in dieser Sache? Auch die Argumente, die gegen das Priestertum der Frau vorgebracht werden, sind reine Traditionsargumente
und, wie selbst eine päpstliche Bibelkommission im Auftrag von
Papst Paul VI. herausgefunden hat, biblisch wie theologisch nicht
zwingend.

Es kann und darf doch nicht sein, dass diese Kirche die Eucharistie, also ihr Herzstück, ihre Identität, auf dem Altar eines ausschließlich zölibatär gedachten Priestertums und auf dem Altar einer se-
kundären Gepflogenheitstradition opfert. Eine kirchenpolitische
Entscheidung, die universalkirchliche Einführung des Zölibats
stammt von 1123, die vielleicht gestern richtig war, kann doch nicht
zur Norm für alle Zeit und bis zum Jüngsten Tage erhoben werden.

Lassen wir uns Christen – vom Papst bis zum Penner – schockie-
ren von Jesu harschen Worten und lassen wir diesen heilsamen
Schock münden in ein neues heilsdienliches Handeln zum Wohl
der Kirche und aller Heil suchenden Menschen.

Reifeprüfung Religion

Die Zeitungen und Nachrichten sind voll davon: Da gibt es »Boko
Haram«, eine islamistisch-terroristische Organisation im Norden Ni-
gerias, die Hunderte von Mädchen verschleppt hat und all die ver-
treibt oder tötet, die nicht Moslems werden wollen. Schätzungen
zufolge haben sie seit 2009 15.000 Menschen umgebracht. Da sind
die mörderisch vorgehenden Truppen des »Islamischen Staates«,
der eine Blutspur durch Syrien und den Irak zieht und ein Millionenheer von Flüchtlingen vor sich herschiebt in den Libanon, in die
Türkei und nach Europa. Da gibt es »Abu Sajaf«, eine islamistisch-
terroristische Untergrundorganisation, die seit 1991 im Süden der
Philippinen durch Erpressung, Entführungen und Mord einen isla-
mistischen Staat errichten will, und schließlich seit 1993 »Al-Qaida«

und die »Taliban«, die seit 1994 Afghanistan und Pakistan terrorisieren. Und in Deutschland gibt es über 6.400 Salafisten, von denen ca. 1.500 als gewaltbereit eingestuft werden.

Viele Millionen Vertriebene, Hunderttausende von Toten, Tausende von Entführten, organisierte Verbrechen im bestialischen Stil, das berichten uns die Medien tagtäglich in die gutbürgerliche Stube. Und das hat Konsequenzen im Bewusstsein der Bundesbürger.

Nach einer Studie der Bertelsmann Stiftung vom Jahr 2014 (vgl. Die Zeit / Christ und Welt 2 / 2015) sagen 57 % der Deutschen: »Der Islam ist eine Bedrohung«, sagen 61 % der Deutschen: »Der Islam passt nicht in die westliche Welt«, sagen 40 % der Deutschen: »Ich fühle mich durch die Muslime wie ein Fremder im eigenen Land«, sagen 24 % der Deutschen sogar: »Man sollte Muslimen die Zuwanderung untersagen.«

Es wundert mich nicht, wenn Menschen auf die Straße gehen und mehr oder weniger gelungen, mehr oder weniger berechtigt demonstrieren, dass sie Angst und vor wem sie Angst haben. Dass sie selbst auch Angst machen, ist auch nicht zu bestreiten.

Manche Politiker und Journalisten erklären die Demonstranten wahlweise zu rechtsextremen Rattenfängern, zu intellektuellen Dumpfbacken, zu rassistischen Populisten, anstatt deren berechtigte oder unberechtigte Anliegen wahrzunehmen und sich ihrer auch kritisch anzunehmen.

Schließlich sagen noch Gutmenschen in der ehrenvollen Absicht, den Konflikt zu schlichten: »Wir haben doch alle denselben Gott.« Da muss ich doch protestieren. Ja, es gibt nur einen Gott! Aber: Nein, wir haben nicht alle denselben Gott. Den Gott, durch den sich die Kreuzzugstruppen im Hoch- und Spätmittelalter berechtigt fühlten, in Jerusalem Moslems und 1204 in Konstantinopel orthodoxe Mitchristen zu töten, den habe ich nicht, auch wenn sich diese Kreuzzügler Christen nannten. Den Gott, in dessen Namen die Moslems ihre Halbmond-Feldzüge rund um das südliche Mittelmeer von Tours und Poitiers (732), zu Wasser (Lepanto 1571) und zu Land bis vor die Tore Wiens (1683) geführt haben, den Gott habe ich nicht. Den Gott, in dessen Namen sich die christlichen Konfessionen nach der Reformation glaubten bekriegen zu müssen, den habe ich nicht. Und den Gott, den sich die Sunniten oder Schiiten zur Rechtfertigung herbeiziehen, um einander wechselseitig oder miteinander die Christen zu massakrieren, den Gott habe ich nicht. Hier wurde die intellektuelle Reifeprüfung in Religion noch nicht bestanden.

Gewiss ist auch mein Gott nur der Gott meines jeweiligen intellektuellen und religiösen Reifungszustandes und bedarf auch weiterhin und lebenslang meiner und damit seiner Entwicklung in meinem Bewusstsein. Und an diesem Reifungszustand kann und muss man etwas tun, durch einen öffentlichen Diskurs, durch Unterricht, und zwar auch durch islamische Religionskunde in Schulen und islamwissenschaftliche Religionskunde an Universitäten. Zu diesem intellektuellen und religiösen Reifungszustand tragen auch die von den Kirchen seit Jahrzehnten initiierten Religions- und Konfessionsgespräche bei.

Religionen sind immer auch ein gesellschaftliches Phänomen und bedürfen einer religionsneutralen staatsrechtlichen Regelung. Wenn man Religionen aus dem öffentlichen Diskurs ins bloß Private abdrängt, besteht aber die Gefahr, dass Parallelgesellschaften entstehen und längst überwunden geglaubte Gottesbilder unausgereift, erschreckend archaisch und gewalttätig eruptiv wieder ins gesellschaftliche Blickfeld geraten.

Manche Meinungsmacher, die nicht immer zu Unrecht den Mund voll nehmen, wenn es um die Kritik an den christlichen Kirchen geht, meinen, man dürfe andere Religionen nicht kritisieren, und zwar weder den Islam, noch erst recht das Judentum. Das sei intolerant oder gar rassistisch und antisemitisch. Aber da ist ganz offenbar nicht verstanden worden, was Toleranz heißt. Das kommt von *tolerare* und bedeutet tragen und ertragen. Ganz gewiss ist der Hass das Gegenteil von Toleranz. Aber auch die sich volkserzieherisch gebende, religiös-theologische Ahnungslosigkeit und Gleichgültigkeit, die nicht selten in Politik und Medien zu konstatieren ist, hat mit Toleranz nichts gemein. Die selbst ernannten Wertungsrichter der öffentlichen Meinung sind selten bereit, zu tragen, mitzutragen, zu ertragen. Sie ergehen sich darin, anderen Wertungs- und Haltungsnoten zu erteilen.

Kai Hafez, Erfurter Professor für Kommunikationswissenschaft und Co-Autor der o. g. Bertelsmann-Studie, kommt zu einem anderen Schluss: »Unsere Studie zeigt ganz klar, dass Menschen, die religiös sozialisiert sind, weniger Probleme mit dem Islam haben. Das war ein für uns erstaunlicher Befund. Zur Vermeidung von Islamophobie braucht es dabei nicht unbedingt direkten Kontakt zu Muslimen. Genauso wichtig ist, ob man selbst religiös sozialisiert wurde oder ein gewisses Grundvertrauen in religiöse Menschen hat.«

Es könnte doch sein, dass die religiös unmusikalischen Menschen heute von den religiös musikalischen noch den einen oder anderen richtigen Ton für den Klangkörper unserer Gesellschaft lernen könnten, wenn sie nicht von vornherein darauf pfeifen würden.

5.5 Lebenswege – Pilgerwege

Dem Herbst entgegen

Gerade bin ich heimgekehrt vom Urlaub, nicht aus fernen überseeischen Gefilden, sondern von einem vierzehntägigen heimatlichen Wanderurlaub. Ein gutes Stück auf dem Hermannsweg durch den Teutoburger Wald bin ich mit einem Freund gewandert und anschließend den Rothaarsteig im Sauerland von Brilon nach Dillenburg nebst zusätzlicher Westerwaldschleife, gut 250 Kilometer. Heimgekehrt bin ich eigentlich nicht erst am letzten Urlaubstag, sondern eigentlich schon am ersten Urlaubstag, denn ich habe mich ja zur Heimat hingekehrt, bin in heimatliche Gefilde eingekehrt, habe mich um die Heimat gekehrt.

Mir fiel wieder neu auf, wie unglaublich schön und reich unser Land ist, reich an stillen verschlungenen Wegen, reich an immer neuen Landschaftsperspektiven, reich an Pflanzen- und Tierarten, reich an Geschichte und Kultur. Weit mehr als hundert Pflanzen habe ich am Wanderweg bestimmt, Vögel und Falter, Wiesen und Wälder mit dem Fernglas erspäht, das nur Sekunden oder Minuten währende Gewölk und das Jahrmillionen überdauernde Gestein voll Andacht bewundert.

Als der Sommer satt und selbstzufrieden in seinem Höhepunkt ruhte, sind wir losgewandert und dann haben wir gesehen, gerochen, geschmeckt, gefühlt, wie ihm Tag für Tag ein neuer Schuss Herbst hinzugefügt, eingeflößt, beigemengt wurde. Mir kam beim Wandern ein in Kindertagen gelerntes Gedicht von Rolf Denecke in den Sinn:

Dem Herbst entgegen

Der Tag wird kürzer, schwer die Nacht;
der Herbst, noch fern, doch schon zu ahnen,
haucht auf die Wiesen Tau, und sacht
beginnt ein welkes Blatt zu mahnen.

Nur eines erst: der Sommer stirbt.
Tags glühen Farben noch und Brände,

doch ehe spät die Grille zirpt,
verhüllen Schleier das Gelände.

Auch sie von kühler Feuchte schwer.
Es reift; die frühen Äpfel fallen.
Bald ist der Garten wieder leer,
und kalte Schatten drohen allen.

Die wähnten ohne Maß und Zwang
nur immer selig fortzuspielen;
sie horchen auf, benommen, bang,
weil dumpf die frühen Äpfel fielen ...

Rolf Denecke

Nicht nur der Sommer geht alljährlich – wie ein Lehrstück für uns –
dem Herbst entgegen, auch wir gehen über unseren Zenit hinaus
dem Lebensherbst entgegen. Wir sollten die Mahnung und die War-
nung aus der Natur wahrnehmen und ernst nehmen: Ist da etwas
gereift, etwas Brauchbares, Genießbares, Fruchtbares gereift im Garten meines Lebens?

Manchmal, wenn ich die Todesanzeigen durchschaue und dabei
Menschen entdecke, die weit jünger sind als ich, – eine Übung, für
die ich als Jugendlicher meine Eltern früher nachsichtig belächelt
habe, – dann muss und kann ich mir auch gesagt sein lassen:

Die wähnten ohne Maß und Zwang
nur immer selig fortzuspielen;
sie horchen auf, benommen, bang,
weil dumpf die frühen Äpfel fielen ...

Kurz vor meinem Urlaub hat der Propst mit mir und den beiden eme-
ritierten aber rüstigen Mitbrüdern für zwei Monate die Gottesdienste
an den fünf Kirchen unserer Pfarreiengemeinschaft verteilt. Jeder hat
sich tapfer seinen Kalender mit den voraussehbaren Diensten, Trau-
ungen, Taufen, Jubiläen, Sonn- und Werktagsmessen voll geschrieben. Den Platz für die unvorhersehbaren Dienste wie Krankensalbun-

gen, Trauerbesuche, Beisetzungen füllt uns ein anderer im Kalender aus.

Als ich beschwingt aus dem Urlaub heimkomme und die Post durchsehe, da fällt mein Blick auf eine Todesanzeige. Wie vom Schlag gerührt stehe ich da und lese: Einer der drei Kollegen ist am Tag nach meinem Urlaubsbeginn gestorben und bereits begraben. Man hat mich, den Handylosen, auf der Wanderung vom Sommer in den Herbst des Jahres und des Lebens nicht erreichen können. In der Traueranzeige erinnert der Bischof an die konkreten Lebensdaten und Dienste des Verstorbenen und fügt in wohltuender Gleichförmigkeit hinzu:

> Gott, der Herr, hat am ... unseren Mitbruder aus diesem Leben heimgerufen ... In Dankbarkeit für das Glaubens- und Lebenszeugnis von ... bitte ich die Mitbrüder, mit mir des Heimgegangenen im Gebet und bei der Feier der heiligen Eucharistie zu gedenken.

Er wurde heimgerufen, er ist heimgegangen, und er hat, wie ich glaube, heimgefunden. Er hat nach den vorübergehenden Beheimatungen dieses Lebens die endgültige Heimat gefunden in dem Gott, der Anfang und Ziel unseres Lebens ist und dessen Güte er ein Leben lang verkündigt hat.

Ich vergesse nie die Worte eines achtzigjährigen Mitbruders, der bei einem Konveniat vom plötzlichen Tod eines ihm sehr verbundenen anderen Mitbruders erfuhr und nach kurzem Schlucken lakonisch bemerkte: »Ja, wenn man sich derart verbessern kann, muss man doch Verständnis für die kurzfristige Kündigung haben.«

Ich glaube, wir können uns verbessern, wir können aus der Beheimatung in der zeitlichen Vorläufigkeit zur Beheimatung in der ewigen Endgültigkeit finden. Wir können uns verbessern aus dem Leben in raum-zeitlicher Begrenzung und menschlicher Begrenztheit in das Leben der raum- und zeitlosen Weite und Grenzenlosigkeit Gottes. Lassen wir also die Frucht wachsen auf dem Acker unseres Lebens, und gehen wir furchtlos und zuversichtlich durch unsere Lebensjahreszeiten einem ertragreichen Lebensherbst und dem Gott des Lebens entgegen.

Herbstliche Pilgerfahrt

Seit etlichen Jahren nehme ich an der Radwallfahrt von Aachen nach Kevelaer teil. In diesem Jahr kam mir der Spätsommer besonders herbstlich vor. Und immer wieder kam mir beim stundenlangen Radeln durch die abgeernteten Felder ein Gedicht von Georg Trakl aus Schultagen in den Sinn:

Verfall

Am Abend, wenn die Glocken Frieden läuten,
Folg ich der Vögel wundervollen Flügen,
Die lang geschart, gleich frommen Pilgerzügen,
Entschwinden in den herbstlich klaren Weiten.

Hinwandelnd durch den dämmervollen Garten
Träum ich nach ihren helleren Geschicken
Und fühl der Stunden Weiser kaum mehr rücken.
So folg ich über Wolken ihren Fahrten.

Da macht ein Hauch mich von Verfall erzittern.
Die Amsel klagt in den entlaubten Zweigen.
Es schwankt der rote Wein an rostigen Gittern,

Indes wie blasser Kinder Todesreigen
um dunkle Brunnenränder, die verwittern,
im Wind sich fröstelnd blaue Astern neigen.

Georg Trakl

Da klingt beides an, was uns im Herbst bewegen kann: herbstlich klare Weiten und scheinbare Zeitlosigkeit einerseits, sowie Verfall und begrenzte Zeit andererseits. Angesichts von Herbst und Lebensherbst fragt man sich: Was von der blühenden Vielfalt im Lebensfrühling ist denn zur Reife und Frucht gekommen? Was alles ist in der Hitze des Lebenssommers verdorrt? Was ist realistischerweise noch an Frucht zu erwarten im Lebensherbst? Wer im Frühling oder Sommer des Lebens steht, sollte nichts auf den Herbst vertagen nach dem Motto: Leben tu ich später! Friedrich Rückert hat das in seinen Herbstliedern so bedichtet:

Herz, nun so alt und noch immer nicht klug,
Hoffst du von Tagen zu Tagen,
Was dir der blühende Frühling nicht trug,
Werde der Herbst dir noch tragen!

Friedrich Rückert

Die unerfüllten Wünsche des Lebenssommers in den Lebensherbst zu vertagen, nimmt auch diesem die Klarheit und Weite und macht ihn zu einer hektischen, verzweifelten Jagd nach dem nicht gelebten und auch nicht mehr lebbaren Leben.

Viktor Frankl, der Begründer der Logotherapie, hat mehr als einmal eine Verteidigungsrede für das Vergangene und seine bleibende sinnstiftende Bedeutung gehalten: »Für gewöhnlich sieht der Mensch nur das Stoppelfeld der Vergänglichkeit; was er übersieht, sind die vollen Scheunen der Vergangenheit. Im Vergangensein ist nämlich nichts unwiederbringlich verloren, vielmehr alles unverlierbar geborgen.« Unverlierbar geborgen, so sagen wir Christen, ist das Vergangene in Gott.

Andererseits mag es auch sein, dass mir mein Lebensherbst fruchtlos und dürftig vorkommt, dass ich mir selbst im Blick auf meine Lebensernte ein vernichtendes Urteil sprechen möchte oder müsste. Dann ist es tröstlich zu wissen und sich sagen zu lassen: Nicht mein Urteil über mich, sondern sein, sprich Gottes, Urteil über mich ist maßgebend. Und der, auf dessen Urteil es ankommt, ist nach Paulus der »Vater des Erbarmens und der Gott allen Trostes« (2 Kor 1,3). Und es ist gut zu wissen, dass nicht die Trostlosigkeit eines menschlichen Urteils, sondern die Tröstlichkeit des göttlichen Urteils maßgebend ist. Werner Bergengruen hat in seinem Gedicht »Die himmlische Rechenkunst« die ganz auf Gott setzende tröstliche Gelassenheit in Verse gebracht:

Die himmlische Rechenkunst

Was dem Herzen sich verwehrte,
lass es schwinden unbewegt.
Allenthalben das Entbehrte
Wird dir mystisch zugelegt.

Liebt doch Gott die leeren Hände,
und der Mangel wird Gewinn.
Immerdar enthüllt das Ende
Sich als strahlender Beginn.

Jeder Schmerz entlässt dich reicher.
Preise die geweihte Not.
Und aus nie gelehrtem Speicher
Nährt dich das geheime Brot.

Werner Bergengruen

Mir sagt das: Mach Frieden mit deiner eigenen defizitären Geschichte; du kommst nicht zu kurz. Gott liebt auch die leeren Hände; denn sie sind frei und offen für die Fülle, die nur er schenken kann und schenken will. Wer das Ende der eigenen Planung, Vitalität, Macht und Kompetenz in Gottes Hände legt, erfährt im eigenen Ende den von Gott gefügten Beginn, erfährt im eigenen Ende die von Gott verfügte Vollendung. Wenn wir kritisch aufrechnen, was wir selbst getan und unterlassen haben, dann haben wir eines noch nicht auf der Rechnung: die Unberechenbarkeit und Unermesslichkeit der Güte Gottes!

Eine solche herbstliche Radtour, erst recht, wenn sie in religiöser Offenheit geschieht, erspart uns nicht die Mahnung, an den Verfall und die begrenzte Zeit zu denken. Aber sie zeigt uns auch die herbstlich klare Weite und die Zeitlosigkeit der Güte Gottes. Und dann versteht man vielleicht auch, was Hermann Hesse meinte mit seinem auf den September gemünzten Gedicht:

Höhe des Sommers

Entreiß dich, Seele, nun der Zeit.
Entreiß dich deinen Sorgen
Und mache dich zum Flug bereit
In den ersehnten Morgen.

Hermann Hesse

Stadt mit den festen Grundmauern

Pilgern erfreut sich wachsender Beliebtheit. Pilgern kann man zu Fuß oder mit dem Rad, mit dem Auto, dem Bus oder Zug, ja sogar mit dem Flugzeug. Jedenfalls nennt der Papst seine Reisen, auch wenn er die Fortbewegung mit dem Flieger und dem Papamobil bewerkstelligt, »Pilgerreisen«.

Pilgern kommt vom Lateinischen *peregrinus* oder *peregrinari*, zu Deutsch: »der Fremdling« oder »in der Fremde umherschweifen«. Der ursprüngliche Wortsinn kommt von *per agrum*, also über Land schweifen. Aber welchen Sinn soll eine derartige Nichtsesshaftigkeit haben?

Pilgerreisen gab es auch schon in der heidnischen Antike, z. B. zum Tempel der Artemis von Ephesos. Man pilgerte in alttestamentarischer Zeit auch zum Tempel nach Jerusalem, man pilgert im Islam nach Mekka und Medina etc. Pilgern ist also keine katholische Erfindung. Die ersten Missionare hier in unseren Breiten noch vor der Karolingerzeit waren Iro-Schotten, die sich in die Fremde zu den germanischen Stämmen begaben, um sie für Christus zu gewinnen. Sie nannten diese Art von Mission »Peregrinatio pro Christo«, das Hinausziehen in die, das Umherziehen in der Fremde – für Christus. Die umherziehenden Mönche waren unbewaffnet. Das war zwar vertrauenerweckend, aber auch lebensgefährlich. Sie konnten also leichte Beute sein für Raubtiere und Räuber, auch wenn bei ihnen materiell nichts zu holen war, weil sie bettelarm loszogen.

Wenn wir pilgern, dann bedeutet das also zweierlei: 1. sich für den Glauben in Bewegung setzen, vom Glauben in Bewegung bringen lassen und 2. in der Fremde sein bzw. um sein Fremdsein wissen. So hat das auch schon um das Jahr 90 nach Christus der Verfasser des Hebräerbriefes gesehen:

> Aufgrund des Glaubens gehorchte Abraham dem Ruf, wegzuziehen in ein Land, das er zum Erbe erhalten sollte. Und er zog weg, ohne zu wissen, wohin er kommen würde. Aufgrund des Glauben hielt er sich als Fremder im verheißenen Land wie in einem fremden Land auf und wohnte mit Isaak und Jakob, den Miterben derselben Verheißung, in Zelten; denn er erwartete die Stadt mit den festen Grundmauern, die Gott selbst geplant und gebaut hat. (Hebr 11,8–10)

Zahllose Menschen von Abraham bis in unsere Tage haben seither so gelebt. Und der Hebräerbrief sagt weiter, diese alle hätten im Bewusstsein gelebt,

> dass sie Fremde und Gäste auf Erden sind. Mit diesen Worten geben sie zu erkennen, dass sie eine Heimat suchen. Hätten sie dabei an die Heimat gedacht, aus der sie weggezogen waren, so wäre ihnen Zeit geblieben zurückzukehren; nun aber streben sie nach einer besseren Heimat, nämlich der himmlischen. Darum schämt sich Gott ihrer nicht; er schämt sich nicht, ihr Gott genannt zu werden; denn er hat für sie eine Stadt vorbereitet. (Hebr 11,13–16)

Wenn wir pilgern, dann machen wir uns manchmal schweißtreibend bewusst, dass wir hier in dieser Welt letztlich heimatlos sind. Kein noch so nettes Eigenheim, keine noch so großartige berufliche Anstellung, keine noch so nette Nachbarschaft sollte uns darüber hinwegtäuschen, dass wir lebenslänglich *peregrini* sind: Fremdlinge, mit einer auf Widerruf gestundeten Aufenthaltsgenehmigung. So schön unser Eigenheim, so komfortabel unsere berufliche Situation auch sein mag: Eigentlich wohnen auch wir mit »den Miterben derselben Verheißung, in Zelten«, die leicht abzubrechen sind. Auch wir erwarten »die Stadt mit den festen Grundmauern, die Gott selbst geplant und gebaut hat.« Aus dem Bewusstsein dieser Heimatlosigkeit erwächst die Sehnsucht nach der endgültigen Beheimatung in Gott.

Pilgern macht uns im Schweiße unserer Füße, in der Mühsal des Reisens, in der Fremdheit der Eindrücke bewusst, dass wir unterwegs sind zu einer Heimat, die nur mit Chiffren und in Bildern richtig beschrieben werden kann. Die Heilige Schrift spricht vom himmlischen Jerusalem, von der Stadt Gottes. Das Mittelalter malte diese Stadt in wunderbaren Buchmalereien fantasievoll aus und schmiedete sie in so herrlichen Radleuchtern wie dem Barbarossa-Leuchter im Oktogon des Aachener Doms nach.

Die Dichterin Nelly Sachs sagt in ihrem Gedicht:

David

Aber im Mannesjahr
maß er, ein Vater der Dichter,
in Verzweiflung
die Entfernung zu Gott aus,
und baute der Psalmen Nachtherbergen
für die Wegwunden.

Nelly Sachs

Das Psalmengebet, das fürbittende, das persönliche, das existenzielle Gebet ist so eine »Nachtherberge für die Wegwunden« auf unserem irdischen Pilgerzug. An jedem Abend des individuellen Bemühens wird die menschliche Bedürftigkeit nach solchen, das menschliche Angewiesensein auf solche vorläufigen Nachtherbergen des Glaubens unübersehbar. Aber die Nachtherberge ist nur eine Übergangsbeheimatung, deren Dürftigkeit und Behelfsmäßigkeit unübersehbar ist und die uns je neu auf den mühevoll-alltäglichen Pilgerpfad entlässt. Diese Übergangsbeheimatung gibt uns immer neu auch die Frage nach endgültiger Beheimatung mit auf den Weg, die Frage nach einem bleibenden Ziel.

Leben ist Pilgern, und indem wir pilgern, machen wir uns das bewusst, spielen wir im Kleinen durch, was unser Leben im Großen ist. Das Pilgern ist wie ein Blick aufs Ganze, ein Vorausschauen auf das Ziel unseres Daseins. Man ersteigt keinen wirklich hohen Berg allein dadurch, dass man forsch losmarschiert und wild die Haxen schwingt. Da kann man grandios vor Steilwänden, in Geröllfeldern oder Gletscherspalten scheitern.

Man braucht das Innehalten und den Blick aufs Ganze, um die Route und deren Abschnitte zu planen, Kräfte einzuteilen. Man braucht das Innehalten und den vorausschauenden Blick aufs Ziel, um neu Mut, Motivation und Kraft zu sammeln für das, was noch kommt. Auf dem Pilgerweg unseres Christseins sind wir nicht nur für, sondern auch mit Christus unterwegs. Er begleitet uns und erwartet uns, wenn ein letztes Mal das Zelt unserer Übergangsbehausung abgebrochen wird, am Ziel unseres Pilgerweges, in der »Stadt mit den festen Grundmauern, die Gott selbst geplant und gebaut hat.«

Anhang

Bibelstellenregister

Quellen

Bergengruen, Werner, Die himmlische Rechenkunst, aus: Stöcker, Julius (Hg.): Zuweilen ruft mich eine Stille. Deutsche Gedichte seit Nietzsche, Würzburg 1960, S. 193

Böckenförde, Ernst-Wolfgang, Der freiheitliche, säkularisierte Staat, Textauszug aus: Ders., Staat, Gesellschaft, Freiheit. Studien zur Staatstheorie und zum Verfassungsrecht, © Suhrkamp Verlag Frankfurt am Main 1976. Alle Rechte bei und vorbehalten durch Suhrkamp Verlag Berlin

Delbrêl, Madeleine, Lasst euch finden, aus: Dies., Gott einen Ort sichern. Texte – Gedichte – Gebete. (Topos Taschenbücher, Bd. 734) Ausgewählt, übersetzt und herausgegeben von Annette Schleinzer, © Matthias Grünewald Verlag der Schwabenverlag AG, Ostfildern, 2. Auflage 2010. www.verlagsgruppe-patmos.de

Denecke, Rolf, Dem Herbst entgegen

Domin, Hilde, Gleichgewicht, aus: Dies., Gesammelte Gedichte, © S. Fischer Verlag GmbH, Frankfurt am Main 1987

Domin, Hilde, Notrufer, aus: Dies., Gesammelte Gedichte, © S. Fischer Verlag GmbH, Frankfurt am Main 1987

Enzensberger, Hans Magnus, Die Grablegung, aus: Ders., Kiosk. Neue Gedichte, © Suhrkamp Verlag, Frankfurt am Main 1995. Alle Rechte bei und vorbehalten durch Suhrkamp Verlag Berlin

Gernhardt, Robert, Fahrt ins Dunkel, aus: Ders., Gesammelte Gedichte 1954–2006, © S. Fischer Verlag GmbH, Frankfurt am Main 2008

Gernhardt, Robert, Vom Gewicht, aus: Ders., Gesammelte Gedichte 1954–2006, © S. Fischer Verlag GmbH, Frankfurt am Main 2008

Gernhardt, Robert, Habenichts, aus: Ders., Gesammelte Gedichte 1954–2006, © S. Fischer Verlag GmbH, Frankfurt am Main 2008

Gernhardt, Robert, Von viel zu viel, aus: Ders., Gesammelte Gedichte 1954–2006, © S. Fischer Verlag GmbH, Frankfurt am Main 2008

Grass, Günter, Im Ei, aus: Ders. Sämtliche Gedichte, hg. von Werner Frizen, © Steidl Verlag, Göttingen 2007

Hagelstange, Rudolf, Im Anfang war der Geist, aus: Ders., Es spannt sich der Bogen. Lizenzausgabe, Überlingen 1949, S. 18f.

Hesse, Hermann, Höhe des Sommers, aus: Echtermeyer, Theodor/von Wiese, Benno: Deutsche Gedichte, Düsseldorf 1966, S. 578

Kaschnitz, Marie Luise, Ihr sollt in mir sehen, aus: Dies, Einer von Zweien, in Dies.: Dein Schweigen, meine Stimme, München 1979, © Dr. Dieter Schnebel

Kirchenlied, Strenger Richter aller Sünder, aus: Gotteslob. Katholisches, Gebet- und Gesangbuch, Ausgabe Bistum Münster, Münster 1975, Nr. 918, S. 945f., Verlag Aschendorff Münster, Laudate. Gebet- und Gesangbuch für das Bistum Münster, Münster 1956, Nr. 133, S. 754f., Verlag Aschendorff Münster

Knapp, Andreas, krippe, aus: Ders., Höher als der Himmel. Göttliche Gedichte, © Echter Verlag Würzburg 2. Auflage 2012

Knapp, Andreas, askese, aus: Ders., Brennender als Feuer. Geistliche Gedichte, © Echter Verlag Würzburg 7. Auflage 2014

Kunze, Reiner, Ostern, aus: Ders., eines jeden einziges leben. Gedichte, © S. Fischer Verlag GmbH, Frankfurt am Main 1986

Marti, Kurt, Der Himmel, der ist, aus: Evangelisches Gesangbuch. 1971, Nr. 153, 1–5, © beim Autor

Papst Benedikt XVI., Es gibt Gerechtigkeit, aus: Enzyklika Spe salvi, 2007, Nr. 43, 44, © Libreria Editrice Vaticana

Paul Roth, Gebet

Rahner, Karl, Gott hat sein letztes, tiefstes, schönstes Wort, aus: Ders., Das große Kirchenjahr. Geistliche Texte, © Verlag Herder, Freiburg 1987

Ratzinger, Joseph, Gegen die Wendung zur Volkssprache, aus: Ders., Das neue Volk Gottes. Entwürfe zur Ekklesiologie, © Patmos Verlag der Schwabenverlag AG, Ostfildern 1968, www.verlagsgrupe-patmos.de

Rif ka, Fuad, Ein Fenster, aus: Ders. Die Reihe der Tage ein einziger Tag. Gedichte, © Hans Schiler Verlag, Berlin Tübingen 2006

Roth, Eugen, Der Salto, aus: Sämtliche Werke. München–Wien 1977. Bd. 1/5, © bei der Rechtsnachfolge

Roth, Eugen, Unfassbar, aus: Sämtliche Werke. München–Wien 1977. Bd. 1/5, © bei der Rechtsnachfolge

Sachs, Nelly , David, aus: Dies., Werke. Kommentierte Ausgabe in vier Bänden. Herausgegeben von Aris Fioretos, Band 1: Gedichte

1940–1950. Herausgegeben von Matthias Weichelt, © Suhrkamp Verlag, Berlin 2010

Schröder, Rudolf Alexander, Zum Totensonntag, aus: Pfeiffer, Johannes, Totenklage und Totengedächtnis im deutschen Gedicht, Berlin 1941

Trakl, Georg, Verfall, aus: Stöcker, Julius (Hg.): Zuweilen ruft mich eine Stille. Deutsche Gedichte seit Nietzsche, Würzburg 1960

Walter, Silja, Die Monstranz, aus: Walter, Silja / Zeiss, Karl Heinz: Die Korber Monstranz, Korb 1983, © Kloster Fahr, Schweiz

Weismantel, Paul, Da sein, © beim Autor

Die Bibeltexte sind entnommen aus: Einheitsübersetzung der Heiligen Schrift © 1980 Katholische Bibelanstalt, Stuttgart.

In wenigen Fällen ist es uns trotz großer Mühen nicht gelungen, alle Inhaber von Urheberrechten und Leistungsschutzrechten zu ermitteln. Da berechtigte Ansprüche selbstverständlich abgegolten werden, ist der Verlag für Hinweise dankbar.